شذرات

شذرات

تالیف

سید منظور الحسن

غامدی سینٹر آف اسلامک لرننگ، المورد امریکہ

جملہ حقوق محفوظ ہیں

Publisher: Ghamidi Center of Islamic Learning
Published: March, 2025
ISBN: 978-1-966600-07-7

Address: 3620 N Josey Ln, Suite 230 Carrolton, TX 75007
Website: www.ghamidi.org
Email: info@ghamidi.org

اِنتساب

اپنے جلیل القدر استاذ

جناب محمد نذر صاحب

کے نام

جنھوں نے

سوچنا، سمجھنا، بولنا اور لکھنا سکھایا۔

فہرست

اصلاح و دعوت

دیباچہ

یہ مختصر تحریروں کا مجموعہ ہے۔ یہ تحریریں ماہنامہ "اشراق" کے ادارتی شذرات کے طور پر گذشتہ برسوں میں شائع ہوتی رہی ہیں۔ اِن کے مندرجات زیادہ تر مذہبی، سماجی اور سیاسی مباحث پر مشتمل ہیں اور استاذِ گرامی جناب جاوید احمد غامدی کے فکر و نظر سے ماخوذ ہیں۔ اسلوب اور موضوع کی مناسبت سے اِنھیں اجزا میں ترتیب دیا ہے۔ "دین و دانش" میں وہ مضامین شامل ہیں، جو خالص مذہبی استدلال پر مبنی ہیں۔ "اصلاح و دعوت" فرد کی اصلاح سے متعلق تذکیری عبارتوں پر مشتمل ہے۔ "تاریخ و سیاست" کے تحت وہ تحریریں یک جا ہیں، جن میں قومی و ملی مسائل کا تجزیہ کیا گیا ہے۔ "حالات و وقائع" کے ذیل میں میرے دعوتی سفر کے بعض مقامات کا بیان ہے۔ "تذکرہ و تبصرہ" 'وفیات' اور 'تبصرۂ کتب' کی نوعیت کے چند مختارات کا مرقع ہے۔ یہ نگارشات دین کی دعوت کے پیشِ نظر لکھی گئی ہیں۔ اِن کا اصل مقصد یہی ہے کہ لوگ اپنی انفرادی اور اجتماعی زندگی میں دین کی رہنمائی سے فیض یاب ہوں اور اُسے اپنے علم و عمل کا حصہ بنالیں۔

ستمبر 2024ء

——— منظور

بسم الله الرحمن الرحيم

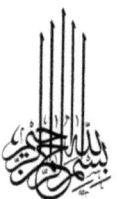

دین و دانش

حضرت محمد ﷺ کی خبر غلط نہیں ہو سکتی

رسالت مآب صلی اللہ علیہ وسلم اللہ کے نبی اور رسول ہیں۔ اِس بنا پر آپ کے قول و فعل اور تقریر و تصویب کو اللہ تعالیٰ کی قطعی سند حاصل ہے۔ چنانچہ آپ کا فرمان مبنی بر حق، آپ کا کلام حجتِ قاطع اور آپ کی خبر خطا و نسیان سے پاک ہے۔ اِس کے معنی یہ ہیں کہ آپ ماضی، حال یا مستقبل کے حوالے سے جو بات ارشاد فرمائیں، وہ غلط نہیں ہو سکتی۔ ممکن ہے، وہ علم و فن سے ماورا ہو، ممکن ہے وہ تجربے و مشاہدے کے خلاف ہو، ممکن ہے وہ تاریخی شواہد کے برعکس ہو اور ممکن ہے کہ وہ عقل، قیاس، شعور، وجدان، حواس اور احساس کے دائروں سے باہر ہو، مگر ہر حال میں وہ برحق ہے اور ریب و گمان سے پاک ہے۔ چنانچہ وہ اگر ماضی کا واقعہ ہے تو اُس کی اصل وہی ہے، جسے اللہ کے رسول نے بیان فرمایا ہے اور اگر وہ مستقبل کی پیشین گوئی ہے تو اُسے ویسے ہی وقوع پذیر ہونا ہے، جیسا کہ آپ کا ارشاد ہے۔ چنانچہ عالم غیب سے متعلق آپ کی فرمودہ تمام معلومات مبنی برحق ہیں۔ اِس کی مثال زمین و آسمان اور انسان کی تخلیق کے واقعات؛ قیامت اور جنت و جہنم کے احوال؛ نبوت، وحی، فرشتوں اور کتبِ سماوی کے حقائق ہیں۔

ماضی کے وہ اخبار بھی عین حقیقت ہیں، جن سے آپ نے آگاہ فرمایا۔ مثال کے طور پر آپ نے مطلع فرمایا کہ آدم و حوا علیہما السلام کو پیدا کر کے ایک باغ میں رکھا گیا تھا؛ آدم کے بیٹوں میں سے قابیل نے اپنے بھائی ہابیل کو قتل کر ڈالا تھا؛ حضرت نوح علیہ السلام کی ساڑھے

نو سو سال تبلیغ کے باوجود جب لوگ انکار پر جمے رہے تو اللہ نے منکرین کو پانی میں غرق کر دیا تھا؛ حضرت سلیمان علیہ السلام کے دربار میں ایک شخص نے پلک جھپکتے میں سیکڑوں میل کے فاصلے سے ملکۂ بلقیس کے تخت کو حاضر کر دیا تھا۔ حضرت موسیٰ علیہ السلام نے اپنا عصا ایک چٹان پر مارا تو اُس میں سے بارہ چشمے پھوٹ پڑے تھے؛ حضرت عیسیٰ علیہ السلام بن باپ کے پیدا ہوئے تھے اور اُنھوں نے گھوارے میں کلام کیا تھا؛ اصحابِ کہف برس ہا برس تک سوئے رہنے کے بعد جاگ اٹھے تھے؛ ذوالقرنین نے ایک قوم کو یاجوج و ماجوج کی تاخت سے بچانے کے لیے دو پہاڑوں کے درمیان لوہے اور تانبے کی ایک دیوار تعمیر کی تھی۔

اِسی طرح آپ نے مستقبل کے بارے میں پیشین گوئیاں فرمائی ہیں۔ اِن میں سے بعض آپ کی زندگی میں پوری ہو گئیں، بعض آپ کے رخصت ہونے کے بعد پوری ہوئیں، بعض زمانۂ حال میں پوری ہوئی ہیں اور بعض کو ابھی پورا ہونا ہے۔ اِن میں سے چند نمایاں پیشین گوئیاں یہ ہیں:

1۔ فتح مکہ،

2۔ ایرانیوں سے مغلوب ہو جانے کے بعد رومیوں کی دوبارہ فتح،

3۔ قیامت کے قریب لونڈی کا اپنی مالکہ کو جن دینا،

4۔ عرب کے چرواہوں کا بلند و بالا عمارتیں بنانے میں ایک دوسرے سے مقابلہ کرنا،

5۔ یاجوج و ماجوج کا خروج اور دجال کا ظہور۔

عالم غیب اور زمانۂ ماضی و مستقبل کے یہ تمام حقائق و حوادث ہر لحاظ سے یقینی اور ہر اعتبار سے قطعی ہیں، اِن کی صداقت اور اِن کے وقوع میں شک و شبہے کی کوئی گنجایش نہیں ہے۔ اِس کی وجہ یہ ہے کہ اِنھیں اللہ کے رسول حضرت محمد صلی اللہ علیہ وسلم نے من جانبِ اللہ ارشاد فرمایا ہے اور آپ کی ذاتِ والا صفات سے کسی سہو و نسیان اور کسی نقص و خطا کا کوئی امکان نہیں ہے۔ لہٰذا آپ کی بات ہر ریب و گمان اور ہر شک و شبہے سے پاک ہے۔

رسالت مآب صلی اللہ علیہ وسلم کے اِس مقام و مرتبے کا تقاضا ہے کہ آپ کی نسبت سے ملنے والی اُسی بات کو یقینی سمجھا جائے، جو قطعی اور یقینی ذرائع سے ہم تک پہنچی ہے۔ جو بات قطعی ذرائع کے بجائے ظنی ذرائع سے پہنچے، اُس کی آپ سے نسبت کو ظنی قرار دیا جائے۔ سلف و خلف کے علماے امت کا عمومی موقف یہی ہے۔ وہ حدیث کو ظنی ذریعۂ علم سمجھتے ہیں، اُسے قرآن کی شرح و تفسیر کے مقام پر رکھتے ہیں اور اُس کے مندرجات سے دین کے اساسی تصورات کے ثبوت کو ممتنع قرار دیتے ہیں۔ وہ اُن کی تحقیق کرتے ہیں، اُنھیں قرآن و سنت اور عقل و فطرت پر پرکھتے ہیں، اُن کے راویوں پر جرح کرتے ہیں، اُن کے تقوے، اُن کی نیک نامی، اُن کے حفظ و اتقان کا جائزہ لیتے ہیں اور اِس کے بعد جن روایتوں پر اطمینان ہوتا ہے، اُنھیں قبول کرتے ہیں اور جن پر اطمینان نہیں ہوتا، اُنھیں قبول کرنے سے انکار کر دیتے ہیں۔ اِس ردو قبول کے معاملے میں اُن کے مابین اختلاف بھی رہتا ہے۔ چنانچہ بعض اوقات ایک محدث کی طرف سے رد کی گئی حدیثوں کو دوسرا محدث قبول کر لیتا ہے یا اُس کی قبول کردہ حدیثوں کو قبول نہیں کرتا۔ حدیث کے بارے میں علما کے اِس طرز عمل کے دو بنیادی وجوہ ہیں:

1۔ حدیث خبر واحد کے ظنی ذریعے سے پہنچی ہے۔ یعنی اُسے راویوں نے حسبِ منشا فرداً فرداً اِس طرح منتقل کیا ہے کہ رسالت مآب صلی اللہ علیہ وسلم سے اُس کی نسبت یقینی نہیں ہے۔

2۔ حدیث روایت بالمعنیٰ کے طریقے پر منتقل ہوئی ہے۔ یعنی یہ بعینہٖ رسول اللہ صلی اللہ علیہ وسلم کے الفاظ نہیں ہیں۔ آپ کی بات کو راویوں نے اپنی سماعت اور اپنے فہم کے مطابق اور اپنے الفاظ و اسالیب میں آگے منتقل کیا ہے۔

[دسمبر 2022ء]

علم کا مسئلہ "کون" یا "کیا"؟

اطلاق کے لیے اصول، شرح کے لیے متن اور فرع کے لیے اصل کو بنیاد بنانا؛ غیر مستند کے لیے مستند کا حوالہ دینا؛ حاضر کے لیے ماضی کی نظیر پیش کرنا اور کسی علم و عمل کی تائید یا تردید کے لیے نصوص سے استدلال کرنا مسلمہ علمی رویہ ہے۔ اہل علم کے لیے اِس سے مفر ممکن نہیں ہے۔ چنانچہ کوئی حاصل تحقیق اگر سائنسی لحاظ سے درست ہے، کوئی نتیجۂ فکر اگر علمی طور پر صحیح ہے، کوئی موقف اگر فنی اعتبار سے بجا ہے، کوئی تحریر اگر کسی مستند دستاویز سے ہم آہنگ ہے یا کوئی تقریر اگر کسی ثابت شدہ تاریخی حقیقت سے مطابقت رکھتی ہے تو علم و عقل کی رو سے اُسے قبول کرنا لازم ہے۔ اِس کی وجہ یہ ہے کہ جب ہم اِس بات کی کسی متحقق اور معتبر حوالے کے ساتھ نسبت یا مطابقت کو قبول کر لیتے ہیں تو پھر وہ حوالہ ہی ہمارے لیے فیصلہ کن ہوتا ہے۔ گویا اِس صورت میں ہم اُس بات کو خود اُس کی بنیاد پر نہیں، بلکہ اُس استناد کی بنیاد پر قبول کرتے ہیں، جس سے ہمارے نزدیک وہ وابستہ ہوتی ہے۔ اگر ہم اُس کو رد کریں یا درخورِ اعتنا نہ سمجھیں تو یہ رویہ درحقیقت اُس اصل کو رد کرنے یا اُس سے بے اعتنائی برتنے کے مترادف ہوتا ہے، جس پر یہ حاصل تحقیق، یہ نتیجۂ فکر، یہ موقف یا یہ تحریر و تقریر مبنی ہے۔

یہ خالص علمی رویہ ہے جس میں "کون" اوجھل اور "کیا" سامنے رہتا ہے۔ چنانچہ اِس کے بعد یہ بات زیادہ اہمیت نہیں رکھتی کہ کہنے والا اپنی بات کے کسی معتبر حوالے کے ساتھ ریلیشن سے باخبر ہے یا بے خبر ہے یا اُس نے بہت غور و تحقیق کے بعد یہ نتیجہ اخذ کیا ہے یا

محض سنی سنائی بات کو آگے بیان کر دیا ہے۔ اِسی طرح یہ بھی اہم نہیں ہے کہ اُس کا مذہب، اُس کا فکری پس منظر اور علمی زاویۂ نظر کیا ہے۔

چنانچہ مثال کے طور پر اگر ایک ایسا شخص جو ہمارے نزدیک غیر مسلم، ملحد یا سیکولر ہے، یہ کہتا ہے کہ انسانی شرف کے اعتبار سے سب انسان برابر ہیں یا مسلمہ انسانی حقوق رنگ، نسل اور مذہب کی تفریق کے بغیر ملنے چاہییں یا لوگوں کو اظہارِ رائے کی آزادی ہونی چاہیے، یا غلامی اور انسانوں کی خرید و فروخت پر پابندی عائد ہونی چاہیے یا خواتین کے حقوق کو پامال نہیں کرنا چاہیے یا دنیا کو امن کا گہوارہ بننا چاہیے یا عدل و انصاف کو ریاست کی اولین ترجیح ہونا چاہیے یا مذاہب کے پیروکاروں کو رواداری کا رویہ اختیار کرنا چاہیے یا قومی معاملات میں معاہدوں کی پاس داری کرنی چاہیے یا حکومتوں کو لوگوں کی رائے پر منحصر ہونا چاہیے یا قوموں کے حق خود ارادی کا احترام ہونا چاہیے وغیرہ وغیرہ —— تو ہم بادنیٰ تامل اُس کی بات کی تائید کریں گے اور ضرورت محسوس کریں گے تو یہ بھی بتائیں گے کہ یہ بات فلاں اخلاقی اصول پر مبنی ہے، یا فلاں آیت قرآنی سے مطابقت رکھتی ہے یا رسول اللہ صلی اللہ علیہ وسلم کے فلاں علم و عمل سے ہم آہنگ ہے۔

ہمارے جلیل القدر علما نے سرسید، علامہ اقبال اور محمد علی جناح جیسے قومی قائدین اور بعض دیگر ایسے مشاہیر کے بارے میں کہ جن کی دینی و علمی حیثیت مسلم نہیں ہے، یہی رویہ اختیار کیا ہے کہ اُن کی بات کو پہلے دین و اخلاق کے مسلمات پر پرکھا ہے اور درست پایا ہے تو قبول کیا ہے، وگرنہ رد کر دیا ہے۔

استاذِ گرامی جناب جاوید احمد غامدی نے جب اپنے ایک شذرے میں قائداعظم کے 11/ اگست 1948ء کے اِس اعلان کے حوالے سے کہ ”ریاست کے شہریوں میں حقوق شہریت کے لحاظ سے مذہب کی بنیاد پر کسی قسم کی کوئی تفریق نہ ہو گی“ یہ لکھا تھا کہ ”صاف معلوم ہوتا

ہے کہ اِس کا لفظ لفظ رسالت مآب صلی اللہ علیہ وسلم کے ''میثاقِ مدینہ'' کی پیروی میں صادر ہوا ہے۔'' تو در حقیقت اِسی علمی رویے کو بنیاد بنایا تھا۔

معلوم انسانی تاریخ میں محمد رسول اللہ صلی اللہ علیہ وسلم کی شخصیت واحد استثنا ہے کہ جس کی بات کو ہم ''کیا'' کی بنیاد پر نہیں، بلکہ ''کون'' کی بنیاد پر تسلیم کرتے ہیں۔ اِس کا سبب یہ ہے کہ وہ زمین پر خدا کا فرستادہ اور اُس کا پیغمبر ہے۔ اُس کی زبان سے کلام الٰہی صادر ہوتا ہے۔ وہ اپنی جانب سے کچھ نہیں کہتا، بلکہ وہی کہتا ہے، جو عالم کا پروردگار اُسے الہام کرتا ہے۔ یہی وجہ ہے کہ اُس کی بات ہر خطا سے پاک اور ہر غلطی سے مبرا ہوتی ہے۔ جس میں نہ فکر کا تضاد پایا جاتا ہے، نہ خیال کا تناقض و انتشار؛ نہ کلام کا ابہام ہوتا ہے، نہ بیان کا تنزل و ارتقا۔ اُس کا علم تغیراتِ زمانہ سے متغیر نہیں ہوتا اور حالات کے بدلنے سے بھی اُس میں کوئی تبدیلی نہیں آتی۔ یہی ایک 'کون' ہے جس کا علم کون و مکان کو محیط ہے اور جو لوح بھی ہے اور قلم بھی اور جس کا وجود سراپا 'الکتاب' ہے۔ یہ سب اگر حق ہے، اور یقیناً حق ہے تو پھر علم و عقل کا تقاضا ہے کہ اُس کی ہر بات کو مبنی بر حق مانا جائے اور اُس کے آگے سرِ تسلیم خم کیا جائے۔

اِس ایک 'کون' کے علاوہ تمام بنی نوع انسان بھی کسی ایک بات یا کسی ایک موقف پر جمع ہو جائیں تو اُس کے ردو قبول کا فیصلہ 'کیا' ہی کی بنیاد پر کیا جائے گا۔ یہ تمام 'کون' مل کر بھی یہ مرتبہ حاصل نہیں کر سکتے کہ اُن کی بات کو پرکھے بغیر قبول کیا جائے۔ اُس میں غلطی اور صحت، دونوں امکانات کو تسلیم کیا جائے گا۔ وہ الگ الگ ہیں یا من حیث المجموع ہیں، اُن سے صادر ہونے والے ہر علم و فکر کو 'کیا' ہی کی میزان میں تولا اور اُسی کی کسوٹی پر پرکھا جائے گا۔

صحیح علمی رویہ یہ ہے۔ مگر سوال یہ ہے کہ کیا انسانوں کا عام طریقہ یہی ہے کہ وہ کسی قول، کسی علم، کسی فکر کے ردو قبول اور تائید و تردید کا فیصلہ ''کیا'' ہی کی بنیاد پر کیا کرتے ہیں؟ اِس

سوال کا جواب نفی میں ہے۔ لوگوں کی اکثریت اپنے علم و عمل کی بنیاد 'کیا' کے بجائے 'کون' ہی پر رکھتی ہے۔ کبھی یہ کون بخاری و مسلم اور ابو حنیفہ و شافعی ہوتے ہیں اور کبھی غزالی و ابن عربی، شاہ ولی اللہ و اقبال اور مودودی و غامدی ہوتے ہیں۔ اِن کی باتیں صحیح بھی ہوتی ہیں اور غلط بھی۔ ہم آہنگ بھی ہوتی ہیں اور اُن میں تناقض اور تضاد بھی پایا جاتا ہے۔ اِن کا علم زمانے سے مغلوب اور حالات سے متاثر بھی ہوتا ہے۔ تغیر و تبدل اور ترقی و تنزل اِن کے افکار کا جزوِ لازم ہے۔ ہم اِن سب کمزوریوں سے واقف ہوتے ہیں، مگر اِس کے باوجود اِن سے متاثر ہوتے اور اپنے علم و فکر کی محدودیت کی وجہ سے اِن کی بات کو قبول کرنے اور اُس کی پیروی کرنے پر مجبور ہوتے ہیں۔ یہ اگر کوئی غلطی کرتے ہیں تو اِن سے متاثر ہونے کی وجہ سے ہم بھی اُس غلطی کا شکار ہو جاتے ہیں اور بعض اوقات اِس کا خمیازہ قوموں اور نسلوں تک کو بھگتنا پڑتا ہے۔ یہ ایک حقیقتِ واقعہ ہے اور اِس سے مفر ممکن نہیں ہے۔ مسئلہ اِس حقیقتِ واقعہ کو چیلنج کرنے کا نہیں ہے، مسئلہ یہ ہے کہ اِن علما اور قائدین کی غلطیوں سے ہونے والے نقصان کو کیسے کم سے کم کیا جائے؟ اِس کا واحد طریقہ یہ ہے کہ ہماری ساری نظر 'کیا' پر رہنی چاہیے۔ لوگوں کو یہ تعلیم و تربیت دینی چاہیے کہ وہ اِن کی ذات کو پیشِ نظر رکھنے کے بجائے اِن کی بات کو پیشِ نظر رکھیں اور اُس میں غلطی اور صحت کا جائزہ لیتے رہیں۔

'کون' اور 'کیا' کی بحث میں یہ سوال بھی اٹھایا جا سکتا ہے کہ اگر کسی معاملے میں 'کون' کے افراد اکثریت میں ہوں تو پھر بھی 'کیا' ہی کو بنیاد بنانا چاہیے؟ یعنی مثال کے طور پر سائنس، ادب، تاریخ، مذہب کے ماہرین فن کی اکثریت اگر کسی سائنسی، ادبی، تاریخی یا مذہبی نظریے کی درستی پر یقین رکھتی ہے تو کیا اُس کے درست ہونے پر یقین نہیں کر لینا چاہیے؟ میرے نزدیک 'کون' اور 'کیا' کا یہ تقابل درست نہیں ہے۔ اِس کی وجہ یہ ہے کہ یہ دو مختلف اپروچز اور مختلف زاویہ ہاے نظر ہیں۔ 'کون' کو بنیاد بنائیں تو افراد پیشِ نظر ہوتے ہیں اور 'کیا'

کو بنیاد بنائیں تو بات کو مدِ نظر رکھا جاتا ہے۔ تاہم، یہ نکتہ اپنی جگہ درست ہے کہ جب معیار 'کون' ہو گا تو تعداد کو لازماً اہمیت دی جائے گی۔ اِس کی وجہ یہ ہے کہ اِس کے بغیر فصل نزاع نہیں ہو سکتی۔ نزاعات کا فیصلہ کرنے اور معاملات کو آگے بڑھانے کے لیے اکثریت کی راے کو فیصلہ کن ماننا ناگزیر ہے۔ مگر اکثریت کی تائید کسی بات کی صحت کی دلیل نہیں ہے۔ چنانچہ مثال کے طور پر ڈاکٹروں کے بورڈ کی اکثریت اگر آپریشن کا فیصلہ کرتی ہے، ججوں کے بنچ کی اکثریت سزا کا حکم لگاتی ہے، سائنس دانوں کی اکثریت کسی نظریے مثلاً نظریۂ ارتقا پر یقین رکھتی ہے تو بلاشبہ، اکثریت ہی کے فیصلوں کو قبول کیا جائے گا، لیکن یہ اکثریت اور یہ قبولیت اُن کی صحت کو لازم نہیں کرے گی۔

یہی معاملہ مہارتِ فن کا بھی ہے۔ کسی شخص کی فنی مہارت اُسے ہمارے لیے لائق اعتماد اور قابل قبول بناتی ہے، مگر صحت کو لازم نہیں کرتی۔ یہ عین ممکن ہے کہ کسی ماہرِ فن کی بات خلافِ حقیقت اور کسی غیر ماہرِ فن کی بات قرین حقیقت ہو۔ گویا کسی بات کے صحیح ہونے کا معیار یہ نہیں ہے کہ اُسے کسی ماہرِ فن نے پیش کیا ہے، بلکہ دلیل اور استدلال ہے۔

اب آخری سوال یہ ہے کہ جب ہم 'کون' کے بجاے 'کیا' کو بنیاد بنائیں، یعنی شخصیت کے بجاے اُس کی بات پر غور کرنے کا طریقہ اختیار کریں تو اُس بات کی صحت یا عدم صحت کا فیصلہ کس معیار پر کیا جانا چاہیے؟ اِس کا جواب یہ ہے کہ اِس معاملے میں ہمیں لامحالہ اُن فطری اساسات، اُن عقلی مسلمات، اُن اخلاقی اصولوں، اُن دینی مقدمات اور اُن تاریخی شواہد کو بنیاد بنانا ہو گا، جن پر ہم پہلے سے یقین رکھتے اور جنھیں ہر لحاظ سے درست سمجھتے ہیں۔ کسی بات کو پرکھنے کا اِس کے سوا کوئی اور راستہ ہمارے پاس نہیں ہے۔

[مئی 2019ء]

فطرت کا حاسۂ اخلاق — علما کا نقطۂ نظر

ہمارے علما کا موقف ہے کہ انسان نیکی اور بدی کو فطری طور پر جانتا ہے۔ خیر و شر کا شعور اُس کی شخصیت کا لازمی حصہ ہے۔ اللہ تعالیٰ نے اُسے یہ احساس دے کر دنیا میں بھیجا ہے۔ اِس کی بہ دولت وہ نیکی اور بدی کا اُسی طرح ادراک کرتا ہے، جیسے سمع و بصر سے اشیا کو پہچانتا ہے۔ علما نے اِس ضمن میں سورۂ شمس (91) کی آیات 'وَنَفۡسٍ وَّمَا سَوّٰهَا، فَاَلۡهَمَهَا فُجُوۡرَهَا وَتَقۡوٰهَا' (اور نفس گواہی دیتا ہے، اور جیسا اُسے سنوارا، پھر اُس کی نیکی اور بدی اسے سجھا دی)، سورۂ بلد (90) کی آیت 'وَهَدَيۡنٰهُ النَّجۡدَيۡنِ' (ہم نے کیا اُسے دونوں راستے نہیں سجھائے) اور سورۂ دہر (76) کی آیت 'اِنَّا هَدَيۡنٰهُ السَّبِيۡلَ' (ہم نے اُسے راہ سجھا دی) سے استدلال کیا ہے۔ چند اہم حوالے یہ ہیں:

مولانا شبیر احمد عثمانی نے بیان کیا ہے کہ انسان کی فطرت میں ہدایت کی اساس اور حق کا شعور اِس طریقے سے موجود ہے کہ اگر وہ اپنی اصل طبیعت پر قائم رہے تو لازماً دین حق کو اختیار کرے گا۔ لکھتے ہیں:

> "اللہ تعالیٰ نے آدمی کی ساخت اور تراش شروع سے ایسی رکھی ہے کہ اگر وہ حق کو سمجھنا اور قبول کرنا چاہے تو کر سکے اور بدء فطرت سے اپنی اجمالی معرفت کی ایک چمک اس کے دل میں بطورِ تخم ہدایت کے ڈال دی ہے کہ اگر گردوپیش کے احوال اور ماحول کے

خراب اثرات سے متاثر نہ ہو اور اصلی طبیعت پر چھوڑ دیا جائے تو یقیناً دین حق کو اختیار کرے، کسی دوسری طرف متوجہ نہ ہو۔" (تفسیر عثمانی 528)

صاحبِ "معارفِ القرآن" مولانا مفتی محمد شفیع نے لکھا ہے کہ خیر و شر کی پہچان ایک صلاحیت ہے، جو اللہ تعالیٰ نے انسان کے وجود کے اندر ودیعت کر رکھی ہے:

"اللہ تعالیٰ نے انسان کو خیر و شر اور بھلے برے کی پہچان کے لیے ایک استعداد اور مادہ خود اُس کے وجود میں رکھ دیا ہے، جیسا کہ قرآنِ کریم نے فرمایا: 'فَاَلْهَمَهَا فُجُوْرَهَا وَتَقْوٰهَا' یعنی نفس انسانی کے اندر اللہ تعالیٰ نے فجور اور تقویٰ، دونوں کے مادے رکھ دیے ہیں۔"

(معارف القرآن 751/8)

مولانا امین احسن اصلاحی نے فطرت کے الہام کو نورِ یزدانی سے تعبیر کیا ہے اور بیان کیا ہے کہ خیر و شر کے اِس الہام کا تعلق انسان کے مرحلۂ تخلیق سے ہے۔ اِس موقع پر انسان کو جہاں دیگر صلاحیتیں دی گئی ہیں، وہاں نیکی اور بدی کا شعور بھی ودیعت کیا گیا ہے۔ اُنھوں نے بیان کیا ہے:

"انسان اگر خود اپنے نفس پر غور کرے تو یہ حقیقت واضح ہو گی کہ خالق نے اُس کی تشکیل اِس طرح فرمائی ہے کہ اُس کے اندر نیکی اور بدی دونوں کا شعور ودیعت کر دیا ہے۔... 'فَاَلْهَمَهَا فُجُوْرَهَا وَتَقْوٰهَا'۔ یہ عمل تسویہ کی تفصیل ہے۔ انسان کی تخلیق کا تکمیلی مرحلہ یہی ہے کہ اللہ تعالیٰ نے اُس کے اندر ایک نورِ یزدانی ودیعت فرمایا، جس سے اُس کے اندر یہ شعور بیدار ہوا کہ کیا چیز اُس کے لیے نیکی اور خیر ہے اور کیا چیز بدی اور شر۔"

(تدبر قرآن 388/9)

پیر کرم شاہ الازہری بیان کرتے ہیں کہ اللہ نے ہر انسان کو نیکی اور بدی میں امتیاز کا شعور بخشا ہے اور اِسی کی بنا پر اُس میں نیکی اور بدی کو اختیار کرنے کی صلاحیت موجود ہے۔ 'فَاَلْهَمَهَا فُجُوْرَهَا وَتَقْوٰهَا' کی تفسیر میں اُنھوں نے لکھا ہے:

”آیت کا مطلب یہ ہو گا کہ اللہ تعالیٰ نے ہر شخص کو نیک و بد، حق و باطل اور صحیح و غلط میں تمیز کرنے کا شعور عطا فرمایا ہے۔ وہ اچھی اور بری چیزوں میں پوری طرح امتیاز کر سکتا ہے۔ اِس کا یہ مفہوم بھی بتایا گیا ہے کہ انسان میں نیکی کرنے اور برائی کرنے کی دونوں صلاحیتیں موجود ہیں، اب اُس کی مرضی کہ وہ نیکی کو پسند کرتا ہے یا برائی کو اختیار کرتا ہے۔“ (ضیاء القرآن 572/5)

سید ابوالاعلیٰ مودودی کے نزدیک انسان کو نیکی اور بدی میں امتیاز کی حس دی گئی ہے۔ یہ اخلاقی حس اُسے پیدایشی طور پر ودیعت ہے۔ سورۂ دہر کی تفسیر میں لکھتے ہیں:

”ہر انسان کو علم و عقل کی صلاحیتیں دینے کے ساتھ ایک اخلاقی حس بھی دی گئی ہے، جس کی بدولت وہ فطری طور پر بھلائی اور برائی میں امتیاز کرتا ہے، بعض افعال اور اوصاف کو برا جانتا ہے اگرچہ وہ خود ان میں مبتلا ہو، اور بعض افعال و اوصاف کو اچھا جانتا ہے، اگرچہ وہ خود اُن سے اجتناب کر رہا ہو۔“ (تفہیم القرآن 188/6)

سورۂ شمس کے تحت بیان کرتے ہیں:

”یہ تصورات انسان کے لیے اجنبی نہیں ہیں، بلکہ اُس کی فطرت اِن سے آشنا ہے اور خالق نے برے اور بھلے کی تمیز پیدایشی طور پر اُس کو عطا کر دی ہے۔“

(تفہیم القرآن 352/6)

شاہ ولی اللہ رحمہ اللہ علیہ نے اپنی شہرۂ آفاق کتاب ”حجۃ اللہ البالغہ“ میں متعدد مقامات پر مختلف زاویوں سے یہ بات بیان کی ہے کہ نیکی اور بدی کی اساسات فطرتِ انسانی میں راسخ ہیں اور انسان شریعت اور مذہب سے مقدم طور پر اُن سے شناسا ہوتا ہے۔ ’باب اقتضاء التکلیف المجازاۃ‘ کے زیرِ عنوان اُنھوں نے اس مسئلے پر بحث کی ہے کہ انسانوں کو اُن کے اعمال پر جزا و سزا ملنا کیوں ضروری ہے؟ اِس ضمن میں اُنھوں نے چار اسباب بیان کیے ہیں: ایک سبب وہ ساخت ہے، جس پر انسان کی تخلیق ہوئی ہے۔ اُن کا کہنا ہے کہ یہ ساخت بہ ذاتِ خود اِس

بات کا تقاضا کرتی ہے کہ انسان اعمال صالحہ کو انجام دے۔ دوسرا سبب ملاء اعلیٰ کی جہت سے ہے، چنانچہ جب انسان اچھا کام کرتا ہے تو فرشتوں کی جانب سے اُس کے لیے مسرت اور سرور کی شعاعیں نکلتی ہیں اور جب وہ برا کام کرتا ہے تو اُن سے نفرت اور بغض کی شعاعیں نکلتی ہیں۔ مجازاتِ عمل کا تیسرا سبب شریعت کا نزول ہے، جس کی پسندیدگی کا جذبہ اللہ کی طرف سے انسانوں کے دلوں میں ڈال دیا جاتا ہے۔ چوتھا سبب انبیا کی بعثت اور اُن کی طرف ہونے والی وحی کا مشخص اور ممثل ہو جانا ہے۔ یہ اسباب بیان کر کے اُنھوں نے لکھا ہے:

”... پہلی دو جہتوں سے مجازاتِ عمل تو عین وہ فطرت ہے، جس پر اللہ تعالیٰ نے انسانوں کو پیدا فرمایا ہے اور فطرتِ الٰہی میں تم کسی قسم کی تبدیلی نہ پاؤ گے۔ لیکن یہ صرف بر و اثم کے اصول و کلیات میں ہوتا ہے نہ کہ اُن کی فروعات و حدود میں، اور یہ فطرت ہی وہ دین ہے، جو زمانوں کی تبدیلی سے تبدیل نہیں ہوتا اور جس پر تمام انبیاے کرام کا اجماع و اتفاق ہے۔... (دین فطرت کی) اِس مقدار پر مواخذہ اور دار و گیر انبیا سے قبل بھی ثابت ہے اور اُن کی بعثت کے بعد بھی۔“ (حجۃ اللہ البالغہ 25/1)

قرآنِ مجید سے معلوم ہوتا ہے کہ انسان کی فطرت میں ودیعت کیا جانے والا یہ فطری شعور کسی خارجی رہنمائی کے بغیر بھی ازخود اپنے اظہار کے لیے بے تاب ہوتا ہے۔ چنانچہ جب جنت میں ممنوعہ پھل کھانے کے نتیجے میں آدم و حوا کے ستر اُن پر کھل گئے تو اُنھوں نے فوراً اپنے آپ کو پتوں سے ڈھانپنے کی کوشش کی۔ قرآنِ مجید سے واضح ہے کہ ایسا اُنھوں نے کسی باقاعدہ 'حکم' کی تعمیل میں نہیں، بلکہ شرم و حیا کے اس فطری احساس کی بنا پر کیا تھا، جو اللہ نے اُن کی فطرت میں ودیعت کر رکھا تھا۔ مولانا امین احسن اصلاحی اور مولانا ابوالاعلیٰ مودودی نے سورۂ اعراف (7) کی آیت 22 کی تفسیر میں اِسی بات کی وضاحت کی ہے۔ مولانا اصلاحی لکھتے ہیں:

”'... وَطَفِقَا يَخۡصِفَانِ عَلَيۡهِمَا مِن وَّرَقِ الۡجَنَّةِ' کے اسلوبِ بیان سے اُس گھبراہٹ اور

سراسیمگی کا اظہار ہو رہا ہے، جو اِس اچانک حادثے سے آدم و حوا پر طاری ہوئی۔ جوں ہی اُنھوں نے محسوس کیا کہ وہ ننگے ہو کر رہ گئے ہیں، فوراً اُنھیں اپنی ستر کی فکر ہوئی اور جس چیز پر ہاتھ پڑ گیا، اُسی سے ڈھانکنے کی کوشش کی، چنانچہ کوئی چیز نہیں ملی تو باغ کے پتے ہی اپنے اوپر گانٹھنے گوتھنے لگے۔ اِس سے معلوم ہوتا ہے کہ ستر کا احساس انسان کے اندر بالکل فطری ہے۔ جو لوگ یہ کہتے ہیں کہ یہ چیزیں محض عادت کی پیداوار ہیں، اُن کا خیال بالکل غلط ہے۔ جس طرح توحید فطرت ہے، شرک انسان مصنوعی طور پر اختیار کرتا ہے، اسی طرح حیا فطرت ہے، بے حیائی انسان مصنوعی طور پر اختیار کرتا ہے۔“

(تدبر قرآن 236/3)

مولانا مودودی نے بیان کیا ہے:

”انسان کے اندر شرم و حیا کا جذبہ ایک فطری جذبہ ہے اور اُس کا اولین مظہر وہ شرم ہے، جو اپنے جسم کے مخصوص حصوں کو دوسروں کے سامنے کھولنے میں آدمی کو فطرتاً محسوس ہوتی ہے۔ قرآن ہمیں بتاتا ہے کہ یہ شرم انسان کے اندر تہذیب کے ارتقا سے مصنوعی طور پر پیدا نہیں ہوئی ہے اور نہ یہ اکتسابی چیز ہے، جیسا کہ شیطان کے بعض شاگردوں نے قیاس کیا ہے، بلکہ در حقیقت یہ وہ فطری چیز ہے، جو اول روز سے انسان میں موجود تھی۔“ (تفہیم القرآن 15/2)

علما کے اقتباسات سے درجِ ذیل نکات متعین ہوتے ہیں:

اولاً، نیکی اور بدی کا شعور انسان کے وجود کا جزوِ لازم ہے۔ جس طرح انسان کو پیدایشی طور پر سمع و بصر، نطق و کلام، فہم و ادراک اور عقل و دانش کی صلاحیتیں عطا فرمائی گئی ہیں، اُسی طرح خیر و شر کا شعور بھی ودیعت کیا گیا ہے۔

ثانیاً، اس حقیقتِ واقعہ سے انسان خود بھی واقف ہے اور قرآنِ مجید نے بھی اِسے پوری صراحت کے ساتھ واضح کیا ہے۔

ثالثاً، اِس کا تعلق نہ انسان کے تہذیبی ارتقا سے ہے اور نہ اُس کے تجربے و مشاہدے اور اخذ و اکتساب سے ہے، بلکہ اُس کی خلقت سے ہے۔

رابعاً، فطرت کی یہ اصولی ہدایت پہلے دی گئی ہے اور اُس کے بعد انبیا کے ذریعے سے اِس کی تفصیلات واضح کی گئی ہیں۔

[دسمبر 2016ء]

————————

اسلام کا منشا جمہوریت یا آمریت؟

جمہوریت اور آمریت میں سے اسلام کس طرزِ حکومت کی تائید کرتا ہے؟ یہ سوال ہمارے ہاں اکثر زیرِ بحث رہتا ہے۔ اِس معاملے میں تبادلۂ خیال کا دائرہ، بالعموم یک طرفہ ہوتا ہے۔ یہ گفتگو تو کی جاتی ہے کہ جمہوریت کے فلاں فلاں مظاہر اسلام کے منافی ہیں، مگر اِس پر بحث سے گریز کیا جاتا ہے کہ آمریت کے کون کون سے پہلو اسلام سے مطابقت رکھتے ہیں۔ یہ گریز بجائے خود اِس بات کی دلیل ہے کہ قائلین کا ضمیر اِس کی اجازت نہیں دیتا کہ آمریت کو اسلام کی نسبت سے بیان کریں یا اُس کے لیے قرآن و سنت سے استدلال پیش کریں۔

مسلمانوں کا نظم سیاسی جمہوری ہے یا غیر جمہوری، اِس معاملے میں قرآنِ مجید نے اپنا موقف پوری وضاحت کے ساتھ سورۂ شوریٰ میں بیان کیا ہے۔ ارشاد فرمایا ہے:

وَاَمْرُهُمْ شُوْرٰى بَيْنَهُمْ. (38:42) ”اور اُن کا نظام اُن کے باہمی مشورے پر مبنی ہے۔“

یہ قرآنِ مجید کی صریح نص ہے۔ اِس کے معنی یہ ہیں کہ مسلمانوں کے نظم اجتماعی کے تمام معاملات اُن کے آپس کے مشورے سے طے ہوں گے۔ حکومت اُن کی رائے سے قائم ہو گی اور اُن کی رائے سے ختم ہو گی۔ نظم و نسق اُن کے مشورے سے تشکیل پائے گا اور

مشورے سے تبدیل ہو گا۔ آئین اور قانون سازی میں اُنھی کی رائے فیصلہ کن ہو گی۔ آیت کے اسلوب سے واضح ہے کہ یہ مشورے کے اختیار یا لزوم کو بیان نہیں کر رہی، بلکہ اُس کو اساس بنا رہی ہے۔ لہٰذا اِس کا مطلب یہ نہیں ہے کہ مشاورت ایک بہتر حکمتِ عملی ہے، جس کا حکمرانوں کو اہتمام کرنا چاہیے، بلکہ یہ ہے کہ مسلمانوں کا سیاسی نظام منحصر ہی اُن کی مشاورت پر ہے۔ استاذِ گرامی جناب جاوید احمد غامدی نے اِس آیت کے حوالے سے بیان کیا ہے کہ اسلام کے قانونِ سیاست میں نظم حکومت کی اساس یہی تین لفظوں کا جملہ ہے، جو اپنے اندر جہانِ معنی سمیٹے ہوئے ہے۔ اِس کا اسلوب آل عمران (3) کی آیت 159 سے مختلف ہے جہاں 'شَاوِرْهُمْ فِي الْاَمْرِ' (نظم اجتماعی کے معاملے میں اُن سے مشورہ لیتے رہو) کے الفاظ آئے ہیں۔ یہاں اِس کے بجاے 'اَمْرُهُمْ شُوْرٰى بَيْنَهُمْ' کا اسلوب ہے، جس کا مطلب یہ ہے کہ مسلمانوں کے سیاسی نظام کی عمارت مشورے ہی کی بنیاد پر قائم ہے۔ اُن کے نزدیک اسلوبِ بیان کی اِس تبدیلی کا تقاضا ہے کہ:

> "امیر کی امارت مشورے کے ذریعے سے منعقد ہو۔ نظام مشورے ہی سے وجود میں آئے۔ مشورہ دینے میں سب کے حقوق برابر ہوں۔ جو کچھ مشورے سے بنے، وہ مشورے سے توڑا بھی جا سکے۔ جس چیز کو وجود میں لانے کے لیے مشورہ لیا جائے، ہر شخص کی راے اُس کے وجود کا جز بنے۔ اجماع و اتفاق سے فیصلہ نہ ہو سکے تو فصل نزاعات کے لیے اکثریت کی راے قبول کر لی جائے۔" (میزان 496)

ہمارے مفسرین نے بھی اِس آیت کو سیاست کے بنیادی اصول کی حیثیت سے پیش کیا ہے۔ اِس کی بنا پر اُنھوں نے جہاں آمریت کو اسلام کے منافی قرار دیا ہے، وہاں یہ تسلیم کیا ہے کہ دورِ جدید کی جمہوریت میں اِسی اصول کی روح کار فرما ہے۔ صاحبِ "معارفِ القرآن" مفتی محمد شفیع عثمانی بیان کرتے ہیں کہ 'اَمْرُهُمْ شُوْرٰى بَيْنَهُمْ' کے اصول نے شخصی بادشاہت

اور وراثتی حکومت کے غیر فطری تصورات کی بیخ کنی کی ہے۔ زمانۂ حاضر کی جمہوریت اسلام کے اِسی فطری اور عادلانہ نظام کا نتیجہ ہے۔ اُنھوں نے لکھا ہے:

”اسلامی حکومت ایک شورائی حکومت ہے، جس میں امیر کا انتخاب مشورہ سے ہوتا ہے، خاندانی وراثت سے نہیں، آج تو اسلامی تعلیمات کی برکت سے پوری دنیا میں اِس اصول کا لوہا مانا جا چکا ہے۔... اسلام نے حکومت میں وراثت کا غیر فطری اصول باطل کر کے امیر مملکت کا عزل و نصب جمہور کے اختیار میں دے دیا، جس کو وہ اپنے نمائندہ اہل حل و عقد کے ذریعہ استعمال کر سکیں، بادشاہ پرستی کی دلدل میں پھنسی ہوئی دنیا اسلامی تعلیمات ہی کے ذریعہ اِس عادلانہ اور فطری نظام سے آشنا ہوئی، اور یہی روح ہے اُسی طرزِ حکومت کی، جس کو آج جمہوریت کا نام دیا جاتا ہے۔“(223/2)

پیر کرم شاہ الازہری نے بھی مشورے کو اسلامی سیاست کا اہم ترین اصول قرار دیا ہے اور اسے اسلام کے اُن کارناموں میں شامل کیا ہے، جنھوں نے انسانی زندگی پر انقلابی اثرات مرتب کیے ہیں۔ جہاں تک استبدادی نظام کا تعلق ہے تو اُن کے نزدیک یہ زیادتی پر مبنی ہے، جس سے گھٹن اور محرومی جنم لیتی ہے۔ لکھتے ہیں:

”اِس آیت میں اسلامی سیاست کا ایک اہم ترین اصول بتایا گیا ہے۔ جب ہر طرف ملوکیت اور شخصی آمریت کا بول بالا تھا... اسلام نے جہاں زندگی کے ہر شعبہ میں قابل قدر، دوررس اور انقلابی نوعیت کی تبدیلیاں کیں، وہاں سیاسی زندگی کو بھی نئے اصولوں سے آشنا کر دیا۔ اُن میں ایک شورائی نظام ہے۔ یعنی ہر کام جس کا تعلق عوام سے ہے، اس بارے میں اُن لوگوں سے ضرور صلاح مشورہ کیا جائے۔ اِس سے نہ صرف یہ کہ رعایا کی دل جوئی ہوتی ہے، بلکہ اُنھیں اپنی اہمیت کا احساس ہوتا ہے اور استبدادی طریقۂ کار سے جو مجبوری اور محرومی کی گھٹن قلب و روح کو ڈس رہی ہوتی ہے، اُس سے نجات حاصل ہوتی ہے۔ نیز قومی معاملات میں کسی اہم معاملہ کے متعلق فردِ واحد کا فیصلہ نافذ کرنا بہت بڑی

زیادتی ہے۔"(ضیاء القرآن 384/4)

مولانا سید ابوالاعلیٰ مودودی نے بیان کیا ہے کہ نظم اجتماعی کو مشورے پر قائم نہ کرنا قانونِ الٰہی کی صریح خلاف ورزی ہے۔ اُن کے نزدیک آیت کا مدعا یہ نہیں ہے کہ اجتماعی معاملات میں مسلمانوں سے مشورہ کر لینا چاہیے، بلکہ یہ ہے کہ مسلمانوں کا اجتماعی نظام چلتا ہی مشورے سے ہے۔ "تفہیم القرآن" میں ہے:

> "مشاورت اسلامی طرز زندگی کا ایک اہم ستون ہے، اور مشورے کے بغیر اجتماعی کام چلانا نہ صرف جاہلیت کا طریقہ ہے، بلکہ اللہ کے مقرر کیے ہوئے ضابطے کی صریح خلاف ورزی ہے۔... اللہ تعالیٰ یہ نہیں فرما رہا ہے کہ: "اُن کے معاملات میں اُن سے مشورہ لیا جاتا ہے"، بلکہ یہ فرما رہا ہے کہ: "اُن کے معاملات آپس کے مشورے سے چلتے ہیں۔" اِس ارشاد کی تعمیل محض مشورہ لے لینے سے نہیں ہو جاتی، بلکہ اِس کے لیے ضروری ہے کہ مشاورت میں اجماع یا اکثریت کے ساتھ جو بات طے ہو، اُسی کے مطابق معاملات چلیں۔"
>
> (509/4)

'اَمْرُهُمْ شُوْرٰى بَيْنَهُمْ' کے معنی و مفہوم اور تشریحات کی روشنی میں اگر ہم اپنے سیاسی نظام کا جائزہ لیں تو درجِ ذیل نکات ناگزیر قرار پاتے ہیں:

اول، حکومت کے قیام و دوام کا انحصار عوام کی رائے پر ہونا چاہیے۔ وہی شخص یا گروہ حکومت چلائے، جسے عوام اِس ذمہ داری پر فائز کریں۔ کسی کو یہ حق حاصل نہ ہو کہ وہ مذہبی تقدس، علمی تفوق، موروثی نسبت، عوامی خدمت، شخصی صلاحیت یا اِس طرح کے کسی اور وصف کو بنیاد بنا کر مسلمانوں پر اپنا تسلط قائم کرے۔

دوم، مقننہ، عدلیہ اور انتظامیہ کے تمام ادارے مسلمانوں کی اجتماعیت کے تابع ہوں۔ ریاست کے لیے کیا دستور ہونا چاہیے اور اُسے کن اصولوں پر استوار کرنا چاہیے، اِس کی تجاویز تو ماہرین ہی ترتیب دیں، مگر ترک و اختیار اور ترمیم و اضافے کا فیصلہ عوام کریں۔ ہر

انفرادی اور اجتماعی معاملے میں قرآن و سنت کی بالادستی تسلیم کرنا ایمان و اسلام کا لازمی تقاضا ہے، لیکن اُن کی تفسیر و تاویل میں کس مفسر، کس محدث، کس فقیہ کی راے کو قانون کا درجہ حاصل ہونا چاہیے، اِس کا فیصلہ بھی عامۃ المسلمین کی صواب دید پر منحصر ہو۔

سوم، ریاست کی داخلہ اور خارجہ پالیسیوں کے حوالے سے بھی عوام الناس کے رجحان کی پیروی کی جائے۔ تعلیم، صحت، روز گار اور رفاہِ عامہ کے معاملے میں ترجیحات کا تعین اُن کے میلانات کے مطابق ہو۔ اِسی طرح دوسرے ملکوں کے ساتھ تعلقات اُنھی کی منشا کے مطابق استوار کیے جائیں اور بین الاقوامی معاملات میں اُنھی کے تصورات کو روبہ عمل کیا جائے۔

چہارم، تمام لوگوں کو مشاورت اور راے دہی کے مساوی حقوق حاصل ہوں۔ مشاورت میں اگر اُن کی براہِ راست شمولیت ممکن نہ ہو تو وہ اپنے نمایندوں کے ذریعے سے یہ حق استعمال کریں۔ مزید برآں، اگر کسی معاملے میں اُن کے مابین اتفاق راے قائم نہ ہو تو کثرتِ راے سے فیصلہ کیا جائے۔

پنجم، مسلمان اپنی قومی حیثیت میں اگر کوئی غلط فیصلہ کریں تو اربابِ اقتدار اور اہل دانش پوری دردمندی کے ساتھ اُنھیں سمجھائیں اور ہر طریقے سے اُن کی تعلیم و تربیت کا اہتمام کریں۔ لیکن اِس سے آگے بڑھ کر اُنھیں بہ زورِ قوت روکنے کا حق کسی کو حاصل نہیں ہونا چاہیے۔

یہی 'اَمْرُهُمْ شُوْرٰى بَيْنَهُمْ' کا تقاضا ہے اور یہی جمہوریت ہے۔ آمرانہ اور استبدادی نظام اِس کا متضاد ہے، لہٰذا اسلام کے قانونِ سیاست میں اُس کے لیے کوئی گنجایش نہیں ہے۔

جناب جاوید احمد غامدی نے بجا طور پر بیان کیا ہے:

"آمریت کسی خاندان کی ہو یا کسی طبقے، گروہ یا قومی ادارے کی، کسی حال میں بھی قبول نہیں کی جا سکتی، یہاں تک کہ نظم اجتماعی سے متعلق دینی احکام کی تعبیر و تشریح کے

لیے دینی علوم کے ماہرین کی بھی نہیں۔ وہ یہ حق یقیناً رکھتے ہیں کہ اپنی تشریحات پیش کریں اور اپنی آرا کا اظہار کریں، مگر اُن کے موقف کو لوگوں کے لیے واجب الاطاعت قانون کی حیثیت اُسی وقت حاصل ہو گی، جب عوام کے منتخب نمایندوں کی اکثریت اُسے قبول کر لے گی۔ جدید ریاست میں پارلیمان کا ادارہ اِسی مقصد سے قائم کیا جاتا ہے۔ ریاست کے نظام میں آخری فیصلہ اُسی کا ہے اور اُسی کا ہونا چاہیے۔ لوگوں کا حق ہے کہ پارلیمان کے فیصلوں پر تنقید کریں اور اُن کی غلطی واضح کرنے کی کوشش کرتے رہیں، لیکن اُن کی خلاف ورزی اور اُن سے بغاوت کا حق کسی کو بھی حاصل نہیں ہے۔ علما ہوں یا ریاست کی عدلیہ، پارلیمان سے کوئی بالاتر نہیں ہو سکتا۔ 'اَمْرُهُمْ شُوْرٰی بَيْنَهُمْ' کا اصول ہر فرد اور ادارے کو پابند کرتا ہے کہ پارلیمان کے فیصلوں سے اختلاف کے باوجود وہ عملاً اُس کے سامنے سر تسلیم خم کر دیں۔

اسلام میں حکومت قائم کرنے اور اُس کو چلانے کا یہی ایک جائز طریقہ ہے۔ اِس سے ہٹ کر جو حکومت بھی قائم کی جائے گی، وہ ایک ناجائز حکومت ہو گی، خواہ اُس کے سربراہ کی پیشانی پر سجدوں کے نشان ہوں یا اُسے امیر المومنین کے لقب سے نواز دیا جائے۔"

(مقامات 207)

[ستمبر 2016ء]

جمہوریت کے خلاف ایک غلط استدلال

جو لوگ جمہوریت کو خلافِ اسلام قرار دیتے ہیں، اُن کا استدلال قرآنِ مجید کی حد تک اِن دو دلائل پر مبنی ہے:

ایک یہ کہ سورۂ انعام میں متنبہ کیا ہے کہ اگر لوگوں کی اکثریت کی بات مانی جائے تو وہ اللہ کے راستے سے گم راہ کر دیتے ہیں۔ جمہوریت کا پورا نظام چونکہ اکثریت کی رائے پر استوار ہے، اِس لیے یہ اپنی اساس ہی میں اسلام کے منافی ہے۔

دوسرے یہ کہ سورۂ نساء میں اور بعض دوسرے مقامات پر اللہ اور اُس کے رسول کی اطاعت کا حکم دیا ہے۔ اِس کے معنی یہ ہیں کہ انسانوں پر انسانوں کی رائے کی نہیں، بلکہ قرآن و سنت کے احکام کی حکومت قائم ہے۔ جمہوریت، اِس کے برعکس عوامی رائے کی بالادستی کا نام ہے۔ چنانچہ اِس طرزِ حکومت کو اختیار کرنے سے قرآن و سنت کی بالادستی قائم نہیں رہتی۔

یہ دونوں، بلاشبہ قرآنِ مجید ہی کے ارشادات ہیں اور ہر لحاظ سے برحق اور واجب التعمیل ہیں، مگر اِن سے جمہوریت کی مخالفت پر استدلال درست نہیں ہے۔ سورۂ انعام میں ارشاد ہے:

وَاِنْ تُطِعْ اَكْثَرَ مَنْ فِى الْاَرْضِ   ”زمین والوں میں زیادہ ایسے ہیں کہ

يُضِلُّوْكَ عَنْ سَبِيْلِ اللّٰهِ اِنْ يَّتَّبِعُوْنَ اِلاَّ الظَّنَّ وَاِنْ هُمْ اِلاَّ يَخْرُصُوْنَ.(116:6)	اُن کی بات مانو گے تو تمھیں خدا کے راستے سے بھٹکا کے چھوڑیں گے۔ یہ محض گمان پر چلتے اور اٹکل دوڑاتے ہیں۔"

یہ آیت اصول کا نہیں، امر واقعی کا بیان ہے۔ اِس میں یہ حقیقت نمایاں کی گئی ہے کہ لوگوں کی اکثریت بالعموم گم راہی پر کھڑی ہوتی ہے، لہٰذا اگر اللہ کی ہدایت کو چھوڑ کر اُن کی پیروی کی تو وہ اللہ کی راہ سے بھٹکا دیں گے۔ اِس کی وجہ یہ ہے کہ بیش تر لوگ رسوم و رواج کے پابند اور آبائی طور طریقوں کے پیرو ہوتے ہیں۔ وہ محکم دلائل پر کھڑے نہیں ہوتے، بلکہ قیاس آرائیوں کے پیچھے بھاگتے ہیں اور علم و استدلال کے بجاے ظن و گمان کو بنیاد بناتے ہیں۔ اُن کے نظریات، اُن کے تصورات، اُن کے افکار، اُن کے اعمال، سب واہموں، اندازوں اور اٹکلوں پر مبنی ہوتے ہیں۔ لہٰذا حق کے متلاشی کو یہ روش اختیار نہیں کرنی چاہیے کہ چونکہ زیادہ لوگ فلاں بات کہہ رہے ہیں، اِس لیے وہی صحیح اور لائق اتباع ہے۔ اِس کے بجاے اللہ کی ہدایت کو اپنے لیے مشعلِ راہ بنانا چاہیے۔ مولانا سید ابوالاعلیٰ مودودی اِس آیت کی شرح میں لکھتے ہیں:

"یعنی بیش تر لوگ جو دنیا میں بستے ہیں، علم کے بجائے قیاس و گمان کی پیروی کر رہے ہیں اور اُن کے عقائد، تخیلات، فلسفے، اصول زندگی اور قوانین عمل، سب کے سب قیاس آرائیوں پر مبنی ہیں، بخلاف اِس کے اللہ کا راستہ، یعنی دنیا میں زندگی بسر کرنے کا وہ طریقہ جو اللہ کی رضا کے مطابق ہے، لازماً صرف وہی ایک ہے، جس کا علم اللہ نے خود دیا ہے، نہ کہ وہ جس کو لوگوں نے بطورِ خود اپنے قیاسات سے تجویز کر لیا ہے۔ لہٰذا کسی طالبِ حق کو یہ نہ دیکھنا چاہیے کہ دنیا کے بیش تر انسان کس راستہ پر جا رہے ہیں، بلکہ اُسے پوری ثابت قدمی کے ساتھ اس راہ پر چلنا چاہیے، جو اللہ نے بتائی ہے، چاہے اُس راستہ پر چلنے کے لیے وہ دنیا

میں اکیلا ہی رہ جائے۔''(تفہیم القرآن 575/1)

مدعا یہ ہے کہ کسی رائے کی تائید میں لوگوں کی تعداد کی کثرت اُس کے مبنی بر حق ہونے کی دلیل نہیں ہے، لہٰذا اُن کی اکثریت کو کبھی حق و باطل اور ہدایت و ضلالت کا معیار نہیں بنانا چاہیے۔ یعنی کسی بات کے حق یا باطل اور صحیح یا غلط ہونے کا فیصلہ علم و استدلال کی بنیاد پر کرنا چاہیے، اکثریت یا اقلیت کی بنا پر نہیں کرنا چاہیے۔ چنانچہ اگر کوئی انبوہِ کثیر کسی بات کا پر چار کر رہا ہو تو محض اُس کی کثرت کو دیکھتے ہوئے یہ یقین نہیں کر لینا چاہیے کہ اُس کی بات مبنی بر حق ہے، بلکہ اُسے دین و دانش کی کسوٹی پر پر کھنا چاہیے اور اُسی بات کو قبول کرنا چاہیے، جو اللہ کی ہدایت کے مطابق ہو۔ مولانا امین احسن اصلاحی نے لکھا ہے:

''اکثریت کا غوغا اُس کے حق ہونے کی دلیل نہیں ہے۔ اِس بھیڑ کو دیکھ کر کسی غلط فہمی میں مبتلا نہ ہو۔ یہ پتا اللہ کو ہے کہ کون اُس کی راہ سے بھٹکے ہوئے ہیں اور کون ہدایت یاب ہیں۔''(تدبر قرآن 145/3)

اب دوسری آیت کو لیجیے۔ سورۂ نساء میں ارشاد فرمایا ہے:

''ایمان والو، (یہ خدا کی بادشاہی ہے، اِس میں) اللہ کی اطاعت کرو اور اُس کے رسول کی اطاعت کرو اور اُن کی بھی جو تم میں سے معاملات کے ذمہ دار بنائے جائیں۔ پھر اگر کسی معاملے میں تمھارا اختلاف رائے ہو تو (فیصلے کے لیے) اُسے اللہ اور اُس کے رسول کی طرف لوٹا دو۔''	يَاۤ اَيُّهَا الَّذِيۡنَ اٰمَنُوۡۤا اَطِيۡعُوا اللّٰهَ وَاَطِيۡعُوا الرَّسُوۡلَ وَاُولِی الۡاَمۡرِ مِنۡكُمۡ فَاِنۡ تَنَازَعۡتُمۡ فِیۡ شَیۡءٍ فَرُدُّوۡہُ اِلَی اللّٰهِ وَالرَّسُوۡلِ. (59:4)

اِس آیت میں بجا طور پر اللہ اور رسول کے احکام کی بالا دستی کو بیان کیا گیا ہے۔ اللہ اور

رسول کی اطاعت دین کی اساس ہے۔مسلمان جب تک مسلمان ہے،اِس سے انحراف نہیں کر سکتا۔لہٰذا اِس کا کوئی سوال ہی نہیں ہے کہ انسانوں کا کوئی ادارہ یا اُن کی کوئی جماعت یا اُن کی اکثریت یا تمام بنی نوع انسان اللہ اور رسول کے مقابلے میں اپنی اطاعت کا مطالبہ کریں اور وہ اسلام پر قائم رہتے ہوئے اُن کے اِس مطالبے کو تسلیم کر لے۔ ہرگز نہیں، یہ اُس کے ایمان کے منافی ہے ۔ چنانچہ اُسے اپنی انفرادی زندگی میں بھی اللہ اور رسول کے آگے سر تسلیم خم کرنا ہے اور اجتماعی زندگی میں بھی اُن کی اطاعت کرنی ہے۔

استاذِ گرامی جناب جاوید احمد غامدی نے اِس آیت کو اپنی کتاب ’’میزان‘‘ میں اسلام کے قانونِ سیاست کے بنیادی اصول کے طور پر رقم کیا ہے اور اِس سے یہ نتیجہ اخذ کیا ہے کہ اللہ اور اُس کے رسول کی اطاعت کا حکم قیامت تک کے لیے ہے،لہٰذا مسلمانوں کے نظم اجتماعی پر اللہ اور رسول کے احکام کی مستقل بالا دستی قائم ہے۔ نظم اجتماعی کے تمام اداروں کے اختیارات اِس اطاعت کے ماتحت ہیں ۔ چنانچہ مسلمانوں کے نظم اجتماعی میں اِس کی قطعاً گنجایش نہیں ہے کہ اللہ اور رسول کے احکام کی خلاف ورزی کرتے ہوئے یا اُنھیں نظر انداز کر کے کوئی قانون وضع کیا جائے۔ وہ لکھتے ہیں:

’’یہ حکم اُس وقت دیا گیا،جب قرآن نازل ہو رہا تھا،رسول اللہ صلی اللہ علیہ وسلم بنفس نفیس مسلمانوں کے درمیان موجود تھے اور وہ اپنے نزاعات کے لیے جب چاہتے، آپ کی طرف رجوع کر سکتے تھے۔ لیکن صاف واضح ہے کہ اللہ و رسول کی یہ حیثیت ابدی ہے ، لہٰذا جن معاملات میں بھی کوئی حکم اُنھوں نے ہمیشہ کے لیے دے دیا ہے ، اُن میں مسلمانوں کے اولی الامر کو، خواہ وہ ریاست کے سربراہ ہوں یا پارلیمان کے ارکان ، اب قیامت تک اپنی طرف سے کوئی فیصلہ کرنے کا حق حاصل نہیں ہے۔ اولی الامر کے احکام اِس اطاعت کے بعد اور اِس کے تحت ہی مانے جا سکتے ہیں۔ اِس اطاعت سے پہلے یا اِس سے آزاد ہو کر اُن کی کوئی حیثیت نہیں ہے ۔ چنانچہ مسلمان اپنی ریاست میں کوئی ایسا قانون

نہیں بنا سکتے، جو اللہ و رسول کے احکام کے خلاف ہو یا جس میں اُن کی ہدایت کو نظر انداز کر دیا گیا ہو۔ اہل ایمان اپنے اولی الامر سے اختلاف کا حق بے شک رکھتے ہیں، لیکن اللہ اور رسول سے کوئی اختلاف نہیں ہو سکتا، بلکہ اِس طرح کا کوئی معاملہ اگر اولی الامر سے بھی پیش آ جائے اور اُس میں قرآن و سنت کی کوئی ہدایت موجود ہو تو اُس کا فیصلہ لازماً اُس ہدایت کی روشنی ہی میں کیا جائے گا۔"(482)

یہ اِن آیتوں کا مفہوم و مدعا ہے۔ چنانچہ یہ کہنا محض خلطِ مبحث اور سوءِ فہم ہے کہ جمہوریت کو اپنانے سے گم راہی کا راستہ کھلتا ہے اور قرآن و سنت کی بالادستی کا تصور قائم نہیں رہتا۔ جمہوریت بذاتِ خود 'اَمْرُهُمْ شُوْرٰى بَيْنَهُمْ' (اُن کا نظام باہمی مشورے پر مبنی ہے) کے قرآنی اصول پر مبنی ہے، جس کا یہ لازمی تقاضا ہے کہ اگر اجماع و اتفاق سے فیصلہ نہ ہو سکے تو اکثریت کی رائے کو فیصلہ کن مان لیا جائے۔ چنانچہ اِس اصول کے تحت جمہوری طرزِ حکومت کو اختیار کرنے کے یہ معنی نہیں ہیں کہ عوام یا اُن کے نمایندوں کی اکثریت کے فیصلوں کو عین حق تسلیم کر لیا گیا ہے، بلکہ یہ ہیں کہ فصل نزاعات کے لیے عملاً اکثریتی رائے کو فیصلہ کن مان لیا گیا ہے، اور ہر شخص کو یہ حق دیا گیا ہے کہ اُس سے اختلاف کا اظہار کرے اور اُس کے خلاف رائے عامہ کو ہموار کرے۔ اِسی طرح اِس کا یہ مطلب بھی نہیں ہے کہ پارلیمنٹ کو یہ اختیار مل گیا ہے کہ وہ قرآن و سنت سے بالاتر ہو کر یا اُنھیں نظر انداز کر کے قانون وضع کرے۔ وہ اگر مسلمانوں کی نمایندہ ہے تو اُسے لازماً اپنے اختیارات کو 'اَطِيْعُوا اللّٰهَ وَاَطِيْعُوا الرَّسُوْلَ' کے تحت استعمال کرنا ہو گا۔

اِس بات کو ایسے سمجھنا چاہیے کہ اگر ایک عدالتی بینچ نے کسی مقدمے کا فیصلہ کثرتِ رائے کی بنا پر کیا ہے تو اِس کا مطلب یہ نہیں ہے کہ اُس نے قانون کی بالادستی کو تسلیم کرنے سے انکار کیا ہے۔ اِس کا مطلب یہ ہے کہ اُس نے اختلاف کی صورت میں فیصلے کو روبہ عمل کرنے

کے لیے یہ طریقہ اختیار کیا ہے۔ یہی معاملہ مسلمانوں کی ریاست یا اُن کے نظم اجتماعی کا ہے۔ اِس میں جب شہریوں کی اکثریتی راے کو فیصلہ کن حیثیت حاصل ہوتی ہے تو اِس کے معنی یہ ہرگز نہیں ہوتے کہ اِس کے نتیجے میں اُن کی راے کی برتری علم و استدلال اور قرآن و سنت پر بھی قائم ہوگئی ہے۔ اِس کے معنی یہ ہوتے ہیں کہ قرآن و سنت کی بالادستی کو قائم رکھتے ہوئے متنازع اور اختلافی معاملات میں اکثریت کے فیصلے کو نافذ کیا گیا ہے۔ استاذِ گرامی جناب جاوید احمد غامدی لکھتے ہیں:

> ''اَمْرُهُمْ شُوْرٰى بَيْنَهُمْ' کے اصول کا تقاضا صرف یہ ہے کہ فصل نزاعات کے لیے اکثریت کی راے کو عملاً فیصلہ کن مان لیا جائے۔ اِس کا ہرگز یہ تقاضا نہیں ہے کہ اُس راے کو صحیح بھی مانا جائے اور اُس کی غلطی لوگوں پر واضح کرنے کی کوشش نہ کی جائے۔ دنیا کے تمام دساتیر اور آئینی دستاویزات میں ترمیم کا حق اِسی لیے دیا جاتا ہے کہ اِن کی کوئی چیز صحیفۂ آسمانی نہیں ہوتی۔ اہل علم کا فرض ہے کہ برابر اِن کا جائزہ لیتے رہیں اور اگر کہیں کوئی غلطی ہوگئی ہے تو اُس کو درست کرانے کی جدوجہد کریں۔'' (مقامات 229)

[اکتوبر 2016ء]

ریاست کے دینی فرائض

ہر ریاست بنیادی طور پر تین ہی فرائض کی بجا آوری کے لیے وجود میں آتی ہے: ایک یہ کہ اپنے دائرۂ اقتدار میں امن قائم کرے، دوسرے یہ کہ اپنے باشندوں کو بیرونی خطرات سے بچائے اور تیسرے یہ کہ اپنے شہریوں کو خوش حالی کے مواقع فراہم کرے۔ ریاست کی بقا اِن فرائض کی ادائیگی ہی پر منحصر ہوتی ہے۔ کوئی ریاست نظریاتی بنیادوں پر قائم ہو، نسلی اتحاد کی بنیاد پر وجود میں آئی ہو یا وطن کے اشتراک نے افراد کے کسی مجموعے کو ریاست کی شکل دے دی ہو، اُسے اپنا وجود برقرار رکھنے کے لیے یہ فرائض بہر حال ادا کرنے پڑتے ہیں۔ لیکن کوئی ریاست جب ایک عام ریاست کی سطح سے بلند ہو کر اسلامی ریاست بنتی ہے، یعنی اللہ اور اُس کے رسول محمد صلی اللہ علیہ وسلم کی اطاعت اختیار کرتی ہے تو اُس پر کچھ مزید فرائض عائد ہوتے ہیں۔ یہ ریاست کے دینی فرائض ہیں۔ قرآنِ مجید میں یہ فرائض اِس طرح بیان ہوئے ہیں:

اَلَّذِيْنَ اِنْ مَّكَّنّٰهُمْ فِي الْاَرْضِ اَقَامُوا الصَّلٰوةَ وَاٰتَوُا الزَّكٰوةَ وَاَمَرُوْا بِالْمَعْرُوْفِ وَنَهَوْا عَنِ الْمُنْكَرِ.
(الحج 22:41)

”وہی کہ جن کو اگر ہم اِس سرزمین میں اقتدار بخشیں گے تو نماز کا اہتمام کریں گے اور زکوٰۃ ادا کریں گے اور بھلائی کی تلقین کریں گے اور برائی سے

روکیں گے۔"

قرآنِ مجید کے اِس بیان سے معلوم ہوتا ہے کہ جب کسی خطۂ زمین میں نظمِ سیاسی کی زمام کار مسلمانوں کے ہاتھوں میں آجائے تو دین اُن پر خاص طور سے چار فرائض عائد کرتا ہے:

1۔ نماز کا قیام،

2۔ زکوٰۃ کا اہتمام،

3۔ امر بالمعروف،

4۔ نہی عن المنکر۔

نماز کا قیام

نماز کو دینی اعمال میں دو پہلوؤں سے بنیادی حیثیت حاصل ہے: ایک پہلو سے نماز بندے کا اپنے رب کے سامنے اظہارِ بندگی ہے۔ مسلمان جب شعور کی آنکھ کھولتا ہے تو اُسے معلوم ہوتا ہے کہ ایک ہستی ایسی ہے، جس نے اُسے تخلیق کیا ہے، اُسے بے شمار نعمتوں سے نوازا ہے، اُس کی زندگی کا ایک ایک پل اُس ہستی کے احاطۂ قدرت میں ہے۔ وہ جان لیتا ہے کہ دنیا کی یہ زندگی محض ایک آزمایش ہے۔ اِس آزمایش سے گزر کر اُسے، بہر حال اپنے رب کے حضور پیش ہونا ہے۔ جب تک وہ اِس زندگی میں بندہ ہونے کا حق ادا نہیں کرتا، وہ اپنے رب کے سامنے ہر گز سرخ رو نہیں ہو سکتا۔ اِن تمام باتوں کے ادراک کے بعد وہ بے اختیار اپنے رب کی طرف لپکتا اور اُس کے آگے سر بہ سجود ہو جاتا ہے۔

دوسرے پہلو سے نماز کسی شخص کی طرف سے اِس بات کا اعلان ہے کہ وہ اسلام کا پیرو ہے اور اپنے آپ کو مسلمانوں کی ملت میں شمار کرتا ہے۔ جو شخص مسجد میں آتا جاتا اور دن کے متعین اوقات میں رکوع و سجود کرتا نظر آتا ہے، اُس کے مسلمان ہونے کے بارے میں

شک کی کوئی گنجایش نہیں ہوتی۔ ایسے معاشروں میں، جہاں مختلف مذاہب سے تعلق رکھنے والے لوگ بستے ہوں، نماز کسی شخص کے مسلمان ہونے کی شناخت بن جاتی ہے۔ کسی مسلمان معاشرے میں بھی، جہاں نماز کے بارے میں بے پروائی برتی جاتی ہو، کسی شخص کا نمازی ہونا اُس کے دعوائے ایمانی کی دلیل بن جاتا ہے۔ گویا، نماز ایمان و اسلام کی زندہ اور عملی شہادت ہے۔

نماز کی اِسی اہمیت کے پیشِ نظر اللہ تعالیٰ نے مسلمانوں پر یہ لازم ٹھہرایا ہے کہ وہ اپنے ریاستی نظام میں نماز کا اہتمام کریں یا دوسرے الفاظ میں نماز کا نظام قائم کریں۔

رسول اللہ صلی اللہ علیہ وسلم کی سنت سے معلوم ہوتا ہے کہ ریاستی سطح پر نماز کا نظام قائم کرنے کے لیے تین بنیادی اقدامات ناگزیر ہیں:

1۔ مسلمانوں پر نماز کی پابندی،

2۔ مسجدوں کا اہتمام اور ائمہ کا تقرر،

3۔ حکمرانوں کی طرف سے نمازِ جمعہ کی امامت۔

1۔ مسلمانوں پر نماز کی پابندی

نظامِ صلوٰۃ کے قیام کے لیے پہلا ضروری اقدام یہ ہے کہ ریاست قانونی سطح پر مسلمان شہریوں کے لیے نماز کی ادائیگی کو لازمی قرار دے۔

دراصل، اسلامی ریاست ایک نظریاتی ریاست ہے۔ ظاہر ہے، اِس ریاست کے نظام میں وہی لوگ شریکِ مشورہ ہو سکتے ہیں، جو اِس کے نظریے پر ایمان رکھتے ہوں، یعنی مسلمان ہوں۔ گویا، معروف معنی میں اِس ریاست کے باقاعدہ شہری مسلمان ہی ہو سکتے ہیں۔ لہٰذا اسلامی ریاست جیسی ایک نظریاتی ریاست میں قانون کی سطح پر ثبوتِ شہریت کے لیے یہ

ضروری ہے کہ قولی شہادت کے ساتھ ساتھ عملی شہادت بھی موجود ہو۔ نماز کا عمل کسی شخص کے مسلمان ہونے کو بالکل واضح کر دیتا ہے۔ اِس طرح نماز کسی شخص کے ایمان اور اسلام کی عملی شہادت بن جاتی ہے۔ یہی وجہ ہے کہ اسلام نے نماز کو بھی شہریت کی لازمی شرط قرار دیا ہے۔ قرآنِ مجید کی رو سے ہر وہ شخص اسلامی ریاست کا شہری ہے، جو یہ تین شرطیں پوری کر دے: ایک یہ کہ وہ اسلامی نظام کے مقابلے میں سرکشی کا رویہ اختیار نہ کرے اور اسلامی عقائد پر ایمان لائے، دوسری یہ کہ وہ رسول اللہ صلی اللہ علیہ وسلم کے بتائے ہوئے طریقے کے مطابق نماز پڑھے اور تیسری یہ کہ وہ اسلامی ریاست کے بیت المال کو زکوٰۃ ادا کرے۔ ارشادِ باری تعالیٰ ہے:

فَاِنْ تَابُوْا وَ اَقَامُوا الصَّلٰوةَ وَ اٰتَوُا الزَّكٰوةَ فَاِخْوَانُكُمْ فِي الدِّيْنِ. (التوبہ 9:11)

”سو اگر توبہ کر لیں اور نماز کا اہتمام کریں اور زکوٰۃ ادا کریں تو تمھارے دینی بھائی ہیں۔“

اِس آیت میں ’دین میں تمھارے بھائی ہیں‘ کے الفاظ کے ذریعے سے اہل ایمان پر یہ بات واضح کر دی گئی ہے کہ اِن تین شرطوں کو پورا کرنے والا ہر شخص سیاسی و اجتماعی حقوق میں اُن کے برابر حیثیت اختیار کر لے گا۔

اسلام مسلمانوں میں اجتماعیت اور باہمی یک جہتی کا شعور بیدار کرنا چاہتا ہے۔ جب مؤذن کی اذان پر تمام لوگ اپنے اپنے مشاغل ترک کر کے مسجدوں میں پہنچتے اور باجماعت اپنے رب کے آگے سربہ سجود ہوتے ہیں تو گویا پوری ریاست اجتماعی طور پر اللہ کے آگے سجدہ ریز ہو جاتی ہے۔ اِس طرح نماز شب و روز میں وہ واحد سرگرمی بن جاتی ہے، جو ریاست کے تمام شہریوں میں مشترک ہوتی ہے۔ چنانچہ اُن کے اندر آپ سے آپ باہمی طور پر اشتراکِ عمل پیدا ہوتا اور یک جہتی کے جذبات پروان چڑھتے ہیں۔

پھر یہ بھی ایک حقیقت ہے کہ نماز انسان کی اخلاقی تربیت کا بہترین ذریعہ ہے۔ ریاست کی سطح پر نماز کی پابندی سے خود بہ خود ایسا نظام وجود میں آجاتا ہے، جو صالح افراد کو جنم دیتا ہے۔ ظاہر ہے، افراد جس قدر صالح ہوں گے، معاشرہ بھی اُسی قدر صالح ہو گا۔

ریاستی سطح پر شہریوں کو نماز کا پابند کیے جانے سے جہاں کسی شخص کا مسلمان ہونا متعین ہو جاتا ہے، وہاں یہ بھی واضح ہو جاتا ہے کہ ریاست کے کون کون سے افراد اسلام کے بارے میں بے یقینی کا شکار ہیں۔ یہ واضح ہو جانے کے بعد اُنھیں اِس بے یقینی سے نکالنے کی سعی کی جاتی ہے، لیکن اگر اُن کی یہ بے یقینی مستقل ہو جائے تو بہ طور مسلمان اُن کی شہریت معطل بھی کی جا سکتی ہے۔ اِس طرح مجلس شوریٰ میں ایسے لوگوں کے پہنچنے کا امکان ختم ہو جاتا ہے، جو اسلام کے بارے میں تردد کا شکار ہوں۔

2۔ مسجدوں کا اہتمام اور ائمہ کا تقرر

نظام صلوٰۃ کے سلسلے میں دوسرا ضروری اقدام یہ ہے کہ ریاست کی طرف سے نماز باجماعت کے لیے ہر محلے میں مسجد قائم کی جائے اور اُس میں امام کا تقرر کیا جائے۔ ریاست کے حدود میں کوئی ایک مسجد بھی ایسی نہیں ہونی چاہیے، جو حکومتی نظم سے باہر ہو۔

اِس اہتمام کے نتیجے میں مساجد فرقوں اور مذہبی گروہوں کی تحویل سے نکل کر ریاست کی ملکیت میں آ جائیں گی اور اُن پر کسی خاص مکتبِ فکر کا لیبل چسپاں نہیں کیا جا سکے گا۔ اِس طرح لوگوں میں فرقہ پرستی کے جذبات کو پروان چڑھانے والے ادارے ہی ختم ہو جائیں گے۔

حکومتی سطح پر ائمہ کے تقرر سے میرٹ پر اہل لوگ ہی سامنے آئیں گے۔ حکومت اپنے دوسرے اداروں کے ذریعے سے اِن ائمہ کی تربیت کے مواقع پیدا کرے گی۔ اِس طرح مساجد کے منبروں سے ایک دوسرے کے خلاف زہر اگلنے کے بجائے صلح اور خیر خواہی کے

جذبات کا اظہار ہو گا۔

مساجد کا نظام ریاستی تحویل میں آجانے سے بالواسطہ طور پر یہ نتیجہ بھی نکلے گا کہ مسجدوں میں ہر صاحبِ علم کو اپنے نقطۂ نظر کے مطابق تدریس اور اصلاح و ارشاد کی مجالس منعقد کرنے کا موقع میسر آجائے گا۔ اِس طرح ہر فرد کو دین سیکھنے اور سکھانے کے لیے آزادانہ ماحول مل جائے گا۔

3۔ حکمرانوں کی طرف سے نمازِ جمعہ کی امامت

نظام صلوٰۃ کے قیام کے لیے تیسرا ضروری اقدام یہ ہے کہ حکمرانوں کو اِس بات کا پابند کیا جائے کہ وہ ہفتے میں ایک روز، یعنی جمعہ کے دن مرکزی مسجدوں میں باقاعدگی سے حاضر ہوں۔ اِس موقع پر وہ جمعے کا خطبہ دیں اور نمازِ جمعہ کی امامت کریں۔ امامت کا یہ فریضہ دارالحکومت میں صدرِ مملکت، صوبوں میں گورنر اور مختلف انتظامی وحدتوں میں وہاں کے انتظامی سربراہ انجام دیں۔ یہ گویا اِس بات کا اعلان ہے کہ دین اسلام میں مسجد ہی ایوانِ اقتدار ہے۔

اِس اقدام کا ایک نتیجہ یہ نکلے گا کہ ریاست میں مذہب اور سیاست کی تفریق بالکل ختم ہو جائے گی، کیونکہ جو مسلمانوں کی سیاست کا امام ہو گا، وہی مسلمانوں کی عبادت کا امام قرار پائے گا۔

اِس کا دوسرا نتیجہ یہ نکلے گا کہ حکمران ہمیشہ عام مسلمانوں کی دسترس میں ہوں گے۔ وہ جب چاہیں گے، ایوانِ اقتدار ہی میں نہیں، صحن مسجد میں بھی اُن سے اپنا حق براہِ راست طلب کر سکیں گے، اور اُنھیں اُن کی ذمہ داریوں پر متنبہ کر سکیں گے۔

اِس کا تیسرا نتیجہ یہ نکلے گا کہ حکمرانوں کے لیے رعایا کو نظر انداز کرنا ممکن ہی نہیں ہو گا، کیونکہ اُنھیں ہر حال میں جمعہ کے روز مسجد میں حاضر ہونا اور لوگوں کا سامنا کرنا پڑے گا۔ مزید برآں، چونکہ اسلامی دستورِ امارت کا یہ لازمی جز ہے کہ حکمران کا معیارِ زندگی متوسط

درجے سے زیادہ نہ ہو، اِس وجہ سے معیارِ زندگی کے تفاوت میں یہ کمی بھی حکمرانوں اور رعایا کو قریب کرنے کا باعث بنے گی۔

اِس کا چوتھا نتیجہ یہ نکلے گا کہ مناصبِ اقتدار پر لازمی طور پر وہی لوگ فائز ہوں گے، جو دین کو سمجھنے والے اور دینی فرائض ادا کرنے والے ہوں۔ نماز اور دوسرے دینی فرائض سے غافل لوگ اول تو اِس نظام میں آگے آنے ہی نہیں پائیں گے اور اگر آ بھی جائیں تو پھر اُنھیں لازماً اِن فرائض کی پابندی کرنا پڑے گی۔

زکوٰۃ کے نظام کا قیام

اسلامی ریاست کا دوسرا دینی فریضہ یہ ہے کہ وہ زکوٰۃ کا نظام قائم کرے۔ زکوٰۃ کے نظام کے قیام سے مراد یہ ہے کہ زکوٰۃ ایک ریاستی ٹیکس کے طور پر عواملِ پیداوار، ذاتی استعمال کی چیزوں اور حدِ نصاب سے کم سرمایے کے سوا ہر مال، ہر قسم کے مواشی اور ہر نوعیت کی پیداوار پر عائد کی جائے۔ یہ زکوٰۃ رسول اللہ کی مقرر کردہ شرحوں کے مطابق ہر سال، کسی متعین تاریخ پر، ریاست کے ہر مسلمان شہری سے لازماً وصول کی جائے۔ اِس کے علاوہ ہر ٹیکس سے ریاست کے شہریوں کو بری قرار دیا جائے۔

زکوٰۃ سے حاصل ہونے والی رقم نہ صرف غربا و مساکین، مسافروں اور تاوان یا قرض کے بوجھ تلے دبے ہوئے لوگوں پر صرف کی جائے، بلکہ ریاست کے تمام ملازمین کی تنخواہیں، اسلام اور مسلمانوں کے مفاد میں کیے جانے والے سیاسی اخراجات اور دین کی تبلیغ و اشاعت، نظمِ مساجد، حج و عمرہ، تعلیم و تدریس، تحقیق و اجتہاد، جہاد و قتال اور خدمتِ خلق کی تمام ذمہ داریاں اِسی رقم سے ادا کی جائیں۔

زکوٰۃ کے اِس نظام کی بہ دولت ریاست کے نظمِ اجتماعی کو چلانے کے لیے جس سرمایے کی

ضرورت ہے، وہ میسر ہو سکے گا اور ریاست کے امور بہ خیر و خوبی انجام پاتے رہیں گے۔

امر بالمعروف اور نہی عن المنکر

اسلامی ریاست کا تیسرا فریضہ بھلائی کا حکم دینا اور چوتھا فریضہ منکر سے روکنا ہے۔ چونکہ یہ دونوں فرائض باہم مربوط ہیں، اِس وجہ سے ہم اِنھیں ایک ہی عنوان کے تحت زیرِ بحث لائیں گے۔

اصطلاح میں 'معروف' سے مراد بھلائی کے وہ تمام کام ہیں، جو عقل و فطرت اور دین و شریعت کی رو سے معروف قرار پائیں۔ چنانچہ وہ تمام کام معروف ہیں، جو فرد کے اخلاق و کردار میں بہتری پیدا کریں، اُسے دین و شریعت کے احکام کا پابند بنائیں اور معاشرے کا ایک کارآمد رکن بنائیں۔

وہ تمام کام معروف ہیں، جو ریاستی نظام کی بہتری کے لیے معاون ہوں، اُس کے نظام میں دین کو فروغ بخشیں اور اُس کے حکمرانوں کو عوام الناس کا خدمت گار بنائیں۔ وہ تمام کام معروف ہیں، جو معاشرے میں تعمیر و فلاح پیدا کریں، تمام معاشرتی اقدار کو اسلام کے سانچے میں ڈھالیں اور معاشرے کو امن کا گہوارہ بنائیں۔ وہ تمام کام معروف ہیں، جو امت کی بہ حیثیتِ مجموعی ترقی کا باعث ہوں، بین الاقوامی سطح پر مسلمانوں کے مسائل کو سلجھائیں اور امت کے اندر دین کی دعوت کے قیام اور بقا کے لیے مددگار ہوں۔ اور وہ تمام کام معروف ہیں، جو پوری نوعِ انسانی کے لیے افادے کا باعث ہوں اور اُسے خدا کے دین کی برکات سے فیض یاب کریں۔

ریاست کا یہ دینی فرض ہے کہ وہ اپنی مشینری کو استعمال میں لاتے ہوئے اِن کاموں کے فروغ کا بندوبست کرے۔

اصطلاح میں 'منکر' سے مراد وہ تمام منفی کام ہیں، جو عقل و فطرت اور دین و شریعت کی رو سے منکر قرار پائیں۔ چنانچہ وہ تمام کام منکر ہیں، جو فرد کے اخلاق و کردار میں پستی پیدا کریں، اُسے دین و شریعت کے معاملے میں بے پروا بنائیں اور اُسے معاشرے کے لیے ناکارہ کر ڈالیں۔

وہ تمام کام منکر ہیں، جو ریاستی نظام میں فساد اور ابتری پیدا کریں، اُس کے نظام میں دین کی رسوائی کا باعث ہوں اور اُس کے حکمرانوں کو ظلم و جبر کی طرف مائل کریں۔ وہ تمام کام منکر ہیں، جو معاشرے میں تخریب اور بدامنی پیدا کریں اور معاشرے میں خلافِ دین اقدار کو فروغ بخشیں۔ وہ تمام کام منکر ہیں، جو امت کے لیے بہ حیثیتِ مجموعی ضرر رساں ہوں، امت میں انتشار پیدا کریں اور بین الاقوامی سطح پر مسلمانوں کے لیے مسائل پیدا کریں۔ اور وہ تمام کام منکر ہیں، جو پوری نوعِ انسانی کے لیے ضرر کا باعث ہوں اور اُسے خدا کے دین سے بے گانہ کر دینے والے ہوں۔

ریاست کا یہ دینی فرض ہے کہ وہ اپنی قوت کے ذریعے سے ایسے کاموں کے استیصال کا بندوبست کرے۔

امر بالمعروف اور نہی عن المنکر کے فرائض انجام دینے کے لیے ریاست کی طرف سے جو نظام وضع کیا جائے گا، اُس کے بارے میں بنیادی رہنمائی خود قرآنِ مجید نے دی ہے۔ ارشاد خداوندی ہے:

وَلۡتَكُنۡ مِّنۡكُمۡ اُمَّةٌ يَّدۡعُوۡنَ اِلَى الۡخَيۡرِ وَ يَاۡمُرُوۡنَ بِالۡمَعۡرُوۡفِ وَ يَنۡهَوۡنَ عَنِ الۡمُنۡكَرِ ؕ وَ اُولٰٓئِكَ هُمُ الۡمُفۡلِحُوۡنَ۔ (آل عمران 3:104)	”اور چاہیے کہ تمھارے اندر سے کچھ لوگ مقرر ہوں جو نیکی کی دعوت دیں، بھلائی کی تلقین کریں اور برائی سے روکتے رہیں۔ (تم یہ اہتمام کرو) اور (یاد رکھو کہ) جو یہ کریں گے، وہی فلاح پائیں

گے۔"

اِس سے مراد یہ ہے کہ اسلامی ریاست فوج اور پولیس کی طرح قانونی اختیارات کا حامل، ایک ایسا محکمہ قائم کرے، جو لوگوں کو نیکی کی طرف بلائے، بھلائی کے کاموں کا حکم دے اور بدی کے کاموں سے روکے۔ ظاہر ہے، یہ محکمہ اپنے نظام کی قوت کے ذریعے سے اُن معروفات کو نافذ کرے گا، جن کے بارے میں اُسے ریاست کی طرف سے اختیارات حاصل ہوں گے۔ مثال کے طور پر اِس محکمے کی یہ ذمہ داری ہو گی کہ لوگوں کو با جماعت نماز کے معاملے میں متنبہ کرے۔

اِسی طرح یہ محکمہ، بالقوہ، اُن منکرات کو مٹائے گا، جنھیں مٹانے کا اُسے ریاست کی طرف سے اختیار حاصل ہو۔ مثال کے طور پر اِس محکمے کی یہ ذمہ داری ہو گی کہ اگر کہیں فحاشی کی کوئی محفل جمی ہو تو یہ اُس محفل کو زبردستی ختم کرا دے اور اُس کا انعقاد کرنے والوں کو خود تادیب کرے یا عدالت سے اُنھیں سزا دلوائے۔

نماز کا قیام، زکوٰۃ کا اہتمام، امر بالمعروف اور نہی عن المنکر مسلمانوں کی ریاست کے دینی فرائض ہیں۔ یعنی جب ایک ریاست اپنے نظم اجتماعی کو اسلام کے تقاضوں کے مطابق روبہ عمل کرنے کا فیصلہ کرتی ہے تو قرآن اُس سے مطالبہ کرتا ہے کہ وہ یہ دینی فرائض لازماً ادا کرے۔

[مئی 1996ء]

انتہا پسندی سے نجات کا راستہ

علم اور عصبیت باہم مغائر ہیں۔ علم کی بنا تفہیم و تدبر اور عقل و استدلال پر قائم ہے، جب کہ عصبیت رشتہ و تعلق اور نسبت و محبت کو بنیاد بناتی ہے۔ چنانچہ علم کا مسئلہ صحت، اور عصبیت کا مسئلہ شناخت قرار پاتا ہے۔ سوال یہ ہے کہ فہم دین میں اتفاق و اختلاف کی بنیاد علم پر ہے یا عصبیت پر؟ اِس کا صحیح جواب علم ہے۔ وجہ یہ ہے کہ اللہ نے اِسی کو اپنی ہدایت کی اور انبیا نے اِسی کو اپنی دعوت کی بنیاد بنایا ہے۔

ہمارے جلیل القدر علما نے اِسی کی پیروی کی ہے۔ چنانچہ جب وہ عقل و نقل کی بنا پر کسی بات کو صحیح یا غلط قرار دیتے ہیں تو اُن کے لیے معیار کی حیثیت علم کو حاصل ہوتی ہے۔

یہ درست ہے کہ عصبیت بہ ذاتِ خود کوئی غلط جذبہ نہیں ہے، یہ اگر علم و اخلاق اور حق و صداقت کے لیے ہو تو انسانوں کی بقا کا ضامن ہو تا ہے، لیکن جب یہ غلو، جبر اور عدم بر داشت کی حد کو پہنچ جائے تو فتنہ و فساد کا باعث بن جاتا ہے۔ سب جانتے ہیں کہ ہماری اکثر مذہبی عصبیتیں علم و نظر کے اختلاف ہی سے پروان چڑھی ہیں۔ یہ فرقہ بندی میں کبھی تبدیل نہ ہوتیں، اگر اِن کا رخ علم و اخلاق اور حق و صداقت کی جانب رہتا۔ لیکن جب بعض وقتی ضرورتوں یا سیاسی، معاشی اور سماجی مفادات کے تحت اِن کا رخ تشخص اور شناخت کی طرف موڑ دیا گیا تو پھر اِن کے بطن سے اُس عفریت نے جنم لیا، جسے دورِ حاضر میں انتہا پسندی اور

دہشت گردی سے تعبیر کیا جاتا ہے۔

چنانچہ انتہا پسندی کے مسئلے کا حل یہ نہیں ہے کہ مذہبی شناختوں، فرقوں یا گروہوں کی عصبیت کو اصل، برحق اور لازم مان کر بقاے باہمی کی روش اپنانے کی تلقین کی جائے، بلکہ یہ ہے کہ فرقوں اور شناختوں کی عصبیت کو باطل قرار دیا جائے اور علم و استدلال کو اصل مان کر بحث و مکالمے کی فضا کو پروان چڑھایا جائے۔ علم و استدلال ہی انسان کا شرف ہے اور اِسی میں اُس کی بقا ہے۔

اِس نکتے کی تفصیل کے لیے سب سے پہلے یہ بات سمجھنی چاہیے کہ اسلام ایک فکر ہے، ایک علم ہے، ایک نظریہ ہے، اِس لیے اِس کی شرح و وضاحت اور تعبیر و تاویل بھی علمی، فکری اور نظریاتی بنیادوں پر ہوتی ہے۔ پھر اُس شرح و تعبیر سے اتفاق و اختلاف یا اُس کے رد و قبول کا فیصلہ بھی فکری زاویۂ نظر پر کیا جاتا ہے۔ چنانچہ یہ معلوم و معروف ہے کہ اہل سنت، اہل تشیع، احناف، شوافع، مالکیہ، حنابلہ، بریلوی، دیوبندی، اہل حدیث، ظاہریہ، صوفیہ اور دیگر فرقوں کے نقطہ ہاے نظر میں جو فرق و امتیاز پایا جاتا ہے، اُس کا اصل سبب نظریاتی ہے۔ یعنی اِن کے مابین علم و عقل کے مقدمات، تحقیق و استدلال کے اسالیب اور اخذ و استنباط کے اصولوں کا فرق قائم ہے، جس نے اُنھیں الگ الگ گروہوں یا شناختوں میں تقسیم کیا ہے۔ بہ الفاظِ دیگر یہ شناختیں دین اسلام کے اساسی یا فروعی تصورات کی تعبیر و تاویل میں ایک دوسرے سے اختلاف رکھتی ہیں۔

اب سوال یہ ہے کہ یہ نظری تفریق یا فکری اختلاف کیسے انتہا پسندی تک پہنچ جاتا ہے تو تاریخی تناظر میں اِس کی ایک سادہ ترتیب یہ ہے کہ پہلے علما کے مابین علمی اختلاف پیدا ہوتا ہے، پھر اُس اختلاف کا دائرہ اُن کے شاگردوں اور متقفین تک وسیع ہوتا ہے، پھر مدرسوں اور مسجدوں کی تقسیم عمل میں آتی ہے، پھر ادارے، جماعتیں اور تنظیمیں تشکیل پاتی ہیں، پھر

جلسے جلوسوں اور مناظرہ بازی کا ہیجان برپا ہوتا ہے، پھر ایک دوسرے کے لیے کفر و ارتداد، توہین و تکذیب، بغاوت اور غداری کے فتوے صادر کیے جاتے ہیں اور پھر بالآخر خون کے مباح اور قتل کے واجب ہونے کا اعلان کر دیا جاتا ہے۔

اِس تفصیل سے واضح ہے کہ انتہا پسندی کا مسئلہ اپنی اصل کے لحاظ سے سیاسی یا سماجی نہیں، بلکہ نظریاتی ہے۔ یہ درست ہے کہ اِس کو شعلۂ جوالہ بنانے میں سیاسی اور سماجی عوامل بنیادی کردار ادا کرتے ہیں، مگر اِس صورت میں بھی فکر و خیال کی شرر انگیزی کی ضرورت، بہر حال ہوتی ہے۔ چنانچہ انتہا پسندی کے حل کو عصبیت و شناخت اور سیاست و معاشرت کے مظاہر میں نہیں، بلکہ علم و نظر اور ان کی تفہیم و تعبیر کی اساسات میں تلاش کرنا چاہیے۔

اِس زاویۂ نظر سے دیکھا جائے تو واضح ہو گا کہ انتہا پسندی کا مسئلہ دین کے بعض مباحث کی غلط تاویل یا غلط اطلاق سے پیدا ہوا ہے۔ اِن میں تکفیر، دائرۂ اسلام سے اخراج، ارتداد اور اُس کی سزا، غلبۂ اسلام، خلافت، نفاذِ شریعت اور جہاد و قتال نمایاں ہیں۔ چنانچہ یہ ضروری ہے کہ اِن کے حوالے سے رائج تعبیرات کی غلطی کو واضح کیا جائے اور اُن کے مقابل میں دین کے صحیح تصور کو اُس کے پورے استدلال کے ساتھ پیش کیا جائے۔ اِس مقصد کے لیے لازم ہے کہ اتفاق کو عقیدت اور اختلاف کو عناد سے الگ کر کے دلیل اور مکالمے کی فضا کو پروان چڑھایا جائے۔

رائج تعبیرات کی غلطی کو واضح کرنے اور اُن کے مقابلے میں اپنے علم و فہم کے مطابق دین کی صحیح فکر کو پیش کرنے کا کام مدرسۂ فراہی کے علمانے بہ تمام و کمال انجام دے دیا ہے۔ یہ کام استاذِ گرامی جناب جاوید احمد غامدی کی تالیف ''میزان'' میں یک جا ہے۔ موجودہ مذہبی فکر کے مقابلے میں یہ گویا ایک جوابی بیانیہ (counter narrative) ہے، جو انتہا پسندی کا اصل سبب بعض مسلمہ مذہبی تعبیرات کو قرار دیتا، اُن کی غلطی کو واضح کرتا اور اُن کے مقابل میں

قرآن و سنت کے صحیح تصور کو پیش کرتا اور پورے عزم و جزم کے ساتھ اِس بات کا اظہار کرتا ہے کہ انتہا پسندی سے نجات اِسی متبادل تصور کو رائج کرنے میں ہے۔ دینی اخلاص، قومی حمیت اور علمی دیانت کا لازمی تقاضا ہے کہ اِس جوابی بیانیے پر پوری سنجیدگی کے ساتھ غور کیا جائے، اِس پر بحث و مکالمے کا آغاز کیا جائے اور خالص علمی اور دینی بنیادوں پر اِس کے رد و قبول کا فیصلہ کیا جائے۔

اِس مقصد کے لیے ضروری ہے کہ علما، اہل دانش اور اربابِ حل و عقد رائج بیانیے اور اِس جوابی بیانیے کو علمی انداز سے سمجھیں اور اِن کے باہمی تقابل سے واضح راے تک پہنچنے کی کوشش کریں۔ کسی بات کی صحت یا غلطی واضح کرنے کا طریقہ یہی ہے کہ اُسے علمی دلائل کی بنا پر اور تہذیب اور شایستگی کے ساتھ پیش کیا جائے۔ مختلف مذہبی گروہ اگر اپنے ساتھ اختلاف رکھنے والوں کی غلطی واضح کرنا چاہتے ہیں تو اُن کے لیے بھی واحد راستہ یہی ہے کہ وہ اُسے علم و استدلال سے واضح کرنے کی کوشش کریں، کیونکہ علم کی دنیا اور دین کے دائرے میں ہنگامہ و احتجاج اور جبر و استبداد کے لیے کوئی گنجایش نہیں ہے۔

خلاصۂ کلام یہ ہے کہ مسلمانوں کے معاشرے میں انتہا پسندی کا مسئلہ سیکولرازم کی تبلیغ سے یا مذہبی شناختوں کے بقاے باہمی کے اصول کو ماننے سے نہیں، بلکہ فکرِ اسلامی کی تشکیل جدید سے حل ہو گا۔ اِس کا آغاز رائج مذہبی فکر کے جوابی بیانیے کی صورت میں ہو گیا ہے۔ اللہ کو منظور ہوا تو یہ بیانیہ مسلمانوں کے مذہبی، سیاسی اور سماجی شعور میں ایک عظیم انقلاب کا پیش خیمہ ثابت ہو گا۔ ھٰذا ما عندی والعلم عند اللہ۔

[اکتوبر 2020ء]

افغانستان میں مجسموں کا انہدام

گذشتہ ماہ (جون 2001ء) سے افغانستان کی حکومت نے اپنے علاقے میں موجود بدھ مت اور ہندو مت سے تعلق رکھنے والے مجسموں کو منہدم کرنے کا سلسلہ شروع کیا ہے۔ دنیا کی سبھی غیر مسلم اقوام نے اِس اقدام کی پر زور مذمت کی ہے۔ اہل اسلام کے موثر اور کار فرما طبقات نے اِس اقدام کے بارے میں ملا جلا ردِ عمل ظاہر کیا ہے۔ بعض لوگوں نے اِسے دین کے منشا کے عین مطابق قرار دیا ہے، بعض نے اِسے غیر مستحسن کہا ہے اور بعض نے خاموشی کا رویہ اختیار کیا ہے۔ غالباً، اِسی بنا پر عام مسلمان اِس اقدام کی صحت یا عدم صحت کے حوالے سے تذبذب کا شکار ہیں۔ اِس ضمن میں ہم اپنا نقطۂ نظر، اِس اقدام کے سیاسی محرکات سے تعرض کیے بغیر محض تعلیم دین کی روشنی میں پیش کرنا زیادہ موزوں سمجھتے ہیں۔

ذیل میں ہم اپنے نقطۂ نظر کی وضاحت میں اُن نکات کو بیان کریں گے جو کسی نہ کسی پہلو سے موضوعِ زیرِ بحث سے متعلق ہیں:

1۔ اسلام کی اساس توحید کے عقیدے پر قائم ہے۔ توحید کا مطلب یہ ہے کہ اللہ تعالیٰ کی ذات میں، اُس کی صفات میں اور اُس کے حقوق میں کسی کو شریک نہ ٹھہرایا جائے۔ توحید کا ضد شرک ہے، اِسے قرآنِ مجید نے مظالم میں سے سب سے بڑا ظلم قرار دیا ہے۔ وہی شخص مسلمان ہے، جو توحید کا اقرار کرتا ہے اور شرک کا انکار کرتا ہے۔ اسلام کی دعوت اگر ایک

لفظ میں بیان کی جائے تو وہ توحید اور آخرت کی منادی ہے۔ قرآنِ مجید کا بیش تر حصہ اِنھی مباحث کی تعلیم و تذکیر پر مشتمل ہے۔ ہر مسلمان کی سلامتی ایمان اور اخروی کامیابی کے لیے ضروری ہے کہ وہ مشرکانہ عقائد و نظریات، مشرکانہ رسوم و رواج اور مشرکانہ مظاہر و مقامات سے اپنے آپ کو محفوظ رکھے، کیونکہ اللہ تعالیٰ کا ارشاد ہے:

"اللہ اِس چیز کو نہیں بخشے گا کہ اُس کے شریک ٹھیرائے جائیں۔ اِس کے نیچے، البتہ جس کے لیے چاہے گا، (اپنے قانون کے مطابق) بخش دے گا۔ (اِس لیے شرک سے دور رہو) اور (یاد رکھو کہ) جو اللہ کے شریک ٹھیرائے گا، وہ گم راہی میں بہت دور جا پڑا ہے۔"

(النساء4:116)

2۔ اسلام دین فطرت ہے۔ وہ رنگ، نسل، زبان، علاقہ اور مذہب کی عصبیتوں سے بلند ہو کر ہر انسان کو اپنا مخاطب بناتا ہے۔ وہ دلوں کے دروازوں پر دستک دیتا ہے۔ وہ ذہنوں کو اپیل کرتا ہے۔ جبر و اکراہ اور دھونس و زبردستی کے الفاظ سے اُس کی لغت خالی ہے۔ اُس کی نوائے دل سوز پر اگر کوئی کان نہیں دھرتا تو وہ اُسے بالجبر اپنے حریم میں داخل نہیں کرتا، بلکہ اُس کا معاملہ عالم کے پروردگار پر چھوڑ دیتا ہے۔

3۔ اسلام کی دعوت کا طریق کار حکمت و نصیحت ہے۔ جبر و اکراہ اور تحقیر و تذلیل کا طرزِ عمل اِس راہ میں رکاوٹ ہی بن سکتا ہے، مفید ہرگز نہیں ہو سکتا۔ اِس بارے میں اللہ تعالیٰ کا واضح ارشاد ہے کہ:

"تم، (اے پیغمبر)، اپنے پروردگار کے راستے کی طرف دعوت دیتے رہو حکمت کے ساتھ اور اچھی نصیحت کے ساتھ، اور اِن کے ساتھ اُس طریقے سے بحث کرو جو پسندیدہ ہے۔" (النحل16:125)

استاذِ گرامی جناب جاوید احمد صاحب غامدی اپنی کتاب "میزان" میں اِس آیت کے تحت لکھتے ہیں:

”...داعی جو بات بھی کہے، وہ دلیل و برہان اور علم و عقل کی روشنی میں کہے اور اُس کا انداز چڑھ دوڑنے اور دھونس جمانے کا نہیں، بلکہ خیر خواہی اور شفقت و محبت کے ساتھ توجہ دلانے کا ہونا چاہیے۔ یہاں تک کہ بحث و مباحثہ کی نوبت بھی اگر آجائے تو اُس کے لیے پسندیدہ طریقے اختیار کیے جائیں اور اِس کے جواب میں حریف اشتعال انگیزی پر اتر آئے تو اُس کی اینٹ کا جواب پتھر سے دینے کے بجائے داعی حق ہمیشہ مہذب اور شایستہ ہی رہے۔“(561)

4۔ قرآن مجید نے واضح طور پر اِس بات سے منع فرمایا ہے کہ بتوں یا اِس نوعیت کے معبودوں کو برا کہا جائے۔ ارشاد ہے:

”تم لوگ اُنھیں گالی نہ دو جن کو اللہ کے سوا یہ پکارتے ہیں، کہیں ایسا نہ ہو کہ تجاوز کرکے یہ بن سمجھے اللہ کو گالیاں دینے لگیں۔“(الانعام 6:108)

اِس سلسلے میں دو باتیں قابل لحاظ ہیں: ایک یہ کہ عام انسان جب کسی باطل عقیدے کو مان رہا ہوتا ہے یا کسی لغو چیز کی پرستش کر رہا ہوتا ہے تو بالعموم، اُس کے اِس عمل کے پیچھے نسلوں کا تعامل اور صدیوں کی روایات کارفرما ہوتی ہیں۔ وہ اُس کے دل و دماغ کا اِس طرح احاطہ کیے ہوئے ہوتی ہیں کہ اُن کے باطل ہونے کے باوجود اُن سے چھٹکارا پانا بہت مشکل ہوتا ہے۔

دوسری بات یہ ہے کہ اِس طرح کے سب و شتم کے نتیجے میں، جیسا کہ قرآن نے ارشاد فرمایا ہے، مخاطب مشتعل ہو کر پروردگارِ عالم کے بارے میں بھی بدزبانی کر سکتا ہے۔ ہم مسلمانوں کو ظاہر ہے، ایسی صورت حال کی نوبت ہی نہیں آنے دینی چاہیے۔

مولانا امین احسن اصلاحی سورۂ انعام کی اسی آیت کی وضاحت میں لکھتے ہیں:

”...دعوت کے نقطۂ نظر سے بابرکت اور نتیجہ خیز طریقہ یہی ہے کہ بات اصول و عقائد ہی تک محدود رہے تاکہ مخاطب کے اندر کسی بے جا عصبیت کا جذبۂ جاہلی ابھرنے نہ

پائے۔ اگر توحید کا تقاضاے عقل و فطرت ہونا اور شرک کا بالکل بے ثبات و بے بنیاد ہونا ثابت ہو جائے تو ان مزعومہ معبودوں کی خدائی آپ سے آپ ختم ہو جاتی ہے، ان کو سب و شتم کا ہدف بنانے کی سرے سے کوئی ضرورت ہی باقی نہیں رہتی۔ برعکس اِس کے اگر بحث کے جوش میں اُن چیزوں کو لوگ برا بھلا کہنا شروع کر دیتے، جن کی عقیدت پشت ہا پشت سے مشرکین کے دلوں میں رچی بسی ہوئی تھی تو اُس کا نفسیاتی اثر ان پر یہی پڑ سکتا تھا کہ وہ مشتعل ہو کر نعوذ باللہ خدا کو گالیاں دینے لگتے اور پھر کوئی بات بھی سننے کے لیے تیار نہ ہوتے ... ہر قوم کو اپنی روایات، اپنے رسوم اور اپنے معتقدات عزیز ہوتے ہیں۔ اِس وجہ سے ان کی علانیہ تحقیر و توہین سے وہ مشتعل ہوتی ہے۔ اِس طرح کی کسی چیز پر تنقید کرتے ہوئے ناقد کو لازماً یہ بات ملحوظ رکھنی چاہیے کہ معاملے کے وہی پہلو زیرِ بحث آئیں، جو آنے چاہییں اور اُسی انداز میں آئیں، جو شایستہ بحث و تنقید کے شایانِ شان ہے۔ وہ انداز نہیں ہونا چاہیے، جو جذبات کو مجروح کرنے والا اور دلوں کو دکھانے والا ہو۔"

(تدبر قرآن 3/135-136)

5۔ خلافتِ راشدہ جو نظم اجتماعی کے حوالے سے منشاے خداوندی کا بہترین نمونہ تھی، اُس نے غیر مسلموں کے جان و مال اور عزت و آبرو کو مسلمانوں کے جان و مال اور عزت و آبرو کے برابر قرار دیا۔ اُنھیں مذہبی امور میں پوری آزادی دی۔ مذہبی تحفظ میں یہ شان قائم رکھی کہ مصر میں اسکندریہ کا پیٹریارک بنیامین اپنے ہم مذہب رومیوں کے خوف سے 13 برس تک پناہ کے لیے مارا مارا پھرتا رہا۔ سیدنا عمر رضی اللہ عنہ کی خلافت میں، جب حضرت عمرو بن العاص نے مصر فتح کیا تو بنیامین کو تحریری امان دی گئی اور اُسے بلا کر پیٹریارک کی مسند دوبارہ فراہم کی گئی۔ فلسطین کا علاقہ جب سیدنا عمر کے زیر نگیں آیا تو اُنھوں نے اہل بیت المقدس کے لیے یہ تحریری پروانہ جاری کیا:

"یہ وہ امان ہے، جو خدا کے غلام، امیر المومنین، عمر ابن خطاب نے ایلیا کے لوگوں کو

دی۔ یہ امان اُن کی جان و مال، کلیسا، صلیب، اُن کے تندرست، اُن کے بیمار اور اُن کے تمام مذہب والوں کے لیے ہے۔ اِس طرح کہ اُن کلیساؤں میں نہ سکونت اختیار کی جائے گی، نہ وہ ڈھائے جائیں گے، نہ اُن کو، نہ اُن کے احاطے کو کچھ نقصان پہنچایا جائے گا۔ نہ اُن کی صلیبوں اور اُن کے مال میں کچھ کمی کی جائے گی۔ مذہب کے بارے میں اُن پر جبر نہ کیا جائے گا... اِس تحریر پر خدا کا، رسول خدا کا، خلفا کا اور مسلمانوں کا ذمہ ہے۔"

(الفاروق، شبلی نعمانی 279)

6۔ گذشتہ چودہ صدیوں پر مشتمل مسلمانوں کی تاریخ بتاتی ہے کہ مسلمانوں نے اپنے ہر دور میں غیر مسلموں پر کوئی مذہبی پابندی نہیں لگائی۔ اُنھیں عبادت گاہیں قائم کرنے، اُن میں عبادت کرنے اور اپنے مذہب کے مطابق زندگی بسر کرنے کی بھرپور آزادی حاصل رہی ہے۔

درجِ بالا نکات کی روشنی میں ہمارا نقطۂ نظر یہ ہے کہ، بلاشبہ شرک سب سے بڑا گناہ ہے۔ مسلمانوں کی یہ ذمہ داری ہے کہ وہ اُس کی شناعت کو انسانوں پر پورے علم و استدلال سے واضح کریں، توحید کی دعوت کو پوری شان کے ساتھ دنیا کے سامنے پیش کریں، مگر یہ ذمہ داری انجام دیتے ہوئے اُن سے کوئی ایسا فعل صادر نہیں ہونا چاہیے، جو شریعت کے حدود سے متجاوز اور دعوتِ دین کی حکمت سے متصادم ہو۔ اسلام غیر مسلموں کو وہ تمام تحفظات اور وہ تمام حقوق فراہم کرتا ہے، جو علم و اخلاق اور عقل و فطرت کے مسلمات سمجھے جاتے ہیں۔ چنانچہ وہ اسلام جو غیر مسلموں کے مذہبی مراسم کی انجام دہی پر کوئی پابندی عائد نہیں کرتا اور اُنھیں اپنے مذہب پر عمل پیرا ہونے کے ساتھ ساتھ، اُس کی دعوت و تبلیغ کی بھی پوری آزادی دیتا ہے، اُس کی اقلیم میں عبادت گاہوں کے انہدام کا سوال ہی پیدا نہیں ہو سکتا۔ اور وہ اسلام جس نے بتوں کو زبان تک سے برا کہنے سے منع فرمایا ہے، وہ اُنھیں مسمار کرنے کی اجازت

ہرگز نہیں دے سکتا۔ اِس وجہ سے، ہمارے نزدیک، مذکورہ اقدام کی کم سے کم اسلام میں کوئی گنجایش نہیں ہے اور سیاسی مقاصد کے حصول کے لیے اسلام کو اِس طریقے سے استعمال کرنا بھی درست روش نہیں ہے۔

ہماری اِس بحث اور اِس سے اخذ کیے گئے نتائج پر دو قابل ذکر سوال، بہر حال پیدا ہوتے ہیں:

ایک یہ کہ اِس بحث کا اطلاق افغانستان پر کیوں کر کیا جا سکتا ہے، جب کہ افغانستان میں نہ اِن مجسموں کے پیرو موجود ہیں اور نہ اِن کی وہاں پر باقاعدہ عبادت کی جاتی ہے؟

دوسرا سوال یہ پیدا ہوتا ہے کہ بت شکنی کے اُن واقعات کی کیا توجیہ ہے، جو حضرت ابراہیم علیہ السلام اور حضرت محمد صلی اللہ علیہ وسلم کے حوالے سے تاریخی طور پر مسلم ہیں؟

پہلے سوال کے جواب میں ہمارا نقطۂ نظر یہ ہے کہ اگر یہ واقعہ سو، ڈیڑھ سو سال پہلے رونما ہوا ہوتا تو پھر ہماری بات کا اطلاق اِس پر نہ کیا جا سکتا، اِس کی وجہ یہ ہے کہ اِس وقت اِس طرح کے اقدام کی بیرونی دنیا میں کسی کو خبر بھی نہ ہوتی، مگر اب صورتِ حال یک سر مختلف ہے۔ ذرائع ابلاغ کی وسعت نے اقصاے عالم کو بہت محدود کر دیا ہے۔ ہم جس طرح اپنے ملک کے معاملات سے واقف ہوتے ہیں، اُسی طرح دوسرے ملک کے حالات سے بھی پوری طرح آگاہ ہو سکتے ہیں۔ یہ آگاہی محض مطالعے اور سماعت ہی تک محدود نہیں ہوتی، بلکہ اکثر اوقات ہم اپنی آنکھوں سے ایک ایک عمل کا مشاہدہ کر رہے ہوتے ہیں۔ مذکورہ واقعے میں بھی یہی صورتِ حال رونما ہوئی ہے۔ اخبارات، ریڈیو، ٹی وی اور انٹرنیٹ کے ذریعے سے انہدام کی لحظہ بہ لحظہ رپورٹیں بدھ مت کے پیرووں تک مسلسل پہنچتی رہی ہیں۔ اِن رپورٹوں ہی کی بنا پر اُنھوں نے ہر سطح پر اپنا ردِ عمل ظاہر کیا ہے اور دیگر اقوام عالم نے بھی غم وغصے کا اظہار کیا ہے۔ اِس تناظر میں، ہمارے نزدیک، اِن تمام اصولوں کا انعقاد اُس صورتِ حال پر

ہوتا ہے، جو حکمتِ دعوت اور غیر مسلموں کے حقوق کے حوالے سے قرآن و سنت میں موجود ہیں، خلافتِ راشدہ میں پوری شان سے قائم رہے ہیں اور آج بھی اجماعِ امت کی حیثیت سے پیش کیے جاسکتے ہیں۔

دوسرے سوال کے حوالے سے، ہمارے خیال میں، چونکہ سیدنا ابراہیم علیہ السلام اور نبی صلی اللہ علیہ وسلم کے اقداماتِ بت شکنی مختلف تناظر میں ہوئے ہیں، اِس لیے اُن کو الگ الگ سمجھنا زیادہ مناسب ہوگا۔

قرآنِ مجید میں مذکور سیدنا ابراہیم علیہ السلام سے متعلق مختلف واقعات کے مطالعے سے معلوم ہوتا ہے کہ جب اُن کا مخاطب اپنے کسی زعم باطل کی بنا پر، اُن کے بیانِ حقیقت کو جھٹلانے پر کمربستہ ہو جاتا ہے تو وہ اتمام وضاحت کے لیے ایک خاص اسلوب اختیار کرتے ہیں۔ اِس اسلوب میں اِس قدر اعلیٰ استدلال ہوتا ہے کہ مخاطب کے لیے کٹ حجتی اور بات بنانے کی کوئی گنجایش باقی نہیں رہتی اور ایسا لطیف اور واضح طنز ہوتا ہے کہ مخاطب کے پاس سوائے خفت کے اور کوئی چارہ نہیں ہوتا۔ اِس کی نہایت دل نشین مثال نمرود کے ساتھ آپ کا مکالمہ ہے۔ قرآنِ مجید کے مطابق جب سیدنا ابراہیم علیہ السلام نے فرمایا کہ میرا رب تو وہ ہے، جو زندگی بخشتا ہے اور موت دیتا ہے تو اِس پر نمرود نے کٹ حجتی کرتے ہوئے کہا کہ میں بھی زندگی اور موت دے سکتا ہوں۔ اِس لغو جواب کو سن کر سیدنا ابراہیم نے یہ لافانی جملہ بولا کہ ”میرا اللہ تو سورج کو مشرق سے نکالتا ہے تو اُسے ذرا مغرب سے نکال کر دکھا!“، اِس طرزِ استدلال کے بعد نمرود کے لیے شرمندگی کے سوا کوئی راستہ نہیں رہا تھا۔

بت شکنی کا واقعہ بھی اِس طرزِ استدلال کی ایک نہایت خوب صورت مثال ہے۔ قرآنِ مجید نے سورۂ انبیاء میں اِسے پوری صراحت کے ساتھ بیان کیا ہے۔ ہم اِس مقام کا مطالعہ کریں تو معلوم ہوتا ہے کہ بت خانے کے اندر کسی اجتماع کے موقع پر سیدنا ابراہیم نے اپنی قوم

کے لوگوں سے کہا کہ اُن بتوں اور اُن مورتوں کی کیا حیثیت ہے، جن پر تم دھرنا دیے بیٹھے ہو! اِس پر لوگوں نے جواب دیا کہ ہم نے تو اپنے باپ دادا کو اِنھی کی عبادت کرتے ہوئے پایا ہے۔ اِس آغازِ کلام کے بعد آپ اور اُن لوگوں کے مابین ایک مکالمہ ہوا۔ آپ نے اُن کی اس پرستش کو گم راہی قرار دیا اور پروردگارِ عالم کی شان بیان کی۔ خاتمۂ کلام میں آپ نے لوگوں سے فرمایا کہ جب تم لوگ اِس بت خانے سے رخصت ہو گے تو میں اِن بتوں کے ساتھ ایک تدبیر کروں گا۔ گویا اِن کی قلعی کھول کر رکھ دوں گا۔ اُن کے جانے کے بعد آپ نے اُس بت خانے میں موجود سبھی بتوں کو توڑ ڈالا، مگر سب سے بڑے بت کو قائم رکھا۔ اہل قوم کو جب اِس واقعے کی خبر ہوئی تو اُنھوں نے سیدنا ابراہیم سے پوچھا کہ ہمارے بتوں کے ساتھ یہ معاملہ کس نے کیا ہے؟ اِس موقع پر آپ نے اپنے مخصوص اسلوب میں، جو استدلال و استدراج، طنز و استہزا اور اتمام حجت کا جامع تھا، فرمایا: ''بلکہ اِن کے اِس بڑے نے یہ حرکت کی ہے تو اِنھی سے پوچھ لو اگر یہ بولتے ہوں!''۔ اِس جملے کا وہی نتیجہ نکلا، جو سیدنا ابراہیم کے پیشِ نظر تھا، یعنی اُنھوں نے اپنی قوم کے لوگوں کو اُس جگہ پر لا کھڑا کیا کہ اُن کے پاس اعترافِ حق کے سوا کوئی چارہ ہی نہ رہا۔ چنانچہ وہ کچھ متنبہ ہوئے اور آپس میں ایک دوسرے کو باطل اور ظالم گردانے لگے، مگر فوراً ہی اُنھوں نے اپنے ضمیر کی اِس آواز پر توجہ دینے سے گریز کیا اور کسی قدر شرمندگی سے بولے کہ ''تمھیں تو معلوم ہی ہے کہ یہ بولتے نہیں۔'' یہی وہ موقع تھا، جس کے لیے سیدنا ابراہیم نے منصوبہ بندی کی تھی۔ آپ نے پوری شان سے فرمایا:

> ''کیا اللہ کے سوا اُن چیزوں کی پرستش کرتے ہو جو تمھیں نہ کوئی نفع پہنچا سکیں نہ نقصان؟ بے زار ہوں تم سے میں اور اُن سے بھی جنھیں تم اللہ کے سوا پوجتے ہو۔ پھر کیا سمجھتے نہیں ہو؟'' (الانبیاء 21:67)

اِس بیانِ واقعہ سے ہم یہ باتیں اخذ کر سکتے ہیں:

ا۔ سیدنا ابراہیم علیہ السلام کے اقدام بت شکنی کا اصل مقصد اپنی قوم کے لوگوں کی غلطی اِس سطح پر واضح کرنا تھا کہ اُن کے پاس اعترافِ حق یا اعترافِ شکست کے سوا کوئی چارہ باقی نہ رہے۔ یہ مقصد اُنھوں نے پوری خوبی سے حاصل کیا۔

ب۔ اِس اقدام کا اصل مقصد اگر بت شکنی ہوتا تو آپ بڑے بت کو ہرگز نہ چھوڑتے، بلکہ سب سے پہلے اُسے ہی مسمار کرتے۔

ج۔ یہ ایک پیغمبر کا اقدام تھا، جس کا کوئی بھی دینی اقدام اللہ تعالیٰ کی براہِ راست رہنمائی کے بغیر نہیں ہو سکتا۔

جہاں تک نبی صلی اللہ علیہ وسلم کے بیت اللہ کو بتوں سے پاک کر دینے کے اقدام کا تعلق ہے تو اِس کے بارے میں یہ بات واضح رہنی چاہیے کہ یہ اقدام بہ حیثیتِ رسول، حضور کی منصبی ذمہ داری کا اظہار تھا۔ خدائی اسکیم کے تحت، رسول کی حیثیت سے آپ کی بعثت کا مقصد یہ تھا کہ دین حق کو تمام ادیانِ عرب پر غالب کیا جائے، پیغمبر کے مخاطب مشرکین عرب اگر ایمان نہ لائیں تو اُنھیں تہ تیغ کیا جائے اور سرزمین عرب کو صرف اللہ کی عبادت کے لیے خاص کیا جائے۔ ارشاد ہے:

> ”وہی ہے جس نے اپنے رسول کو ہدایت اور دین حق کے ساتھ بھیجا ہے تاکہ (اِس سرزمین کے) تمام ادیان پر اُس کو غالب کر دے، خواہ یہ مشرکین بھی اِسے کتنا ہی ناپسند کریں۔“ (الصف 61:9)
>
> ”اور تم یہ جنگ اُن سے برابر کیے جاؤ، یہاں تک کہ فتنہ باقی نہ رہے اور دین اِس سرزمین میں اللہ ہی کا ہو جائے۔“ (البقرہ 2:193)

مولانا امین احسن اصلاحی سورۂ بقرہ کی مذکورہ آیت کی تفسیر کرتے ہوئے ”تدبر قرآن“ میں لکھتے ہیں:

''وَ یَکُوۡنَ الدِّیۡنُ لِلّٰہِ' (اور دین اللہ کا ہو جائے) کا صحیح موقع و محل اور اِس کا اصلی زور سمجھنے کے لیے یہاں بالاجمال اُس سنت اللہ کو سمجھ لینا ضروری ہے، جو اللہ تعالیٰ نے اپنے رسولوں کے باب میں پسند فرمائی ہے۔ وہ سنت اللہ یہ ہے کہ اللہ تعالیٰ جب کسی قوم کی طرف اپنا رسول بھیجتا ہے تو وہ رسول اُس قوم کے لیے خدا کی آخری اور کامل حجت ہوتا ہے، جس کے بعد کسی مزید حجت و برہان کی اُس قوم کے لیے ضرورت باقی نہیں رہ جاتی۔ اِس کے بعد بھی اگر وہ قوم ایمان نہیں لاتی، بلکہ تکذیب رسول اور عداوت حق ہی پر اڑی رہ جاتی ہے تو وہ فنا کر دی جاتی ہے۔ عام اِس سے کہ وہ اللہ تعالیٰ کے کسی عذاب کے ذریعہ سے فنا ہو یا حق کے اعوان و انصار اور رسول کے ساتھیوں کے ہاتھوں اور عام اِس سے کہ یہ واقعہ رسول کی زندگی ہی میں ظہور میں آئے یا اُس کی وفات کے بعد۔ 'لَاَغۡلِبَنَّ اَنَا وَرُسُلِیۡ'، 'جَآءَ الۡحَقُّ وَزَهَقَ الۡبَاطِلُ اِنَّ الۡبَاطِلَ کَانَ زَهُوۡقًا'، اور اِس مضمون کی دوسری آیات میں اسی سنت اللہ کی طرف اشارہ ہے اور اِس کے ظہور کے لیے قرآن میں ایک مخصوص ضابطہ بیان ہوا ہے۔ (یہ ملحوظ رہے کہ میں نے یہاں جس سنت اللہ کی طرف اشارہ کیا ہے، اس کا تعلق خاص طور پر رسولوں سے ہے، اُن انبیا سے نہیں ہے، جو صرف نبی تھے، رسول نہیں تھے)۔... اِسی سنت اللہ کی طرف یہ آیت اشارہ کر رہی ہے کہ اس آخری رسالت کے مقصد کی تکمیل اِس بات پر ہونی ہے کہ سرزمین حرم پر دین حق کے سوا اور کوئی دین باقی نہیں رہنے پائے گا۔ چنانچہ اِسی بنیاد پر قرآن نے کفارِ عرب کے سامنے، جن کے لیے آنحضرت صلی اللہ علیہ وسلم کی بعثت براہِ راست تھی اور جو بیت اللہ پر بالکل ناجائز طور پر قابض تھے، صرف دو ہی راہیں باقی رکھی تھیں یا تو اسلام قبول کریں یا تلوار۔ دوسرے کفار کی طرح اُن کے لیے جزیہ کی گنجایش نہیں تھی۔ چنانچہ جب اتمام حجت کا تقاضا پورا ہو گیا، نبی صلی اللہ علیہ وسلم نے مکہ پر فوج کشی کی اور بیت اللہ پر قبضہ کر کے اس کو کفر و شرک کی تمام آلایشوں سے بالکل پاک کر دیا اور 'جَآءَ الۡحَقُّ وَزَهَقَ الۡبَاطِلُ' کا اعلان فرما دیا۔

پھر حرم الٰہی کو مستقل طور پر کفر و شرک کے غلبہ سے پاک رکھنے کے لیے یہ بھی

ضروری ہوا کہ اِس پورے علاقہ کو غیر اسلامی قبضہ یا مداخلت سے بالکل محفوظ کر دیا جائے، جس میں یہ حرم واقع ہے۔ چنانچہ نبی صلی اللہ علیہ وسلم نے پورے جزیرۂ عرب کے متعلق یہ ہدایت دے دی کہ 'لَا یَجْتَمِعُ فِیْہِ دِیْنَانِ' اِس میں دین حق کے ساتھ کوئی اور دین جمع نہیں ہو سکتا۔ اور آخر وقت میں آپ نے یہود و نصاریٰ کو بھی اِس سر زمین سے نکال دینے کی وصیت فرمائی، جس کی تعمیل حضرت عمر رضی اللہ عنہ نے اپنے زمانے میں کی۔ یہ تدبیر مرکز اسلام کے سیاسی تحفظ کے لیے ضروری تھی اور یہ مسلمانوں پر فرض ہے کہ وہ اِس گھر کے تحفظ کے لیے ہمیشہ بیدار رہیں اور کسی بھی غیر اسلامی طاقت کے قدم اِس سر زمین پر جمنے نہ دیں۔'' (478-479/1)

اِس تفصیل سے یہ بات واضح ہوتی ہے کہ یہ اقدام نبی صلی اللہ علیہ وسلم نے اپنا فرضِ منصبی ادا کرتے ہوئے، سر تا سر حکم خداوندی کی تعمیل میں کیا۔ چنانچہ نبی صلی اللہ علیہ وسلم کی وفات کے بعد اور سر زمین عرب سے باہر اِس طرح کے کسی اقدام کے لیے دین میں کوئی گنجایش نہیں ہے۔

[مئی 2001ء]

نصرتِ الٰہی

[یہ تحریر افغانستان پر امریکی حملے کے تناظر میں لکھی گئی ہے۔
اِس میں 'نصرتِ الٰہی' کے اُس قانون کی وضاحت کی گئی ہے، جسے
جناب جاوید احمد غامدی نے اپنی کتاب "میزان" میں بیان کیا ہے۔]

خونابۂ ہلمند و آمو[1] آج پھر جاری ہے۔ وادیِ غزنہ و ہرات[2] کے باسی اپنا لہو اِس میں انڈیلتے
چلے جا رہے ہیں۔ اُنھیں یقین ہے کہ اُن کی رگِ جاں سے ٹپکنے والا یہ آبِ گلگوں ہر گز رایگاں
نہیں جائے گا۔ اب نہیں تو کچھ دیر بعد اور آج نہیں تو کل، عالم کا پرورد گار اپنی نصرت و
رحمت کے دروازے کھول دے گا۔ اُس کے فرشتے مدد کو آ پہنچیں گے اور پھر دنیا کی ساری
طاقتیں مل کر بھی اُنھیں شکست سے دوچار نہیں کر سکیں گی۔ اقوامِ عالم پر مسلمانوں کا غلبہ
قائم ہو جائے گا۔ اسلام کے مخالف صفحۂ ہستی سے مٹا دیے جائیں گے یا پھر ملتِ اسلامیہ کے
مطیع و فرماں بردار بننے پر مجبور ہو جائیں گے۔ یہ آس، یہ امید ابھی تک قائم ہے۔ لمحے گھڑیوں

---

[1] افغانستان کے دو دریاؤں کے نام۔

[2] افغانستان کے دو صوبوں کے نام۔

میں، گھڑیاں دنوں میں اور دن مہینوں میں ڈھلتے چلے جا رہے ہیں، مگر نصرتِ الٰہی کا دور دور تک کوئی نشان نظر نہیں آ رہا اور ہر آنے والا دن دین کے اِن جاں نثاروں کی کتابِ ہزیمت میں ایک نئے باب کا اضافہ کر رہا ہے۔

ہمالہ کے کوہ سار غیر مسلموں کے ہاتھوں مسلمانوں کی اِس عبرت ناک شکست کا براہِ راست مشاہدہ کر رہے ہیں۔ وہ حیران ہیں کہ پروردگارِ عالم اپنے نام لیواؤں کو کیوں رسوا ہونے دے رہا ہے؟ یہ لوگ اُس کی ذات پر سچا ایمان رکھتے ہیں۔ بلا شرکتِ غیرے اُس کی عبادت کرتے ہیں۔ اُس کے احکام کو واجب الاطاعت سمجھتے ہیں اور اُن کے نفاذ کے لیے سر گرم عمل ہیں۔ اُن کی پیشانیوں پر سجدوں کے نشان اور اُن کی آنکھوں میں شہادت کی طلب نظر آتی ہے۔ یہ لوگ دنیا کی لذتوں سے بے پروا اور آسایشوں سے کنارہ کش ہیں۔ یہ اسبابِ دنیا پر نہیں، بلکہ ذاتِ باری پر بھروسا رکھتے ہیں۔ یہ مردانِ خدا صرف ایمان ہی میں قوی نہیں ہیں، بلکہ شجاعت اور بہادری میں بھی اِن کا ثانی کم ہی نظر آتا ہے۔ آج غلبۂ اسلام کے یہ علم بردار، یہ خدائی فوج دار، یہ سچے جذبوں کے امین، یہ بوریا نشین غیر مسلموں کے ہاتھوں مارے جا رہے ہیں۔ اِن کے گھر برباد ہو رہے ہیں، اِن کے خاندان اجڑ رہے ہیں، اِن کی عورتیں بے در ہو رہی ہیں، اِن کے بچے بھکاری بن رہے ہیں۔ یہ سب کچھ اُس خداوندِ عالم کے سامنے ہو رہا ہے جس کے اذن کے بغیر کوئی پتا بھی نہیں ہلتا اور جس کا فرمان ہے کہ:

يٰٓاَيُّهَا الَّذِيْنَ اٰمَنُوْٓا اِنْ تَنْصُرُوا اللّٰهَ يَنْصُرْكُمْ وَيُثَبِّتْ اَقْدَامَكُمْ. (محمد 7:47)

”ایمان والو، اگر تم اللہ کی مدد کرو گے تو وہ تمھاری مدد کرے گا اور (اِن دشمنوں کے مقابلے میں) تمھارے پاؤں جما دے گا۔“

مگر حقیقت یہ ہے کہ اِن مسلمانوں کے قدم ہر میدانِ جنگ سے اکھڑ رہے ہیں۔ وہ پسپا

ہو رہے ہیں اور اِس حال میں بھی اُن کی آنکھیں آسمان کی طرف لگی ہوئی ہیں اور اُن میں یہ سوال گردش کر رہے ہیں کہ کیا خدا نے مسلمانوں پر سے اپنا دستِ نصرت اٹھالیا ہے؟ کیا اُس کی رحمتیں غیر مسلموں کے لیے خاص ہو گئی ہیں؟ کیا اُس کی تائید اب اہل یورپ کے ساتھ ہے؟

اِن کے جواب میں عرشِ سماوی سے تو کوئی صدا نہیں آتی، مگر زمین پر موجود کلام الٰہی پر کان دھرا جائے تو معلوم ہوتا ہے کہ اگر انڈونیشیا سے لے کر مراکش تک کے سب مسلمان مل کر بھی امریکہ اور یورپ کی بادشاہی کے خلاف بر سرِ پیکار ہو جائیں اور اپنی شہادتوں سے کرۂ ارض کے ذرے ذرے کو رنگین کر دیں، تب بھی اللہ کی طرف سے محض اِس بنا پر کوئی امداد نہیں آئے گی!

اِس کی وجہ یہ ہے کہ نصرتِ الٰہی کا معاملہ الل ٹپ نہیں ہے۔ اُس کا ایک باقاعدہ قانون ہے۔ اُس قانون کے تقاضے حرف بہ حرف پورے ہو جانے کے بعد ہی آسمانی امداد کی توقع کی جاسکتی ہے۔ ارشاد ہے:

يٰاَيُّهَا النَّبِيُّ حَرِّضِ الْمُؤْمِنِيْنَ عَلَى الْقِتَالِ ۚ اِنْ يَّكُنْ مِّنْكُمْ عِشْرُوْنَ صٰبِرُوْنَ يَغْلِبُوْا مِائَتَيْنِ ۚ وَاِنْ يَّكُنْ مِّنْكُمْ مِّائَةٌ يَّغْلِبُوْٓا اَلْفًا مِّنَ الَّذِيْنَ كَفَرُوْا بِاَنَّهُمْ قَوْمٌ لَّا يَفْقَهُوْنَ. اَلْـٰٔنَ خَفَّفَ اللّٰهُ عَنْكُمْ وَعَلِمَ اَنَّ فِيْكُمْ ضَعْفًا ۚ فَاِنْ يَّكُنْ مِّنْكُمْ مِّائَةٌ صَابِرَةٌ يَّغْلِبُوْا مِائَتَيْنِ ۚ وَاِنْ يَّكُنْ مِّنْكُمْ اَلْفٌ

”اے پیغمبر، اِن مومنوں کو (اُس) جنگ پر ابھارو (جس کا حکم پیچھے دیا گیا ہے)۔ اگر تمھارے لوگوں میں بیس آدمی ثابت قدم ہوں گے تو دو سو پر غالب آئیں گے اور اگر تمھارے سو ہوں گے تو ہزار منکروں پر بھاری رہیں گے، اِس لیے کہ یہ ایسے لوگ ہیں جو بصیرت نہیں رکھتے۔ اِس وقت، البتہ اللہ نے تمھارا بوجھ ہلکا کر دیا ہے، اِس

يَّغۡلِبُوۡۤا اَلۡفَيۡنِ بِاِذۡنِ اللّٰهِ وَاللّٰهُ مَعَ الصّٰبِرِيۡنَ. (الانفال 8:66-65)

لیے کہ اُس نے جان لیا کہ تم میں کچھ کم زوری ہے۔ سو تمھارے سو ثابت قدم ہوں گے تو دو سو پر غالب آئیں گے اور اگر تمھارے ہزار ایسے ہوں گے تو اللہ کے حکم سے دو ہزار پر بھاری رہیں گے۔ اور اللہ اُن لوگوں کے ساتھ ہے جو (اُس کی راہ میں) ثابت قدم رہیں۔"

اِس فرمانِ خداوندی کا مطلب یہ ہے کہ:

"...جنگ میں نصرت الٰہی کا معاملہ الل ٹپ نہیں ہے کہ جس طرح لوگوں کی خواہش ہو، اللہ کی مدد بھی اُسی طرح آجائے۔ اللہ تعالیٰ نے اِس کے لیے ایک ضابطہ مقرر کر رکھا ہے اور وہ اِسی کے مطابق اپنے بندوں کی مدد فرماتے ہیں۔ آیات پر تدبر کیجیے تو معلوم ہوتا ہے کہ نصرت الٰہی کا یہ ضابطہ درج ذیل تین نکات پر مبنی ہے:

اول یہ کہ اللہ کی مدد کے لیے سب سے بنیادی چیز صبر و ثبات ہے۔ مسلمانوں کی کسی جماعت کو اِس کا استحقاق اُس وقت تک حاصل نہیں ہوتا، جب تک وہ یہ صفت اپنے اندر پیدا نہ کرلے۔ اِس سے محروم کوئی جماعت اگر میدان جہاد میں اترتی ہے تو اللہ تعالیٰ کی طرف سے اُسے کسی مدد کی توقع نہیں کرنی چاہیے۔...

دوم یہ کہ جنگ میں اترنے کے لیے مادی قوت کا حصول ناگزیر ہے۔ اِس میں تو شبہ نہیں کہ جو کچھ ہوتا ہے، اللہ کے حکم سے ہوتا ہے اور آدمی کا اصل بھروسا اللہ پروردگار عالم ہی پر ہونا چاہیے، لیکن اِس کے ساتھ یہ بھی حقیقت ہے کہ اللہ تعالیٰ نے یہ دنیا عالم اسباب کے طور پر بنائی ہے۔ دنیا کی یہ اسکیم تقاضا کرتی ہے کہ نیکی اور خیر کے لیے بھی کوئی اقدام اگر پیش نظر ہے تو اُس کے لیے ضروری وسائل ہر حال میں فراہم کیے جائیں۔ یہ اسباب و وسائل کیا ہونے چاہییں؟ دشمن کی قوت سے اِن کی ایک نسبت اللہ تعالیٰ نے

انفال کی اِن آیتوں میں قائم کر دی ہے۔ یہ اگر حاصل نہ ہو تو مسلمانوں کو اِس کے حصول کی کوشش کرنی چاہیے۔ جہاد کے شوق میں یا جذبات سے مغلوب ہو کر اِس سے پہلے اگر وہ کوئی اقدام کرتے ہیں تو اُس کی ذمہ داری اُنھی پر ہے۔ اللہ تعالیٰ کی طرف سے اِس صورت میں اُن کے لیے کسی مدد کا ہرگز کوئی وعدہ نہیں ہے۔

سوم یہ کہ مادی قوت کی کمی کو جو چیز پورا کرتی ہے، وہ ایمان کی قوت ہے۔...

...اللہ تعالیٰ نے بتا دیا کہ اب یہ نسبت ایک اور دو کی ہے، مسلمانوں کے اگر سو ثابت قدم ہوں گے تو دو سو پر اور ہزار ثابت قدم ہوں گے تو اللہ کے حکم سے دو ہزار پر غلبہ پا لیں گے۔

نصرت الٰہی کا یہ ضابطہ قدسیوں کی اُس جماعت کے لیے بیان ہوا ہے جو رسول اللہ صلی اللہ علیہ وسلم کی معیت میں اور براہ راست اللہ کے حکم سے میدان جہاد میں اتری۔ بعد کے زمانوں میں، اندازہ کیا جا سکتا ہے کہ مسلمانوں کی ایمانی حالت کے پیش نظر یہ نسبت کس حد تک کم یا زیادہ ہو سکتی ہے۔" (میزان 604-603)

اِس سے واضح ہوا کہ نصرتِ الٰہی کی آس پر جنگ کا خطرہ مول لینے والے مسلمانوں کو یہ جان رکھنا چاہیے کہ:

1۔ نصرتِ الٰہی کا معاملہ الل ٹپ نہیں ہے، بلکہ اُس کا ایک باقاعدہ ضابطہ ہے۔

2۔ اُس ضابطے کا پہلا نکتہ یہ ہے کہ مسلمانوں کی کوئی جماعت اُس وقت تک نصرت کی مستحق نہیں قرار پاتی، جب تک اُس کے اندر ثابت قدمی نہ ہو۔

3۔ اُس ضابطے کا دوسرا نکتہ یہ ہے کہ جنگ کے لیے ضروری اسباب و وسائل ہر حال میں فراہم کیے جائیں اور محض جذبات سے مغلوب ہو کر کوئی اقدام نہ کیا جائے۔

4۔ اُس ضابطے کا تیسرا نکتہ یہ ہے کہ مسلمانوں کی قوت دشمن کے مقابلے میں کم سے کم ایک نسبت دو کی ہونی چاہیے۔

5۔ قوت کے لحاظ سے ایک اور دو کا تناسب اصلاً نبی صلی اللہ علیہ وسلم اور آپ کے صحابہ کی جماعت کے لیے بیان ہوا ہے۔ اُس کے پورا ہو جانے کے بعد اُن کے لیے نصرتِ الٰہی کی حیثیت وعدۂ خداوندی کی ہے، جسے ہر حال میں پورا ہونا تھا، مگر بعد کے مسلمانوں کے لیے اِس کی حیثیت یہ ہے کہ وہ ایک اور دو کا تناسب حاصل کر لینے کے بعد اللہ سے یہ توقع قائم کر سکتے ہیں کہ وہ اپنی نصرت کے دروازے اُن پر کھول دے گا۔

یہ نصرتِ الٰہی کا ضابطہ ہے، مگر المیہ یہ ہے کہ مسلمان اِس سے بالکل ناواقف ہیں۔ وہ نصرتِ الٰہی کے معاملے کو بالکل الل ٹپ سمجھتے ہیں۔ اُن کا تصور ہے کہ اگر وہ اپنی جانیں اللہ کی راہ میں لٹانے کے لیے پیش کر دیں تو اللہ تعالیٰ اسباب و علل سے ماورا ہو کر پردۂ غیب سے اُن کی مدد فرمائیں گے۔ اِس ضمن میں قوت کے کسی تناسب کی کوئی اہمیت نہیں ہے۔ اصل اہمیت جذبۂ ایمانی اور شوقِ شہادت کی ہے۔ یہ اثاثہ اگر میسر ہے تو پھر تیر و تفنگ اور گولا بارود کی کچھ خاص ضرورت نہیں ہے۔

کاش، کوئی اُنھیں بتلائے کہ یہ اندازِ فکر اللہ کے قانون سے ناواقفیت پر مبنی ہے، جب تک یہ ناواقفیت قائم رہے گی، مسلمان یونہی مارے جاتے رہیں گے! خاکم بدہن۔

[جنوری 2002ء]

تہذیبِ مشرق

پیغمبر عربی کے پیرووں نے جب فارس و ہند کی سرزمین کو مسلمانوں کی سلطنت میں شامل کیا تو اِس خطۂ ارضی میں ایک نئی تہذیب کی بنیاد پڑی۔ لوگ وشنو و شیوا اور یزدان و اہرمن کی رزم گاہوں سے نکل کر وحدہ لاشریک کے مامن میں داخل ہوئے۔ ''وید'' اور ''گیتا'' متروک ہوئیں اور ''قرآن'' کتابِ ہدایت کی حیثیت سے رائج ہوا۔ رام و کرشن اور رستم و سہراب کے بجائے ابو بکر و عمر اور عثمان و علی ہیرو قرار پائے۔ ہم ساکنانِ عجم کی شائستگی اہل عرب کی صلابت سے، ہماری ندرت اُن کی سادگی سے، ہماری کم آمیزی اُن کی بے تکلفی سے، ہماری وضع داری اُن کی راست بازی سے اور ہماری دانش اُن کی متانت سے ہم آہنگ ہوئی۔ عرب و عجم کی اِس ہم آہنگی سے رسم و رواج بدلے، آدابِ معاشرت تبدیل ہوئے، لباس کی وضع قطع میں تبدیلی آئی، کھانے پینے اور رہنے بسنے کے انداز متغیر ہوئے، زبانوں میں ارتقا ہوا اور بالآخر فارس و ہند کی تہذیب ایک نئی تہذیب کی صورت میں صفحۂ ہستی پر نمایاں ہوئی۔ یہی تہذیب ہے، جسے تہذیبِ مشرق سے تعبیر کیا جاتا ہے۔ اِس کے عناصر ترکیبی علامہ اقبال نے اِن الفاظ میں بیان کیے ہیں:

طلوع ہے صفتِ آفتاب اِس کا غروب
یگانہ اور مثالِ زمانہ گوناں گوں

نہ اِس میں عصرِ رواں کی حیا سے بے زاری
نہ اِس میں عہدِ کہن کے فسانہ و افسوں
حقائق ابدی پر اساس ہے اس کی
یہ زندگی ہے، نہیں ہے طلسم افلاطوں
عناصر اِس کے ہیں، روح القدس کا ذوقِ جمال
عجم کا حسن طبیعت، عرب کا سوزِ دروں

اِس تہذیب کے بارے میں ہر شخص جانتا ہے کہ اِس کی بنا خاندان کے استحکام پر استوار ہے۔ اِس میں رشتوں کا تقدس ہر حال میں قائم رکھا جاتا ہے۔ اگر کوئی اُسے پامال کرنے کی کوشش کرے تو نہ صرف خاندان، بلکہ معاشرہ اس کے خلاف کھڑا ہو جاتا ہے۔ ماں باپ، بہن بھائی، بیٹا بیٹی اور میاں بیوی کے بلاواسطہ رشتوں کے علاوہ دادا، دادی، نانا، نانی، چچا، تایا، ماموں، پھوپھی اور خالہ کے بالواسطہ رشتے بھی اپنے انفرادی تشخص کے ساتھ ظہور پذیر ہوتے اور خاندان کے افراد کو رشتوں کی ایک مضبوط لڑی میں پرو دیتے ہیں۔ اس تہذیب میں بزرگوں کے احترام کو ایک عظیم قدر مانا جاتا ہے۔ اولاد جواں عمری میں بھی والدین کی تادیب و تنبیہ کو باعثِ افتخار سمجھتی ہے۔ گھر میں، بازار میں، محفل میں بزرگوں کا وجود باعثِ رحمت تصور کیا جاتا ہے اور اُن کی خدمت کے لیے مسابقت کو پسند کیا جاتا ہے۔ اِس تہذیب میں شوہر، باپ، بھائی اور بیٹے کی حیثیت سے مرد کو خاندان کی کفالت کا ذمہ دار سمجھا جاتا ہے۔ اس کی یہ ہر ممکن کوشش ہوتی ہے کہ عورت بیوی، ماں، بہن اور بیٹی کی حیثیت سے گھریلو ذمہ داریاں پوری یک سوئی سے انجام دیتی رہے۔ چنانچہ اس بات کو پسند نہیں کیا جاتا کہ کسی ناگزیر ضرورت کے بغیر خواتین معاشی جدوجہد کے لیے سرگرم ہوں۔ اِس تہذیب میں عورت کا اصل دائرۂ عمل اس کا گھر قرار پاتا ہے۔ اُس کی تمام توانائی اُس کے بچوں کی نشوونما

اور اُس کے خاندان کے استحکام پر صرف ہوتی ہے۔ وہ ماں، بہو اور بیوی کے روپ میں اپنا وجود خاندان کی بقا کے لیے وقف کر دیتی ہے۔ اِن حیثیتوں میں وہ ایثار و محبت کی لازوال داستانیں رقم کرتی ہے۔ اِس تہذیب میں استاد اپنے طلبہ کو محض علوم و فنون سے فیض یاب نہیں کرتا، بلکہ اِس کے ساتھ اُن کی اخلاقی تربیت کو اپنا مسئلہ بناتا ہے۔ وہ طلبہ کو اپنے بچوں کی طرح انگلی پکڑ کر چلاتا ہے۔ بے دھیانی پر خفگی کا اظہار کرتا ہے اور توجہ پر سراپا شفقت ہو جاتا ہے۔ طلبہ خود رو پودوں کی طرح آپ سے آپ پروان نہیں چڑھتے، بلکہ اپنی تراش خراش اور نشو و نما کی ذمہ داری پورے اعتماد کے ساتھ اپنے استاد کے سپرد کرتے ہیں۔ پہلے وہ پوری یک سوئی کے ساتھ استاد کے رنگ میں رنگتے ہیں اور پھر اُسی کے رنگ سے اپنا نیا رنگ نمایاں کرتے ہیں۔ اِس تہذیب میں دن فجر سے طلوع ہوتا اور عشا پر مکمل ہو جاتا ہے۔ انسان فطرت کے مقرر کردہ اوقات میں معمولاتِ زندگی انجام دیتے ہیں۔ اِس تہذیب میں لباس حیا اور عفت کو ملحوظ رکھ کر وضع کیا جاتا ہے۔ یہ لباس محض تن ڈھانپنے کا سامان نہیں کرتا، بلکہ تہذیبی تشخص کی علامت قرار پاتا ہے۔ شلوار قمیص پہنے ہوئے مرد اور سر پر دوپٹا اوڑھے ہوئے خواتین اِس تہذیب کی آئینہ دار سمجھی جاتی ہیں۔ بول چال اور میل جول میں شایستگی اِس تہذیب کا طرۂ امتیاز ہے۔ تکریم، تکلف، رکھ رکھاؤ اور اپنائیت کے خاص اسالیب ہیں، جو اِس کی زبانوں میں نمایاں طور پر محسوس کیے جا سکتے ہیں۔ اِس تہذیب میں کھانے پینے کے خاص آداب ہیں۔ کھانے سے پہلے ہاتھ دھونا، بسم اللہ پڑھ کر شروع کرنا، دائیں ہاتھ سے کھانا، مل جل کر کھانا، بڑوں کو پہلے پیش کرنا، یہ سب آداب دستر خوان پر اِس تہذیب کو اجاگر کرتے ہیں۔ اعزہ اور احباب کے لیے ایثار اور اخلاص کو اِس تہذیب میں ایک لازمی قدر کی حیثیت حاصل ہے۔

یہ تہذیب جو ایک ہزار سال تک مشرق کے افق پر سورج کی طرح روشن رہی، گذشتہ

تین صدیوں سے رو بہ زوال ہے۔ تہذیبِ مغرب کا استیلا لمحہ بہ لمحہ بڑھ رہا ہے۔ اِس کے نتیجے میں یہ تہذیب اپنا تشخص کھوتی چلی جا رہی ہے۔ خاندان کی بنیادیں کم زور ہو رہی ہیں، رشتوں میں فاصلے پیدا ہو رہے ہیں، بزرگوں کے احترام کی پہلی سی صورت باقی نہیں رہی، بچے عدم التفات کا شکار ہونے لگے ہیں، شلوار، قمیص اور دوپٹا متروک ہوتے جا رہے، بول چال اور تعلقات میں شایستگی کا عنصر کم ہو رہا ہے، آپس میں بے گانگی کی فضا قائم ہونے لگی ہے، عفت اور حیا کے معاملے میں بے پروائی کا رویہ اختیار کیا جانے لگا ہے اور عربی، فارسی اور اردو کے بجاے انگریزی کو ذریعۂ اظہار بنایا جا رہا ہے۔ تہذیبِ مشرق کے زوال کی یہ صورتیں ہمارے شہروں میں نمایاں طور پر دیکھی جا سکتی ہیں۔ زوال کا یہ سلسلہ جس سرعت سے جاری ہے اگر اِس کی یہی رفتار قائم رہی تو وہ زمانہ دور نہیں، جب ہماری یہ تہذیب خدانخواستہ ماضی کا افسانہ بن جائے گی۔

ہمارے اربابِ دین و دانش مسلمانوں کی سیاسی ہزیمت پر نوحہ کناں ہیں، اُن کے باہمی افتراق کے درد میں مبتلا ہیں، عامۃ الناس کی فقہ و قانون سے ناواقفیت پر رنجیدہ ہیں، دنیا پر غلبۂ دین کے لیے تڑپ رہے ہیں، مگر جس تہذیبی زوال پر اُنھیں خون کے آنسو رونا چاہیے، وہ اُس سے بالکل بے خبر محسوس ہوتے ہیں۔ استاذِ گرامی جناب جاوید احمد غامدی کے یہ الفاظ شاید اُن کی توجہ اِس حادثے کی طرف مبذول کرا سکیں اور وہ ہماری تہذیب کو موت کے منہ میں جانے سے روک لیں:

”میں پورے یقین کے ساتھ کہتا ہوں کہ اسلام کی جنگ اگر تہذیب کے میدان میں ہار دی گئی تو پھر اُسے عقائد و نظریات کے میدان میں جیتنا بھی بہت مشکل ہو جائے گا۔ اس وجہ سے میں اپنے ان دوستوں کی خدمت میں جو اُردو اور شلوار قمیص اور اِس طرح کی دوسری چیزوں پر میرے اصرار کو دیکھ کر چیں بہ جبیں ہوتے ہیں، بڑے ادب کے ساتھ

یہ عرض کرنا چاہتا ہوں کہ میں صرف فکرِ مغرب ہی کو نہیں، اُس کی تہذیب کو بھی اپنے وجود کے لیے زہرِ ہلاہل سمجھتا ہوں۔ چنانچہ میں جس طرح اُس کے فکری غلبہ کے خلاف نبرد آزما ہوں، اُسی طرح اُس کے تہذیبی استیلا سے بھی برسرِ جنگ ہوں۔ میں نہیں جانتا کہ اس معرکہ میں فتح کس کی ہو گی، لیکن یہ میرے ایمان کا تقاضا ہے کہ میں اسی طرح پوری قوت کے ساتھ اس سے لڑتے ہوئے دنیا سے رخصت ہو جاؤں۔ میں نے جب اپنے زمانۂ طالب علمی میں پہلی مرتبہ ''ضرب کلیم'' کی لوح پر یہ جملہ لکھا ہوا دیکھا کہ: ''اعلان جنگ دور حاضر کے خلاف'' تو حقیقت یہ ہے کہ اس کی معنویت مجھ پر واضح نہیں ہوئی، لیکن اب میں جانتا ہوں کہ دور حاضر سے یہاں اقبال کی مراد کیا ہے، اور اس نے یہ کیوں ضروری سمجھا کہ وہ اس زمانے کے چند باطل نظریات ہی کے خلاف نہیں، بلکہ پورے دور حاضر کے خلاف اعلان جنگ کر دے۔ میں اپنے دوستوں کی خدمت میں بھی یہی عرض کروں گا کہ ہو سکے تو وہ بھی خلوت میں کبھی ''ضرب کلیم'' پڑھیں۔ اس لیے کہ:

فغان نیم شبی بے نوائے راز نہیں''

(مقامات69)

[فروری2006ء]

لیلۃ القدر

دنیا کا نظام صبح و شام، روز و شب اور ماہ و سال کے اعتبار سے مرتب ہے۔ یہ اللہ تعالیٰ کی عظیم حکمت کا آئینہ دار ہے۔ اِس کے نتیجے میں انسان زمان و مکاں، رفتہ و آیندہ اور قبل و بعد کے شعور سے بہرہ مند ہوتا اور تنظیم و ترتیب کے ساتھ اپنے معاملاتِ زندگی کو آگے بڑھاتا ہے۔ اللہ تعالیٰ نے اپنی قدرت، اپنی رحمت اور اپنی برکت کو اِس دنیا سے متعلق کرنے کے لیے اِسی نظم و ضبط اور اُس کے اِنھی تعینات کا لحاظ کیا ہے۔ قرآنِ مجید میں 'یَوْمِ الدِّیْنِ'، 'یَوْم الْاٰخِرَۃ'، 'یَوْمَ الْحِسَاب'، 'وَذَکِّرْهُمْ بِاَیّٰمِ اللّٰهِ' (اور اُنھیں خدا کے دنوں کی یاد دلاؤ) اور 'وَجَعَلْنَا الَّیْلَ وَ النَّهَارَ اٰیَتَیْنِ' (اور ہم نے رات اور دن کو دو نشانیاں بنایا ہے) جیسے الفاظ و اسالیب اِسی حقیقت کی طرف اشارہ کرتے ہیں۔ چنانچہ ہم جانتے ہیں کہ عبادات کے اوقات اور ایام مقرر ہیں، اللہ کے تقرب میں ازدیاد اور اُس کی فیض رسانی میں اضافے کے لیے مواقع اور مقامات متعین ہیں اور فنا و بقا، قضا و قدر، سزا و جزا کی ساعتیں اور معیادیں طے ہیں۔

اِن میں سے جن موقعوں کو اللہ نے اپنی عنایتوں کے حوالے سے نہایت اہم قرار دیا ہے، اُن میں سے ایک لیلۃ القدر ہے۔ قرآنِ مجید نے اِسے لیلۃ المبارکہ، یعنی مبارک رات سے تعبیر کیا ہے۔ اِس رات کی نوعیت، برکت اور فضیلت کے حوالے سے جو باتیں قرآن و حدیث سے معلوم ہوتی ہیں، اُن کا خلاصہ درجِ ذیل ہے۔

قرآنِ مجید کا نزول

قرآنِ مجید لیلۃ القدر میں نازل ہوا ہے۔ اللہ تعالیٰ کا ارشاد ہے:

اِنَّآ اَنْزَلْنٰهُ فِیْ لَیْلَةِ الْقَدْرِ. (القدر 1:97)

”ہم نے اِس قرآن کو اُس رات میں نازل کیا ہے جس میں تقدیر کے فیصلے ہوتے ہیں۔“

اِنَّآ اَنْزَلْنٰهُ فِیْ لَیْلَةٍ مُّبٰرَكَةٍ اِنَّا كُنَّا مُنْذِرِیْنَ. (الدخان 3:44)

”اِس میں کچھ شک نہیں کہ ہم نے اِسے ایک خیر و برکت والی رات میں اتارا ہے، اِس لیے کہ ہم لوگوں کو خبر دار کرنے والے تھے۔“

قرآن کے نزول سے اِس رات کی نسبت معمولی بات نہیں ہے۔ اِس کا مطلب یہ ہے کہ عالم کے پروردگار نے انسانوں کو ابدی رہنمائی سے فیض یاب کرنے کے لیے اِس رات کا انتخاب کیا ہے۔ اللہ تعالیٰ کا منشا تھا کہ اُس کا کلام نہایت محفوظ طریقے سے انسانوں تک پہنچے۔ چنانچہ اُس نے ہر لحاظ سے اِس کی حفاظت کا بندوبست فرمایا۔ اِس ضمن میں اُس نے آسمان سے زمین تک وہ تمام راستے مسدود کر دیے، جن سے شیاطین دراندازی کر سکتے تھے۔

امورِ دنیا کی تقدیر و تقسیم

قرآنِ مجید نے اِس رات کو 'لیلۃ القدر' سے تعبیر کیا ہے۔ اِس سے مراد فیصلوں والی رات ہے۔ یعنی اللہ تعالیٰ اِس موقع پر امورِ دنیا کے بارے میں اپنے فیصلوں کو متعین فرماتے اور اُن کی روشنی میں کارکنانِ قضا و قدر کو ذمہ داریاں تفویض کرتے ہیں۔ سورۂ دخان میں ارشاد فرمایا ہے:

فِيۡهَا يُفۡرَقُ كُلُّ اَمۡرٍ حَكِيۡمٍ. (4:44) ”اِس رات میں تمام حکمت والے معاملات خاص تقسیم کیے جاتے ہیں۔“

مولانا امین احسن اصلاحی لکھتے ہیں:

”اِس (رات) کی یہ عظمت و برکت اِس وجہ سے ہے کہ اِس میں کائنات سے متعلق بڑے بڑے فیصلے ہوتے ہیں۔ جب اِس دنیا کی چھوٹی چھوٹی حکومتوں کے وہ دن بڑی اہمیت کے حامل سمجھے جاتے ہیں، جن میں وہ اپنے سال بھر کے منصوبے طے کرتی ہیں تو اُس رات کی اہمیت کا اندازہ کون کر سکتا ہے، جس میں پوری کائنات کے لیے خدائی پروگرام طے ہوتا اور سارے جہان کا فیصلہ ہوتا ہے؟“ (تدبر قرآن 476/9)

فرشتوں اور جبریل امین کا نزول بھی اِسی پہلو سے ہے۔ فرمایا ہے:

تَنَزَّلُ الۡمَلٰٓـئِكَةُ وَالرُّوۡحُ فِيۡهَا بِاِذۡنِ رَبِّهِمۡ ۚ مِّنۡ كُلِّ اَمۡرٍ. (القدر 4:97) ”اُس میں فرشتے اور روح الامین اپنے پروردگار کے اذن سے ہر معاملے کا حکم لے کر اترتے ہیں۔“

مراد یہ ہے کہ ملائکہ اللہ تعالیٰ کی طرف سے مقرر کیے گئے امور کو دنیا میں نافذ کرنے کے لیے اترتے ہیں۔ اِس موقع پر اللہ کے نہایت مقرب فرشتے حضرت جبریل امین بھی زمین پر اترتے ہیں۔

برکت اور سلامتی کی عظیم رات

سورۂ قدر میں اِس رات کی عظمت و برکت کو دو پہلوؤں سے بیان کیا گیا ہے۔ ایک پہلو سے یہ بات بیان ہوئی ہے کہ ”یہ رات ہزار مہینوں سے بہتر ہے۔“ معلوم ہوتا ہے کہ یہ اسلوب اِس کی برکتوں اور فیض رسانیوں کی کثرت کو بیان کرنے کے لیے اختیار کیا گیا ہے۔ اِس سے مقصود انسانوں پر یہ واضح کرنا ہے کہ یہ کوئی عام رات نہیں ہے کہ اِسے سو کر گزار دیا

جائے، بلکہ اگر پروردگار کے التفات اور نظرِ کرم کے حوالے سے دیکھا جائے تو ہزار مہینوں کی ہزاروں راتیں بھی اِس کے مقابلے میں ہیچ ہیں۔ استاذِ گرامی جناب جاوید احمد غامدی اِس آیت کی شرح میں لکھتے ہیں:

> ''ہزار مہینوں' کی یہ تعبیر بیانِ کثرت کے لیے ہے۔ اِس سے مقصود یہ بتانا ہے کہ اللہ تعالیٰ کی طرف سے امورِ مہمہ کی تنفیذ کے ساتھ خاص ہونے کی وجہ سے جو رحمتیں، برکتیں اور خدا سے قرب کے جو مواقع اِس ایک رات میں حاصل ہوتے ہیں، وہ ہزار راتوں میں بھی حاصل نہیں ہوسکتے۔'' (البیان 5/502)

دوسرے پہلو سے یہ فرمایا ہے کہ ''یہ رات سراسر سلامتی ہے، طلوعِ فجر تک۔''
اِس سے مراد یہ ہے کہ اِس کے دوران میں اللہ تعالیٰ آفاتِ سماوی کو روک دیتے، شیطانوں کی کارروائیوں پر پابندی لگا دیتے اور انسانوں کے لیے اپنے قرب اور اپنی رحمتوں اور برکتوں کے دروازے کھول دیتے ہیں۔ اِنھی برکات کے پیشِ نظر قرآنِ مجید نے اِسے لیلۂ مبارکہ سے بھی تعبیر کیا ہے۔

لیلۃ القدر کا تعین

قرآنِ مجید اور احادیث سے یہ بات واضح ہوتی ہے کہ لیلۃ القدر ماہِ رمضان ہی کی رات ہے، مگر یہ کون سی رات ہے، اِس کی تصریح قرآن میں نہیں ہے۔ احادیث سے، البتہ یہ معلوم ہوتا ہے کہ یہ رمضان کے آخری عشرے کی طاق راتوں میں سے ایک ہے۔ بخاری کی روایت کے مطابق سیدہ عائشہ رضی اللہ عنہا بیان کرتی ہیں کہ رسول اللہ صلی اللہ علیہ وسلم نے فرمایا: لیلۃ القدر کو رمضان کے آخری عشرے کی طاق راتوں میں تلاش کرو۔ بعض روایتوں میں آخری سات دنوں کی صراحت بھی ہے۔ بعض میں صحابۂ کرام کے حوالے سے اکیسویں،

تئیسویں اور ستائیسویں رات کے بارے میں قیاسات نقل ہوئے ہیں، بعض میں اکیسویں، تئیسویں اور پچیسویں رات کا ذکر آیا ہے۔ تاہم، اِس موضوع کی تمام روایتوں پر نظر ڈالنے سے یہی بات سامنے آتی ہے کہ یہ رمضان کی آخری دس راتوں میں سے کوئی طاق رات ہے۔ سیدنا عبد اللہ بن عباس رضی اللہ عنہ کی اِس روایت سے بھی یہی بات معلوم ہوتی ہے۔ وہ بیان کرتے ہیں:

”رسول اللہ صلی اللہ علیہ وسلم نے فرمایا: لیلۃ القدر کو تلاش کرو رمضان کی آخری دس تاریخوں میں، یعنی اکیس یا انتیس کو، تئیس یا ستائیس کو یا پچیس کو۔“

(بخاری، رقم 2021)

لیلۃ القدر کی متعین تاریخ نہ بتانے کی حکمت بہ ظاہر یہی معلوم ہوتی ہے کہ لوگوں کے اندر اِس رات کو پانے کی جستجو پیدا ہو۔ اِس جستجو میں وہ کئی راتیں عبادت میں گزاریں اور اپنے لیے اجر کا سامان پیدا کریں۔

عبادت کا اہتمام

لیلۃ القدر کی اِس عظمت و برکت کو جاننے کے بعد یہ اندازہ کیا جا سکتا ہے کہ گناہوں کی بخشش کا اِس سے بہتر کوئی اور موقع نہیں ہے۔ چنانچہ کسی شخص کو بھی اِس کی جستجو سے بے گانہ نہیں ہونا چاہیے۔ ہر صاحبِ ایمان کو اِس رات میں اپنے پروردگار کی بے پایاں نعمتوں کی طرف متوجہ ہونا چاہیے اور دل کی گہرائیوں سے اُس کا شکر بجالانا چاہیے۔ اپنی ضرورتوں اور تمناؤں کو اُس کے حضور میں پیش کرنا چاہیے۔ اپنی پریشانیاں اُس کے سامنے رکھ کر اُس سے صبر کی توفیق طلب کرنی چاہیے اور اُن کے تدارک کی درخواست پیش کرنی چاہیے۔ اِس موقعے کا بہترین عمل عبادت ہے۔ روایات سے یہ بات معلوم ہوتی ہے کہ نبی کریم صلی اللہ

علیہ وسلم رمضان کے آخری عشرے میں شب و روز کا بیش تر وقت عبادت میں گزارتے تھے۔ سیدہ عائشہ بیان فرماتی ہیں:

''جب رمضان کی آخری دس تاریخیں آتی تھیں تو رسول اللہ صلی اللہ علیہ وسلم کمر بستہ ہو جاتے تھے۔ رات رات بھر جاگتے تھے اور اپنے گھر والوں کو بھی جگاتے تھے۔''

(بخاری، رقم 2024)

[مارچ 2024ء]

———————

قربانی

متاعِ عزیز کو راہِ خدا میں پیش کر دینا قربانی ہے۔ مال و دولت، عزیز و اقارب اور مسکن و وطن انسان کے لیے متاعِ بے بہا کا درجہ رکھتے ہیں اور اُن کا ہدیہ بھی وہ بادشاہِ ارض و سما کی نذر کرتا ہے، مگر دنیا میں اُس کی سب سے بڑی متاع اُس کی جان ہے۔ بندگی رب کا یہ لازمی تقاضا ہے کہ وہ اس اثاثۂ گراں مایہ کو حقیر نذرانہ سمجھ کر اپنے پروردگار کے حضور میں پیش کرنے کے لیے ہر وقت تیار رہے۔ یہ تڑپ اگر ہے تو ایمان ہے، اگر نہیں ہے تو گویا انسان ایمان سے محروم ہے۔ چوپائے کی گردن پر چھری پھیر کر ایک مسلمان اِس عزم کا اظہار کرتا ہے کہ اگر میرے پروردگار نے جان کا مطالبہ کیا تو میں اِسی طرح، بہ صد شوق اپنا سر تن سے جدا کر کے اس کے قدموں میں ڈال دوں گا۔ سیدنا ابراہیم علیہ السلام نے رویاے صادقہ پر بعینہٖ عمل کو منشاے خداوندی سمجھتے ہوئے اپنے عزیز از جان فرزند کی گردن پر چھری رکھ کر اور سیدنا اسماعیل علیہ السلام نے اپنی گردن اللہ کے لیے پیش کر کے قربانی کے تصور کو بالکل مجسم اور ہمیشہ کے لیے امر کر دیا۔ عید الاضحیٰ کے روز ہر مسلمان اِس عظیم الشان قربانی کی یاد تازہ کرتا ہے اور اِس کے تناظر میں گویا اپنے پروردگار سے یہ اقرار کرتا ہے کہ "میری نماز، میری قربانی، میری زندگی اور میری موت اللہ پروردگارِ عالم کے لیے ہے۔"

اِس قربانی کے بارے میں اللہ تعالیٰ کا ارشاد ہے:

وَ لِكُلِّ اُمَّةٍ جَعَلْنَا مَنْسَكًا   "ہم نے ہر امت کے لیے قربانی

لِّيَذْكُرُوا اسْمَ اللّٰهِ عَلٰى مَا رَزَقَهُمْ مِّنْۢ بَهِيْمَةِ الْاَنْعَامِ ؕ فَاِلٰـهُكُمْ اِلٰهٌ وَّاحِدٌ فَلَهٗۤ اَسْلِمُوْا ؕ وَ بَشِّرِ الْمُخْبِتِيْنَ. الَّذِيْنَ اِذَا ذُكِرَ اللّٰهُ وَجِلَتْ قُلُوْبُهُمْ وَ الصّٰبِرِيْنَ عَلٰى مَاۤ اَصَابَهُمْ وَ الْمُقِيْمِي الصَّلٰوةِ ۙ وَ مِمَّا رَزَقْنٰهُمْ يُنْفِقُوْنَ.

(الحج 22:35-34)

کی عبادت مشروع کی ہے تاکہ اللہ نے جو مواشی جانور اُن کو بخشے ہیں، اُن پر وہ اللہ کا نام لیں، (کسی اور کا نہیں)۔ سو تمھارا معبود ایک ہی معبود ہے تو اپنے آپ کو اُسی کے حوالے کرو (اور اُسی کے آگے جھکے رہو)، اور اُنھیں خوش خبری دو، (اے پیغمبر)، جن کے دل اُس کے آگے جھکے ہوئے ہیں۔ جن کا حال یہ ہے کہ جب اُن کے سامنے خدا کا ذکر آتا ہے تو اُن کے دل کانپ اٹھتے ہیں۔ اُن پر جو مصیبت آتی ہے، اُس پر صبر کرنے والے اور نماز کا اہتمام رکھنے والے ہیں اور جو کچھ ہم نے اُن کو بخشا ہے، اُس میں سے وہ (ہماری راہ میں) خرچ کرتے ہیں۔“

اِن آیات سے یہ بات واضح ہوتی ہے کہ قربانی من جملۂ عبادات ہے۔ انبیا کی امتوں میں یہ ہمیشہ مشروع رہی ہے۔ یہ خالص اللہ کے لیے ہے۔ اِسے شرک کے شائبے سے بھی پاک ہونا چاہیے اور اِسے اپنے آپ کو اپنے مالک کے حوالے کر دینے کے جذبے سے انجام دینا چاہیے۔ جو لوگ اپنے گلے میں اللہ کی غلامی کا قلادہ ڈال لیتے ہیں، روح اور قالب، دونوں اپنے پروردگار کے سپرد کر دیتے ہیں، وہی مخبتین ہیں، وہی مومن ہیں اور اُنھی کے لیے اُس جنت

کی بشارت ہے، جو خدا نے اپنے غلاموں کے لیے آباد کی ہے۔ ان لوگوں کا عام سلوک یہی ہے کہ یہ رنج و راحت میں اپنے مالک کی یاد تازہ رکھتے ہیں، اُس کے آگے سر بہ سجود ہوتے ہیں اور اُس کا دیا ہوا مال اسباب اُس کی راہ میں نثار کرتے ہیں۔

قربانی کی یہی روح ہے، جو انسان کے اندر تقوے کو پروان چڑھاتی ہے۔ چنانچہ اللہ تعالیٰ کا منشا یہ نہیں ہے کہ محض جانور قربان کر کے گوشت اُس کی نذر کر دیا جائے، بلکہ مقصود یہ ہے کہ اس عمل سے تقویٰ بیدار کیا جائے۔ ارشاد فرمایا ہے:

لَنْ یَّنَالَ اللّٰهَ لُحُوْمُهَا وَلَا دِمَآؤُهَا وَلٰكِنْ یَّنَالُهُ التَّقْوٰى مِنْكُمْ. (الحج 22:37)

”اللہ کو نہ اِن کا گوشت پہنچتا ہے نہ اِن کا خون، بلکہ اُس کو صرف تمھارا تقویٰ پہنچتا ہے۔“

مولانا امین احسن اصلاحی لکھتے ہیں:

”یہ قربانی جو تمھیں پیش کرنے کی ہدایت کی جارہی ہے، وہ اِس لیے نہیں ہے کہ خدا کو اِن قربانیوں سے کوئی نفع پہنچتا ہے۔ خدا کو ان قربانیوں کا گوشت یا خون کچھ بھی نہیں پہنچتا۔ تمھاری پیش کی ہوئی یہ چیز تمھی کو لوٹا دی جاتی ہے۔ تم خود اِس کو کھاؤ اور بھوکوں اور محتاجوں کو کھلاؤ۔ قربانی کی مثال بالکل یوں ہے کہ کوئی اپنے سر کے تاج کو اصل بادشاہ کے قدموں پر رکھے اور بادشاہ اُس تاج کو اپنے قدموں سے عزت دے کر پھر اُس کے سر پر پہنا دے... خدا قربانیوں کے خون سے محظوظ نہیں ہوتا، بلکہ اُس تقویٰ اور اُس اسلام و اخبات سے خوشنود ہوتا ہے، جو اِن قربانیوں سے اِن کے پیش کرنے والوں کے اندر پیدا ہوتا ہے۔“ (تدبر قرآن 5/251، 244)

چنانچہ قربانی کا اصل مقصد نہ احباب کو خوانِ نعمت میں شریک کرنا ہے، نہ تہوار کی تقریب کو دوبالا کرنا ہے اور نہ غریبوں کی مدد کرنا ہے، یہ فوائد ضمنی طور پر بلاشبہ، اِس سے حاصل ہو جاتے ہیں، مگر اِس کا اصل مقصد تقویٰ کی نشو و نما ہے۔ یہ مقصد اگر پیشِ نظر نہ

رہے تو ہم بہ ظاہر جانور ذبح کر کے فارغ ہو جاتے ہیں، مگر قربانی کی اصل روح سے غافل رہتے ہیں اور اس طرح اِس عبادت سے ہمارے اندر تقوے کی آب یاری نہیں ہوتی۔

[دسمبر 2007ء]

—————————

روزے کے اثرات

اِس گھڑی ہم جی رہے ہیں، مگر اگلی کسی گھڑی ہمیں مر جانا ہے۔ جس طرح یہ جینا سدا کا جینا نہیں ہے، اِسی طرح وہ مرنا بھی سدا کا مرنا نہیں ہو گا۔ ایک دن ہم اِسی روح و بدن کے ساتھ ایک دوسری دنیا میں کھڑے ہوں گے۔ پروردگار کا فرمان ہے کہ ''اُس دن ہر شخص کو اپنی اپنی پڑی ہو گی۔ کتنے چہرے اُس دن روشن ہوں گے، ہنستے ہوئے ہشاش بشاش! اور کتنے چہرے ہوں گے کہ اُن پر خاک اڑتی ہو گی، سیاہی چھا رہی ہو گی۔'' اُس روز آخری عدالت لگے گی۔ ہم سب کے اعمال نامے کھولے جائیں گے۔ اُن اعمال ناموں میں ''جس نے ذرہ برابر بھلائی کی ہے، وہ بھی اُسے دیکھ لے گا اور جس نے ذرہ برابر برائی کی ہے، وہ بھی اُسے دیکھ لے گا۔'' اور پھر جن کی فہرستِ اعمال میں نیکیاں زیادہ ہوں گی، وہ کامیاب اور جنت کے مستحق ٹھہریں گے اور جن کی فہرستِ اعمال میں گناہ زیادہ ہوں گے وہ مجرم اور جہنم کے سزاوار قرار پائیں گے۔ اِس موقع پر اُن مجرموں میں سے ہر ''مجرم کہے گا کہ اے کاش، وہ اِس دن کے عذاب سے بچنے کے لیے، اپنے بیٹوں کو، اپنی بیوی کو، اپنے بھائی کو، اپنے خاندان کو جو اُسے پناہ دیتا رہا اور اِس زمین کے ہر شخص کو فدیہ میں دے دے، پھر اپنے آپ کو اِس سے چھڑا لے،'' مگر وہ ایسا نہیں کر سکے گا۔ آخرت کا گھر بس انھی لوگوں کے لیے بہتر قرار پائے گا، جنھوں نے دنیا کی زندگی نفس کی خواہشوں پر قابو رکھتے ہوئے اور اپنے پروردگار کے

حضور میں پیشی سے ڈرتے ہوئے گزاری ہوگی، گویا اُنھوں نے تقوے کی راہ اختیار کی ہوگی اور عمر بھر اپنے پروردگار کی اِس بات کو مشعلِ راہ بنایا ہوگا کہ:

وَالدَّارُ الْاٰخِرَةُ خَيْرٌ لِّلَّذِيْنَ يَتَّقُوْنَ. (الاعراف 169:7)

"دارِ آخرت بہتر ہے اُن لوگوں کے لیے جو تقویٰ اختیار کریں۔"

ہم میں سے ہر شخص اس دن جہنم کے دردناک عذاب سے بچنا چاہتا ہے اور دارِ آخرت میں بہتری کا طلب گار ہے۔ مگر ہمیں یہ بات جان رکھنی چاہیے کہ دارِ آخرت میں کامیابی اور بہتری کا صرف اور صرف ایک ہی راستہ ہے اور وہ راستہ تقویٰ ہے۔ ہمیں اِس پر گام زن ہونے کے لیے ہر ممکن طریقہ اختیار کرنا چاہیے۔ اِس مقصد کے حصول کے لیے سب سے موثر طریقہ روزہ ہے۔ ارشادِ خداوندی ہے:

يٰٓاَيُّهَا الَّذِيْنَ اٰمَنُوْا كُتِبَ عَلَيْكُمُ الصِّيَامُ كَمَا كُتِبَ عَلَى الَّذِيْنَ مِنْ قَبْلِكُمْ لَعَلَّكُمْ تَتَّقُوْنَ. (البقرہ 183:2)

" ایمان والو، تم پر روزہ فرض کیا گیا ہے، جس طرح تم سے پہلوں پر فرض کیا گیا تھا تاکہ تم اللہ سے ڈرنے والے بن جاؤ۔"

روزہ ہمارے عمل، ہمارے اخلاق اور ہماری روح پر ایسے اثرات مرتب کرتا ہے کہ ہمارے لیے شیطان کی ترغیبات اور نفس کے داعیات کے باوجود تقوے کی نشوونما ممکن ہو جاتی ہے۔ چنانچہ رمضان کے دوران میں ہمیں اِس بات کا جائزہ لیتے رہنا چاہیے کہ آیا ہم روزے کے اِن اثرات سے فی الواقع فیض یاب ہو بھی رہے ہیں یا نہیں؟ اگر روزے ہمارے اندر تقوے کو پروان نہیں چڑھا رہے تو اِس کا مطلب یہ ہے کہ ہم نے کھانے پینے کے اوقات میں تبدیلی کے سوا اور کچھ حاصل نہیں کیا۔

روزہ ہماری عملی، اخلاقی اور روحانی زندگی پر جو اثرات قائم کرتا ہے، اُن میں سے چند یہ ہیں۔

1۔ نمازوں میں سرگرمی

اپنے مالک کے حضور میں سر بہ سجود ہونا انسان کی معراج ہے۔ نماز اصل میں، اُن نعمتوں پر شکر کا اظہار ہے، جو پروردگار نے انسان کو کسی استحقاق کے بغیر دی ہیں، اِس حقیقت کا اعتراف ہے کہ دنیا کا کارساز صرف اور صرف وہی ہے، اِس بات کا اقرار ہے کہ ہماری محبت کا مرکزِ حقیقی وہی ہے، اِس امر کی تائید ہے کہ اطاعت کا مرجع اُسی کی ذات ہے اور اِس مسلمے کا ادراک ہے کہ جو کچھ ملے گا، اُسی کے در سے ملے گا۔ دوسرے الفاظ میں نماز انسان کی طرف سے بندگی رب کا بھرپور اظہار ہے۔ رمضان میں چونکہ پورا ماحول اللہ تعالیٰ کی عبادت میں سرگرم ہوتا ہے، اِس لیے ہر شخص کے اندر عبادت کا رجحان بڑھ جاتا ہے۔ یہ مہینا ہمیں یہ موقع فراہم کرتا ہے، ہم رضاے الٰہی کی جستجو میں نماز کو اپنے معمولات کا سب سے اہم حصہ بنائیں۔ اِس ضمن میں ہمیں سہ جہتی منصوبہ بندی کرنی چاہیے۔ ایک یہ کہ اِس کی حتی المقدور کوشش کی جائے کہ فرض نمازیں کسی حال میں قضا نہ ہوں اور مسجد میں باجماعت نماز کا التزام کیا جائے۔ دوسرے یہ کہ فرض نمازوں کے ساتھ ساتھ زیادہ سے زیادہ نوافل ادا کرنے کی کوشش کی جائے۔ تیسرے یہ کہ تہجد کی نماز کو اِس مہینے میں اپنا معمول بنالیا جائے۔ اگرچہ اس بات کی روایت پڑ گئی ہے کہ رمضان میں تہجد کی نماز عشا کے ساتھ ہی تراویح کے نام سے پڑھ لی جاتی ہے، مگر اِس کا اصل طریقہ یہ ہے کہ اِسے تنہائی میں اور رات کا کچھ حصہ گزر جانے کے بعد پڑھا جائے۔ رمضان میں اِس کی اِس قدر اہمیت ہے کہ نبی صلی اللہ علیہ وسلم نے فرمایا:

> ”جو شخص رمضان کی راتوں میں اپنے ایمان کو قائم رکھتے ہوئے ثواب کی نیت سے (تہجد کی نماز پڑھنے کے لیے) کھڑا رہا، اس کے تمام اگلے گناہ معاف کر دیے جائیں گے۔“ (بخاری، رقم 1885)

2۔ مطالعۂ قرآن

رمضان میں مطالعۂ قرآن کی اہمیت دو پہلوؤں سے ہے۔ ایک یہ کہ یہ وہ بابرکت مہینا ہے، جس میں قرآنِ مجید نازل ہوا۔ اللہ تعالیٰ کا ارشاد ہے:

شَهْرُ رَمَضَانَ الَّذِیْٓ اُنْزِلَ فِیْهِ [illegible] اسِ وَبَیِّنٰتٍ مِّنَ الْهُدٰی وَالْفُرْقَانِ. (البقرہ185:2)

”رمضان کا مہینا ہے جس میں قرآن نازل کیا گیا، لوگوں کے لیے سراسر ہدایت بنا کر اور نہایت واضح دلیلوں کی صورت میں جو (اپنی نوعیت کے لحاظ سے) رہنمائی بھی ہیں اور حق و باطل کا فیصلہ بھی۔“

اِس سے واضح ہوتا ہے کہ ماہِ رمضان کی قرآنِ مجید سے خاص مناسبت ہے۔

دوسرے یہ کہ اِس مہینے میں خدا کی بات سننے اور سمجھنے کی طلب ہر دل میں پیدا ہوتی ہے اور خلوت میسر ہونے اور روزمرہ مصروفیات میں کمی کی وجہ سے فہمِ قرآن کا پورا موقع میسر آجاتا ہے۔ اِس موقعے سے پورا فائدہ اٹھاتے ہوئے قرآنِ مجید کی زیادہ سے زیادہ تلاوت کرنی چاہیے۔ یہاں یہ واضح رہے کہ تلاوت سے مراد قرآنِ مجید کو بے سوچے سمجھے پڑھنا نہیں ہے، بلکہ نہایت غور و فکر کے ساتھ مطالعہ کرنا ہے۔

3۔ انفاق

اللہ کی راہ میں اپنا مال خرچ کرنا انفاق ہے۔ آخرت کی کامیابی کے حوالے سے اللہ کی راہ میں خرچ کرنے کی بہت اہمیت ہے۔ قرآنِ مجید میں ارشاد ہے:

وَاَنْفِقُوْا مِنْ مَّا رَزَقْنٰكُمْ مِّنْ قَبْلِ

”ہم نے جو کچھ تمھیں عطا فرمایا ہے،

اَنْ یَّاْتِیَ اَحَدَکُمُ الْمَوْتُ فَیَقُوْلَ رَبِّ لَوْ لَآ اَخَّرْتَنِیْٓ اِلٰٓی اَجَلٍ قَرِیْبٍ ۙ فَاَصَّدَّقَ وَاَکُنْ مِّنَ الصّٰلِحِیْنَ.
(المنافقون 63:10)

اُس میں سے (اللہ کی راہ میں) خرچ کرو، اِس سے پہلے کہ تم میں سے کسی کی موت کا وقت آجائے، پھر وہ (حسرت سے) کہے کہ پروردگار، تو نے مجھے کچھ اور مہلت کیوں نہ دی کہ میں تیری راہ میں خرچ کرتا اور ایسا کرتا تو آج صالحین کے زمرے میں ہوتا؟"

گویا اللہ کی یاد کو قائم رکھنے، مال و اولاد کے فتنوں سے محفوظ رہنے کا طریقہ یہ ہے کہ اللہ کی راہ میں اُس کے دیے ہوئے مال میں سے خرچ کیا جائے۔

رمضان میں اِس نیکی کا بھرپور اظہار ہونا چاہیے۔ اِس موقع پر اپنے اعزہ پر، اپنے ہم سائیوں پر، اپنے ہم وطنوں پر اور ناداروں اور ضرورت مندوں پر، جس قدر ممکن ہو، اللہ کی راہ میں خرچ کرنا چاہیے۔ رمضان میں نبی صلی اللہ علیہ وسلم کے انفاق کے حوالے سے حضرت ابنِ عباس رضی اللہ عنہ بیان کرتے ہیں:

"نبی صلی اللہ علیہ وسلم رمضان میں بہت سخاوت کرتے تھے۔ آپ کی سخاوت چلتی ہوئی ہوا سے بھی زیادہ ہوتی تھی۔" (مشکوٰۃ، رقم 1997)

حضرت عائشہ رضی اللہ عنہا فرماتی ہیں:

"نبی کریم صلی اللہ علیہ وسلم یوں تو عام حالات میں بھی سب سے زیادہ فیاض تھے، لیکن رمضان میں تو آپ سراپا جود و کرم بن جاتے۔" (متفق علیہ)

رمضان میں انفاق کی ایک صورت روزہ دار کو روزہ افطار کرانا بھی ہے۔ حضرت زید بن خالد جہنی نبی صلی اللہ علیہ وسلم سے روایت کرتے ہیں:

"جس نے کسی روزہ دار کو افطار کرایا، اس کے لیے روزہ دار کے برابر اجر ہے اور اس

سے روزہ دار کے اجر میں کوئی کمی واقع نہیں ہوگی۔" (ترمذی، کتاب الصوم)

4۔ نفس پر قابو

شیطان انسان پر جن راستوں سے زیادہ تاخت کرتا ہے وہ بطن اور فرج ہیں۔ اگر انسان اپنے پیٹ اور اپنی شرم گاہ کے تقاضوں کو بے لگام نہ ہونے دے تو وہ بیش تر برائیوں سے محفوظ رہتا ہے۔ نبی صلی اللہ علیہ وسلم نے فرمایا ہے:

"جو شخص ان چیزوں کے بارے میں مجھے ضمانت دے سکے، جو اُس کے دونوں گالوں اور دونوں ٹانگوں کے درمیان ہیں، میں اُس کے لیے جنت کا ضامن بنتا ہوں۔"

(بخاری، رقم 6474)

روزے کے دوران میں کھانے پینے پر پابندی ہوتی ہے۔ فضول گفتگو سے پرہیز بھی ضروری ہوتا ہے۔ اِس وجہ سے زبان کے چٹخارے اور اُس کی فتنہ انگیزیاں بند ہو جاتی ہیں۔ اِسی طرح انسان کی حیوانی ضروریات پر بھی ایک لمبے وقت کے لیے پابندی لگ جاتی ہے۔ چنانچہ اس دوران میں بے راہ روی سے بچے رہنے کی صورت پیدا ہو جاتی ہے۔ یہی وجہ ہے کہ نبی صلی اللہ علیہ وسلم نے شادی نہ ہونے کی صورت میں روزہ رکھنے کی ہدایت فرمائی ہے۔ حضرت عبداللہ بن مسعود رضی اللہ عنہ سے روایت ہے:

"نبی صلی اللہ علیہ وسلم نے فرمایا جو شخص شادی کرنے کی استطاعت رکھتا ہو، وہ نکاح کرے اور جو اِس کی استطاعت نہ رکھتا ہو، وہ روزہ رکھے۔" (بخاری، رقم 1787)

5۔ حسن کلام

وہی کلام اچھا اور موثر ہوتا ہے، جو شایستہ ہو، حیا کا آئینہ دار ہو اور جھوٹ سے پاک

ہو۔ روزے کا زیادہ وقت کم گوئی اور پروردگار کے ساتھ مناجات میں گزرنا چاہیے، لیکن اگر گفتگو کا موقع بھی ہو تو اُسے پاکیزہ ہونا چاہیے۔ نبی صلی اللہ علیہ وسلم نے روزے کے دوران میں فحش گفتگو کرنے اور جھگڑنے سے منع فرمایا ہے:

”روزہ دار کو چاہیے کہ وہ روزے میں فحش باتیں نہ کرے، نہ بدتمیزی کرے، اگر کوئی شخص اُس سے جھگڑے تو اُسے کہہ دے کہ میں روزے سے ہوں۔“

(بخاری، رقم 1786)

اِسی طرح آپ کا ارشاد ہے:

”جو شخص (روزہ رکھ کر) جھوٹ بولنا اور جھوٹ پر عمل کرنا نہ چھوڑے تو اللہ تعالیٰ کو اِس کی بات کی کوئی ضرورت نہیں کہ وہ اپنا کھانا پینا چھوڑ دے۔“ (بخاری، رقم 1785)

6۔ صبر و برداشت

روزے کی حالت میں روزہ دار صبر و برداشت کا پیکر بن جاتا ہے۔ جب اِس کے سامنے کھانا آتا ہے تو بھوک کے باوجود وہ اُس سے منہ پھیر لیتا ہے۔ جب کوئی اِس سے جھگڑا کرتا ہے تو وہ یہ کہہ کر گریز کر لیتا ہے کہ میں روزے سے ہوں۔

اللہ کے حکم کی پیروی میں انسان کے اِس صبر و ثبات پر اللہ کی رحمتیں نازل ہوتی ہیں۔

ام عمارہ بنتِ کعب بیان کرتی ہیں:

”نبی صلی اللہ علیہ وسلم اُن کے ہاں تشریف لائے تو اُنھوں نے آپ کے لیے کھانا منگوایا۔ کھانا آیا تو آپ نے فرمایا کہ تم بھی کھاؤ تو اُنھوں نے کہا کہ میں روزے سے ہوں۔ اس پر نبی صلی اللہ علیہ وسلم نے فرمایا کہ جس وقت روزہ دار کے پاس کھانا کھایا جائے تو فرشتے اس کے لیے رحمت کی دعا کرتے ہیں، یہاں تک کہ وہ کھانے سے فارغ ہو جائے۔“

(مشکوٰۃ، رقم 1981)

روزہ انسان کی ایسی تربیت کر دیتا ہے کہ وہ بڑی سے بڑی آزمایش کو بھی خندہ پیشانی سے سہ لیتا ہے۔ تربیت کے اِسی پہلو کی وضاحت میں مولانا امین احسن اصلاحی لکھتے ہیں:

”یہی روزہ ہے، جو مذہب نے انسانوں کی ظاہری و باطنی تربیت کے لیے تجویز فرمایا ہے اور مقصود اِس سے اُن کی صلاحیتِ کار کو ضعیف کرنا نہیں ہے، بلکہ اُس صلاحیتِ کار کو صبر اور تقویٰ کی بنیاد پر زیادہ سے زیادہ مستحکم کر دینا ہے تاکہ انسان حق کی مخالف طاقتوں کے مقابل میں، خواہ یہ طاقتیں شیطانی ہوں یا انسانی، جہاد کا اہل ہو سکے۔ قرآن اور حدیث پر نگاہ رکھنے والے اچھی طرح جانتے ہیں کہ روزے کے بنیادی مقصد دو بیان کیے گئے ہیں۔ تقویٰ اور صبر۔ تقویٰ یہ ہے کہ آدمی زندگی کے ہر مرحلہ میں اور ہر قسم کے حالات میں اپنے نفس کو حدودِ الٰہی کا پابند رکھے۔ صبر یہ ہے کہ اِس راہ میں خارج سے یا اُس کے باطن سے جو مشکلات و موانع بھی سر اٹھائیں۔ اُن کا پورے عزم و جزم کے ساتھ مقابلہ کرے اور اُن کے آگے سپر انداز نہ ہو۔ یہ جہاد زندگی بھر کا جہاد ہے۔ رمضان کے مہینے میں ہر مسلمان اِسی جہاد کی ٹریننگ حاصل کرتا ہے۔ اگرچہ اِس کا امکان ہے کہ نئے نئے بھرتی ہونے والوں پر اِس ٹریننگ کا فوری اثر اضمحلال اور ضعف کی شکل میں ظاہر ہوتا ہو۔ لیکن دیکھنے کی چیز یہ فوری اثر نہیں، بلکہ اُس کا مستقل اثر ہے۔ اِس کا مستقل اثر یقیناً، اُس کو صحیح طور پر برتنے کی شکل میں، یہی ہونا چاہیے کہ انسان کی بلادت کم ہو، اس کی روح قوی ہو، اس کا دل توانا ہو، اس کی قوتِ ارادی مضبوط ہو، اس کی قوت برداشت بڑھ جائے، وہ جہادِ زندگانی اور جہاد فی سبیل اللہ کے لیے پوری طرح تیار ہو جائے۔“(تدبرِ قرآن 462/1)

7۔ اللہ سے تعلق

روحِ انسانی کی فطرت رجوع الی اللہ ہے، مگر نفس کی خواہشات اور شہوات اس کی فطرت کو مجروح کرتی رہتی ہیں۔ روزہ نفس کے میلانات پر پابندی عائد کر کے روح کو اُس کے فطری

رجحان کے مطابق پرواز چڑھنے میں مدد دیتا ہے۔ اِس کا نتیجہ یہ نکلتا ہے کہ بندہ دنیا سے کٹ کر اللہ کی رضاجوئی کے لیے سرگرمِ عمل ہو جاتا ہے۔ یہی وجہ ہے کہ روزے کی عبادت اللہ تعالیٰ کی محبوب ترین عبادت ہے اور اللہ نے اِس کا خاص اجر بیان فرمایا ہے۔ نبی صلی اللہ علیہ وسلم کا ارشاد ہے:

"اللہ تعالیٰ نے فرمایا کہ آدمی کا ہر نیک عمل اُس کے کام کا ہے، مگر روزہ خاص میرے لیے ہے اور میں ہی اس کا بدلہ دوں گا۔ قسم اُس کی، جس کے قبضے میں میری جان ہے، روزہ دار کے منہ کی بو اللہ کے نزدیک مشک کی بو سے بہتر ہے۔ روزہ دار کے لیے دو خوشیاں ہیں۔ ایک خوشی روزہ افطار کرتے ہوئے حاصل ہوتی ہے اور دوسری خوشی اس وقت حاصل ہو گی، جب وہ اپنے مالک سے ملے گا اور روزے کا اجر دیکھ کر خوش ہو گا۔"

(بخاری، رقم 1786)

[اکتوبر 2004ء]

اجتہاد کی بحث
ماضی وحال کے تناظر میں

قرآن و سنت کے ذریعے سے ہمیں جو دین ملا ہے، اُس کے دو اجزا ہیں: ایک الحکمہ اور دوسرے الشریعہ۔

'الحکمۃ'، ایمانیات اور اخلاقیات کے مباحث پر مبنی ہے۔ توحید، رسالت، آخرت اور اِس نوعیت کے دوسرے موضوعات ایمانیات کے ذیل میں اور عدل، رحم، احسان، حیا اور اِن جیسے فطرتِ انسانی کے مسلمہ حقائق اخلاقیات کے ضمن میں زیرِ بحث آتے ہیں۔ موجودہ زمانے کی اصطلاح میں ہم اِن مباحث کو فلسفہ و حکمت سے تعبیر کر سکتے ہیں۔

'الشریعۃ' سے مراد مراسم عبودیت اور معاملاتِ زندگی سے متعلق وہ قواعد و ضوابط ہیں، جنھیں انسان اپنی عقل و فطرت کی بعض محدودیتوں کی وجہ سے بہ تمام و کمال دریافت نہیں کر سکتا۔ شریعت کے یہ قواعد و ضوابط بہت وضاحت کے ساتھ قرآن و سنت میں بیان ہوئے ہیں۔ اِس کے تحت بندگی رب کے طریقے اور معاشرت، معیشت، سیاست، دعوت، جہاد، حدود و تعزیرات اور خور و نوش جیسے معاملاتِ زندگی کے بارے میں اصول و ضوابط اور حدود و قیود بیان کیے جاتے ہیں۔ اِنھی کی بجا آوری پر انسان کی اخروی فوز و فلاح کا انحصار ہے۔

شریعت کے بارے میں قرآنِ مجید کے مطالعے سے حسبِ ذیل باتیں واضح ہوتی ہیں:

1۔ شریعت سر تا سر اللہ تعالیٰ کی طرف سے نازل ہوتی ہے اور اُن امور کے بارے میں انسان کی رہنمائی کرتی ہے، جن سے انسان ناواقف ہو یا اُس کی عقل صحیح رہنمائی کرنے سے قاصر ہو۔

2۔ شریعت واضح اور متعین ہے۔ اُس کی پیروی لازم ہے۔ اُس کے مقابل میں کسی اور چیز کی پیروی ممنوع ہے۔

3۔ اسلام سے پہلے انسانی تمدن میں ارتقا اور تغیر کے باعث اللہ تعالیٰ نے ہر امت کے لیے الگ الگ شریعت مقرر کی تھی۔

4۔ دین کی تکمیل کے ساتھ ہی شریعت بھی مکمل ہو گئی۔ چنانچہ اب رہتی دنیا تک اسلامی شریعت ہی قطعی اور حتمی شریعت ہے۔

5۔ اسلامی شریعت کے سوا کسی اور شریعت کو اللہ تعالیٰ کے ہاں شرفِ قبولیت حاصل نہیں ہے۔

6۔ اسلام میں داخل ہو جانے کے بعد کسی شخص کے لیے اِس بات کی گنجایش نہیں ہے کہ وہ شریعت سے انحراف یا اُس میں تغیر و تبدل کر سکے۔

7۔ شریعت نہایت مختصر ہے۔

8۔ بیش تر معاملات میں شریعت اصول وضع کرتی ہے اور جزئی تفصیلات کو بیان نہیں کرتی۔

اِس شریعت کو جب ہم اپنے انفرادی یا اجتماعی وجود پر قانون کی صورت میں نافذ کرنے کا فیصلہ کرتے ہیں تو اُس موقع پر دو طرح کے امور ہمارے سامنے آتے ہیں۔

ایک وہ امور جن میں شریعت کی طرف سے قانون سازی موجود ہے۔

دوسرے وہ امور جن میں شریعت خاموش ہے۔

پہلی نوعیت کے امور میں ہم شریعت پر غور و تدبر کر کے اُس کے مدعا اور منشا کو متعین کرتے ہیں۔ دوسری نوعیت کے امور میں ہم شریعت کے منشا تک پہنچنے کے لیے 'اجتہاد' کا طریقہ اختیار کرتے ہیں۔

اجتہاد کا مفہوم

اجتہاد کا لغوی مفہوم کسی کام کو پوری سعی و جہد کے ساتھ انجام دینا ہے۔ اِس کا اصطلاحی مفہوم یہ ہے کہ جس معاملے میں قرآن و سنت خاموش ہیں، اُس میں نہایت غور و خوض کر کے دین کے منشا کو پانے کی جد و جہد کی جائے۔ یہ اصطلاح جس ماخذ سے وجود پذیر ہوئی ہے، وہ نبی صلی اللہ علیہ وسلم سے منسوب ایک روایت ہے۔ یہ روایت آپ صلی اللہ علیہ وسلم کی سیدنا معاذ بن جبل کے ساتھ ایک گفتگو پر مبنی ہے:

حدثنا حفص بن عمر عن شعبة عن أبي عون عن الحارث بن عمرو بن أخي المغيرة بن شعبة عن أناس من أهل حمص من أصحاب معاذ بن جبل أن رسول الله صلى الله عليه وسلم لما أراد أن يبعث معاذًا إلى اليمن قال: كيف تقض إذا عرض لك قضاء؟ قال: أقضي بكتاب الله قال: فإن لم تجد في كتاب الله؟ قال: فبسنة رسول

"سیدنا معاذ بن جبل بیان کرتے ہیں کہ جب مجھے رسول اللہ صلی اللہ علیہ وسلم نے یمن بھیجا تو فرمایا: جب تمھارے سامنے کوئی معاملہ فیصلہ کے لیے آئے گا تو تم اُس کا فیصلہ کس طرح کرو گے؟ میں نے جواب دیا: میں اُس کا فیصلہ اللہ کی کتاب کی روشنی میں کروں گا۔ فرمایا: اگر تمھیں اللہ کی کتاب میں اُس کے متعلق کوئی واضح بات نہ ملے تو کیا کرو گے؟ میں نے عرض کیا: پھر رسول اللہ کی سنت کے مطابق کروں

الله صلى الله عليه وسلم قال: فإن لم تجد في سنة رسول الله ولا في كتاب الله ؟ قال: أجتهد رأيي ولا آلو، فضرب رسول الله صلى الله عليه وسلم صدره وقال: الحمد لله الذي وفق رسول رسول الله لما يرضى رسول الله.

(ابوداؤد، رقم 3119)

گا۔ پھر فرمایا: اگر رسول اللہ کی سنت اور اللہ کی کتاب میں بھی اُس کے متعلق کوئی واضح ہدایت موجود نہ ہو تو ایسی صورت میں کیا کرو گے؟ میں نے عرض کیا: میں پوری کوشش کر کے اپنی راے قائم کروں گا اور اِس میں کوئی کسر اٹھا نہ رکھوں گا۔ رسول اللہ صلی اللہ علیہ وسلم نے میری بات سن کر میرے سینے پر ہاتھ مارا اور فرمایا: اُس اللہ کا شکر ہے، جس نے رسول اللہ کے نمایندے کو اُس بات کی توفیق دی، جو رسول اللہ کو پسند ہے۔"

اِس روایت کے الفاظ 'أجتهد رأيي' سے 'اجتہاد' کا لفظ ہمارے ہاں فقہ و قانون میں بہ طورِ اصطلاح استعمال ہونے لگا ہے۔

اِس اصطلاح کو اگر مذکورہ روایت کی روشنی میں سمجھا جائے تو ہم کہہ سکتے ہیں کہ اجتہاد سے مراد اپنی عقل و بصیرت سے اُن امور کے بارے میں راے قائم کرنا ہے، جن میں قرآن و سنت خاموش ہیں یا اُنھوں نے کوئی متعین ضابطہ بیان نہیں کیا۔

یہاں یہ واضح رہے کہ مذکورہ روایت سند کے اعتبار سے منقطع ہے۔ اِس کے مضمون سے البتہ، یہ تاثر ہوتا ہے کہ نبی صلی اللہ علیہ وسلم نے اِس طرح کی کوئی بات ضرور ارشاد فرمائی ہو گی۔ مزید برآں، حضرت عمر اور سیدنا عبد اللہ بن مسعود رضی اللہ عنہم سے منسوب حسبِ ذیل روایات بھی اِس کی تائید کرتی ہیں:

حضرت عمر رضی اللہ عنہ نے قاضی شریح کے نام فرمان جاری کیا:

اقض بما فی کتاب اللہ فإن لم یکن فی کتاب اللہ فبسنة رسول اللہ صلی اللہ علیه وسلم فإن لم یکن فی کتاب اللہ ولا فی سنة رسول اللہ صلی اللہ علیه وسلم فاقض بما قضی به الصالحون فإن لم یکن فی کتاب اللہ ولا فی سنة رسول اللہ صلی اللہ علیه وسلم ولم یقض به الصالحون فإن شئت فتقدم وإن شئت فتأخر ولا أری التأخر إلا خیرًا لك والسلام علیکم.
(نسائی، رقم 5304)

”جب تمھیں اللہ کی کتاب میں کوئی بات مل جائے تو اُس کے مطابق فیصلہ کرو اور اُس کے سوا کسی اور چیز کی طرف توجہ مت کرو اور اگر اللہ کی کتاب میں نہ ملے تو رسول اللہ صلی اللہ علیہ وسلم کی سنت کے مطابق فیصلہ کرو، اور اگر نہ کتاب اللہ میں ملے اور نہ رسول اللہ صلی اللہ علیہ وسلم کی سنت میں تو صالحین کے فیصلوں کے مطابق فیصلہ کرو، اور جب کوئی ایسا معاملہ پیش آجائے، جس کے متعلق نہ اللہ کی کتاب میں ہو، نہ رسول اللہ کی سنت میں کچھ ہو اور نہ تم سے پہلے کسی اور ہی نے اُس بارے میں کوئی فیصلہ کیا ہو تو تم اُس معاملے میں اجتہاد کرنا چاہو تو اجتہاد کرو اور اگر توقف کرنا چاہو تو توقف کرو اور میں توقف کو تمھارے لیے بہتر خیال کرتا ہوں۔“

حضرت عبد اللہ بن مسعود رضی اللہ عنہ بیان کرتے ہیں:

فمن عرض له منکم قضاء بعد الیوم فلیقض بما فی کتاب اللہ

”پس اب تم میں سے جس کے سامنے کوئی معاملہ فیصلے کے لیے پیش

فإن جاء أمر ليس فى كتاب الله فليقض بما قضى به نبيه فإن جاء أمر ليس فى كتاب الله ولا قضى به نبيه صلى الله عليه وسلم فليقض بما قضى به الصالحون فإن جاء أمر ليس فى كتاب الله ولا قضى به نبيه صلى الله عليه وسلم ولا قضى به الصالحون فليجتهد رأيه ولا يقول إنى أخاف وإنى أخاف.

(نسائی، رقم 5302)

ہو تو اُسے چاہیے کہ کتاب اللہ کے مطابق فیصلہ کرے۔ اور اگر ایسا کوئی معاملہ آ جائے، جس کا حکم کتاب اللہ میں نہ ہو تو اُس کا فیصلہ نبی صلی اللہ علیہ وسلم کے فیصلے کے مطابق کرے۔ اور اگر معاملہ ایسا ہو کہ اُس کا حکم نہ کتاب اللہ میں ہو اور نہ نبی صلی اللہ علیہ وسلم نے اُس کا فیصلہ فرمایا ہو تو صالحین نے اُس کا جو فیصلہ کیا ہو، اُس کی پیروی کرے، لیکن اگر ایک معاملہ ایسا آ جائے، جو نہ کتاب اللہ میں ہو، نہ نبی صلی اللہ علیہ وسلم کے فیصلوں میں اور نہ صالحین نے اُس سے پہلے کبھی اُس کا فیصلہ کیا ہو تو اپنی راے سے (حق و صواب تک پہنچنے کی) پوری کوشش کرے اور یہ نہ کہے کہ میں ڈرتا ہوں، میں ڈرتا ہوں۔“

اجتہاد کا طریق کار

اگر کسی معاملے میں شریعت نے قانون سازی نہیں کی تو اُس معاملے میں اجتہاد کے لیے پہلے یہ دیکھا جائے گا کہ اُس سے ملتے جلتے کسی دوسرے معاملے میں کوئی قانون موجود ہے۔ اگر کوئی قانون موجود ہے تو اُس پر قیاس کر کے قانون وضع کر لیا جائے گا۔ اگر کسی مشابہ

معاملے میں قانون موجود نہیں ہے تو پھر یہ معلوم کیا جائے گا کہ شریعت میں کیا کوئی ایسا اصول موجود ہے، جس سے اُس معاملے کے ضمن میں رہنمائی مل سکے۔ اگر کوئی اصولی ہدایت موجود ہے تو اُس سے استنباط کر کے قانون بنا لیا جائے گا۔ اگر کوئی مشابہ معاملہ بھی موجود نہ ہو اور نہ اصولی ہدایت میسر ہو تو اپنی عقل سے کوئی رائے قائم کر کے اُس کے مطابق قانون سازی کر لی جائے گی، مگر اُس موقع پر اِس بات کا ہر حال میں لحاظ رکھا جائے گا کہ کوئی بات شریعت کے منشا کے خلاف یا اُس کے حدود سے متجاوز نہ ہو۔

اجتہاد کا دائرۂ کار

مندرجہ بالا روایت کی روشنی میں اجتہاد کے دائرۂ کار کو حسبِ ذیل نکات کی صورت میں متعین کیا جا سکتا ہے:

1ـ اجتہاد کا تعلق اُنھی معاملات سے ہے، جو کسی نہ کسی پہلو سے دین و شریعت سے متعلق ہیں۔

2ـ انسانوں کو انفرادی یا اجتماعی حوالے سے جب بھی قانون سازی کی ضرورت پیش آئے تو اُنھیں چاہیے کہ وہ سب سے پہلے قرآن و سنت سے رجوع کریں۔

3ـ جن معاملات میں قرآن و سنت کی رہنمائی موجود ہے، اُن میں قرآن و سنت کی پیروی لازم ہے۔

4ـ جن معاملات میں قرآن و سنت خاموش ہیں، اُن میں انسانوں کو چاہیے کہ اپنی عقل و بصیرت کو استعمال کرتے ہوئے آرا قائم کریں۔

اِن نکات کی بنا پر یہ بات بہ طورِ اصول بیان کی جا سکتی ہے کہ شریعت محل اجتہاد نہیں ہے، بلکہ محل اتباع ہے۔ محل اجتہاد صرف وہی امور ہیں، جن کے بارے میں شریعت

خاموش ہے۔ چنانچہ اجتہادی قانون سازی کرتے ہوئے، مثال کے طور پر عبادات کے باب میں یہ قانون نہیں بنایا جاسکتا کہ تمدن کی تبدیلی کی وجہ سے اب نمازِ فجر طلوعِ آفتاب کے بعد پڑھی جائے گی؛ معیشت کے دائرے میں یہ طے نہیں کیا جاسکتا کہ اب زکوٰۃ ڈھائی فی صد سے زیادہ ہو گی؛ سزاؤں کے ضمن میں یہ فیصلہ نہیں کیا جاسکتا کہ قتل کے بدلے میں قتل کے بجاے عمر قید کی سزا دی جائے گی۔ گویا شریعت کے دائرے میں علما اور محققین کا کام صرف اور صرف یہی ہے کہ احکام کے مفہوم و مدعا کو اپنے علم و استدلال کے ذریعے سے متعین کرنے کی کوشش کریں۔ اِس میں اُن کے لیے کسی تغیر و تبدل کی کوئی گنجایش نہیں ہے۔ البتہ، جس دائرے میں شریعت خاموش ہے، اُس میں وہ دین و مذہب، تہذیب و تمدن اور عرف ورواج کو پیش نظر رکھتے ہوئے ہر طرح کی قانون سازی کر سکتے ہیں۔

اجتہاد کی اقسام

ہمارے فقہا نے اجتہاد کی مختلف اقسام بیان کی ہیں۔ اُن میں سے دو اقسام نمایاں ہیں: ایک اجتہادِ مطلق ہے اور دوسری اجتہادِ مقید ہے۔ اجتہادِ مطلق سے اُن کی مراد وہ امور ہیں، جو بالکل نئے ہوں اور جن کے بارے میں اجتہاد کی مثال تاریخ میں موجود نہ ہو۔ اجتہادِ مقید اُن مسائل سے متعلق ہوتا ہے، جو ماضی میں بھی پیش آئے ہوں اور جن پر اجتہادی کام کے نظائر بھی تاریخ میں موجود ہوں۔

ہمارے نزدیک، اجتہادی کام کی اِس طرح کی تقسیم تفہیم مدعا کے لیے تو مفید ہو سکتی ہے، لیکن اپنی حقیقت کے اعتبار سے اجتہاد کی ایک ہی نوعیت ہے اور وہ اُن معاملات میں راے قائم کرنا ہے، جن میں شریعت نے کوئی رہنمائی نہ کی ہو۔

اجتہاد کے شرائط

ہمارے روایتی علم فقہ میں مجتہد کے لیے کچھ ناگزیر شرائط کا تعین کیا جاتا ہے۔ اُن میں سے نمایاں شرائط یہ ہیں:

1۔ مجتہد ماخذِ دین کی زبان، یعنی عربی سے کماحقہٗ واقف ہو۔

2۔ قرآنِ مجید کا جید عالم ہو۔

3۔ سنت، حدیث اور عمل صحابہ سے پوری واقفیت رکھتا ہو۔

4۔ ماضی کے اجتہادی اور فقہی کام پر گہری نظر رکھتا ہو۔

5۔ صاحبِ تقویٰ ہو۔

یہ سب نکات قابلِ لحاظ ہیں اور اِن میں زمانے کی ضرورتوں کے پیشِ نظر بعض اضافے بھی کیے جاسکتے ہیں، مگر ہمارے نزدیک اجتہاد کے معاملے میں اِنھیں اجتہاد کے شرائط کے طور پر پیش کرنا اور اِن کے بغیر کسی اجتہاد کو ناقابلِ قبول قرار دینا، حسبِ ذیل پہلوؤں سے درست نہیں ہے:

ایک یہ کہ اِس نوعیت کے شرائط کو نبی صلی اللہ علیہ وسلم کی نسبت حاصل نہیں ہے۔ آپ کی نسبت کے بغیر کسی چیز کو دین وشریعت کے طور پر پیش نہیں کیا جاسکتا۔

دوسرے یہ کہ اپنی حقیقت کے اعتبار سے شرائط کی بحث بالکل بے معنی ہے۔ اِس کی وجہ یہ ہے کہ کسی اجتہادی راے کی صحت یا عدم صحت کا فیصلہ علم وفضل اور زہد وتقویٰ کی بنیاد پر نہیں، بلکہ دلیل واستدلال کی بنیاد پر ہوتا ہے۔ دلیل اگر قوی ہے تو کوئی وجہ نہیں کہ بعض مفروضہ شرائط کے پورا نہ ہونے کی بنا پر کسی اجتہاد کو رد کر دیا جائے اور اگر دلیل کم زور ہے تو اجتہاد خواہ کیسی ہی جامع الشرائط شخصیت نے کیا ہو، اُسے، بہر حال ناقابل قبول ہونا چاہیے۔

تیسرے یہ کہ یہ عین ممکن ہے کہ کسی معاملے میں متعلقہ شعبے کے ماہر کی راے مذکورہ

شرائط پر پورا اترنے والے کی رائے سے زیادہ وقیع ہو۔ مثال کے طور پر یہ ہو سکتا ہے کہ طب کے کسی معاملے میں ایک ڈاکٹر کا اجتہاد، عربی زبان و ادب کے کسی فاضل کے اجتہاد کے مقابلے میں زیادہ قرین حقیقت ہو۔ اِسی طرح شریعت میں سود کی تعریف متعین ہو جانے کے بعد اُس کے اطلاق کے معاملے میں کسی ماہرِ معیشت کی رائے کسی عالم دین کی رائے سے زیادہ صائب ہو سکتی ہے۔

اِس بنا پر ہم یہ کہہ سکتے ہیں کہ اجتہاد کے لیے کسی طرح کی کوئی قدغن نہیں ہے۔ یہ دروازہ ہر مسلمان کے لیے اُس کی انفرادی یا اجتماعی حیثیت میں پوری طرح کھلا ہے۔

اجتہاد کا نفاذ

اب سوال یہ پیدا ہوتا ہے کہ کسی اجتہادی رائے کے ردوقبول یا مختلف اجتہادی آرا میں سے ترجیح و اختیار کا فیصلہ کون کرے گا؟

اجتہاد کے ردوقبول یا ترجیح و اختیار کی ضرورت دو موقعوں پر پیش آتی ہے:

ایک اُس موقع پر جب افراد کو ذاتی معاملات میں کوئی رائے قائم کرنا ہوتی ہے۔

دوسرے اُس وقت جب کسی اجتماعی معاملے میں قانون سازی کی ضرورت سامنے آتی ہے۔

ذاتی معاملات میں کسی رائے کو اختیار کرنے کا فیصلہ فرد کرتا ہے۔ مثال کے طور پر انتقالِ خون کا تقاضا سامنے آنے پر وہ اُس کے جواز اور عدم جواز کے حوالے سے رائے قائم کرکے عطیہ دینے یا نہ دینے کا فیصلہ کر سکتا ہے۔

جہاں تک اجتماعی سطح پر کسی اجتہادی رائے کو قانون کی شکل دینے کا تعلق ہے تو اُس کا اختیار سر تا سر مسلمانوں کے اربابِ حل و عقد کو حاصل ہے۔ وہ خود بھی اجتہاد کر سکتے ہیں،

کسی ماہرِ فن کی رائے کو بھی قانون کی شکل دے سکتے ہیں اور کسی عالم دین کا نقطۂ نظر بھی قبول کر سکتے ہیں۔ فیصلہ، بہر حال اُنھی کو کرنا ہے۔ اُن کی اکثریت جس اجتہاد کو قبول کرلے گی، وہی قانون کی حیثیت سے نافذ العمل قرار پائے گا۔ مسلمانوں میں سے کسی شخص کے لیے اُس کی خلاف ورزی جائز نہ ہو گی۔ اُس سے اختلاف کا حق، البتہ ہر شخص کو حاصل رہے گا۔ ممکن ہے کہ اربابِ حل و عقد کسی کی اختلافی رائے سے متاثر ہو کر، بعد ازاں قانون میں تبدیلی کا فیصلہ کرلیں۔ چنانچہ قرآن و سنت کی تعبیر کا مسئلہ ہو یا کسی ایسے معاملے میں اجتہاد کا جس میں شریعت خاموش ہے، یہ مسلمانوں کے منتخب نمایندے ہی ہیں، جن کے فیصلے سے کوئی رائے اسلامی ریاست میں قانون کا درجہ حاصل کر سکتی ہے۔

ماضی کے اجتہادی کام کی حیثیت

قانون و شریعت کے دائرے میں ہمارے جلیل القدر ائمہ نے بہت وقیع کام کیا ہے۔ اُنھوں نے اپنے فہم کے مطابق شریعت کے مفہوم و مدعا کی تعیین، اُس کی شرح و وضاحت اور مختلف معاملات پر اُس کے اطلاق کا کام بھی کیا ہے اور فقہی معاملات میں اپنے حالات کے تقاضوں کے لحاظ سے اجتہادات بھی کیے ہیں۔ موجودہ زمانے میں اگر کوئی شخص اجتہادی کام کرنا چاہے تو وہ اُن کے کام سے صرفِ نظر نہیں کر سکتا۔ لیکن بہر حال یہ انسانی کام ہے، جو غلطی کے امکان اور اختلافِ رائے سے مبرا نہیں ہو سکتا۔ لہٰذا اُن کی آرا سے اتفاق بھی ہو سکتا ہے اور اختلاف بھی کیا جا سکتا ہے۔ اسلامی تاریخ اُن علمی اختلافات سے بھری پڑی ہے، جو بعد میں آنے والوں نے اُن کی آرا کے بارے میں کیے ہیں۔ ہمارے جید علما نے دین و شریعت کے معاملے میں بھی اور فقہ و اجتہاد کے معاملے میں بھی اِس علمی کام میں کوئی انقطاع نہیں آنے دیا۔

اجتہاد کے بارے میں بعض غلط فہمیاں

اجتہادی کام کے حوالے سے ہمارے اکثر اہل علم و دانش بعض غلط فہمیوں میں مبتلا ہیں۔ اِس بنا پر ہمارے ہاں اِس اصطلاح کے بارے میں کافی خلطِ مبحث ہے۔ اِن غلط فہمیوں کی تفصیل حسبِ ذیل ہے:

ایک غلط فہمی یہ پائی جاتی ہے کہ معاملاتِ زندگی سے متعلق اُن امور میں بھی اجتہاد کیا جا سکتا ہے، جن میں شریعت کی ہدایات موجود ہیں۔ مثال کے طور پر تمدنی ضروریات کے پیش نظر، خواتین کے لیے حجاب کے حدود، جہاد، طلاق، عورت کی شہادت، دیت اور اِس طرح کے بعض دوسرے امور کے حوالے سے شریعت میں تغیر و تبدل اور ترمیم و اضافہ کیا جا سکتا ہے۔

ہم تمہید میں واضح کر چکے ہیں کہ یہ بات قرآن و سنت کے نصوص کے خلاف ہے۔ جن امور میں شریعت کی کوئی تصریح موجود ہے، اُن میں کوئی تبدیلی نہیں کی جا سکتی۔ زبان و بیان کے کسی علمی اختلاف کی بنا پر یہ امور محل تدبر تو ہو سکتے ہیں، محل اجتہاد ہر گز نہیں ہو سکتے۔ چنانچہ اِن میں قرآن و سنت کے صحیح منشا تک پہنچنے کے لیے نئی تحقیق پیش کی جا سکتی ہے اور قدما کی تحقیقات کو دلائل کی بنیاد پر غلط بھی قرار دیا جا سکتا ہے، مگر اِس دائرے میں اجتہاد کا دروازہ ہر گز نہیں کھولا جا سکتا۔

دوسری غلط فہمی یہ ہے کہ امت میں اجتہاد کا دروازہ گذشتہ کئی صدیوں سے بند ہے۔ یہ بات درست نہیں ہے۔ حقیقت یہ ہے کہ امتِ مسلمہ کی چودہ سو سالہ تاریخ میں شاید ایک دن بھی ایسا نہیں آیا، جب اجتہاد کا دروازہ بند ہوا ہو۔ یہ عمل پیغمبر اور صحابہ کے زمانے میں بھی جاری تھا، بعد کے ادوار میں بھی پورے تسلسل سے قائم رہا اور آج بھی بغیر کسی انقطاع کے جاری ہے۔ اجتہاد اُس وقت بھی ہوتا رہا، جب اقوام عالم کی قیادت و سیادت

مسلمانوں کے ہاتھوں میں تھی اور اِس وقت بھی ہو رہا ہے، جب وہ محکومی کے دور سے گزر رہے ہیں۔ اجتہاد کے بارے میں یہ تصور ہمارے علما کے تقلیدِ جامد پر اصرار کی وجہ سے پیدا ہوا ہے۔

تیسری غلط فہمی یہ ہے کہ فقہ شریعت ہی کا ایک حصہ ہے۔

فقہ، در حقیقت وہ قانون سازی ہے، جو ہمارے فقہا نے شریعت کی روشنی میں کی ہے۔ یہ الہامی نہیں، بلکہ انسانی کام ہے۔ یہ قوانین ہمارے فقہا نے اپنے فہم دین کے مطابق، اپنے تمدن کے تقاضوں کے پیشِ نظر اور اپنے سیاسی و معاشرتی حالات کو ملحوظ رکھتے ہوئے وضع کیے ہیں۔ یہ ہمارے لیے واجب الاطاعت نہیں ہیں۔ ہم اُن کی آرا سے اختلاف کر سکتے ہیں اور شریعت کی روشنی میں اپنے حالات کے لحاظ سے، جب چاہیں، نئی فقہ مرتب کر سکتے ہیں۔

[جون 2001ء]

تقلید اور اجتہاد

موجودہ زمانے میں مسلمان علما کی غالب اکثریت تقلیدِ جامد کو بہ طورِ اصول اختیار کیے ہوئے ہے۔ اُن کا اصرار ہے کہ احکام دینیہ کی تعبیر و تشریح کے حوالے سے قدیم علما کا کام ہر لحاظ سے مکمل ہے۔ اُن کے کام کی تفہیم اور شرح و وضاحت تو ہو سکتی ہے، مگر اُس پر نظر ثانی کی کوئی گنجایش نہیں ہے۔ دورِ اول کے فقہانے جو اصول و قوانین مرتب کیے ہیں، وہ تغیراتِ زمانہ کے باوجود قابل عمل ہیں۔ اِس ضمن میں تحقیق و اجتہاد کی نہ ضرورت ہے اور نہ اِس بات کا اب کوئی امکان ہے کہ کوئی شخص مجتہد کے منصبِ جلیلہ پر فائز ہو سکے۔ اِس نقطۂ نظر اور اِس پر اصرار کے باوصف حقیقت یہ ہے کہ یہ اہل علم فکر اسلامی کے بارے میں پیدا ہونے والے متعدد شکوک و شبہات رفع کرنے اور نفاذ شریعت کے حوالے سے بعض سوالات کا جواب دینے سے قاصر ہیں۔ اِس کا نتیجہ یہ نکلا ہے کہ اِس وقت مسلمانوں میں ایک طرف ایسے لوگ پیدا ہو رہے ہیں، جو اِن علما کے زیر اثر تقلیدِ جامد کے اسیر ہیں اور دوسری طرف وہ نسل پروان چڑھ رہی ہے، جو ردِ عمل کے طور پر اسلام کو ایک قصۂ پارینہ قرار دے کر جدید فلاسفہ سے کسبِ فیض کرنے کے لیے بے تاب ہے۔

ہمارے جدید اہل دانش علما کے اِس رویے کو غلط قرار دیتے ہیں۔ اِس پر تنقید کرتے ہوئے اُن کی تقریر، بالعموم یہ ہوتی ہے کہ علماے امت صدیوں سے تقلید کے طریقے پر گام زن

ہیں۔ وہ ماضی بعید کے اہل علم کی تحقیقات اور آراہی کو حرفِ آخر سمجھتے اور قرآن و سنت پر از سر نو غور کرنے کے خلاف ہیں۔ مگر موجودہ زمانے میں تمدن کے ارتقا نے جو مسائل پیدا کر دیے ہیں، وہ اُن سے صرفِ نظر کرتے ہوئے قدیم علماہی کی دینی توضیحات کو اختیار کرنے پر مصر ہیں۔ چنانچہ اِس امر کی ضرورت ہے کہ اجتہاد کے بند دروازے کو کھولا جائے اور اہل علم دورِ جدید کے تقاضوں کے پیشِ نظر قرآن و سنت کے احکام کی تعبیر و تشریح کریں۔

اِس تصور کے تناظر میں یہ سوالات عام طور پر ذہن میں پیدا ہوتے ہیں کہ کیا قرآن و سنت کے احکام میں وقت گزرنے کے ساتھ ترمیم و تغیر ہو سکتا ہے، کیا اُن معاملات میں بھی اجتہاد ہو سکتا ہے جن میں قرآن و سنت نے نہایت واضح احکام دیے ہیں، کیا قرآن و سنت کی شرح و وضاحت کے بارے میں ہم علما کی تحقیقات کو اجتہاد ہی سے تعبیر کریں گے؟ اِن سوالات کے حوالے سے یہ مناسب ہے کہ یہاں مختصر طور پر اجتہاد کا مفہوم اور اُس کا دائرۂ کار بیان کر دیا جائے۔

اجتہاد کا لغوی مفہوم کسی کام کو پوری سعی و جہد کے ساتھ انجام دینا ہے۔ اِس کا اصطلاحی مفہوم یہ ہے کہ جس معاملے میں قرآن و سنت خاموش ہیں، اُس میں نہایت غور و خوض کر کے دین کے منشا کو پانے کی جد و جہد کی جائے۔ نبی کریم صلی اللہ علیہ وسلم اور صحابۂ کرام سے منسوب روایات کی روشنی میں اجتہاد کا دائرۂ کار حسبِ ذیل نکات کی صورت میں متعین کیا جا سکتا ہے:

1۔ اجتہاد کا تعلق اُنھی معاملات سے ہے جو کسی نہ کسی پہلو سے دین و شریعت سے متعلق ہیں۔

2۔ انسانوں کو انفرادی یا اجتماعی حوالے سے جب بھی قانون سازی کی ضرورت پیش آئے تو اُنھیں چاہیے کہ وہ سب سے پہلے قرآن و سنت سے رجوع کریں۔

3۔ جن معاملات میں قرآن و سنت کی رہنمائی موجود ہے، اُن میں قرآن و سنت کی پیروی لازم ہے۔

4۔ جن معاملات میں قرآن و سنت خاموش ہیں، اُن میں انسانوں کو چاہیے کہ اپنی عقل و

بصیرت کو استعمال کرتے ہوئے آرا قائم کریں۔

اِن نکات کی بنا پر یہ بات بہ طور اصول بیان کی جا سکتی ہے کہ شریعت محل اجتہاد نہیں ہے، بلکہ محل اتباع ہے۔ محل اجتہاد صرف وہی امور ہیں جن کے بارے میں شریعت خاموش ہے۔ چنانچہ اجتہادی قانون سازی کرتے ہوئے، مثال کے طور پر عبادات کے باب میں یہ قانون نہیں بنایا جا سکتا کہ تمدن کی تبدیلی کی وجہ سے اب نماز فجر طلوعِ آفتاب کے بعد پڑھی جائے گی؛ معیشت کے دائرے میں یہ طے نہیں کیا جا سکتا کہ اب زکوٰۃ ڈھائی فی صد سے زیادہ ہو گی؛ سزاؤں کے ضمن میں یہ فیصلہ نہیں کیا جا سکتا کہ مثلاً قتل کے بدلے میں قتل کے بجاے عمر قید کی سزا دی جائے گی۔ گویا شریعت کے دائرے میں علما اور محققین کا کام صرف اور صرف یہی ہے کہ احکام کے مفہوم و مدعا کو اپنے علم و استدلال کے ذریعے سے متعین کرنے کی کوشش کریں۔ اِس میں اُن کے لیے کسی تغیر و تبدل کی کوئی گنجایش نہیں ہے۔ البتہ، جس دائرے میں شریعت خاموش ہے، اُس میں وہ دین و مذہب، تہذیب و تمدن اور عرف و رواج کو پیشِ نظر رکھتے ہوئے ہر طرح کی قانون سازی کر سکتے ہیں۔

اِس باب میں جس طرز عمل کی اصلاح کی ضرورت ہے، وہ مخصوص علماے سابق کی تحقیقات یا اجتہادات پر عمل درآمد کے لیے اصرار ہے۔ اِس طرح کی کوئی پابندی اسلام نے عائد نہیں کی۔ اُس نے ہر زمانے کے ہر شخص کو اِس بات کا حق دیا ہے کہ وہ تحقیق و اجتہاد کی صلاحیت بہم پہنچانے کے بعد دینی احکام کے حوالے سے اپنی آرا پیش کرے اور اِن کے لیے راے عامہ کو ہموار کرے۔

[جولائی 2008ء]

دورِ جدید میں اسلام کی شرح و وضاحت

موقر روزنامہ ”جنگ“ کی 21 تا 23 جون 2002ء کی اشاعت میں ”مسلمان معاشرے اور تعلیم اسلام فکری کنفیوژن کیوں؟“ کے زیرِ عنوان ایک اہم مضمون شائع ہوا ہے۔ اِس کے مولف ممتاز صحافی اور ماہر سیاسیات جناب ارشاد احمد صاحب حقانی ہیں۔ قومی و سیاسی امور کے بارے میں اُن کے تجزیے سنجیدہ اور بے لاگ ہونے کے ساتھ نہایت حکمت و دانش پر مبنی ہوتے ہیں۔ یہی وجہ ہے کہ وہ رائے عامہ کی تشکیل اور اربابِ حل و عقد کی رہنمائی میں غیر معمولی کردار ادا کرتے ہیں۔ مذکورہ مضمون میں فاضل مولف نے قومی تعمیر کے حوالے سے بعض اہم مباحث اٹھائے ہیں۔ ہمارے فہم کے مطابق اُن کے نقطۂ نظر کا خلاصہ یہ ہے کہ مسلمانوں کے اہل علم و دانش شریعت کے معاملے میں فکری الجھاؤ کا شکار ہیں۔ اِس وقت وہ تین طبقات میں منقسم ہیں۔ ایک طبقہ روایتی علما پر مشتمل ہے، جو فرسودہ نظام تعلیم کی پیداوار ہے اور جدید عمرانی علوم سے بے بہرہ ہے۔ یہ اپنے فہم شریعت کے قطعی ہونے پر مصر ہے۔ دوسرا طبقہ وہ ہے، جو جدید علوم سے بہرہ مند ہے، مگر اسلامی تعلیمات سے بالکل نابلد ہے۔ یہ نظام زندگی کی اساس اسلام کے فلسفہ و حکمت اور قانون و شریعت کے بجائے بعض غیر اسلامی افکار اور نظام ہائے زندگی پر استوار کرنے کا داعی ہے۔ تیسرے طبقے میں وہ اہل علم شامل ہیں، جو اسلامی علوم پر گہری نظر رکھنے کے ساتھ ساتھ معاصر عمرانی علوم سے بھی آگاہ ہیں۔ یہ

قرآن و سنت کو ماخذِ رہنمائی قرار دیتے ہیں، مگر اُن کی شرح و وضاحت کے حوالے سے علماے سابق کی آرا کو محلِ نظر سمجھتے ہیں۔ اِس بنا پر یہ اِس نقطۂ نظر کے حامل ہیں کہ دین و شریعت کا اطلاق کرتے ہوئے عصرِ حاضر کی ضرورتوں کو بھی مدِ نظر رکھا جائے۔ صاحبِ مضمون کے نزدیک مسلمانوں کے روشن مستقبل کا انحصار اِسی تیسرے طبقۂ فکر پر ہے۔ آخر میں اُنھوں نے اسلام کی عمرانی تعلیمات کو عصری ترقیوں کی روشنی میں سمجھنے کی ترغیب دی ہے اور اِس ضمن میں اجتہاد کی ضرورت پر زور دیا ہے۔

ہم سمجھتے ہیں کہ صاحبِ مضمون کا اصل مقدمہ نہایت وقیع ہے۔ اُنھوں نے ایک ماہر نباض کی طرح مسلمانوں کے مرض کی ٹھیک ٹھیک نشان دہی کی ہے اور اصلاحِ احوال کے لیے بالکل درست لائحۂ عمل تجویز کیا ہے۔ حقیقت یہ ہے کہ اِس وقت مسلمان علما کی غالب اکثریت تقلیدِ جامد کو بہ طورِ اصول اختیار کیے ہوئے ہے۔ ان کا اصرار ہے کہ احکامِ دینیہ کی تعبیر و تشریح کے حوالے سے قدیم علما کا کام ہر لحاظ سے مکمل ہے۔ موجودہ زمانے میں ان کے کام کی تفہیم اور شرح و وضاحت تو ہو سکتی ہے، مگر اُس پر نظرِ ثانی کی کوئی گنجائش نہیں ہے۔ دورِ اول کے فقہا نے جو اصول و قوانین مرتب کیے ہیں، وہ تغیراتِ زمانہ کے باوجود قابلِ عمل ہیں۔ اِس ضمن میں تحقیق و اجتہاد کی نہ ضرورت ہے اور نہ اِس بات کا اب کوئی امکان ہے کہ کوئی شخص مجتہد کے منصبِ جلیلہ پر فائز ہو سکے۔ اِس نقطۂ نظر اور اس پر اصرار کے باوصف واقعہ یہ ہے کہ یہ اہلِ علم فکرِ اسلامی کے بارے میں پیدا ہونے والے متعدد شکوک و شبہات رفع کرنے اور نفاذِ شریعت کے حوالے سے بعض سوالات کا جواب دینے سے قاصر ہیں۔ اِس کا نتیجہ یہ نکلا ہے کہ اِس وقت مسلمانوں میں ایک طرف ایسے لوگ پیدا ہو رہے ہیں، جو اِن علما کے زیرِ اثر تقلیدِ جامد کے اسیر ہیں اور دوسری طرف وہ نسل پروان چڑھ رہی ہے، جو ردِ عمل کے طور پر اسلام کو ایک قصۂ پارینہ قرار دے کر جدید فلاسفہ سے کسبِ فیض کرنے کے

لیے بے تاب ہے۔ اِن کے درمیان میں کچھ ایسے لوگ بھی اگرچہ موجود ہیں، جو اسلام کے بارے میں پیدا ہونے والے سوالات سے آگاہ ہیں اور اُن کے شافی جوابات کی تلاش میں کوشاں ہیں، مگر واقعہ یہ ہے کہ ابھی تک اُن کی کاوشیں بہت ابتدائی مراحل میں ہیں۔ اِس وجہ سے مجموعی صورتِ حال میں کوئی تبدیلی واقع نہیں ہوئی۔

غیر مسلم دنیا میں اسلام کے بارے میں سوالات اور شکوک و شبہات تو پہلے بھی موجود تھے، مگر 11 ستمبر 2001ء کے بعد یہ بہت نمایاں ہو کر سامنے آئے ہیں۔ اِن میں اسلامی شریعت کے حوالے سے بعض سوالات بہت نمایاں ہیں۔ مثلاً یہ کہ کیا اسلام ایک شدت پسند مذہب ہے؟ کیا دنیا پر حکمرانی کا حق صرف مسلمانوں کو حاصل ہے؟ کیا اسلام میں رائے کی آزادی نہیں ہے؟ کیا اسلام چھوڑنے کی سزا موت ہے؟ کیا اسلام دہشت و بربریت کی اجازت دیتا ہے؟ کیا انسان صرف اس لیے موت کے حق دار ہو سکتے ہیں کہ وہ مسلمان نہیں ہیں؟ ان کے علاوہ جرائم کی سزائیں، معاشرے میں خواتین کا کردار، نظم سیاست، نظم معیشت اور فنونِ لطیفہ وغیرہ کے بارے میں بھی بے شمار سوالات ہیں، جو آج کل دنیا بھر میں اسلام کے حوالے سے زیر بحث ہیں۔ صاحبِ مضمون نے بالکل ٹھیک توجہ دلائی ہے کہ اگر اِن سوالات کا جواب نہیں دیا گیا اور اِس کے برعکس وہی رویہ اختیار کیا گیا، جو اب تک ہمارے علما کی اکثریت نے ظاہر کیا ہے تو پھر مسلمانوں کی ترقی کی کوئی ضمانت نہیں دی جا سکتی۔

مضمون کے بنیادی مقدمات سے پوری طرح اتفاق کے ساتھ اجتہاد کے مفہوم کے بارے میں ہم فاضل مصنف کی بات میں بعض اضافوں کی ضرورت محسوس کرتے ہیں۔ اس ضمن میں ہمارا احساس یہ ہے کہ ان کی تحریر سے کم و بیش اسی تقریر کا تاثر ہوتا ہے جو موجودہ زمانے میں ہمارے اکثر دانش ور کرتے ہوئے نظر آتے ہیں۔ وہ تقریر یہ ہے کہ علماے امت صدیوں سے تقلید کے طریقے پر گام زن ہیں۔ وہ ماضی بعید کے اہل علم کی تحقیقات اور آرا ہی

کو حرفِ آخر سمجھتے اور قرآن و سنت پر از سر نو غور کرنے کے خلاف ہیں۔ مگر موجودہ زمانے میں تمدن کے ارتقا نے جو مسائل پیدا کر دیے ہیں، وہ اُن سے صرفِ نظر کرتے ہوئے قدیم علماہی کی دینی توضیحات کو اختیار کرنے پر مصر ہیں۔ چنانچہ اِس امر کی ضرورت ہے کہ اجتہاد کے بند دروازے کو کھولا جائے اور اہل علم دورِ جدید کے تقاضوں کے پیشِ نظر قرآن و سنت کے احکام کی تعبیر و تشریح کریں۔ فاضل مصنف لکھتے ہیں:

"جہاں تک اسلام کی عمرانی تعلیمات کا تعلق ہے، ان کے نئے نئے مفہوم اور مطالب اس میدان میں عصری ترقیوں کی روشنی میں واضح ہو سکتے ہیں۔ اب کوئی طبقہ زندگی کے تمام شعبوں سے متعلق گذشتہ تیرہ چودہ سو سال میں سامنے آنے والی تشریحات اور مفاہیم کی لفظ بہ لفظ پیروی پر اصرار شروع کر دے تو وہ اپنے لیے اور ملت کے لیے لامحالہ طرح طرح کی مشکلات اور کجیاں پیدا کیے بغیر نہیں رہ سکے گا۔ اس سے ثابت ہوتا ہے کہ اجتہاد کی ضرورت کس قدر شدید ہے اس کے بغیر ایک قدم آگے نہیں چلا جا سکتا۔"

(روزنامہ جنگ 23 جون 2002ء)

اِس تصور کے تناظر میں یہ سوالات عام طور پر ذہن میں پیدا ہوتے ہیں کہ کیا قرآن و سنت کے احکام میں مرورِ زمانہ کے ساتھ ترمیم و تغیر ہو سکتا ہے، کیا اُن معاملات میں بھی اجتہاد ہو سکتا ہے، جن میں قرآن و سنت نے نہایت واضح احکام دیے ہیں، کیا قرآن و سنت کی شرح و وضاحت کے بارے میں ہم علماکی تحقیقات کو اجتہاد ہی سے تعبیر کریں گے؟

موجودہ زمانے میں جن معاملات کے حوالے سے اجتہاد کی ضرورت پر زور دیا جاتا ہے، اُن میں خواتین کا پردہ، فنونِ لطیفہ اور اسلامی سزائیں بہت نمایاں ہیں۔ یہ اور اِس نوعیت کے معاملات میں اصل بات یہ ہے کہ قرآن و سنت کے احکام میں کوئی تبدیلی نہیں ہو گی، البتہ جہاں وہ خاموش ہیں، وہاں اپنی رائے سے اجتہاد کیا جا سکے گا۔

خواتین کے حجاب کے بارے میں قرآن و سنت خاموش نہیں ہیں۔ اِس وجہ سے ہم اِس

باب میں اجتہاد نہیں کریں گے، بلکہ قرآن و سنت کے منشا کو جاننے کی کوشش کریں گے۔ اِس کوشش کے نتیجے میں کوئی صاحبِ علم اِس نتیجے پر پہنچ سکتا ہے کہ چہرے کا پردہ لازم ہے اور کوئی دوسرا عالم یہ نتیجہ اخذ کر سکتا ہے کہ چہرے کا پردہ لازم نہیں ہے۔ ہمیں انفرادی یا اجتماعی سطح پر جس راے کے دلائل زیادہ قوی معلوم ہوں، اُسے اختیار کر لینا چاہیے۔

فنونِ لطیفہ میں مثلاً تصویر اور موسیقی کے جواز یا عدم جواز کے معاملے میں بھی اجتہاد نہیں کیا جائے گا، کیونکہ اِن معاملات میں دین خاموش نہیں ہے۔ یہ تحقیق کی جائے گی کہ اِس بارے میں دین کیا چاہتا ہے۔ اگر دین ہمارے لیے اِن چیزوں کو منع کرنا چاہتا ہے تو پھر کسی اجتہاد کے ذریعے سے اِن کے جواز کا راستہ نہیں کھولا جا سکتا۔ اور اگر دین نے اِن پر کوئی پابندی عائد نہیں کی تو ہم اپنے طور پر انھیں ناجائز قرار نہیں دے سکتے۔

اسلامی حدود و تعزیرات میں جرائم کی جو سزائیں اللہ اور اس کے رسول نے عمومی طور پر متعین کر دی ہیں، وہ ہمارے لیے واجب الاتباع ہیں۔ ہم اِن میں کوئی ترمیم و تغیر نہیں کر سکتے۔ البتہ، اگر کوئی ایسا جرم سامنے آتا ہے، جس کی سزا کے بارے میں کوئی ہدایت ہم قرآن و سنت میں تلاش نہیں کر پائے تو اُس کے متعلق اجتہاد کیا جا سکتا ہے۔

اِس باب میں جس طرزِ عمل کی اصلاح کی ضرورت ہے، وہ مخصوص علماے سابق کی تحقیقات یا اجتہادات پر عمل درآمد کے لیے اصرار ہے۔ اِس طرح کی کوئی پابندی اسلام نے عائد نہیں کی۔ اس نے ہر زمانے کے ہر شخص کو اس بات کا حق دیا ہے کہ وہ تحقیق و اجتہاد کی صلاحیت بہم پہنچانے کے بعد دینی احکام کے حوالے سے اپنی آرا پیش کرے اور اُن کے لیے راے عامہ کو ہموار کرے۔

[اگست 2002ء]

حدود آرڈی نینس

جاوید احمد غامدی کا موقف

حدود کے بارے میں جناب جاوید احمد غامدی کا موقف یہ ہے کہ یہ اسلامی شریعت کا جزوِلازم ہیں۔ جان، مال، آبرو اور نظم اجتماعی سے متعلق تمام بڑے جرائم کی یہ سزائیں قرآنِ مجید نے خود مقرر فرمائی ہیں۔ چنانچہ اِن کی حیثیت پروردگارِ عالم کے قطعی اور حتمی قانون کی ہے۔ عالم اور محقق ہوں یا قاضی اور فقیہ، اِن میں ترمیم و اضافے یا تغیر و تبدل کا حق کسی کو حاصل نہیں ہے۔ شریعت کے دیگر اجزا کی طرح یہ بھی ابدی، اٹل اور غیر متبدل ہیں۔ زمانہ گزرا ہے اور مزید گزر سکتا ہے، تہذیب بدلی ہے اور مزید بدل سکتی ہے، تمدن میں ارتقا ہوا ہے اور مزید ہو سکتا ہے، مگر اِن کی قطعیت آج بھی اسی طرح قائم ہے، جس طرح آج سے چودہ سو سال پہلے قائم تھی۔ اِن کا انکار قانونِ خداوندی کا انکار ہے اور اِنھیں چیلنج کرنا حکم الٰہی کو چیلنج کرنے کے مترادف ہے۔ اِن کی تعمیل ہمارے ایمان کا تقاضا اور اِن کے نفاذ کی جدوجہد ہمارا اجتماعی فریضہ ہے۔ ہمارے حکمرانوں کی یہ ذمہ داری ہے کہ وہ اِنھیں من و عن نافذ کریں۔ وہ اگر اِس سے گریز کرتے ہیں تو اِنھیں آگاہ رہنا چاہیے کہ:

”جو لوگ اللہ کے نازل کیے ہوئے قانون کے مطابق فیصلے نہیں کرتے، وہی ظالم ہیں، ... وہی فاسق ہیں۔“ (المائدہ 5:47،45)

حدود اللہ کے بارے میں یہ جناب جاوید احمد غامدی کا موقف ہے۔ جہاں تک اِن کی تعبیر و تشریح کا تعلق ہے تو اُن کے نزدیک اِس کا حق ہر صاحبِ علم کو حاصل ہے۔ اِس معاملے میں جو چیز فیصلہ کن ہے، وہ کسی تعبیر کا قدیم ہونا یا مشہور و مقبول ہونا نہیں ہے، بلکہ مبنی بر دلیل ہونا ہے۔ عقلی اور نقلی دلائل ہی کو یہ حیثیت حاصل ہے کہ اُن کی بنا پر کسی رائے کے رد و قبول کا فیصلہ کیا جائے۔ سلف و خلف کے علما نے حدود اللہ اور دیگر احکام الٰہی کی تعبیر و تشریح کا جو کام گذشتہ چودہ سو سال میں کیا ہے، وہ بلاشبہ گراں قدر اور وقیع ہے، مگر اِس کے باوجود، بہر حال انسانی کام ہے اور انسانوں میں سے صرف پیغمبروں ہی کو یہ حق حاصل ہے کہ لوگ اُن کی بات کے سامنے سر تسلیم خم کریں۔ باقی انسانوں کے کام سے، خواہ وہ ابو حنیفہ، مالک، شافعی، احمد بن حنبل، ابنِ تیمیہ، غزالی، شاہ ولی اللہ، فراہی اور اصلاحی جیسے جلیل القدر ائمۂ امت ہی کیوں نہ ہوں، اختلاف کیا جا سکتا اور اُن کی آرا کے مقابل میں نئی رائے کو پیش کیا جا سکتا ہے۔

"جرم زنا کا آرڈی نینس 1979ء" بھی حدود اللہ کی تعبیر و تشریح پر مبنی ایک انسانی کاوش ہے۔ اِس کے بارے میں جناب جاوید احمد غامدی کا نقطۂ نظر یہ ہے کہ اِس کی بعض دفعات شریعت کے مطابق نہیں ہیں۔ لہٰذا اِس کی تدوین جدید ہونی چاہیے اور اِسے ایک الگ ضابطے کے طور پر قائم رکھنے کے بجائے مجموعۂ تعزیراتِ پاکستان اور ضابطۂ فوج داری کا حصہ بنا دینا چاہیے۔ اُن کے نزدیک اِس میں پانچ بنیادی مسائل ہیں، جن پر قرآن و سنت کی روشنی میں از سر نو غور ہونا چاہیے۔

1- زنا اور زنا بالجبر کی سزا میں یکسانی

ایک بنیادی مسئلہ یہ ہے کہ اس میں زنا اور زنا بالجبر کی سزا میں فرق قائم نہیں کیا گیا۔ دفعہ 5 زنا کی سزا کو بیان کرتی ہے اور اُس کے تحت درج ہے کہ اِس جرم کا مرتکب اگر "محصن"،

یعنی شادی شدہ ہے تو اُسے سنگ سار کر کے ہلاک کر دیا جائے گا اور اگر ''غیر محصن''، یعنی غیر شادی شدہ ہے تو اُسے سو کوڑے مارے جائیں گے۔ بعینہٖ یہی سزا دفعہ 6 کے تحت زنا بالجبر کے زیرِ عنوان بیان کی گئی ہے۔ گویا زنا کی سزا میں اگر کوئی فرق قائم ہے تو وہ ازدواجی حیثیت کی بنا پر ہے، اُس کے بالرضا یا بالجبر ہونے کی بنا پر نہیں ہے۔

غامدی صاحب کا نقطۂ نظر یہ ہے کہ زنا اور زنا بالجبر، دونوں الگ الگ جرم ہیں اور شریعت کی رو سے اُن کی سزا بھی الگ الگ ہے۔ اُن میں وہی فرق ہے، جو چوری اور ڈکیتی میں ہے۔ زنا میں مجرم سے ایک جرم کا صدور ہوتا ہے، جب کہ زنا بالجبر کا مجرم دو جرائم کا ارتکاب کرتا ہے: ایک زنا اور دوسرا ظلم و جبر۔ یہ دوہرا جرم زنا بالجبر کو زنا کے مقابلے میں زیادہ سنگین بنا دیتا ہے۔ یہی وجہ ہے کہ شریعت میں اِن دونوں کے لیے الگ الگ سزا مقرر کی گئی ہے۔ زنا کی سزا سو کوڑے ہے، جو سورۂ نور میں اِن الفاظ میں بیان ہوئی ہے کہ ''زانی مرد ہو یا عورت، دونوں میں سے ہر ایک کو سو کوڑے مارو۔'' جہاں تک زنا بالجبر کا تعلق ہے تو یہ اور اِس نوعیت کے دیگر سنگین جرائم کی سزائیں سورۂ مائدہ میں 'محاربہ' اور 'فساد فی الارض' کے جامع عنوانات کے تحت بیان کی گئی ہیں۔ اِنھی میں سے ایک سزا عبرت ناک طریقے سے قتل ہے۔ 'رجم'، یعنی لوگوں کی ایک جماعت کا مجرم کو پتھر مار کر ہلاک کرنا بھی اِسی سزا کی ایک صورت ہے۔

زنا اور زنا بالجبر کے جرائم کی نوعیت اور اُن کی سزا کا فرق اتنا بدیہی ہے کہ جب اِس آرڈی نینس کے مصنفین نے خود اِن کی تعزیری سزائیں طے کی ہیں تو اِن میں فرق قائم کیا ہے۔ چنانچہ دیکھیے، دفعہ 10 کے تحت درج ہے کہ زنا کی تعزیری سزا قید بامشقت ہو گی، جس کی حد 10 سال تک ہے اور زنا بالجبر کی تعزیری سزا قید بامشقت ہو گی، جس کی حد 25 سال تک ہے۔ مزید برآں یہ بھی درج ہے کہ جب زنا بالجبر اجتماعی آبروریزی کی صورت اختیار کر

جائے تو مرتکبین میں سے ہر ایک کو سزائے موت دی جائے گی۔

2- سزا میں ثبوت کی بنا پر فرق

اِس آرڈی نینس میں دوسرا بنیادی مسئلہ یہ ہے کہ یہ سزا میں ثبوت کی بنیاد پر فرق کرتا ہے۔ آرڈی نینس کی دفعات 8 اور 9 زنا اور زنا بالجبر کے ثبوت کو بیان کرتی ہیں۔ اِن میں بیان ہوا ہے کہ اِن جرائم کے ثبوت کے لیے اگر چار مسلمان مرد گواہ میسر ہوں تو حد نافذ ہو گی، یعنی سو کوڑے یا سنگ ساری کی سزا دی جائے گی اور اگر گواہوں کی تعداد چار سے کم ہو گی تو تعزیر نافذ ہو گی، یعنی قید کی سزا دی جائے گی۔ گویا مثال کے طور پر اگر کسی نے زنا بالجبر کا ارتکاب کیا ہے اور اُس کے خلاف چار گواہ میسر آ گئے ہیں تو جرم پورا ثابت قرار پائے گا اور مجرم پر حد کی سزا نافذ کر کے اُسے سنگ سار کر دیا جائے گا اور اگر گواہی دینے والوں کی تعداد چار سے کم ہے، یعنی دو یا تین ہے تو ثبوتِ جرم مکمل نہیں سمجھا جائے گا، لہٰذا اُس پر حد کے بجائے تعزیر نافذ ہو گی اور اُس کی سزا کچھ مدت کی قیدِ بامشقت قرار پائے گی۔ اِس کے معنی یہ ہیں کہ جرم کے ثبوت کے درجات ہیں۔ جرم اگر کم درجے میں ثابت ہو گا تو سزا کی مقدار کم ہو گی اور زیادہ درجے میں ثابت ہو گا تو سزا کی مقدار زیادہ ہو گی۔

غامدی صاحب کے نزدیک ثبوتِ جرم کے لیے شریعت نے کسی خاص طریقے کی پابندی لازم نہیں ٹھیرائی ہے۔ چنانچہ اسلامی قانون میں جرم ان تمام طریقوں سے ثابت ہوتا ہے، جو اخلاقیاتِ قانون میں مسلمہ کی حیثیت رکھتے ہیں۔ اخلاقیاتِ قانون کا یہ مسلمہ اصول ہے کہ جرم یا ثابت ہوتا ہے یا ثابت نہیں ہوتا۔ ثبوت اور عدم ثبوت کے درمیان کی کوئی چیز نہیں ہے۔ یعنی جرم کبھی پچاس فی صد، ستر فی صد یا نوے اور ننانوے فی صد ثابت نہیں ہوتا۔ ہمیشہ سو فی صد ثابت ہوتا ہے یا بالکل ثابت نہیں ہوتا۔ کوئی جج اگر کسی مجرم پر سزا نافذ کرتا

ہے تو اِس یقین کے ساتھ کرتا ہے کہ مقدمہ پایۂ ثبوت کو پہنچ گیا ہے۔ مقدمہ اگر پایۂ ثبوت کو نہیں پہنچا، اُس میں ابہام یا شک و شبہ پایا جاتا ہے تو اِس کے معنی یہ ہیں کہ جرم ثابت نہیں ہوا اور ملزم سزا کا مستحق نہیں ہے۔ لہٰذا اِس پر نہ حد نافذ ہو گی، نہ تعزیر۔ سوال یہ ہے کہ اگر جرم ثابت نہیں ہوا تو پھر تعزیر کیوں اور اگر ثابت ہو گیا ہے تو پھر حد کیوں نہیں؟ چنانچہ عقل و فطرت اور دین و شریعت کی رو سے اِس بات کی کوئی گنجایش نہیں ہے کہ ثبوت اور عدم ثبوت کے درمیان کسی حالت کا تصور کیا جائے اور اِس بنا پر یہ قانون بنایا جائے کہ اگر جرم اتنا ثابت ہو تو حد نافذ ہو گی اور اتنا ثابت ہو تو تعزیر کی سزا دی جائے گی۔

جہاں تک سورۂ نور کی آیات 5-4 میں چار گواہوں اور سورۂ نساء کی آیت 15 میں چار مسلمان گواہوں کی شرط کا تعلق ہے تو واضح رہے کہ یہ شہادت کا کوئی عمومی قانون نہیں ہے، بلکہ دو استثنائی صورتوں کا بیان ہے۔ ایک صورت وہ ہے، جسے اسلامی شریعت میں 'قذف' سے تعبیر کیا جاتا ہے۔ اِس سے مراد یہ ہے کہ اگر کوئی شخص کسی پاک دامن پر زنا کی تہمت لگائے تو اُسے کہا جائے گا کہ اِس الزام کی تائید میں چار عینی گواہ پیش کرو۔ اِس سے کم کسی صورت میں الزام ثابت نہیں ہو گا۔ حالات و قرائن اور طبی معاینہ جیسی شہادتوں کی اِس معاملے میں کوئی حیثیت نہیں ہے۔ نہ اُنھیں طلب کیا جائے گا اور نہ قبول کیا جائے گا۔ الزام لگانے والا اگر چار گواہ پیش نہیں کرتا تو اُسے اسی (80) کوڑے مارے جائیں گے اور ہمیشہ کے لیے ساقط الشہادت قرار دے دیا جائے گا۔ قذف کے اِس قانون سے اللہ تعالیٰ کا مقصود یہ ہے کہ اگر کسی شخص کی حیثیتِ عرفی مسلم ہے اور وہ ایک شریف آدمی کے طور پر پہچانا جاتا ہے تو اُسے توبہ و انابت کا موقع دیا جائے اور معاشرے میں رسوا نہ کیا جائے۔ چار گواہوں کی شرط کی دوسری صورت اُن عورتوں سے متعلق ہے، جو قحبہ گری کی عادی مجرم ہوں۔ حکومت ان سے نمٹنے کے لیے چار مسلمان گواہوں کو طلب کر سکتی ہے، جو اس بات کی گواہی دیں گے کہ فلاں

زنا کی عادی ایک قحبہ عورت ہے اور ہم اسی حیثیت سے اُسے جانتے ہیں۔ اِن دو مستثنیٰ صورتوں کے سوا اسلامی شریعت ثبوتِ جرم کے لیے عدالت کو کسی خاص طریقے کا پابند نہیں کرتی۔

3- گواہی میں جنس اور مذہب کی بنا پر تفریق

تیسرا بنیادی مسئلہ یہ ہے کہ یہ آرڈی نینس گواہوں کے معاملے میں جنس اور مذہب کی بنیاد پر تفریق کرتا ہے۔ چنانچہ اِس کی دفعہ 8 کے الفاظ "چار بالغ مسلمان مرد" سے واضح ہے کہ اس کی رو سے جرم زنا اُسی صورت میں لائق حد قرار پائے گا، جب جرم کے عینی گواہ بالغ مرد ہوں اور مسلمان ہوں۔ اِس کے معنی یہ ہیں کہ اِس جرم میں نہ عورت کی گواہی قبول کی جائے گی اور نہ غیر مسلم مرد کی۔

غامدی صاحب کے نزدیک یہ چیز بھی اخلاقیاتِ قانون کے خلاف ہے۔ شریعتِ اسلامی اِس سے پاک ہے کہ اِس طرح کی غیر عقلی اور خلاف عدل باتوں کو اِس کی نسبت سے بیان کیا جائے۔ اِس کی رو سے جرم اُن تمام طریقوں سے ثابت ہوتا ہے، جو علم و فن اور تہذیب و تمدن کے ارتقا کے نتیجے میں وجود پذیر ہوئے ہیں اور جنھیں انسان کے اجتماعی ضمیر نے ہمیشہ قبول کیا ہے۔ چنانچہ حالات و قرائن، طبی معاینہ یا اِس نوعیت کے دیگر شواہد کی بنا پر اگر جرم کے ارتکاب اور مجرم کا پوری طرح تعین ہو جاتا ہے تو جرم ثابت قرار پائے گا اور مجرم سزا کا مستحق ٹھہرے گا۔ تاہم قذف کے معاملے میں چار گواہوں اور قحبہ عورتوں کے معاملے میں چار مسلمان گواہوں کی شرط کا استثنا بہر حال قائم رہے گا۔

اِس آرڈی نینس کے مولفین کی توجہ شاید اس بات کی طرف نہیں ہوئی کہ جرم کے وقت گواہ کا موجود ہونا سر تا سر ایک اتفاقی امر ہے۔ کسی جرم کے موقع پر کوئی مرد بھی موجود ہو سکتا ہے اور کوئی عورت بھی، مسلمان بھی ہو سکتا ہے اور غیر مسلم بھی، بچہ بھی ہو سکتا ہے اور

بوڑھا بھی اور ایک فرد بھی ہو سکتا ہے اور زیادہ افراد بھی اور یہ بھی عین ممکن ہے کہ مظلوم اور مجرم کے علاوہ کوئی فردِ بشر موجو د ہی نہ ہو۔ سوال یہ ہے کہ کیا اسلام کا قانون یہ ہو سکتا ہے کہ کوئی معصوم بچی ماں کے سامنے درندگی کا شکار ہوئی ہو اور عدالت ماں کی گواہی محض عورت ہونے کی بنا پر رد کر دے یا کسی پاک دامن کی آبروریزی کا گواہ مذہباً عیسائی ہو اور اُس کی گواہی غیر مسلم ہونے کی وجہ سے قبول نہ کی جائے؟ اسلام اِس سے بری ہے کہ اُس پر اِس طرح کی تہمت لگائی جائے۔ قذف اور قحبہ عورتوں کی سر کوبی کے معاملے کے سوا یہ گواہوں کے حوالے سے کوئی شرط عائد نہیں کرتا۔ اُس کے نزدیک ثبوتِ جرم کی اصلاً ایک ہی شرط ہے اور وہ عدالت کا اطمینان ہے۔ یہ اطمینان اگر کسی عورت کی گواہی سے ہوتا ہے تو جرم ثابت قرار پائے گا، کسی غیر مسلم کی گواہی سے ہوتا ہے تو جرم ثابت قرار پائے گا، کسی بالغ کی گواہی سے ہوتا ہے تو جرم ثابت قرار پائے گا، کسی بچے کی گواہی سے ہوتا ہے تو جرم ثابت قرار پائے گا، یہاں تک کہ اگر کوئی فرد بہ طورِ گواہ میسر نہیں ہے اور عدالت فقط میڈیکل رپورٹ کی بنا پر مطمئن ہو جاتی ہے تو جرم ثابت قرار پائے گا اور مجرم پر پوری سزا نافذ ہو گی۔ یہی اخلاقیاتِ قانون کا تقاضا ہے اور یہی شریعتِ اسلامی کا منشا ہے۔

4- جرم کی نوعیت اور مجرم کے حالات کی عدم رعایت

چوتھا مسئلہ یہ ہے کہ اِس آرڈی نینس میں جرم کی نوعیت اور مجرم کے حالات کی رعایت کا جو اصول شریعت میں ثابت ہے، اُسے قانون میں شامل نہیں کیا گیا۔

غامدی صاحب کے نزدیک قرآنِ مجید سے واضح ہے کہ چوری اور زنا کے جرائم میں قطع ید اور سو کوڑوں کی سزائیں در حقیقت اِن جرائم کی انتہائی سزائیں ہیں۔ یہ صرف اُنھی مجرموں کے لیے ہیں، جن سے جرم بالکل آخری درجے میں سرزد ہو اور وہ اپنے حالات کے لحاظ سے

کسی رعایت کے مستحق نہ ہوں۔ چنانچہ عدالت کو یہ اختیار حاصل ہے کہ وہ اگر چاہے تو جرم کی نوعیت اور مجرم کے حالات کی رعایت سے اِن سزاؤں میں تخفیف کر سکتی ہے۔ یہ اصول سورۂ نور کی آیت 33 اور سورۂ نساء کی آیت 25 سے معلوم ہوتا ہے۔ سورۂ نور میں قرآنِ مجید نے اُن لونڈیوں کے لیے اللہ کی رحمت اور مغفرت کا اعلان کیا ہے، جن کے مالک اُنھیں پیشہ کرنے پر مجبور کرتے تھے۔ سورۂ نساء میں زنا کی مرتکب ان لونڈیوں کی سزا عام عورتوں کے مقابلے میں آدھی مقرر کی گئی ہے، جنھیں اُن کے مالکوں نے عقدِ نکاح میں لا کر پاک دامن رکھنے کی پوری کوشش کی تھی۔ گویا ایک موقع پر مجبوری کو تسلیم کرتے ہوئے پوری سزا معاف کر دی گئی ہے اور دوسرے موقع پر ناقص اخلاقی تربیت کا عذر مانتے ہوئے سزا میں کمی کر دی گئی ہے۔ چنانچہ قرآنِ مجید کے اِن مقامات سے یہ بات پوری طرح واضح ہو جاتی ہے کہ حالات کی رعایت سے سزا میں تخفیف شریعت کا عین منشا ہے۔

5- شریعت کی سزاؤں کا عدم شمول

پانچواں مسئلہ یہ ہے کہ اس آرڈی نینس میں شریعت کی مقرر کردہ بعض سزاؤں کو شامل نہیں کیا گیا۔

غامدی صاحب کا نقطۂ نظر یہ ہے کہ سورۂ مائدہ کی آیات 34-33 میں 'محاربہ' اور 'فساد فی الارض' کے زیرِ عنوان جو سزائیں بیان ہوئی ہیں، وہ شریعت کا حصہ ہیں اور اُنھیں لازماً اِس قانون میں شامل ہونا چاہیے۔ اِن آیات میں جرائم کے لیے 'یُحَارِبُوْنَ اللّٰہَ وَرَسُوْلَہٗ وَیَسْعَوْنَ فِی الْاَرْضِ فَسَادًا' کے الفاظ استعمال ہوئے ہیں۔ اِن کے معنی اللہ اور رسول سے جنگ کرنے اور زمین میں فساد برپا کرنے کے ہیں۔ یہ ایک جامع تعبیر ہے اور اِس کا اطلاق قتل و غارت گری، زنا بالجبر، اجتماعی آبروریزی، ڈکیتی، دہشت گردی اور اِس نوعیت کے اُن جرائم پر ہوتا ہے، جو

معاشرے میں فساد کا باعث ہوں اور ریاست کے لیے امن و امان کا مسئلہ پیدا کر دیں۔ اِن جرائم کے لیے شریعت نے چار سزائیں مقرر کی ہیں۔ ایک یہ کہ اِن کا ارتکاب کرنے والوں کو عبرت ناک طریقے سے قتل کیا جائے، دوسرے یہ کہ اُنھیں عبرت ناک طریقے سے سولی کی سزا دی جائے، تیسرے یہ کہ اُنھیں اس طرح زندہ رکھا جائے کہ اُن کے ہاتھ اور پاؤں بے ترتیب کاٹ دیے جائیں، یعنی دایاں ہاتھ اور بایاں پاؤں یا بایاں ہاتھ اور دایاں پاؤں کاٹا جائے اور چوتھے یہ کہ اُنھیں جلاوطن کر دیا جائے۔ یہ سزائیں بھی اُسی طرح شریعت کا حصہ ہیں، جس طرح قتل، زنا، چوری اور قذف کی سزائیں شریعت کا حصہ ہیں۔ خاص زنا کے حوالے سے دیکھیں تو اس کی اصل سزا تو سورۂ نور کے مطابق سو کوڑے ہی ہے، لیکن کوئی شخص اگر زنا بالجبر کا ارتکاب کرے یا بدکاری کو پیشہ بنالے یا کھلم کھلا اوباشی پر اتر آئے اور شرفا کی عزت و ناموس کے لیے خطرہ بن جائے تو وہ فساد فی الارض کا مجرم اور محاربہ کی انھی سزاؤں میں سے کسی سزا کا مستحق قرار پائے گا۔ رجم، یعنی لوگوں کے ایک گروہ کا مجرم کو پتھر مار کر ہلاک کرنا عبرت ناک طریقے سے قتل ہی کی ایک صورت ہے۔ چنانچہ نبی صلی اللہ علیہ وسلم نے زنا کے بعض عادی مجرموں پر رجم کی جو سزا نافذ کی، وہ اصل میں فساد فی الارض ہی کی سزا تھی۔ اسے کوئی الگ سزا تصور کرنا قرآن و سنت کے مسلمات اور حدیث کے نظائر کے خلاف ہے۔

مولانا زاہد الراشدی کی تنقید پر تبصرہ

حدود اللہ اور اس کے جملہ مباحث کے حوالے سے یہ جناب جاوید احمد غامدی کا موقف ہے۔ ملک کے اہل دانش اور اربابِ حل و عقد کے استفسار پر اُنھوں نے اِسی کا اظہار کیا ہے۔ یہ اُن کا کوئی حالیہ موقف نہیں ہے، وہ اِسے پندرہ بیس سال سے بیان کر رہے ہیں۔ اِس کی تفصیل اُن کی تصانیف میں ”حدود و تعزیرات“، ”رجم کی سزا“، ”قانون شہادت“ اور

"اخلاقیات" کے زیرِ عنوان دیکھی جا سکتی ہے۔ غامدی صاحب کے اِس موقف کو بعض مذہبی حلقوں نے ہدفِ تنقید بنایا ہے اور اخبارات و جرائد میں مختلف مضامین شائع کیے ہیں۔ اِنھی میں سے ایک مضمون مولانا زاہد الراشدی کا ہے، جو ماہنامہ "الشریعہ" کے جولائی 2006ء کے شمارے میں شائع ہوا ہے۔ مولانا زاہد الراشدی دیوبندی مکتبِ فکر کے نمایندہ عالم دین ہیں۔ روایتی علما میں شاید وہ واحد شخصیت ہیں، جو اگرچہ بلند آہنگ ہیں، مگر تہذیب اور شایستگی کا دامن ہاتھ سے نہیں چھوڑتے۔ بالعموم، مکالمے اور اصولی گفتگو تک محدود رہتے ہیں اور مناظرے سے گریز کرتے ہیں۔ تنقید بھی کرتے ہیں، اختلاف بھی کرتے ہیں اور قلم رواں ہو تو طنز و تعریض بھی کرتے ہیں، مگر نہ محرکات طے کرتے ہیں اور نہ کفر کے فتوے صادر کرتے ہیں۔ مختلف نقطۂ نظر کے حامل مسلمان کو مسلمان کہتے ہیں اور اُس سے میل جول کو جائز سمجھتے ہیں۔ کسی پر نقد و تبصرہ مقصود ہو تو ہر ممکن کوشش کرتے ہیں کہ اُس کی بات کو اُسی کے ماخذ سے اور اُسی کے مفہوم کے مطابق لیا جائے۔ اِس بنا پر ہمارا احساس یہ ہے کہ اُن کا وجود مذہبی حلقے کے لیے ایک نعمت سے کم نہیں ہے۔

مولانا کے بارے میں ہمارے اِس تبصرے پر کوئی شخص کہہ سکتا ہے کہ اِن اوصاف میں ایسی کون سی خاص بات ہے؟ یہ تو وہ بنیادی اخلاقیات ہیں، جو ہر مسلمان میں ہونی چاہییں، بلکہ مسلمان تو بڑی بات ہے، اِنھیں تو ہر انسان کے طرزِ عمل کا حصہ ہونا چاہیے۔ اِس سوال کے جواب میں رومی کے اِس شعر کے سوا اور کیا کہا جا سکتا ہے کہ:

دی شیخ با چراغ ہمی گشت گرد شہر
کز دام و دد ملولم و انسانم آرزوست

بہر حال، مولانا کا یہی طرزِ عمل اور یہی مقام و مرتبہ ہمارے لیے اِس امر کا داعی ہوا ہے کہ اُن کے مضمون کا مطالعہ کیا جائے اور اگر کوئی اشکال یا اختلاف ہو تو بہ صد احترام ان کی

خدمت میں پیش کیا جائے۔

مولانا نے اپنے مضمون میں حدود آرڈی نینس کی نوعیت، اہمیت اور تاریخی پس منظر کو بیان کرنے کے بعد دو طبقات کی نشان دہی کی ہے جو اِس آرڈی نینس پر اعتراض رکھتے ہیں۔ اُن کے نزدیک ایک طبقہ وہ ہے، جو سرے سے حدود اللہ کے نفاذ کے خلاف ہے۔ یہ طبقہ اِن قوانین کو موجودہ زمانے کے لحاظ سے غیر ضروری، بلکہ غلط قرار دیتا ہے۔ دوسرا طبقہ وہ ہے، جو اِن کے اسلامی ہونے کا تو قائل ہے، مگر عملاً اسلام کا نام لے کر مغرب کے موقف اور ایجنڈے کی تقویت کا باعث بن رہا ہے۔ اِس طبقے کے بارے میں مولانا نے لکھا ہے:

"دوسرا طبقہ وہ ہے، جو اُن حدود کے اسلامی ہونے کا قائل ہے، لیکن اُسے شکایت ہے کہ ان حدود کی تعبیر و تشریح کے لیے "حدود آرڈی نینس" مرتب کرنے والوں نے اُن حضرات کے موقف اور تعبیرات کو معیار تسلیم کرنے کی بجائے امت مسلمہ کے جمہور فقہاے کرام کی تعبیرات کو کیوں بنیاد بنایا ہے اور حدود شرعیہ، بلکہ اسلامی احکام و قوانین کی جدید تعبیر و تشریح کرنے والے اِن دانش وروں کے نقطۂ نظر کو توجہ کے قابل کیوں نہیں سمجھا؟... کسی بھی سلیم العقل اور صاحب انصاف شخص کو یہ صورت حال پیش آ جائے کہ ایک طرف امت کے جمہور فقہا کی تعبیرات ہوں اور دوسری طرف چند دانش ور حضرات اپنی تعبیرات کو اس کے مقابلے پر پیش کر رہے ہوں تو ایک انصاف پسند شخص امت کے چودہ سو سالہ تعامل اور تمام دینی و علمی مکاتب فکر کے جمہور علما کی اجتماعی تعبیرات کو چند دانش وروں کی آرا پر قربان کرنے کے لیے کسی طرح بھی تیار نہیں ہو گا۔ ایسے اصحاب دانش کی حالت انتہائی قابل رحم ہے، جو مولوی پر یہ الزام لگاتے ہوئے نہیں تھکتے کہ وہ ضدی ہے، ہٹ دھرم ہے اور دوسروں کے نقطۂ نظر کا احترام نہیں کرتا، لیکن خود اُن کی ضد اور ہٹ دھرمی کا یہ عالم ہے کہ امت کے چودہ سو سالہ اجتماعی تعامل اور آج کے جمہور علماے امت کے اتفاقی موقف کے سامنے چند افراد اس بات پر مصر ہیں کہ

قرآن و سنت کے احکام و مسائل میں اُن کی تعبیرات و تشریحات کو ہر حال میں قبول کیا جائے اور صرف اُنھی کو معیار حق قرار دے کر احادیث نبویہ اور فقہ اسلامی کے پورے ذخیرے کو اُن کے سامنے "سرنڈر" کرا دیا جائے، ورنہ وہ مغرب کے ساتھ ہیں اور سرے سے اسلامی احکام و قوانین کے نفاذ کو غیر ضروری قرار دینے والوں کی صف میں کھڑے ہیں۔"

مولانا کی اِس تقریر کا خلاصہ یہ ہے کہ بعض اہل دانش اِس پر مصر ہیں کہ قرآن و سنت کے احکام و مسائل میں اُنھی کی تعبیرات کو ہر حال میں قبول کیا جائے۔ یہ اصرار عقل و انصاف کے خلاف ہے۔ احکام شریعہ کی تعبیر و تشریح میں قرین عقل و انصاف یہی ہے کہ عصر حاضر کے کسی صاحبِ دانش کی رائے کے مقابلے میں اُنھی آرا کو قبول کیا جائے، جو امت کے چودہ سو سالہ تعامل کا نتیجہ ہیں اور جن پر قدیم و جدید دور کے جمہور علما و فقہا کا اتفاق ہے۔

ہمیں نہیں معلوم کہ مولانا کی اِس تقریر کا مصداق کون کون لوگ ہیں، تاہم اُنھوں نے چونکہ جناب جاوید احمد غامدی کا ذکر بھی اُسی طبقے کی نسبت سے کیا ہے، اِس لیے یہ ضروری معلوم ہوتا ہے کہ اس معاملے میں بھی ہماری وضاحت سامنے آ جائے۔

غامدی صاحب کے نزدیک قرآن و سنت کی تعبیر کا مسئلہ ہو یا کسی ایسے معاملے میں اجتہاد کا جس میں شریعت خاموش ہے، یہ مسلمانوں کے منتخب نمایندے ہیں، جن کے فیصلے سے کوئی رائے اسلامی ریاست میں قانون کا درجہ حاصل کر سکتی ہے۔ اِس کے معنی یہ ہیں کہ مسلمانوں کی ریاست میں شوریٰ یا پارلیمنٹ کے علاوہ کسی کو قانون سازی کا حق حاصل نہیں ہے۔ اصحابِ علم کو پارلیمنٹ کی اختیار کردہ کسی تعبیر سے اختلاف تو ہو سکتا ہے اور وہ اُس کا اظہار کر سکتے اور رائے عامہ کو اس کے لیے ہموار بھی کر سکتے ہیں، مگر اُن کے لیے اِس کا کوئی جواز نہیں ہے کہ وہ اپنی رائے کو معیارِ حق قرار دیں اور اُس کے نفاذ پر اصرار کریں اور غیر اخلاقی، غیر قانونی اور غیر جمہوری طریقوں کو اختیار کر کے اُس کے نفاذ کی جدوجہد کریں۔ غامدی صاحب نے

اِن طریقوں کو نہ کبھی صحیح سمجھا ہے اور نہ کبھی اختیار کیا ہے۔ اِس کے برعکس، اُنھوں نے ہمیشہ اِن کی مذمت کی ہے اور اِنھیں ہر لحاظ سے ناروا قرار دیا ہے۔ چنانچہ یہ حقیقت ہے کہ غامدی صاحب کے نزدیک اگر پارلیمنٹ اُن کی راے کے بالکل برعکس قانون سازی کرتی ہے اور مثال کے طور پر شہادت کے باب میں جنس اور مذہب کی بنیاد پر تفریق قائم کرتی اور عورت اور غیر مسلم کی گواہی قبول کرنے سے انکار کرتی ہے، زنا کے جرم میں حد کا نفاذ اُسی صورت میں جائز ٹھہراتی ہے جب چار مسلمان مرد عینی گواہوں کے طور پر پیش ہوں، زنا اور زنا بالجبر کی سزا میں کوئی فرق نہیں کرتی اور اِن میں سے ہر جرم کے لیے سنگ ساری ہی کی سزا کو قرآن و سنت کا منشا قرار دیتی ہے تو اِس کی اختیار کردہ یہی تعبیرات ریاست کا قانون قرار پائیں گی اور شہریوں پر اِن کی تعمیل واجب ہو گی۔ مگر اِس کے معنی یہ ہرگز نہیں ہیں اور نہیں ہو سکتے کہ اِن قوانین کے نفاذ کے بعد ان سے نظری اختلاف کا حق بھی یک قلم ختم ہو جائے گا۔ نقطۂ نظر کا اظہار ہر شخص کا فطری حق ہے۔ ہر صاحبِ علم کو نہ صرف یہ حق حاصل ہے، بلکہ اِس کی دینی اور اخلاقی ذمہ داری بھی ہے کہ اگر وہ کسی قانون کو خلافِ دین سمجھتا ہے تو اِس سے برملا اختلاف کرے اور راے عامہ کو اِس کے لیے ہموار کرے۔

مولانا نے اس طبقے کے حوالے سے یہ بھی لکھا ہے کہ یہ لوگ اسلام کا نام لے کر مغرب کے موقف اور ایجنڈے کی تقویت کا باعث بن رہے ہیں۔ اگر مولانا کا روے سخن ہماری طرف ہے تو ہمارا احساس یہ ہے کہ مولانا کے ذہن میں یہ تاثر ہمارے کام کی نوعیت کو نہ سمجھنے کی وجہ سے پیدا ہوا ہے۔ ہمارے خیال میں اسلامائزیشن کے حوالے سے ہمارے اور روایتی مذہبی طبقے کے مابین ایک بنیادی فرق ہے۔ روایتی مذہبی طبقہ ملک میں اسلامائزیشن کے عمل اور اُس میں اپنے کردار کو سیاسی زاویے سے دیکھتا ہے۔ چنانچہ اُسے اپنی راے کے اظہار اور لائحۂ عمل کے تعین میں اپنے سماجی تشخص، اپنی مذہبی شناخت، روز مرہ سیاست میں اپنے

کردار اور اِس طرح کے مختلف خارجی عوامل کو ملحوظ رکھنا پڑتا اور اِس بنا پر بہت سی چیزوں کے بارے میں ردو قبول اور ترک و اختیار کا فیصلہ کرنا پڑتا ہے۔

ہمارا معاملہ اِس سے بالکل مختلف ہے۔ اسلامائزیشن کے عمل کو ہم خالصتاً دین کی شرح و وضاحت اور اُس کی دعوت کے زاویے سے دیکھتے ہیں۔ ہمارے نزدیک قومی و ملی مصالح کا لحاظ دعوتِ دین کے پہلو سے تو ضروری ہے، مگر اِس کے سوا کسی اور پہلو سے اُنھیں ملحوظ رکھنا خود دین کے لیے ضرر رسانی کا باعث ہو سکتا ہے۔ چنانچہ ہمارا مسئلہ یہ نہیں ہے کہ ہماری رائے حکومت کی حمایت یا مخالفت پر منتج ہوتی ہے، کسی طبقے کی خوشی یا ناراضی کا سبب بنتی ہے، کسی تحریک کو تقویت دینے یا کمزور کرنے کا باعث بنتی ہے۔ ہمارا مسئلہ صرف اور صرف فہم دین اور اُس کا ابلاغ ہے۔ علما کی ذمہ داری ہمارے نزدیک یہی ہے کہ وہ دین میں بصیرت پیدا کریں اور اپنی قوم کو 'انذار' کریں، یعنی اسے حیاتِ اخروی کی تیاریوں کے لیے بیدار کریں۔ ہم سمجھتے ہیں کہ یہ وہ لوگ ہیں:

> ”جو بدعت و ضلالت کے تہ بہ تہ اندھیروں میں اپنے چراغ کی لو تیز کر کے سر راہ کھڑے ہو جاتے ہیں اور دنیا کی ہر چیز سے بے نیاز ہو کر لوگوں کو حق کی راہ دکھاتے ہیں۔ وہ اِس بات کی کوئی پروا نہیں کرتے کہ لوگ کیا چاہتے ہیں اور کن چیزوں کا تقاضا کرتے ہیں۔ اُن کی ساری دل چسپی بس حق ہی سے ہوتی ہے اور وہ اسی کے تقاضے دنیا کو بتانے کے لیے اپنے دل و دماغ کی ساری قوتیں صرف کر دیتے ہیں۔ وہ لوگوں سے کچھ نہیں مانگتے، بلکہ اپنے پروردگار سے جو کچھ پاتے ہیں، بڑی فیاضی کے ساتھ اُن کی جھولی میں ڈال دیتے ہیں۔ چنانچہ ہر دور میں وہ ہستی کا ضمیر، وجود کا خلاصہ اور زمین کا نمک قرار پاتے ہیں۔“

(میزان 554)

ہمیں امید ہے کہ مولانا ہماری اِن معروضات پر ضرور غور فرمائیں گے۔ مولانا دین کے عالم اور داعی ہیں، اگر التفات فرمائیں تو چلتے چلتے چند طالب علمانہ سوال اُن کی اور ان کے توسط

سے دیگر علما کی خدمت میں پیش کرنے کی اجازت چاہیں گے۔

ایک سوال یہ ہے کہ کیا دین کے ایک داعی کی یہ ذمہ داری نہیں ہے کہ وہ دین و شریعت اور ملک و ملت کے بارے میں جس موقف کو مبنی بر حق سمجھتا ہے، اُسے کسی آمیزش اور کسی خوف و طمع میں مبتلا ہوئے بغیر بلا کم و کاست بیان کرے؟

ہمیں یقین ہے کہ مولانا اِس سوال کا مثبت جواب دیں گے۔ مولانا کا اپنا طرزِ عمل بھی یہی ہے۔ ہمارے طرزِ عمل میں اِس سے اگر کوئی مختلف چیز پائی جاتی ہے تو امید ہے کہ مولانا اُس کی نشان دہی کریں گے۔

دوسرا سوال یہ ہے کہ کیا دین کی تعبیر و تشریح کے معاملے میں عقل و نقل کی بنا پر اختلاف کی گنجایش ہے؟

ہمیں یقین ہے کہ مولانا اس سوال کا جواب بھی اثبات میں دیں گے، کیونکہ اگر اُنھوں نے اِس کا جواب نفی میں دیا تو پھر اِس کے معنی یہ ہوں گے کہ امت کے جلیل القدر علما نے اپنے اسلاف اور معاصرین سے اختلاف کا جو طرزِ عمل اختیار کیے رکھا، وہ سراسر غلط تھا۔ مولانا کے لیے یہ کہنا ظاہر ہے کہ بہت مشکل ہو گا۔ البتہ، ہو سکتا ہے کہ اس کے جواب میں وہ یہ کہیں کہ علما کی منفرد آرا سے تو اختلاف کی گنجایش ہے، مگر اُن آرا سے اختلاف کی کوئی گنجایش نہیں ہے، جن پر جمہور علما متفق ہیں۔ اگر وہ یہ کہیں گے تو اِس پر ہمارا سوال یہ ہو گا کہ اختلاف کا اصول اگر عقل و نقل ہے اور اِس اصول کی بنا پر احناف شوافع سے، مالکیہ حنابلہ سے، دیوبندی بریلوی سے اور اہل حدیث شیعہ سے اختلاف کر سکتے ہیں تو کیا وجہ ہے کہ اسی اصول کی بنا پر اُن سب سے اختلاف نہیں کیا جا سکتا؟

تیسرا سوال یہ ہے کہ کیا دین و اخلاق کی رو سے یہ جائز ہے اور کیا کسی صاحبِ علم کے شایانِ شان ہے کہ وہ کسی مصنف پر تنقید کے لیے قلم اٹھائے اور اُس کی تحریر کو دیکھنا بھی

گوارانہ کرے، اُس کی تنقیدات شواہد پر نہیں، بلکہ تاثرات اور سنی سنائی باتوں پر مبنی ہوں اور وہ دلائل پیش کرنے کے بجاے تبصروں پر اکتفا کرے؟

اِس کے جواب میں ہمیں یقین ہے کہ مولانا یہی کہیں گے کہ یہ رویہ نہ دین و اخلاق کی رو سے جائز ہے اور نہ علما کے شایانِ شان ہے۔ چنانچہ ہم مولانا جیسے صاحبِ علم اور سنجیدہ فکر سے یہی توقع رکھتے ہیں اور ایک داعی کی حیثیت سے اِسی کو اُن کے شایانِ شان سمجھتے ہیں کہ وہ غامدی صاحب کی تالیفات میں سے اُن کے موقف کو نقل کر کے یہ بتائیں گے کہ اُن کی آرا میں عقل و نقل کے اعتبار سے کیا غلطی پائی جاتی ہے؟ اِس ضمن میں اگر وہ قرآن کی آیت نقل کرتے ہیں، حدیث کا حوالہ دیتے ہیں، لغت کے نظائر رقم کرتے ہیں، عقل و فطرت سے استدلال کرتے ہیں تو اُنھیں سننا اور اُن کی روشنی میں اپنی آرا پر نظر ثانی کرنا ہم پر واجب ہے، لیکن اگر وہ گمان اور تاثر ہی کو دلیل کے طور پر پیش کرتے ہیں تو پھر ہم سب کے لیے پروردگار کی یہ ہدایت ہے:

يٰٓاَيُّهَا الَّذِيْنَ اٰمَنُوا اجْتَنِبُوْا كَثِيْرًا مِّنَ الظَّنِّ ۡ اِنَّ بَعْضَ الظَّنِّ اِثْمٌ. (الحجرات 49:12)

”ایمان والو، بہت سے گمانوں سے بچو، اِس لیے کہ بعض گمان صریح گناہ ہوتے ہیں۔“

[اگست 2006ء]

تنقید

کسی مضمون پر تنقید اصلاً ایک مثبت عمل ہوتا ہے۔ اس کے نتیجے میں علم و دانش کے نئے دریچے کھلتے ہیں۔ اگر کوئی بات مصنف کے سہو یا سوءِ فہم کے نتیجے میں غلط طور پر بیان ہو گئی ہو تو اِس کا امکان ہوتا ہے کہ وہ تنقید کی روشنی میں اپنی تالیف پر نظر ثانی کرے گا۔ چنانچہ یہ بات بالکل بجا ہے کہ تنقید وہ زینہ ہے، جس پر علم اپنے ارتقا کی منزلیں طے کرتا ہے، مگر اس کے ساتھ ساتھ یہ بھی حقیقت ہے کہ علمی ارتقا کی خدمت کا فریضہ صرف اور صرف وہی تنقید انجام دیتی ہے، جس میں مصنف کا نقطۂ نظر تعصب سے بالاتر ہو کر پوری دیانت داری سے سمجھا گیا ہو اور بے کم و کاست بیان کیا گیا ہو، جس میں مصنف کے محرکات طے کر کے اُنھیں ہدفِ تنقید بنانے کے بجائے اُس کے استدلال کے نکات کو متعین کر کے اُن پر تنقید کی گئی ہو، جس میں ضمنیات کو نمایاں کر کے ان پر مباحث لکھنے کے بجائے اساسات کو بنیاد بنا کر اُن پر بحث کی گئی ہو اور جس میں الزام تراشی، دروغ گوئی اور دشنام طرازی کے بجائے سنجیدہ اور شایستہ اسلوبِ بیان میں اپنی بات سمجھائی گئی ہو۔ اگر کوئی تنقید اِن معیارات پر پوری نہیں اترتی تو صاف واضح ہے کہ وہ علم کی ترقی میں کوئی کردار ادا نہیں کر سکتی۔ علم کی دنیا میں اُس کی حیثیت محض رطب و یابس کی ہوتی ہے اور اصحاب علم و دانش اُس سے اعتنا برتنے کو بھی غیر علمی رویے پر محمول کرتے ہیں۔

[نومبر 2017ء]

تقلید

ہمارے ہاں عام طور پر مذہبی معاملات میں تقلید کو بہ طور اصول اختیار کیا جاتا ہے اور یہ تقاضا کیا جاتا ہے کہ اگر کسی فقیہ یا امام کی ایک رائے قبول کی ہے تو لازم ہے کہ اُس کی باقی آرا کو بھی قبول کیا جائے۔ علم و استدلال کی دنیا میں اِس مطالبے کے لیے کوئی گنجایش نہیں ہے۔ جن اصحابِ علم کے لیے یہ استحقاق طلب کیا جاتا ہے، حقیقت یہ ہے کہ اُنھوں نے خود بھی کبھی اس کا مطالبہ نہیں کیا۔ اُنھوں نے ہمیشہ فرد کے بجاے اُس کے موقف اور اُس موقف کے استدلال کو موضوع بنایا۔ جو راے بھی اُنھوں نے پیش کی، دلیل کی بنا پر پیش کی اور امام شافعی کے الفاظ میں، اِس تواضع کے ساتھ پیش کی کہ میں اپنی بات کو صحیح کہتا ہوں، مگر اُس میں غلطی کا امکان تسلیم کرتا ہوں اور اُس کے برعکس بات کو غلط کہتا ہوں، مگر اُس میں صحت کا امکان تسلیم کرتا ہوں۔ اُنھوں نے ہمیشہ یہ درس دیا کہ دین کے معاملے میں حجت کی حیثیت اُن کی ذات، اُن کے موقف یا ان کے فہم کو ہرگز حاصل نہیں ہے۔ یہ مرتبہ صرف اور صرف اللہ اور اُس کے رسول کے فرمان کو حاصل ہے کہ ہر حال میں اس کے آگے سر تسلیم خم کیا جائے۔ سلف صالحین کا یہی منہج ہے، جسے بعد میں آنے والوں نے بھی پوری ذمہ داری کے ساتھ اختیار کیا اور اِس میں کبھی تامل نہیں کیا کہ اگر ایک معاملے میں طبری اور ابنِ کثیر کی راے قبول کی ہے تو دوسرے معاملے میں رازی اور زمخشری کی راے کو اختیار

کیا جائے۔ ایک مسئلے میں امام ابو حنیفہ کے قول کو ترجیح دی ہے تو دوسرے مسئلے میں امام مالک، امام شافعی یا امام احمد بن حنبل کے موقف کو اپنایا جائے۔ اُنھوں نے اِس سے بھی کبھی دریغ نہیں کیا کہ اگر سلف و خلف کی آرا میں سے کوئی رائے بھی لائق التفات نہیں ہے تو عقل و نقل کی بنا پر اپنی رائے کو پیش کر دیا جائے۔ اہل علم کی یہی روایت ہے، جسے دورِ جدید میں علامہ شبلی نعمانی، مولانا حمید الدین فراہی، سید سلیمان ندوی، مولانا ابوالکلام آزاد، سید ابوالاعلیٰ مودودی، مولانا امین احسن اصلاحی اور جناب جاوید احمد غامدی نے پوری شان کے ساتھ آگے بڑھایا ہے۔ "المورد" اِسی روایت کے دوام اور استحکام کا داعی ہے۔

[نومبر 2017ء]

سورۂ توبہ میں 'اَلَّذِیۡنَ یَلُوۡنَکُمۡ مِّنَ الۡکُفَّارِ' سے مراد

سورۂ توبہ کی آیت کے الفاظ 'اَلَّذِیۡنَ یَلُوۡنَکُمۡ مِّنَ الۡکُفَّارِ' سے کون لوگ مراد ہیں؟ اِس کے جواب میں بعض اہل علم کا خیال ہے کہ سید ابو الاعلیٰ مودودی، مولانا امین احسن اصلاحی اور جناب جاوید احمد غامدی، تینوں اِن سے 'منافقین' مراد لیتے ہیں۔ مولانا مودودی کی حد تک تو اُن کی بات بالکل درست ہے، مگر اصلاحی صاحب اور غامدی صاحب کے حوالے سے درست نہیں ہے۔ دونوں علما کے تراجم اور تفاسیر اِس غلط فہمی کی واضح تردید کر رہے ہیں۔

مولانا اصلاحی کا ترجمہ یہ ہے:

"اے ایمان والو، تمھارے گرد و پیش جو کفار ہیں، اُن سے لڑو اور چاہیے کہ وہ تمھارے رویہ میں سختی محسوس کریں اور جان رکھو کہ اللہ متقیوں کے ساتھ ہے۔"

غامدی صاحب نے یہ ترجمہ کیا ہے:

"ایمان والو، (اِن تنبیہات کے بعد اب نکلو اور جس طرح کہ پیچھے حکم دیا گیا ہے)، اپنے گرد و پیش کے منکروں سے جنگ کرو، اور چاہیے کہ وہ تمھارے اندر سختی پائیں، اور جانے رہو کہ اللہ اُن کے ساتھ ہے جو تقویٰ اختیار کرنے والے ہوں۔"

مولانا اصلاحی کی تفسیر یہ ہے:

"یہ آیت پوری سورہ کے اصل مضمون کا خلاصہ ہے۔ جیسا کہ آپ نے دیکھا، کفار و

مشرکین پر اتمام حجت ہو چکنے کے بعد اُن سے اعلانِ براءت اور اُن کے خلاف اعلانِ جنگ ہے۔ آیات 24–23 کے تحت یہ بات واضح ہو چکی ہے کہ منافقین اپنے پاس پڑوس کے کفار و مشرکین سے عزیزانہ و دوستانہ روابط اور دوسرے کاروباری مفادات وابستہ رکھنے کے سبب سے، اِس بات کے لیے تیار نہیں تھے کہ اُن سے جنگ کریں یا اپنے تعلقات اُن سے یک قلم ختم کر لیں۔ اُن کی اِس منافقت کی اچھی طرح قلعی کھولنے اور ایمان، تقویٰ اور صداقت کے حقیقی مقتضیات تفصیل سے واضح کر دینے کے بعد اب یہ دین کا اصل مطالبہ ان کے سامنے پھر رکھ دیا گیا ہے۔ خطاب اگرچہ عام ہے، لیکن قرینہ پتا دے رہا ہے کہ روے سخن اُنھی کی طرف ہے۔ فرمایا کہ 'قَاتِلُوا الَّذِيْنَ يَلُوْنَكُمْ مِّنَ الْكُفَّارِ'، یعنی جو کفار تمھارے پاس پڑوس اور گردوپیش میں ہیں، اُن سے جنگ کرو۔ گردوپیش کے کفار جس طرح تمھاری دعوت ایمان و ہدایت کے سب سے زیادہ حق دار تھے، اُسی طرح اب، اللہ اور رسول کی طرف سے اتمام حجت اور اعلان جنگ کے بعد، تمھاری تلواروں کے بھی سب سے زیادہ سزاوار یہی ہیں، جو لوگ قرابت داری، دوستی اور اپنے دنیوی مفاد کی خاطر اُن کے معاملے میں مداہنت برتیں گے، وہ جیسا کہ آیت 23 میں فرمایا ہے، اپنی جانوں پر سب سے زیادہ ظلم ڈھانے والے ٹھیریں گے اور اُنھی کے لیے آیت 24 میں یہ وعید ہے کہ تم انتظار کرو، یہاں تک کہ اللہ تعالیٰ تمھارے باب میں اپنا فیصلہ صادر فرما دے۔ یہ حقیقت ایک سے زیادہ مقامات میں واضح کی جا چکی ہے کہ ایمان و اخلاص کی اصل روح اُس وقت بیدار ہوتی ہے، جب اُس کی خاطر اپنوں سے جنگ کرنی پڑے۔ 'يَلُوْنَكُمْ' کی قید اسی پہلو کو نمایاں کر رہی ہے۔ 'وَلْيَجِدُوْا فِيْكُمْ غِلْظَةً'، یعنی اب وہ تمھارے طرز عمل سے یہ محسوس کر لیں کہ تمھارے اندر اُن کے لیے موالات، دوستی اور محبت کی کوئی جگہ باقی نہیں رہ گئی ہے، بلکہ جس طرح وہ من حیث القوم تمھارے اور تمھارے دین کے دشمن ہیں، اسی طرح تم بھی من حیث الجماعت اُن کے اور اُن کے دین کے دشمن بنو۔ اب تک وہ تمھارے دل میں اپنے لیے بڑا نرم گوشہ پاتے تھے، اِس وجہ سے اُن کو توقع تھی کہ وہ

اپنے مقاصد کے لیے تم کو برابر استعمال کرتے رہیں گے۔ اب یہ حالت یک قلم ختم ہو جانی چاہیے۔" (تدبر قرآن 3/663)

غامدی صاحب کا حاشیہ یہ ہے:

"آیت میں خطاب اگرچہ عام ہے، لیکن روے سخن اُنھی منافقین کی طرف ہے، جو اپنی دوستیوں، رشتہ داریوں اور کاروباری تعلقات کے پیشِ نظر اُن لوگوں کے خلاف کسی اقدام کے لیے تیار نہیں تھے، جن کے ساتھ اِس سورہ میں جنگ کا حکم دیا گیا ہے۔ اللہ تعالیٰ نے فرمایا ہے کہ ہر شخص کو اُنھی سے لڑنا ہے، جو اُس کے گردوپیش میں رہتے ہیں اور کسی نہ کسی لحاظ سے اُس کے اپنے ہیں۔ ایمان و اخلاص کا اصلی امتحان اِسی سے ہوتا ہے۔ یاد رہے کہ گوسالہ پرستی کے جرم کی پاداش میں جب بنی اسرائیل کے قتل عام کا حکم دیا گیا تھا تو اُس میں بھی یہی تقاضا کیا گیا تھا۔ آیت میں 'یَلُوْنَکُمْ' کی قید اِسی پہلو کو نمایاں کر رہی ہے۔"

(البیان 2/403)

میرے فہم کی حد تک اِن اقتباسات سے درجِ ذیل باتیں واضح ہوتی ہیں:

1۔ یہ آیت سورہ کے اصل مضمون کا خلاصہ ہے۔

2۔ سورہ کا اصل مضمون 'کفار' اور 'مشرکین' سے اعلانِ براءت اور اعلانِ جنگ ہے۔

3۔ اس آیت میں اہل ایمان کو 'کفار' اور 'مشرکین' کے خلاف جنگ لڑنے کا حکم دیا گیا ہے۔

4۔ 'کفار' اور 'مشرکین' کے خلاف جنگ لڑنے کا یہ حکم عام ہے، جو ایمان کا اظہار کرنے والے سب مسلمانوں کو اُن کی عمومی حیثیت میں دیا گیا ہے، یعنی مومنین (سچے اہل ایمان) اور منافقین (جھوٹے اہل ایمان) کی کوئی تفریق نہیں کی گئی۔

5۔ تاہم، روے سخن یا کلام کا رخ منافقین (جھوٹے اہل ایمان) کی طرف ہے اور مقصود یہ نمایاں کرنا ہے کہ آیا وہ اِس حکم کی تعمیل میں مومنین (سچے اہل ایمان) کے شانہ بہ شانہ

کفار و مشرکین کے خلاف بر سر جنگ ہوتے ہیں یا نہیں اور اِس طرح ان کے دعویٰ ایمان کی قلعی کھولنا ہے۔

6۔ روے سخن منافقین کی طرف ہونے کا قرینہ 'یَلُوْنَکُمْ مِّنَ الْکُفَّارِ' (تمھارے گرد و پیش جو کفار ہیں) کے الفاظ ہیں۔ اِسی سورہ کی آیات 24-23 سے واضح ہے کہ ایمان لانے والوں کے گرد و پیش میں کفار و مشرکین اُن کے باپوں، بیٹوں، بھائیوں، بیویوں، رشتہ داروں اور دوستوں کی صورت میں موجود تھے اور جنھیں منافقین (جھوٹے اہل ایمان) نے اللہ، اس کے رسول اور جہاد سے زیادہ عزیز بنا رکھا تھا۔

[جون 2018ء]

شرک اور غیرتِ الٰہی

سوال: بعض علما شرک کے ناقابل معافی جرم ہونے کی وجہ اللہ تعالیٰ کا غیور ہونا بیان کرتے ہیں۔ اِس بات کو وہ اِس تمثیل سے بیان کرتے ہیں کہ 'جس طرح کسی شخص کی غیرت کو یہ گوارا نہیں کہ اُس کی بیوی خود کو کسی دوسرے شخص کے سپرد کرے، اُسی طرح اللہ تعالیٰ کی غیرت کو بھی یہ گوارا نہیں کہ اُس کا بندہ کسی اور کو اُس کا شریک ٹھہرائے'۔ مجھے یہ بات کھٹکتی ہے۔ میرے خیال میں شرک کے ناقابل معافی ہونے کی وجہ اللہ تعالیٰ کی غیرت نہیں ہو سکتی، کیونکہ وہ تو بے نیاز ہے۔ ازراہِ کرم اپنی راے سے مطلع کریں۔ (سائل)

جواب: سب سے پہلے تو یہ بات جان لینی چاہیے کہ اللہ تعالیٰ کے بے نیاز ہونے سے مراد یہ ہرگز نہیں کہ وہ انسانوں سے بالکل لاتعلق اور دنیا کے معاملات سے بے پروا ہستی ہے اور اُسے اِس بات سے کوئی سروکار نہیں کہ بندے اُسے معبود مانتے ہیں یا نہیں، بلکہ اِس سے مراد یہ ہے کہ اُسے ہماری عبادت اور خیرات کی ضرورت نہیں ہے۔ وہ اگر اپنے بندوں سے یہ چاہتا ہے کہ وہ اُسی کی عبادت کریں، تو اِس لیے نہیں چاہتا کہ اُس کے بغیر اُس کی خدائی میں کوئی کمی واقع ہو جاتی ہے، بلکہ اُس کا حکم صرف یہ آزمانے کے لیے ہے کہ لوگ اُس کی بندگی کے تقاضے پورے کرتے ہیں یا نہیں۔ وہ اگر یہ کہتا ہے کہ اُس کے بندے اُس کی راہ میں خرچ کریں، تو اِس لیے نہیں کہتا کہ اُس کے خزانے میں کوئی کمی ہے، بلکہ صرف یہ پرکھنے کے لیے

کہتا ہے کہ لوگ اُس کی اطاعت کا حق یا اُس کے انعامات کا شکر ادا کرتے ہیں یا نہیں۔

'بے نیاز' کی عربی میں تعبیر 'غنیٌّ' ہے۔ قرآنِ مجید میں متعدد مقامات پر یہ صفت استعمال ہوئی ہے، اور تقریباً ہر مقام پر اِس کے ساتھ 'حمیدٌ' کا اسم صفت لگا ہوا ہے۔ 'حمیدٌ' سے مراد وہ ذات ہے، جو حمد و تعریف کے لائق امور کا منبع ہو۔ چنانچہ 'غنیٌّ حمیدٌ' کا مطلب یہ ہے کہ اللہ تعالیٰ سب سے بے نیاز ہونے کے ساتھ ساتھ ستودہ صفات بھی ہے۔ گویا اُس کی عظمت و کبریائی میں اِس سے کوئی فرق نہیں پڑتا کہ کوئی اُسے مانتا ہے یا نہیں، اُس کی حمد و عبادت کرتا ہے یا نہیں، لیکن اِس کے ساتھ یہ بھی ایک حقیقت ہے کہ تمام لائق حمد و تعریف کام اُسی کی ذات سے پھوٹتے ہیں۔ چنانچہ تخلیق جب اُسی کا وصف ہے تو صرف اُسی کی عبادت کی جائے گی۔ رزق جب وہی دے سکتا ہے تو مانگا بھی اُسی سے جائے گا۔ مشکلیں جب وہی حل کر سکتا ہے تو پکارا بھی اُسی کو جائے گا۔

سورۂ اخلاص میں بھی اللہ تعالیٰ کے لیے 'احدٌ' کی صفت کے بعد 'الصمد' کی صفت آئی ہے۔ اِس سے مراد بھی یہی ہے کہ اللہ تعالیٰ سب سے الگ، یکتا اور بے نیاز ہے، لیکن اِس کے ساتھ ساتھ وہ خبر گیر اور دست گیر بھی ہے۔

اِس وضاحت کے بعد آیئے، اب اصل سوال پر غور کرتے ہیں۔ ہمارے نزدیک، یہ نقطۂ نظر درست ہے کہ اللہ تعالیٰ کا مشرکین کو ناقابل معافی قرار دینا اُس کی غیرت کا تقاضا ہے۔ اللہ تعالیٰ نے ہمیں تخلیق کیا ہے، بے شمار انعام و اکرام سے نوازا ہے۔ ہم اپنی تمام زندگی بھی اُس کے حضور سجدے میں گزار دیں تو واقعہ یہ ہے کہ ہم اُس کے احسانات کا شکر ادا نہیں کر سکتے۔ اِس حقیقت کے باوجود یہ کتنا بڑا ظلم ہے کہ لوگ اُس کی ذات میں، اُس کی صفات میں اور اُس کے حقوق میں شرک کے مرتکب ہوتے ہیں۔

یہ بات اللہ تعالیٰ کو ہرگز گوارا نہیں ہے کہ دینے والا وہ ہو اور لوگ کسی اور سے طلب

کریں، حاجت روا وہ ہو اور لوگ کسی دوسرے کے سامنے گڑگڑائیں، ہر چیز کا خالق وہ ہو اور لوگ دوسرے کو خالق سمجھیں، پروردگار تنہا وہی ہو اور لوگ اُسے چھوڑ کر اُس کی مخلوق کے سامنے سر جھکائیں۔ یہ سب اللہ تعالیٰ کو اِس لیے گوارا نہیں ہے کہ یہ اُس کی غیرت کو للکارنا ہے۔ اور غیرتِ خداوندی کو چیلنج کرنا اتنا بڑا جرم ہے کہ اُسے ہرگز معاف نہیں ہونا چاہیے۔ چنانچہ قرآنِ مجید کا ارشاد ہے:

اِنَّ اللّٰهَ لَا يَغْفِرُ اَنْ يُّشْرَكَ بِهٖ وَيَغْفِرُ مَا دُوْنَ ذٰلِكَ لِمَنْ يَّشَآءُ وَ مَنْ يُّشْرِكْ بِاللّٰهِ فَقَدِ افْتَرٰٓى اِثْمًا عَظِيْمًا. (النساء4:48)

"اللہ اِس بات کو نہیں بخشے گا کہ (جانتے بوجھتے کسی کو) اُس کا شریک ٹھیرایا جائے۔ اِس کے نیچے، البتہ جس کے لیے جو گناہ چاہے گا، (اپنے قانون کے مطابق) بخش دے گا، اور (اِس میں تو کوئی شبہ ہی نہیں کہ) جو اللہ کا شریک ٹھیراتا ہے، وہ ایک بہت بڑے گناہ کا افترا کرتا ہے۔"

شرک، اصل میں، اپنے پروردگار سے بے وفائی ہے اور اُس عہد سے روگردانی ہے، جو انسان نے اپنی تخلیق کے وقت اپنے پروردگار سے کیا تھا۔ چنانچہ ہمارے نزدیک، یہ بات بالکل ٹھیک ہے کہ اللہ تعالیٰ کا شرک کو ناقابل معافی جرم ٹھہرانا اُس کے غیور ہونے کی وجہ سے ہے۔ قرآنِ مجید میں ارشاد ہے:

ضَرَبَ اللّٰهُ مَثَلًا رَّجُلًا فِيْهِ شُرَكَآءُ مُتَشٰكِسُوْنَ وَ رَجُلًا سَلَمًا لِّرَجُلٍ هَلْ يَسْتَوِيٰنِ مَثَلًا اَلْحَمْدُ لِلّٰهِ بَلْ اَكْثَرُهُمْ لَا يَعْلَمُوْنَ.

"اللہ (اِن کے لیے) ایک غلام کی تمثیل بیان کرتا ہے جس میں کئی آقا شریک ہیں جو آپس میں کشمکش رکھتے ہیں اور ایک دوسرے غلام کی جو پورا کا پورا ایک ہی شخص کی ملکیت ہے۔ کیا اِن

(الزمر 39:29) دونوں کا حال یکساں ہو گا؟ (ہر گز نہیں، حقیقت یہ ہے کہ) شکر کا سزاوار صرف اللہ ہے، لیکن اِن میں سے اکثر لوگ جانتے نہیں ہیں۔"

یہ تمثیل کہ 'جس طرح کسی مرد کو یہ گوارا نہیں کہ اُس کی بیوی خود کو کسی غیر کے سپرد کرے، اُسی طرح اللہ تعالیٰ کو بھی یہ گوارا نہیں کہ اُس کا بندہ غیر کی دہلیز پر سر جھکائے'، کسی عالم کی نہیں، بلکہ تورات کی ہے۔ یہ تمثیل، ظاہر ہے، محض تفہیم مدعا کے لیے ہے، اِسے شرک کی شناعت کو واضح کرنے کے لیے اختیار کیا گیا ہے، نہ کہ انسانی صفات کو اللہ تعالیٰ کی صفات سے مماثل قرار دینے کے لیے۔ قرآنِ مجید نے اِس تمثیل کو بعینہٖ اختیار تو نہیں کیا، لیکن اِسی مضمون کو اپنے مخصوص بلیغ اسلوب میں بیان ضرور کر دیا ہے۔ چنانچہ قرآنِ مجید میں بعض مقامات پر مشرک اور زانی اور مشرکہ اور زانیہ کو ایک ہی جگہ پر جمع کیا گیا ہے۔ مثلاً سورۂ نور میں فرمایا ہے:

اَلزَّانِیۡ لَا یَنۡکِحُ اِلَّا زَانِیَۃً اَوۡ مُشۡرِکَۃً وَّ الزَّانِیَۃُ لَا یَنۡکِحُہَاۤ اِلَّا زَانٍ اَوۡ مُشۡرِکٌ وَحُرِّمَ ذٰلِكَ عَلَى الۡمُؤۡمِنِيۡنَ. (24:3)

"یہ زانی کسی زانیہ یا مشرکہ ہی سے نکاح کرے گا اور اِس زانیہ کو بھی کوئی زانی یا مشرک ہی اپنے نکاح میں لائے گا۔ ایمان والوں پر اِسے حرام کر دیا گیا ہے۔"

مولانا امین احسن صاحب اصلاحی اپنی کتاب "حقیقتِ شرک و توحید" میں اِس آیت کے حوالے سے لکھتے ہیں:

"دو چیزوں کا ایک ساتھ اجتماع، بغیر کسی اشتراک کے نہیں ہوا کرتا۔ اِس اصل کو سامنے رکھ کر آدمی جب غور کرتا ہے تو معلوم ہوتا ہے کہ مشرک اور چھنال عورت (بدکار

بیوی) میں گہری اخلاقی مناسبت ہے۔ چھنال اپنے تئیں، ایک مرد کے حبالۂ عقد میں دیتی ہے، اُس کو اپنی حرمت کا مالک بناتی ہے، اُس سے نان و نفقہ اور تمام حقوق حاصل کرتی ہے اور پھر اُس کے حق اور اُس کی حرمت میں ایک غیر مرد کو شریک کرتی ہے۔ ٹھیک یہی حال ایک مشرک کا ہے۔ وہ خدا سے ربوبیت کا اقرار کرتا ہے۔ 'بلیٰ' کہہ کر اُس کے ساتھ اپنی بندگی کا عہد باندھتا ہے، رہتا اُس کے گھر میں ہے، کھانا اُس کا کھاتا ہے، پانی اُس کا پیتا ہے، کپڑے اُس کے دیے ہوئے پہنتا ہے اور اُس کے پاس جو کچھ بھی ہے، سب اللہ تعالیٰ ہی کا عطیہ ہے، لیکن اِس کے باوجود وہ بندگی غیر کی کرتا ہے۔ محبت کا دم دوسروں کے لیے بھرتا ہے۔ یہ اخلاقی حالت ایک زانیہ کی ہوسکتی ہے یا ایک مشرک کی۔ روے زمین پر یہی دو بے وفائیاں ایسی ہیں، جو ایک دوسرے کے لیے مثال بن سکتی ہیں۔ یہی وجہ ہے کہ مشرکوں کو قرآن نے خائن بھی کہا ہے اور خیانت عورت کی بے وفائی اور عہد شکنی کے لیے عربی زبان کا ایک مشہور لفظ ہے۔

یہیں سے یہ نکتہ بھی حل ہو گیا کہ قرآن مجید میں کیوں بار بار یہ آیت آتی ہے کہ اللہ تعالیٰ ساری خطاؤں کو، جس کے لیے چاہے گا، معاف کر دے گا، مگر شرک کو نہیں معاف فرمائے گا۔ ہر شخص جانتا ہے کہ ایک شریف اور غیور شوہر اپنی بیوی کی ہر غلطی کو معاف کر سکتا ہے، لیکن اُس کی بے وفائی کو کبھی معاف نہیں کر سکتا۔ اگر وہ ایسا کرے تو وہ شوہر نہیں ہے، بلکہ ایک دیوث، کمینہ، لئیم اور بے غیرت جانور ہے۔ جب انسان کی غیرت کا یہ عالم ہے تو پھر اُس کی غیرت کا تصور کون کر سکتا ہے، جس کے جمال غیرت کے ایک ادنیٰ پرتو سے یہ تمام عالم جمال عفت و حمیت سے نورانی ہوا۔ وہ اُس بندہ کو کیسے معاف کر سکتا ہے، جس نے غیر کی بندگی کا داغ اپنے دامن پر لیا ہے۔" (193)

[نومبر 1996ء]

مشرک سے اعمالِ صالح کا صدور

سوال: کیا شرک میں مبتلا لوگوں سے اچھے اعمال کا صدور ہو سکتا ہے؟ میرا خیال ہے کہ ایسا نہیں ہو سکتا، کیونکہ جب کوئی شخص شرک کا مرتکب ہوتا ہے تو اصل میں وہ اُس جڑ ہی کو کاٹ دیتا ہے، جس کے برگ وبار عمل صالح کی شکل میں نمودار ہوتے ہیں۔ اِس بارے میں اپنے نقطۂ نظر سے آگاہ کریں؟ (سائل)

جواب: قرآنِ مجید جن لوگوں کو مشرکین کے نام سے پکارتا ہے، یہ وہ لوگ ہیں، جو شعوری طور پر شرک میں مبتلا ہوتے ہیں، یعنی جانتے بوجھتے، سوچتے سمجھتے شرک کا ارتکاب کرتے اور خدا کے آگے تمرد و سرکشی کا رویہ اختیار کرتے ہیں۔ یہی وہ لوگ ہیں، جن کا جرم ظلم عظیم قرار پاتا ہے اور جنھیں اِس جرم کی پاداش میں لازماً، جہنم کا ایندھن بننا ہے۔ اِن مشرکین کے علاوہ، بعض دوسرے لوگ بھی غیر شعوری طور پر شرک میں مبتلا ہو جاتے ہیں، یعنی وہ بے سوچے سمجھے، محض اپنی بے عقلی اور کم فہمی کی وجہ سے شرک کے مرتکب ہوتے ہیں۔ عام طور پر اُنھیں اِس بات کا ادراک ہی نہیں ہوتا کہ وہ شرک کی ضلالت میں پڑ چکے ہیں، بلکہ اکثر اوقات وہ اپنے مشرکانہ عقائد و اعمال کو دین کا لازمی تقاضا سمجھ کر اختیار کیے ہوتے ہیں۔ ہمارے نزدیک یہ لوگ مشرکین میں شمار نہیں ہوتے۔ اِن کا گناہ یہ ہے کہ اِنھوں نے توحید کے فہم کے معاملے میں عقلی رویہ اختیار نہیں کیا۔

اب سوال یہ ہے کہ کیا شرک میں مبتلا لوگوں سے اچھے اعمال کا صدور ممکن ہے؟ اِس سوال کا جواب بڑا سادہ ہے اور وہ یہ کہ شعوری طور پر شرک کرنے والوں سے کسی اچھے عمل کا صدور محال ہے، کیونکہ شرک اُن کی فطرتِ صالحہ کو مسخ کر چکا ہوتا ہے، لیکن اگر کبھی کوئی صالح عمل اُن سے صادر ہو بھی جائے تو وہ دنیوی زندگی کے لحاظ سے، بہ ظاہر مفید ہونے کے باوجود، اللہ کے دربار میں ناقابل قبول ہوگا۔ البتہ، غیر شعوری طور پر شرک میں مبتلا ہونے والے جو درحقیقت مشرکین نہیں ہیں، صالح اعمال کرتے بھی ہیں اور اللہ تعالیٰ کے ہاں اُن کے اعمال کے اجر کی توقع بھی کی جاسکتی ہے۔ ہم اپنے معاشرے پر نظر ڈالیں تو ہمیں زیادہ تر ایسے ہی لوگ نظر آئیں گے، جو غیر شعوری طور پر شرک میں مبتلا ہیں۔

اصل میں انسان سے اُس کی زندگی میں دو طرح کے گناہ سرزد ہوتے ہیں: ایک، عقیدے کا گناہ۔ دوسرے، عمل کا گناہ۔ عقیدے کے گناہ سے مراد یہ ہے کہ انسان کی سوچوں اور اُس کے تصورات میں نجاستیں در آئیں اور اُس کے خیالات اور اُس کے افکار فطرت سے انحراف کا شکار ہو جائیں۔ اِس نوعیت کے گناہ کی سب سے واضح مثال شرک ہے۔ عمل کے گناہ سے مراد یہ ہے کہ انسان اپنی نفسانی خواہشات کی پیروی میں ایسا طرزِ عمل اختیار کرے، جو اُس کی ذات پر بھی برے اثرات مرتب کرے اور اُس کے ماحول پر بھی۔ اور اِس کے نتیجے میں وہ اپنی روزمرہ زندگی میں اللہ کے بتائے ہوئے راستے سے منحرف ہو جائے۔ قتل، زنا، چوری، ڈاکا اور اِس نوع کے دوسرے جرائم عمل کے گناہ ہیں۔

ہمارے خیال میں ایسا ہو سکتا ہے کہ کوئی شخص (غیر شعوری طور پر) عقیدے کے گناہ میں مبتلا ہو اور عمل کے گناہ سے بہت حد تک بچا ہوا ہو اور کوئی دوسرا شخص عمل کے گناہ میں مبتلا ہو اور عقیدے کے گناہ سے بچا ہوا ہو۔ مثال کے طور پر یہ ممکن ہے کہ کوئی شخص نماز پابندی سے ادا کرتا، رمضان کے روزے رکھتا، زکوٰۃ ادا کرتا، اپنے مال و اسباب سے دوسروں

کی مدد کرتا اور معاشرے کے قانونی اور اخلاقی حقوق ادا کرتا ہو، لیکن اِس سب کے ساتھ ساتھ اپنے عقائد کے اعتبار سے وہ شرک میں مبتلا ہو۔ مثلاً رسول اللہ صلی اللہ علیہ وسلم کی ذاتِ اقدس کو اللہ تعالیٰ ہی کی ذات کا ظہور سمجھتا ہو، بعض برگزیدہ انسانوں میں ایسی صفات مانتا ہو، جو صرف اللہ تعالیٰ ہی میں ہو سکتی ہیں اور اپنی مشکلات میں اللہ کے علاوہ بھی کسی کو پکارتا ہو۔ اِسی طرح یہ بھی ممکن ہے کہ کوئی شخص اپنے عقیدے کے اعتبار سے توحیدِ خالص پر کھڑا ہو، یعنی اللہ کی ذات میں، اُس کی صفات میں اور اُس کے حقوق میں کسی کو شریک نہ ٹھہراتا ہو، لیکن اِس کے ساتھ ساتھ وہ اعمال کے اعتبار سے ایک کم زور انسان ہو۔ مثلاً وہ نماز روزے کے معاملے میں بے پروا ہو، معاشرے کے قانونی اور اخلاقی حقوق ادا کرنے سے بے توجہی برتتا ہو اور بعض اوقات بڑے بڑے گناہوں کا صدور بھی اُس سے ہو جاتا ہو۔

چنانچہ ہم سمجھتے ہیں کہ عقیدے کا گناہ (اگر وہ شعوری طور پر نہ ہو) اور عمل کا گناہ کوئی لازم وملزوم چیزیں نہیں ہیں۔ البتہ، یہ بات اپنی جگہ بالکل درست ہے کہ عقیدے کا گناہ عمل پر اثر انداز ہوتا اور عمل کا گناہ عقیدے کو متاثر کرتا ہے۔ یہ حقیقت، البتہ اپنی جگہ مسلم ہے کہ اللہ کے ہاں وہی اعمال قابل قبول ہوں گے، جو صحیح عقائد پر استوار ہوں۔ ایک مشرک شخص کو جو اپنے اعمال کے اعتبار سے صالح ترین ہی کیوں نہ ہو، آخرت میں کامیابی کا حق دار قرار نہیں دیا جاسکتا۔ عقیدے کا یہ ایک گناہ ہی اُس کے سارے اعمال غارت کرنے کے لیے کافی ہے۔ خدا سے غافل متکبرین کے بارے میں ارشادِ باری تعالیٰ ہے:

وَ قَدِمْنَآ اِلٰى مَا عَمِلُوْا مِنْ عَمَلٍ فَجَعَلْنٰهُ هَبَآءً مَّنْثُوْرًا. (الفرقان 23:25)	”اور اِنھوں نے جو عمل بھی کیے ہوں گے، ہم اُن کی طرف بڑھیں گے اور اُنھیں (لے کر) اڑتی ہوئی خاک بنا دیں گے۔“

مولانا امین احسن صاحب اصلاحی اِس آیت کی وضاحت میں لکھتے ہیں:

”فرمایا کہ اِن لوگوں کو اپنی جن خدمات اور جن کارناموں پر بڑا ناز ہے اور جن کی بنا پر وہ یہ سمجھتے ہیں کہ اِس دنیا میں بھی وہ ملک و قوم کے ہیرو سمجھے جانے کے حق دار ہیں اور اگر آخرت کوئی چیز ہے تو وہاں بھی ان کو بڑے سے بڑے مراتب ملیں گے، ہم اُن کے اُن اعمال کو منتشر ذرات بنا کر اڑا دیں گے۔ اس لیے کہ ہمارے ہاں اِس عمل کی کوئی قدر نہیں ہے، جو خالص ہماری رضا کے لیے نہ کیا گیا ہو۔“ (تدبر قرآن 5/460-459)

[دسمبر 1996ء]

یہود و نصاریٰ سے دوستی

یہود و نصاریٰ سے دوستی کی ممانعت کے حوالے سے، بالعموم قرآنِ مجید کی اِس آیت کو بنیاد بنایا جاتا ہے:

یٰۤاَیُّهَا الَّذِیۡنَ اٰمَنُوۡا لَا تَتَّخِذُوا الۡیَهُوۡدَ وَ النَّصٰرٰۤی اَوۡلِیَآءَ ۘ بَعۡضُهُمۡ اَوۡلِیَآءُ بَعۡضٍ ؕ وَ مَنۡ یَّتَوَلَّهُمۡ مِّنۡکُمۡ فَاِنَّهٗ مِنۡهُمۡ ؕ اِنَّ اللّٰهَ لَا یَهۡدِی الۡقَوۡمَ الظّٰلِمِیۡنَ. (المائدہ 5:51)

”ایمان والو، تم اِن یہود و نصاریٰ کو دوست نہ بناؤ، یہ ایک دوسرے کے دوست ہیں، اور (یاد رکھو کہ) تم میں سے اگر کوئی (اِس تنبیہ کے باوجود) اِنھیں اپنا دوست بناتا ہے تو اُس کا شمار پھر اِنھی میں ہے۔ حقیت یہ ہے کہ اللہ اِس طرح کے ظالموں کو کبھی راہ نہیں دکھاتا۔“

اِس آیت میں بہت وضاحت کے ساتھ مسلمانوں کو یہود و نصاریٰ کے ساتھ دوستی قائم کرنے سے منع کیا گیا ہے۔ اِس حکم کے اطلاق کی دو صورتیں ہو سکتی ہیں:

ایک یہ کہ اِسے ایک عام حکم مانا جائے، یعنی اِس کا اطلاق ہر زمانے اور ہر علاقے کے مسلمانوں اور یہود و نصاریٰ پر کیا جائے۔

دوسرے یہ کہ اِسے ایک خاص حکم مانا جائے، یعنی اِس کا اطلاق خاص زمانے اور خاص

علاقے کے مسلمانوں اور یہود و نصاریٰ پر کیا جائے۔

اگر ہم پہلی صورت اختیار کریں تو یہ مسئلہ پیدا ہوتا ہے کہ یہ حکم قرآنِ مجید ہی کے بعض دوسرے مقامات سے متصادم ہو جاتا ہے۔ اِن میں سے چند مقامات یہ ہیں:

1۔ نصاریٰ کی تحسین

سورۂ مائدہ ہی میں ارشادِ خداوندی ہے:

لَتَجِدَنَّ اَشَدَّ النَّاسِ عَدَاوَةً لِّلَّذِيْنَ اٰمَنُوا الْيَهُوْدَ وَالَّذِيْنَ اَشْرَكُوْا وَلَتَجِدَنَّ اَقْرَبَهُمْ مَّوَدَّةً لِّلَّذِيْنَ اٰمَنُوا الَّذِيْنَ قَالُوْٓا اِنَّا نَصٰرٰى ذٰلِكَ بِاَنَّ مِنْهُمْ قِسِّيْسِيْنَ وَرُهْبَانًا وَّاَنَّهُمْ لَا يَسْتَكْبِرُوْنَ. (82:5)

”حقیقت یہ ہے کہ مسلمانوں کی دشمنی میں تم سب سے زیادہ سخت یہود اور مشرکین کو پاؤ گے اور مسلمانوں کی دوستی میں سب سے زیادہ قریب اُن لوگوں کو پاؤ گے جنھوں نے کہا کہ ہم نصاریٰ ہیں۔ یہ اِس لیے کہ اُن کے اندر علما اور راہب ہیں اور وہ تکبر نہیں کرتے۔“

زیرِ بحث آیت میں نصاریٰ کے ساتھ دوستی سے منع کیا گیا ہے، جب کہ اِس آیت میں اُن کی تحسین کی گئی ہے اور اُنھیں دوستی کے لحاظ سے مسلمانوں سے قریب تر قرار دیا گیا ہے۔

2۔ یہود و نصاریٰ کے ذبیحے کی حلت

ارشاد فرمایا ہے:

اَلْيَوْمَ اُحِلَّ لَكُمُ الطَّيِّبٰتُ وَطَعَامُ

”تمام پاکیزہ چیزیں اب تمھارے لیے

الَّذِيْنَ اُوْتُوا الْكِتٰبَ حِلٌّ لَّكُمْ وَطَعَامُكُمْ حِلٌّ لَّهُمْ. (المائدہ 5:5)

حلال ٹھیرا دی گئی ہیں۔ (چنانچہ) اہل کتاب کا کھانا تمھارے لیے حلال ہے اور تمھارا کھانا اُن کے لیے حلال ہے۔"

زیرِ بحث آیت میں یہود و نصاریٰ سے دوستی سے روکا گیا ہے، جب کہ اِس آیت میں اُن کا کھانا کھانے کی اجازت دی گئی ہے۔ اِس کا مطلب یہ ہے کہ اُن کا ذبیحہ ہمارے لیے حلال ہے اور ہم اُن کے ساتھ ایک ہی دستر خوان پر بیٹھ کر کھانا کھا سکتے ہیں۔ دستر خوان کا تعلق ظاہر ہے کہ معاشرتی روابط اور دوستانہ مراسم ہی کی صورت میں قائم کیا جا سکتا ہے۔ مولانا ابو الاعلیٰ صاحب مودودی نے اِس آیت کی وضاحت میں لکھا ہے:

"اہل کتاب کے کھانے میں اُن کا ذبیحہ بھی شامل ہے۔ ہمارے لیے اُن کا اور اُن کے لیے ہمارا کھانا حلال ہونے کا مطلب یہ ہے کہ ہمارے اور اُن کے درمیان کھانے پینے میں کوئی رکاوٹ اور کوئی چھوت چھات نہیں ہے۔ ہم اُن کے ساتھ کھا سکتے ہیں اور وہ ہمارے ساتھ۔" (تفہیم القرآن 446/1)

3۔ یہودی و نصرانی عورتوں سے نکاح کی اجازت

اِسی طرح ارشاد فرمایا ہے:

اَلْيَوْمَ اُحِلَّ لَكُمُ الطَّيِّبٰتُ... وَالْمُحْصَنٰتُ مِنَ الَّذِيْنَ اُوْتُوا الْكِتٰبَ مِنْ قَبْلِكُمْ اِذَآ اٰتَيْتُمُوْهُنَّ اُجُوْرَهُنَّ مُحْصِنِيْنَ غَيْرَ مُسٰفِحِيْنَ وَلَا مُتَّخِذِيْٓ اَخْدَانٍ.

(المائدہ 5:5)

"تمام پاکیزہ چیزیں اب تمھارے لیے حلال ٹھیرا دی گئی ہیں... مسلمانوں کی پاک دامن عورتیں تمھارے لیے حلال ہیں اور اُن لوگوں کی پاک دامن عورتیں بھی حلال ہیں جنھیں تم سے پہلے کتاب دی گئی، جب تم اُن کے مہر

اُنھیں ادا کر دیتے ہو، اِس شرط کے
ساتھ کہ تم بھی پاک دامن رہنے والے
ہو نہ بدکاری کرنے والے اور نہ چوری
چھپے آشنائی کرنے والے۔"

زیرِ بحث آیت میں یہود و نصاریٰ سے دوستانہ مراسم کی اجازت نہیں دی گئی، جب کہ اِس آیت میں اِس سے کہیں آگے بڑھ کر اُن کی خواتین کو رشتۂ ازدواج میں منسلک کرنے کی اجازت دی گئی ہے۔ کسی یہودی یا عیسائی خاتون کے کسی مسلمان مرد کی بیوی ہونے کا مطلب یہ ہے کہ وہ اُس کی رفیق حیات، اُس کے گھر کی نگران اور اُس کے بچوں کی ماں ہو گی۔ خاتون کے یہودی یا عیسائی والدین اُس کے ساس سسر قرار پائیں گے اور اِس طرح اُس کے لیے بہ منزلۂ والدین ہوں گے۔ خاتون کے اعزہ اُس کے اعزہ تصور کیے جائیں گے۔ اب سوال یہ ہے کہ یہ سارے رشتے کیا انس و محبت اور تعلق و دوستی کے بغیر ہی وجود میں آ جائیں گے؟

4۔ دعوت کی ضرورت

مسلمانوں کی یہ ذمہ داری ہے کہ وہ اسلام کی دعوت کو دنیا میں عام کریں۔ یہ دعوت شایستگی اور محبت ہی کے ساتھ ہونی چاہیے۔ اللہ تعالیٰ کا ارشاد ہے:

اُدۡعُ اِلٰی سَبِیۡلِ رَبِّکَ بِالۡحِکۡمَۃِ وَالۡمَوۡعِظَۃِ الۡحَسَنَۃِ وَجَادِلۡهُمۡ بِالَّتِیۡ هِیَ اَحۡسَنُ. (النحل 16: 125)

"اپنے پروردگار کے راستے کی طرف حکمت کے ساتھ دعوت دو اور اچھی نصیحت کے ساتھ، اور اُن سے بحث کرو، اُس طریقے سے جو پسندیدہ ہو۔"

اہل کتاب کے حوالے سے بھی یہی بات فرمائی ہے:

وَلَا تُجَادِلُوْٓا اَهْلَ الْكِتٰبِ اِلَّا بِالَّتِيْ هِيَ اَحْسَنُ. (العنکبوت 29:46)	"اور اہل کتاب سے بحث نہ کرو، مگر عمدہ طریقے سے۔"

ہمیں اسلام کا پیغام اپنی ذات تک محدود نہیں رکھنا، بلکہ اُسے دوسری اقوام تک بھی پہنچانا ہے۔ کسی عیسائی یا یہودی کو ہم یہ دعوت کیسے پہنچا سکیں گے، اگر ہم اُسے اپنے ساتھ مانوس نہیں کریں گے؟ ہمیں اُس کے ساتھ ربط وضبط پیدا کرنا ہو گا، معاشرتی روابط قائم کرنے ہوں گے، ایثار و محبت کا اظہار کرنا ہو گا اور خیر خواہی پر مبنی دوستانہ تعلقات استوار کرنے ہوں گے۔ اِس کے بعد ہی وہ سنجیدگی اور خلوص کے ساتھ ہماری بات سننے کے لیے آمادہ ہو گا۔

قرآنِ مجید کے درجِ بالا مقامات زیرِ بحث آیت کا یہ مفہوم لینے میں مانع ہیں کہ یہ آیت ہر زمانے اور ہر علاقے کے یہود و نصاریٰ سے متعلق ہے۔ اگر ہم اِس مفہوم کو اختیار کرتے ہیں تو یا درجِ بالا آیات کا انکار لازم آتا ہے یا نعوذ باللہ قرآنِ مجید کو ایک متناقض کلام ماننا پڑتا ہے۔

اِس کے برعکس، اگر ہم دوسرا مفہوم اختیار کریں تو نہ صرف یہ کہ تناقض کی صورت پیدا نہیں ہوتی، بلکہ بات پوری طرح سمجھ میں آ جاتی ہے۔ ہمارے نزدیک یہ دوسری تعبیر ہی درست ہے۔ چنانچہ یہ آیت نبی صلی اللہ علیہ وسلم کے زمانے اور جزیرہ نماے عرب کے یہود و نصاریٰ کے ساتھ خاص ہے۔ اِس کی تفصیل یہ ہے۔

اللہ تعالیٰ کے قانونِ رسالت کی رو سے نبی صلی اللہ علیہ وسلم کا یہ منصبی فریضہ تھا کہ وہ دین اسلام کو سرزمین عرب کے تمام مذاہب پر غالب کر دیں۔ چنانچہ اللہ تعالیٰ نے یہ واضح فرما دیا تھا:

هُوَ الَّذِيْٓ اَرْسَلَ رَسُوْلَهٗ بِالْهُدٰى وَدِيْنِ الْحَقِّ لِيُظْهِرَهٗ عَلَى الدِّيْنِ كُلِّهٖ وَلَوْ كَرِهَ الْمُشْرِكُوْنَ.	"وہی ہے جس نے اپنے رسول کو ہدایت اور دین حق کے ساتھ بھیجا کہ اِسے وہ (سرزمین عرب) کے تمام ادیان پر غالب کر دے، اگرچہ یہ بات

(الصف 9:61)　　عرب کے اِن مشرکوں کو کتنی ہی ناگوار ہو۔"

اِس ذمہ داری کے تحت اللہ تعالیٰ نے نبی صلی اللہ علیہ وسلم کو مشرکین عرب کے ساتھ ساتھ اہل کتاب کو بھی دعوت دینے کی ہدایت فرمائی۔ ارشاد فرمایا:

قُلْ يٰٓاَهْلَ الْكِتٰبِ تَعَالَوْا اِلٰى كَلِمَةٍ سَوَآءٍۢ بَيْنَنَا وَبَيْنَكُمْ اَلَّا نَعْبُدَ اِلَّا اللّٰهَ وَلَا نُشْرِكَ بِهٖ شَيْـًٔا.

(آل عمران 64:3)

"اِن سے کہہ دو: اے اہل کتاب، اُس بات کی طرف آؤ جو ہمارے اور تمھارے درمیان یکساں ہے۔ یہ کہ ہم اللہ کے سوا کسی کی عبادت نہ کریں اور نہ اُس کے ساتھ کسی چیز کو شریک ٹھیرائیں اور نہ ہم میں سے کوئی ایک دوسرے کو اللہ کے سوا اپنا رب بنائے۔"

نبی صلی اللہ علیہ وسلم نے مدینہ کا اقتدار حاصل ہو جانے کے بعد اہل کتاب کو دعوت و انذار کا مخاطب بنائے رکھا۔ اُن سے دوستانہ مراسم استوار کیے اور سیاسی معاہدات کیے۔ اِس خیر خواہانہ اور دوستانہ طرز عمل کا جواب اہل کتاب، بالخصوص یہود نے نبی صلی اللہ علیہ وسلم اور مسلمانوں کی دشمنی کی صورت میں دیا۔ وہ منافقین اور مشرکین عرب کے ساتھ مل کر مسلمانوں کے خلاف سازشوں میں ملوث ہو گئے۔ نوبت یہاں تک پہنچ گئی کہ نبی صلی اللہ علیہ وسلم اگر رات کو گھر سے نکلتے تو یہودیوں کی طرف سے حملے کا خطرہ رہتا۔ ایک عرصہ تک وہ درپردہ مسلمانوں کے خلاف برسرِپیکار رہے اور پھر معاہدات کو توڑ کر کھلم کھلا آمادۂ جنگ ہو گئے۔

یہ وہ پس منظر ہے، جس میں مذکورہ آیت نازل ہوئی۔ قرآنِ مجید کے حسبِ ذیل مقامات اِس مفہوم کو پوری طرح واضح کر دیتے ہیں:

1۔ زمانۂ رسالت کے یہود و نصاریٰ کو محرم راز بنانے کی ممانعت

سورۂ آل عمران میں اِن اہل کتاب کو محرم راز بنانے سے روکا ہے اور اِس کی وجہ یہ بتائی گئی ہے کہ وہ مسلمانوں کے ساتھ غیر مخلص ہیں اور اُن سے قلبی عناد رکھتے ہیں۔ اِن کے عناد کے جواب میں مسلمانوں کو صبر اور تقویٰ اختیار کرنے کی تلقین فرمائی ہے۔ ارشاد فرمایا ہے:

يٰٓاَيُّهَا الَّذِيْنَ اٰمَنُوْا لَا تَتَّخِذُوْا بِطَانَةً مِّنْ دُوْنِكُمْ لَا يَاْلُوْنَكُمْ خَبَالًا وَدُّوْا مَا عَنِتُّمْ قَدْ بَدَتِ الْبَغْضَآءُ مِنْ اَفْوَاهِهِمْ وَمَا تُخْفِيْ صُدُوْرُهُمْ اَكْبَرُ قَدْ بَيَّنَّا لَكُمُ الْاٰيٰتِ اِنْ كُنْتُمْ تَعْقِلُوْنَ. هٰٓاَنْتُمْ اُولَآءِ تُحِبُّوْنَهُمْ وَلَا يُحِبُّوْنَكُمْ وَتُؤْمِنُوْنَ بِالْكِتٰبِ كُلِّهٖ وَاِذَا لَقُوْكُمْ قَالُوْٓا اٰمَنَّا وَاِذَا خَلَوْا عَضُّوْا عَلَيْكُمُ الْاَنَامِلَ مِنَ الْغَيْظِ قُلْ مُوْتُوْا بِغَيْظِكُمْ اِنَّ اللّٰهَ عَلِيْمٌ بِذَاتِ الصُّدُوْرِ. اِنْ تَمْسَسْكُمْ حَسَنَةٌ تَسُؤْهُمْ وَاِنْ تُصِبْكُمْ سَيِّئَةٌ يَّفْرَحُوْا بِهَا وَاِنْ تَصْبِرُوْا وَتَتَّقُوْا لَا يَضُرُّكُمْ كَيْدُهُمْ شَيْـًٔا اِنَّ اللّٰهَ بِمَا يَعْمَلُوْنَ مُحِيْطٌ.

(آل عمران 3:120-118)

”ایمان والو، (یہ تمھارے دوست نہیں ہیں، اِس لیے) اپنے سے باہر کے لوگوں کو بھیدی نہ بناؤ۔ تمھیں نقصان پہنچانے میں یہ کوئی کسر اٹھا نہ رکھیں گے۔ یہ تمھارے لیے زحمتوں کے خواہاں ہیں۔ اِن کی دشمنی اِن کے منہ سے نکلی پڑتی ہے اور جو کچھ اِن کے سینوں میں چھپا ہوا ہے، وہ اِس سے بھی سخت تر ہے۔ ہم نے یہ نشانیاں تمھارے لیے واضح کر دی ہیں، اگر تم عقل رکھتے ہو۔ یہ تمھی ہو کہ اِن کو دوست رکھنا چاہتے ہو، مگر وہ تم سے دوستی نہیں رکھتے، دراں حالیکہ تم خدا کی سب کتابوں کو مانتے ہو۔ اور اِن کا طریقہ یہ ہے کہ جب تم سے ملتے ہیں تو کہتے ہیں کہ ہم تو ایمان لائے ہوئے ہیں اور جب الگ ہوتے ہیں تو غصے سے تم پر انگلیاں کاٹتے ہیں —— کہہ دو کہ اپنے اِسی غصے

میں مر جاؤ۔ (اللہ تمھاری ہر چیز سے واقف ہے اور) حقیقت یہ ہے کہ اللہ تو سینوں کے راز تک جانتا ہے ___ تمھیں کوئی کامیابی حاصل ہوتی ہے تو اِنھیں تکلیف پہنچتی ہے اور تم پر کوئی مصیبت آتی ہے تو اِس سے خوش ہوتے ہیں۔ (یہ تمھارے دوست نہیں ہیں، اِن کی پروا نہ کرو) اور (یاد رکھو کہ) اگر تم صبر کرو گے اور اللہ سے ڈرتے رہو گے تو اِن کی کوئی تدبیر تمھیں کچھ بھی نقصان نہ پہنچا سکے گی، اِس لیے کہ جو کچھ یہ کر رہے ہیں، اللہ اُس کو گھیرے میں لیے ہوئے ہے۔"

2۔ زمانۂ رسالت کے یہود و نصاریٰ سے دوستی سے ممانعت

سورۂ مائدہ میں مسلمانوں کو اہل کتاب کے ساتھ دوستی سے منع کیا گیا ہے اور اِس کا سبب یہ ہے کہ وہ اسلام کے شعائر اور تعلیمات کا مذاق اڑاتے ہیں اور یہ بدتمیزی اِس حد تک پہنچ جاتی ہے کہ اذان کی نقل اتارنے لگتے ہیں۔ ارشاد ہے:

يٰٓاَيُّهَا الَّذِيْنَ اٰمَنُوْا لَا تَتَّخِذُوا الَّذِيْنَ اتَّخَذُوْا دِيْنَكُمْ هُزُوًا وَّلَعِبًا مِّنَ الَّذِيْنَ اُوْتُوا الْكِتٰبَ مِنْ قَبْلِكُمْ وَالْكُفَّارَ اَوْلِيَآءَ ۚ وَاتَّقُوا

"ایمان والو، تم سے پہلے جنھیں کتاب دی گئی، اُن میں سے جن لوگوں نے تمھارے دین کو ہنسی اور کھیل بنا لیا ہے، اُنھیں اور دوسرے منکروں کو اپنا

اللّٰهَ اِنْ كُنْتُمْ مُّؤْمِنِيْنَ . وَ اِذَا نَادَيْتُمْ اِلَى الصَّلٰوةِ اتَّخَذُوْهَا هُزُوًا وَّ لَعِبًا ؕ ذٰلِكَ بِاَنَّهُمْ قَوْمٌ لَّا يَعْقِلُوْنَ.قُلْ يٰۤاَهْلَ الْكِتٰبِ هَلْ تَنْقِمُوْنَ مِنَّاۤ اِلَّاۤ اَنْ اٰمَنَّا بِاللّٰهِ وَمَاۤ اُنْزِلَ اِلَيْنَا وَ مَاۤ اُنْزِلَ مِنْ قَبْلُ ۙ وَ اَنَّ اَكْثَرَكُمْ فٰسِقُوْنَ. (5:59-57)

دوست نہ بناؤ اور اللہ سے ڈرو، اگر تم مومن ہو۔(تم دیکھتے نہیں ہو کہ) جب تم نماز کے لیے پکارتے ہو تو وہ اُس کا مذاق اڑاتے اور اُسے کھیل بنالیتے ہیں۔ اِس کی وجہ یہ ہے کہ یہ وہ لوگ ہیں جو عقل سے کام نہیں لیتے۔ اِن سے کہو، اے اہل کتاب، کیااِسی بات کا غصہ ہم پر نکال رہے ہو کہ ہم اللہ پر ایمان لائے ہیں اور اُس چیز پر ایمان لائے ہیں جو ہماری طرف نازل ہوئی ہے اور اُس پر بھی جو اِس سے پہلے اتاری گئی، اور اِس کا کہ تم میں اکثر نافرمان ہیں۔“

3۔ زمانۂ رسالت کے یہود و نصاریٰ کی منافقت

اِسی طرح مائدہ ہی میں اِن کے منافقانہ اور اسلام دشمنی پر مبنی طرزِ عمل کو واضح کیا ہے:

وَ اِذَا جَآءُوْكُمْ قَالُوْۤا اٰمَنَّا وَ قَدْ دَّخَلُوْا بِالْكُفْرِ وَهُمْ قَدْ خَرَجُوْا بِهٖ ؕ وَ اللّٰهُ اَعْلَمُ بِمَا كَانُوْا يَكْتُمُوْنَ . وَتَرٰى كَثِيْرًا مِّنْهُمْ يُسَارِعُوْنَ فِى الْاِثْمِ وَ الْعُدْوَانِ وَ اَكْلِهِمُ السُّحْتَ ؕ لَبِئْسَ مَا كَانُوْا يَعْمَلُوْنَ. لَوْ لَا يَنْهٰهُمُ الرَّبّٰنِيُّوْنَ وَ الْاَحْبَارُ عَنْ قَوْلِهِمُ

”اور جب یہ (اہل کتاب) تمھارے پاس آتے ہیں تو کہتے ہیں کہ ہم تو ایمان لائے ہوئے ہیں، حالاں کہ وہ کفر کے ساتھ داخل ہوتے ہیں اور اُسی کے ساتھ نکلتے ہیں، اور اللہ خوب واقف ہے اُس چیز سے جس کو وہ چھپارہے ہیں۔ تم اِن میں سے اکثر کو دیکھو گے کہ وہ حق تلفی،

الْاِثْمَ وَ اَکْلِهِمُ السُّحْتَ ؕ لَبِئْسَ مَا کَانُوْا یَصْنَعُوْنَ. (5:63-61)

زیادتی اور حرام خوری کی راہ میں گرم رو ہیں۔ کیا ہی برا ہے جو کچھ یہ کر رہے ہیں۔ اِن کے علما و فقہا اِن کو گناہ کی بات کہنے اور اِن کو حرام کھانے سے روکتے کیوں نہیں؟ کتنی بری ہے یہ حرکت جو یہ کر رہے ہیں۔"

4۔ زمانۂ رسالت کے یہود و نصاریٰ کی سیاسی حیثیت کا حتمی فیصلہ

یہی وہ پس منظر ہے، جس میں اللہ تعالیٰ نے جزیرہ نماے عرب کے اِن اہل کتاب کے بارے میں یہ حتمی فیصلہ نازل فرمایا:

قَاتِلُوا الَّذِیْنَ لَا یُؤْمِنُوْنَ بِاللّٰهِ وَ لَا بِالْیَوْمِ الْاٰخِرِ وَ لَا یُحَرِّمُوْنَ مَا حَرَّمَ اللّٰهُ وَ رَسُوْلُهٗ وَ لَا یَدِیْنُوْنَ دِیْنَ الْحَقِّ مِنَ الَّذِیْنَ اُوْتُوا الْکِتٰبَ حَتّٰی یُعْطُوا الْجِزْیَةَ عَنْ یَّدٍ وَّ هُمْ صٰغِرُوْنَ. (التوبہ 9:29)

"اِن اہل کتاب سے جنگ کرو جو نہ اللہ پر ایمان رکھتے ہیں، نہ قیامت کے دن کو مانتے ہیں، نہ اللہ اور اُس کے رسول نے جو حرام ٹھیرایا ہے، اُسے حرام ٹھیراتے ہیں اور نہ دین حق کو اپنا دین بناتے ہیں، (اِن سے جنگ کرو)، یہاں تک کہ وہ مغلوب ہو کر جزیہ ادا کریں اور ماتحت بن کر زندگی بسر کریں۔"

عرب کے اہل کتاب نے جان بخشی کی اِس رعایت کے باوجود معاندانہ سرگرمیاں جاری رکھیں تو سیدنا عمر رضی اللہ عنہ نے اپنے زمانۂ خلافت میں نبی صلی اللہ علیہ وسلم کے اِس فرمان کو نافذ کر دیا:

”(اگر اہل کتاب خلاف اسلام سرگرمیوں میں اِسی طرح ملوث رہے تو) میں یہودیوں اور عیسائیوں کو جزیرۂ عرب سے نکال دوں گا، یہاں تک کہ اِس میں مسلمانوں کے سوا کسی کو باقی نہیں رہنے دوں گا۔“ (مشکوٰۃ، رقم 4053)

[دسمبر 2001ء]

اصلاح و دعوت

تعلق باللہ اور تعلق بالرسول

چند اہم تقاضے

بندے کا اپنے پروردگار کے ساتھ صحیح تعلق ہی سب سے اہم تعلق ہے۔ اِسی تعلق کا صحیح شعور انسان میں دوسرے تعلقات کی صحیح معرفت پیدا کرتا ہے، یعنی انسان کا اپنے خاندان اور معاشرے کے ساتھ مفید تعلق اُسی صورت میں استوار ہوتا ہے، جب اُس کا اللہ کے ساتھ تعلق صحیح بنیادوں پر قائم ہو۔ اللہ تعالیٰ سے تعلق کا حقیقی شعور ہمیں اللہ کے پیغمبر ہی کے ذریعے سے ملا ہے۔ لہٰذا اُن کے ساتھ تعلق کی نوعیت بھی ہمارے لیے بہت اہم ہے۔ قرآنِ مجید نے اللہ اور اُس کے رسول کے ساتھ تعلق کے تقاضوں کو جگہ جگہ واضح کیا ہے۔ ہم اِن میں سے چند اہم تقاضے یہاں بیان کرتے ہیں:

تعلق باللہ کے تقاضے

توحید

اللہ تعالیٰ کے ساتھ تعلق کا سب سے اہم تقاضا یہ ہے کہ اُس کے ساتھ کسی کو شریک نہ

ٹھہرایا جائے۔ معبودِ حقیقی اُسی کو مانا جائے، اُس کی ذات کے سوا کائنات کی ہر چیز کو فانی تصور کیا جائے، اُسی کی عبادت کی جائے اور اُسی سے مدد طلب کی جائے۔ ارشادِ باری تعالیٰ ہے:

وَ لَا تَكُوْنَنَّ مِنَ الْمُشْرِكِيْنَ . وَ لَا تَدْعُ مَعَ اللّٰهِ اِلٰهًا اٰخَرَ ۘ لَآ اِلٰهَ اِلَّا هُوَ ۟ كُلُّ شَیْءٍ هَالِكٌ اِلَّا وَجْهَهٗ ؕ لَهُ الْحُكْمُ وَ اِلَیْهِ تُرْجَعُوْنَ.
(القصص 28:88-87)

”اور ہرگز مشرکوں میں شامل نہ ہو۔ اور نہ اللہ کے ساتھ کسی دوسرے معبود کو پکارو۔ اُس کے سوا کوئی معبود نہیں ہے۔ اُس کی ذات کے سوا ہر چیز فانی ہے۔ فیصلہ اُسی کے اختیار میں ہے اور تم اُسی کی طرف لوٹائے جاؤ گے۔“

استعانت

اللہ تعالیٰ سے تعلق کا ایک تقاضا یہ ہے کہ ہر مشکل کے حل کے لیے اللہ ہی سے مدد طلب کی جائے، ہر کٹھن مرحلے میں اُسی کو پکارا جائے۔ جب آدمی خلوصِ نیت کے ساتھ اللہ تعالیٰ سے رجوع کرتا ہے تو وہ اُس کی جائز طلب ضرور پوری کرتا ہے۔ اہلِ ایمان کی پسندیدہ روش یہ ہے کہ وہ اپنی مشکلات میں اللہ تعالیٰ سے رجوع کرتے ہیں، اور وہ اُن کی مشکلات دور فرما دیتا ہے۔ ارشاد ہوتا ہے:

وَ اِذَا سَاَلَكَ عِبَادِیْ عَنِّیْ فَاِنِّیْ قَرِیْبٌ ؕ اُجِیْبُ دَعْوَةَ الدَّاعِ اِذَا دَعَانِ. (البقرہ 2:186)

”اور جب میرے بندے تم سے میرے متعلق سوال کریں، تو میں قریب ہوں۔ میں پکارنے والے کی پکار کا جواب دیتا ہوں، جب وہ مجھے پکارتا ہے۔“

انسان کچھ چیزوں کے بارے میں آرزومند ہوتا ہے اور اُنھیں حاصل کرنا چاہتا ہے اور

دوسری کچھ چیزوں کے بارے میں اندیشہ ناک ہوتا ہے اور اُن سے بچنا چاہتا ہے، یعنی عام طور پر امید و بیم کی کیفیات انسان پر طاری رہتی ہیں۔ اِن دونوں کیفیتوں میں انسان سے مطلوب یہی ہے کہ وہ اللہ تعالیٰ ہی کو پکارے۔ قرآن کا فرمان ہے:

وَ ادْعُوْهُ خَوْفًا وَّ طَمَعًا ؕ اِنَّ رَحْمَتَ اللّٰهِ قَرِيْبٌ مِّنَ الْمُحْسِنِيْنَ.
(الاعراف 56:7)

”اسی کو پکارو، بیم و رجا، دونوں حالتوں میں۔ یہی خوبی کا راستہ ہے، تم اِسی پر چلو، اِس لیے کہ اللہ کی رحمت اُن لوگوں سے قریب ہے جو خوبی اختیار کرنے والے ہیں۔“

محبت

اللہ تعالیٰ کے ساتھ تعلق کا ایک تقاضا یہ بھی ہے کہ سب سے بڑھ کر اُسی سے محبت کی جائے۔ اللہ ہی ہے جو ہمارا خالق ہے، ہمارا مالک ہے۔ اِس کائنات کا سارا انتظام اُسی کے ہاتھ میں ہے۔ اِس کائنات کا ذرہ ذرہ اُسی کی رحمت کا شاہد ہے۔ ہم اپنے وجود کو دیکھیں یا اِس کائنات پر نظر ڈالیں، دونوں طرف اللہ تعالیٰ کی عظیم الشان رحمتوں کا ظہور ہے۔ چنانچہ یہ ہماری فطرت کی آواز ہے کہ اُس سے بڑھ کر ہماری محبت کا حق دار اور کوئی نہیں ہے اور دنیا کی کسی چیز سے بھی اگر محبت ہوگی تو وہ محبتِ الٰہی کے تابع ہی ہوگی۔ اللہ تعالیٰ سے محبت کا یہ تقاضا ہے کہ کسی دوسرے کو اُس کا ہم سر نہ ٹھہرایا جائے۔ ارشادِ خداوندی ہے:

وَ مِنَ النَّاسِ مَنْ يَّتَّخِذُ مِنْ دُوْنِ اللّٰهِ اَنْدَادًا يُّحِبُّوْنَهُمْ كَحُبِّ اللّٰهِ ؕ وَ الَّذِيْنَ اٰمَنُوْٓا اَشَدُّ حُبًّا لِّلّٰهِ.
(البقرہ 165:2)

”اور لوگوں میں ایسے لوگ بھی ہیں جو خدا کے ہم سر ٹھہراتے ہیں، جن سے وہ اُس طرح محبت کرتے ہیں، جس طرح خدا سے محبت کرنی چاہیے، لیکن جو خدا پر ایمان رکھتے ہیں، وہ سب سے

زیادہ خدا سے محبت رکھنے والے ہیں۔"

وفاداری

اللہ تعالیٰ سے تعلق کا ایک تقاضا یہ بھی ہے کہ اللہ تعالیٰ سے وفاداری نبھائی جائے۔ خدا کے ساتھ وفاداری کو محض بلند بانگ دعوے کرنے اور چند خاص رسموں کو ادا کر دینے سے حاصل نہیں کیا جاسکتا، بلکہ اُس کے لیے قربانی کی ضرورت ہوتی ہے۔ اللہ تعالیٰ سے وفاداری نبھانے کا طریقہ خود اللہ تعالیٰ نے ارشاد فرمایا ہے اور وہ یہ ہے کہ اپنی محبوب چیزوں میں سے اللہ کی راہ میں خرچ کیا جائے۔ ارشاد ہوتا ہے:

لَنْ تَنَالُوا الْبِرَّ حَتّٰى تُنْفِقُوْا مِمَّا تُحِبُّوْنَ. (آل عمران 92:3)

"تم خدا کی وفاداری کا درجہ ہرگز نہیں حاصل کر سکتے، جب تک اُن چیزوں میں سے نہ خرچ کرو جن کو تم محبوب رکھتے ہو۔"

اِس وفاداری کی مزید وضاحت اِس آیت قرآنی سے ہوتی ہے:

لَيْسَ الْبِرَّ اَنْ تُوَلُّوْا وُجُوْهَكُمْ قِبَلَ الْمَشْرِقِ وَ الْمَغْرِبِ وَ لٰكِنَّ الْبِرَّ مَنْ اٰمَنَ بِاللّٰهِ وَ الْيَوْمِ الْاٰخِرِ وَ الْمَلٰٓئِكَةِ وَ الْكِتٰبِ وَ النَّبِيّٖنَ ۚ وَ اٰتَى الْمَالَ عَلٰى حُبِّهٖ ذَوِي الْقُرْبٰى وَ الْيَتٰمٰى وَ الْمَسٰكِيْنَ وَ ابْنَ السَّبِيْلِ ۙ وَ السَّآئِلِيْنَ وَ فِي الرِّقَابِ ۚ وَ اَقَامَ الصَّلٰوةَ وَ اٰتَى الزَّكٰوةَ ۚ وَ الْمُوْفُوْنَ بِعَهْدِهِمْ اِذَا عٰهَدُوْا ۚ وَ الصّٰبِرِيْنَ فِي

"خدا کی وفاداری کا حق اِس سے ادا نہیں ہوجاتا کہ اپنا رخ مشرق اور مغرب کی طرف کرو، بلکہ اصل وفاداری تو اُن کی ہے جو اللہ پر، یوم آخرت پر، فرشتوں پر، کتابوں پر اور نبیوں پر ایمان رکھتے ہیں اور اپنے مال اُس کے محبوب ہونے کے باوجود دیتے ہیں قرابت مندوں کو، یتیموں کو، مسکینوں کو، مسافروں کو، سائلوں کو۔ نیز اُس کو خرچ کرتے ہیں

الْبَاْسَآءِ وَ الضَّرَّآءِ وَ حِيْنَ الْبَاْسِ ؕ اُولٰٓئِكَ الَّذِيْنَ صَدَقُوْا ؕ وَ اُولٰٓئِكَ هُمُ الْمُتَّقُوْنَ. (البقرہ 2:177)

گردنوں کو آزاد کرانے میں، اور نماز کا اہتمام کرتے ہیں، زکوٰۃ دیتے ہیں، اور جب عہد کر بیٹھیں تو اپنا عہد پورا کرنے والے ہیں، اور خاص کر وہ لوگ جو بھوک اور بیماری میں اور جنگ کے وقت ثابت قدم رہنے والے ہوں۔ یہی لوگ سچے ہیں اور یہی لوگ متقی ہیں۔"

خشیت

اللہ تعالیٰ سے تعلق کا ایک تقاضا یہ ہے کہ ہر وقت اللہ تعالیٰ سے ڈرا جائے اور اِس بات کو کبھی فراموش نہ کیا جائے کہ یہ دنیا کوئی کھیل تماشا نہیں ہے۔ یہ اللہ تعالیٰ کا ایک حکیمانہ منصوبہ ہے جس کے تحت اِس دنیا کو ایک دن ختم ہونا ہے اور اِس خاتمے پر لازماً جزا و سزا کا مرحلہ آئے گا۔ اِس مرحلے کے لیے ہر شخص کو ہمہ وقت تیار رہنا چاہیے اور اِس حقیقت سے باخبر رہنا چاہیے کہ اللہ تعالیٰ لوگوں کے اعمال سے بے خبر نہیں ہے۔ وہ ہر فرد کے ایک ایک قول و فعل سے واقف ہے۔ چنانچہ اخروی نجات کے لیے ضروری ہے کہ اللہ تعالیٰ کا خوف ہر وقت دل میں جاگزیں رہے تاکہ اُس کے احکام کی خلاف ورزی نہ ہونے پائے۔ قرآن کہتا ہے:

يٰٓاَيُّهَا الَّذِيْنَ اٰمَنُوا اتَّقُوا اللّٰهَ وَ لْتَنْظُرْ نَفْسٌ مَّا قَدَّمَتْ لِغَدٍ وَ اتَّقُوا اللّٰهَ اِنَّ اللّٰهَ خَبِيْرٌ بِمَا تَعْمَلُوْنَ. (الحشر 59:18)

"ایمان کا دعویٰ رکھنے والو، اللہ سے ڈرو اور (تم میں سے) ہر شخص دیکھے کہ اُس نے کل کے لیے کیا سامان کیا ہے۔ (اِسے دیکھو) اور اللہ سے ڈرتے رہو۔ اللہ یقیناً جانتا ہے جو کچھ تم کرتے ہو۔"

عجز

اللہ تعالیٰ کے ساتھ تعلق کا ایک تقاضا یہ بھی ہے کہ اُس کے سامنے عاجزی اور انکساری کا اظہار کیا جائے۔ یہ اظہار اللہ تعالیٰ کے سامنے رکوع و سجود کے ذریعے سے بھی کیا جائے اور اپنی زبان پر اللہ کی حمد و ثنا کے کلمات جاری کر کے بھی کیا جائے۔ ارشاد باری ہے:

اُدْعُوْا رَبَّكُمْ تَضَرُّعًا وَّ خُفْيَةً. (الاعراف 55:7)	"اپنے رب کو پکارو، گڑ گڑاتے ہوئے اور چپکے چپکے۔"

تعلق بالرسول کے تقاضے

اطاعت

رسول کے ساتھ تعلق کا سب سے اولین تقاضا یہ ہے کہ اُس کی اطاعت کی جائے۔ قرآنِ مجید میں جگہ جگہ اِس تقاضے کی طرف اشارہ کیا گیا ہے۔ ارشاد ہوتا ہے:

وَ اَطِيْعُوا الرَّسُوْلَ لَعَلَّكُمْ تُرْحَمُوْنَ. (النور 56:24)	"اور رسول کی اطاعت کرو تا کہ تم پر رحمت کی جائے۔"
وَ مَنْ يُّطِعِ اللّٰهَ وَ رَسُوْلَهٗ وَ يَخْشَ اللّٰهَ وَيَتَّقْهِ فَاُولٰٓئِكَ هُمُ الْفَآئِزُوْنَ. (النور 52:24)	"اور جو اللہ اور اُس کے رسول کی اطاعت کریں گے اور جو اُس سے ڈریں گے اور اُس کے حدود کی پاس داری کریں گے، تو وہی ہیں جو مراد کو پہنچیں گے۔"

حقیقتِ واقعہ یہ ہے کہ رسول اللہ صلی اللہ علیہ وسلم کی ذاتِ والاصفات کو دین میں بنیادی

اہمیت حاصل ہے۔ قرآن ہمیں آپ کے ذریعے سے ملا ہے، سنت آپ کے طریقے کا نام ہے۔ حدیث آپ کے اقوال کا مجموعہ ہے۔ گویا، دین کے یہ تینوں بنیادی منابع رسول اللہ کی ذات میں اِس طرح مرتکز ہو جاتے ہیں کہ آپ کو دین کا اصل ماخذ مانے بغیر کوئی چارہ ہی نہیں رہتا۔ رسول اللہ کی اِس حیثیت میں اطاعت ہی مسلمان سے مطلوب ہے۔ اللہ تعالیٰ کا فرمان ہے:

يٰٓاَيُّهَا الَّذِيْنَ اٰمَنُوْٓا اَطِيْعُوا اللّٰهَ وَ اَطِيْعُوا الرَّسُوْلَ وَ لَا تُبْطِلُوْٓا اَعْمَالَكُمْ. (محمد 47:33)

”ایمان والو، (ہر چیز سے بے پروا ہو کر) اللہ کے حکم پر چلو اور رسول کے حکم پر چلو اور (اللہ اور رسول سے بے وفائی کر کے) اپنے اعمال کو ضائع نہ کرو۔“

نمونۂ عمل

رسول اللہ سے تعلق کا ایک تقاضا یہ ہے کہ آپ کی اخلاقی شخصیت کو اپنے لیے نمونہ اور اسوہ تصور کیا جائے اور اپنی زندگی کو اُس کے مطابق ڈھالنے کی سعی کی جائے۔ بڑوں سے آپ کا حسن سلوک، چھوٹوں سے آپ کا اظہار شفقت، ازواج سے آپ کا رویہ، ایک معلم دین کی حیثیت سے آپ کا کردار، بہ طورِ حکمران آپ کا طرزِ عمل، بہ حیثیتِ فاتح آپ کا حسن سلوک، غرض یہ کہ ہر معاملۂ زندگی میں آپ کا اسوہ ہمارے لیے مشعل راہ ہونا چاہیے۔ قرآن کا ارشاد ہے:

لَقَدْ كَانَ لَكُمْ فِيْ رَسُوْلِ اللّٰهِ اُسْوَةٌ حَسَنَةٌ. (الاحزاب 33:21)

”رسول اللہ کی ذات میں تمھارے لیے (اخلاق کا) بہترین نمونہ ہے۔“

نصرت اور تعظیم

رسول سے تعلق کا ایک تقاضا یہ بھی ہے کہ رسول کی نصرت کی جائے اور اُس کی تعظیم و توقیر کی جائے۔ تاریخ گواہ ہے کہ حضور صلی اللہ علیہ وسلم کی حیاتِ مبارکہ میں صحابۂ کرام رضی اللہ عنہم نے رسول اللہ کی نصرت اور اُن کی تعظیم وتوقیر کا حق ادا کر دیا۔ دعوتِ دین کی جدوجہد میں وہ آپ کے دست و بازو بن گئے اور دین کے ہر معاملہ میں اپنے سر تسلیم خم کر دیے۔ آج رسول اللہ کی نصرت اِس طرح کی جاسکتی ہے کہ اُن کے دین کو دنیا کے کونے کونے تک پہنچانے کے لیے جدوجہد کی جائے، اُن کے احکام کے آگے اپنے سر جھکا دیے جائیں۔

ارشادِ خداوندی ہے:

اِنَّآ اَرۡسَلۡنٰكَ شَاهِدًا وَّ مُبَشِّرًا وَّ نَذِيۡرًا . لِّتُؤۡمِنُوۡا بِاللّٰهِ وَ رَسُوۡلِهٖ وَ تُعَزِّرُوۡهُ وَ تُوَقِّرُوۡهُ. (الفتح 48:9-8)

”ہم نے، (اے پیغمبر)، تم کو گواہی دینے والا، خوش خبری پہنچانے والا اور خبر دار کرنے والا بنا کر بھیجا ہے۔ تا کہ (لوگو)، تم اللہ اور اُس کے رسول پر سچا ایمان لاؤ، رسول کا ساتھ دو، اُس کی تعظیم وتوقیر کرو۔“

محبت

رسول سے تعلق کا ایک اہم تقاضا یہ بھی ہے کہ رسول اللہ کے ساتھ دنیا کی ہر چیز سے زیادہ محبت کی جائے اور رسول اور اُس کے دین کی خاطر والدین، اولاد، بہن بھائیوں، عزیز و اقارب، اپنے مال واسباب، حتیٰ کہ اپنی جان کی قربانی سے بھی گریز نہ کیا جائے۔ رسول اللہ کے ساتھ محبت کے اِس تعلق کو اپنے دل میں جاگزیں کرنا اور اپنے زبان و عمل سے اِس تعلق

کا اظہار کرنا کامل ایمان کا ناگزیر تقاضا ہے۔ حضرت انس رضی اللہ عنہ روایت کرتے ہیں کہ رسول اللہ صلی اللہ علیہ وسلم نے فرمایا:

”کوئی شخص اُس وقت تک مومن نہیں ہو سکتا جب تک میرے لیے اُس کی محبت، اپنے مال اسباب، اہل خانہ اور سب لوگوں سے بڑھ کر نہ ہو۔“ (مسلم، رقم 62)

ختم نبوت پر ایمان

اِس محبت کا اظہار، ظاہر بات ہے کہ رسول اللہ کی اطاعت کرنے، آپ کے اسوہ کو اپنانے، آپ کی سنت کو اختیار کرنے اور آپ کے دین کو انفرادی و اجتماعی زندگی میں جاری و ساری کرنے ہی سے ہو گا۔

رسول اللہ کے ساتھ تعلق کا ایک اہم تقاضا یہ بھی ہے کہ آپ کو اللہ تعالیٰ کا آخری نبی اور رسول مانا جائے، یعنی یہ تسلیم کر لیا جائے کہ وحی و الہام کا سلسلہ حضرت محمد صلی اللہ علیہ وسلم پر ختم ہو چکا ہے۔ اب اگر کوئی شخص سلسلۂ وحی و الہام کے دوبارہ شروع ہونے کا دعویٰ کرتا ہے تو اُس کی حیثیت ایک جھوٹے مدعی سے زیادہ ہرگز نہیں ہے۔ لہٰذا اُس کی بات پر کان دھرنا بھی دین اور ایمان کے منافی ہے۔ قرآنِ مجید کا ارشاد ہے:

مَا كَانَ مُحَمَّدٌ اَبَآ اَحَدٍ مِّنْ رِّجَالِكُمْ وَلٰكِنْ رَّسُوْلَ اللّٰهِ وَخَاتَمَ النَّبِيّٖنَ ۭ وَكَانَ اللّٰهُ بِكُلِّ شَيْءٍ عَلِيْمًا.
(الاحزاب 33:40)

”محمد تمھارے مردوں میں سے کسی کے باپ نہیں ہیں، بلکہ اللہ کے رسول اور خاتم النبیین ہیں۔ (اِس لیے یہ ذمہ داری اُنھی کو پوری کرنی تھی)، اور اللہ ہر چیز سے باخبر ہے۔“

[جون 1994ء]

قرآنِ مجید سے ہمارا تعلق

قرآنِ مجید وہ واحد ذریعہ ہے، جو ہمیں اللہ تعالیٰ کی براہِ راست رہنمائی سے فیض یاب کرتا ہے۔ ہمارا مقصدِ وجود کیا ہے، ہمارا انجام کیا ہے، اللہ تعالیٰ سے ہمارا تعلق کیا ہے، کن اصول و قوانین کو اپنا کر ہم دنیوی فلاح اور اخروی نجات سے بہرہ مند ہوسکتے ہیں؟ یہ اور اِس نوع کے بے شمار سوالات و اشکالات میں رہنمائی کا منبع صرف اور صرف قرآنِ مجید ہے۔ قرآنِ مجید کی بے پناہ اہمیت اِس بات کی متقاضی ہے کہ اِس کے ساتھ ہمارا رویہ ایک طالبِ حق کا ہونا چاہیے۔ اِس معاملے میں خود قرآنِ مجید سے جو رہنمائی ملتی ہے، اُس کے چند پہلو یہ ہیں:

احکام کی تعمیل

ایک اہم ترین پہلو یہ ہے کہ اِس کی آیات سے اعراض کی روش نہ اپنائی جائے، بلکہ اِن کے ساتھ تسلیم و رضا کا رویہ اختیار کیا جائے۔ انسان کا اپنے جذبات و احساسات، اپنی خواہشات و تعصبات اور دنیاوی ترغیبات اور نفس کے میلانات سے مغلوب ہو جانا معمول کی بات ہے، لیکن مطلوب رویہ یہ ہے کہ جیسے ہی قرآن کی یاد دہانی اُس کے سامنے آئے یا اللہ تعالیٰ کے احکامات کی طرف اُس کی توجہ ہو تو سب کچھ چھوڑ کر اُنھی کی طرف رجوع کیا جائے اور اُن

کے سامنے سر تسلیم خم کر دیا جائے۔ اگر کوئی شخص یہ رویہ اختیار نہیں کرتا تو اُسے آخرت کی زندگی میں عذاب بھگتنے کے لیے تیار رہنا چاہیے۔ اللہ تعالیٰ فرماتے ہیں:

وَ مَنْ اَعْرَضَ عَنْ ذِكْرِيْ فَاِنَّ لَهٗ مَعِيْشَةً ضَنْكًا وَّ نَحْشُرُهٗ يَوْمَ الْقِيٰمَةِ اَعْمٰى. قَالَ رَبِّ لِمَ حَشَرْتَنِيْٓ اَعْمٰى وَقَدْ كُنْتُ بَصِيْرًا. قَالَ كَذٰلِكَ اَتَتْكَ اٰيٰتُنَا فَنَسِيْتَهَا ۚ وَكَذٰلِكَ الْيَوْمَ تُنْسٰى. (طٰہٰ 20:124-126)

”اور جو میری یاد دہانی سے منہ موڑے گا تو اُس کے لیے تنگی کی زندگی ہے اور قیامت کے دن ہم اُس کو اندھا اٹھائیں گے۔ وہ کہے گا: پروردگار، تو نے مجھے اندھا کیوں اٹھایا ہے، میں تو آنکھوں والا تھا۔ ارشاد ہو گا: ہماری آیتیں تمھارے پاس آئی تھیں تو تم نے اِسی طرح اُنھیں نظر انداز کر دیا تھا۔ آج تمھیں بھی اُسی طرح نظر انداز کر دیا جائے گا۔“

اجماع اور اتفاق

ایک پہلو یہ بھی ہے کہ اپنے ایمان و عقیدے کی بنیاد اِسی پر رکھی جائے اور اِس کے ساتھ مضبوطی اور استقلال سے وابستگی اختیار کی جائے۔ یہی وہ مرکزی نقطہ ہے جو امت کو منتشر ہونے سے محفوظ رکھ سکتا ہے۔ قرآنِ مجید میں اللہ تعالیٰ نے اِس کتاب کو ’اللہ کی رسی‘ سے تعبیر کیا ہے اور مسلمانوں کو یہ ہدایت کی ہے کہ وہ سب مل کر اِس رسی کو مضبوطی سے تھام لیں۔ ارشاد ہوتا ہے:

وَ اعْتَصِمُوْا بِحَبْلِ اللّٰهِ جَمِيْعًا وَّ لَا تَفَرَّقُوْا. (آل عمران 3:103)

”اور اللہ کی رسی کو سب مل کر مضبوطی سے پکڑو اور تفرقہ میں نہ پڑو۔“

واجب الاطاعت فرمان

ایک پہلو یہ ہے کہ اِسے اللہ تعالیٰ کے حکم کی حیثیت سے تسلیم کیا جائے، یعنی اِسے کوئی درخواست یا التجا نہ سمجھا جائے، بلکہ واجب الاطاعت فرمان مانا جائے اور ہر وقت اِس بات کو مدِ نظر رکھا جائے کہ اگر اِس کے احکامات کے بجائے بدعتوں کی پیروی کی گئی تو پھر آخرت کے عذاب سے بچانے والا کوئی نہیں ہو گا۔ اللہ تعالیٰ کا ارشاد ہے:

وَ كَذٰلِكَ اَنْزَلْنٰهُ حُكْمًا عَرَبِيًّا ؕ وَ لَئِنِ اتَّبَعْتَ اَهْوَآءَهُمْ بَعْدَ مَا جَآءَكَ مِنَ الْعِلْمِ ۙ مَا لَكَ مِنَ اللّٰهِ مِنْ وَّلِيٍّ وَّلَا وَاقٍ. (الرعد 13:37)

”ہم نے یہ کتاب اِسی لیے ایک فرمان کی حیثیت سے عربی میں اتاری ہے۔ اب اگر تم اُس علم کے بعد جو تمھارے پاس آ چکا ہے، اُن کی خواہشوں کی پیروی کرو گے تو اللہ کے مقابل میں نہ تمھارا کوئی مددگار ہو گا نہ بچانے والا۔“

میزان اور فرقان

ایک اور اہم پہلو یہ ہے کہ اِسے میزان اور فرقان مانا جائے، یعنی کوئی عقیدہ اپنانے سے پہلے، کوئی نظریہ قبول کرنے سے پہلے، کوئی عمل اختیار کرنے سے پہلے اور ہر طرح کے ذہنی و فکری اور انفرادی و اجتماعی معاملات انجام دینے سے پہلے اُنھیں قرآن کی میزان میں تول لیا جائے اور اِس کسوٹی پر پرکھ لیا جائے۔ جو چیز اِس پر پوری اترے، اُسے قبول کر لیا جائے اور جو چیز پوری نہ اترے، اُسے رد کر دیا جائے۔ قرآنِ مجید میں خود اللہ تعالیٰ نے اِس کتاب کو 'میزان' اور 'فرقان' سے تعبیر کیا ہے:

اَللّٰهُ الَّذِيْٓ اَنْزَلَ الْكِتٰبَ بِالْحَقِّ وَ

”اللہ ہی ہے جس نے اپنی یہ کتاب

الْمِيْزَانَ. (الشوریٰ 17:42)

قول فیصل کے ساتھ اتاری ہے اور (اِس طرح حق و باطل کو الگ الگ کرنے کے لیے) اپنی میزان نازل کر دی ہے۔"

تَبٰرَكَ الَّذِىْ نَزَّلَ الْفُرْقَانَ عَلٰى عَبْدِهٖ لِيَكُوْنَ لِلْعٰلَمِيْنَ نَذِيْرًا. (الفرقان 1:25)

"بہت بزرگ، بہت فیض رساں ہے وہ ذات جس نے اپنے بندے پر یہ فرقان اتارا ہے، اِس لیے کہ وہ اہل عالم کے لیے خبر دار کرنے والا ہو۔"

غیرت و حمیت

ایک مزید پہلو یہ ہے کہ کتاب اللہ کا مذاق اڑانے والوں اور اُس کی آیات پر نکتہ چینی کرنے والوں سے کنارہ کشی اختیار کی جائے۔ ارشاد ہوتا ہے:

وَقَدْ نَزَّلَ عَلَيْكُمْ فِى الْكِتٰبِ اَنْ اِذَا سَمِعْتُمْ اٰيٰتِ اللّٰهِ يُكْفَرُ بِهَا وَ يُسْتَهْزَاُ بِهَا فَلَا تَقْعُدُوْا مَعَهُمْ حَتّٰى يَخُوْضُوْا فِىْ حَدِيْثٍ غَيْرِهٖٓ اِنَّكُمْ اِذًا مِّثْلُهُمْ ؕ اِنَّ اللّٰهَ جَامِعُ الْمُنٰفِقِيْنَ وَ الْكٰفِرِيْنَ فِىْ جَهَنَّمَ جَمِيْعَا. (النساء 140:4)

"وہ اِسی کتاب میں تم پر یہ ہدایت نازل کر چکا ہے کہ جہاں تم سنو کہ آیات الٰہی کا انکار کیا جا رہا ہے اور اُن کا مذاق اڑایا جا رہا ہے، وہاں اُن (مذاق اڑانے والوں) کے ساتھ نہ بیٹھو، جب تک وہ کسی دوسری بات میں نہ لگ جائیں، ورنہ تم بھی اُنھی کی طرح ہو جاؤ گے۔ اللہ کا فیصلہ ہے کہ وہ اِس طرح کے سب منافقوں اور منکروں کو جہنم میں ایک ہی جگہ جمع کر دے گا۔"

یہ اعراض، اُس غیرت و حمیت کا لازمی تقاضا ہے، جو سچے اہل ایمان کے اندر لازماً، موجود

ہوتی ہے۔ جہاں ایک طرف دعوت کی حکمت اِس بات کا تقاضا کرتی ہے کہ کتاب اللہ کا مذاق اڑانے والوں سے لڑنے جھگڑنے سے احتراز کیا جائے، وہاں دوسری طرف دین کے لیے غیرت و حمیت اِس امر کی متقاضی ہوتی ہے کہ آیاتِ قرآنی کے بارے میں تمسخرانہ گفتگو سننا گوارا نہ کی جائے۔ چنانچہ اِس معاملے میں صحیح رویہ یہی ہے کہ اُن محفلوں ہی میں جانے سے گریز کیا جائے، جہاں آیاتِ قرآنی کی تضحیک کی جاتی ہو۔

مطالعہ

ایک اہم پہلو یہ بھی ہے کہ اِس کے مطالعہ کو روزمرہ کا معمول بنایا جائے۔ ارشادِ خداوندی ہے:

اَلَّذِیۡنَ اٰتَیۡنٰہُمُ الۡکِتٰبَ یَتۡلُوۡنَہٗ حَقَّ تِلَاوَتِہٖ ؕ اُولٰٓئِکَ یُؤۡمِنُوۡنَ بِہٖ ؕ وَ مَنۡ یَّکۡفُرۡ بِہٖ فَاُولٰٓئِکَ ہُمُ الۡخٰسِرُوۡنَ. (البقرہ 2:121)

”وہ لوگ جنھیں ہم نے کتاب عطا فرمائی اور اُن کا معاملہ یہ رہا کہ وہ اُس کی تلاوت کا حق ادا کرتے رہے، وہی اِس (ہدایت) پر ایمان لائیں گے اور جو اِس کے منکر ہوں گے تو وہی اصل میں نقصان اٹھانے والے ہیں۔“

اِنَّ الَّذِیۡنَ یَتۡلُوۡنَ کِتٰبَ اللّٰہِ وَ اَقَامُوا الصَّلٰوۃَ وَ اَنۡفَقُوۡا مِمَّا رَزَقۡنٰہُمۡ سِرًّا وَّ عَلَانِیَۃً یَّرۡجُوۡنَ تِجَارَۃً لَّنۡ تَبُوۡرَ. (فاطر 35:29)

”بے شک، جو لوگ اللہ کی کتاب کا مطالعہ کرتے، نماز کا اہتمام کرتے اور جو کچھ ہم نے اُن کو رزق دیا ہے، اُس میں سے پوشیدہ اور علانیہ خرچ کرتے ہیں، وہ ایک ایسی تجارت کے امیدوار ہیں جس میں کبھی خسارہ نہ ہو گا۔“

قرآن کی یہ تلاوت اپنے فہم وفکر کے دروازے بند کرکے محض برکت حاصل کرنے کے لیے نہیں، بلکہ اُس کی آیات کو سمجھنے اور دین سیکھنے کے لیے کی جائے۔ یہ بہت بڑا المیہ ہے کہ فلاحِ انسانی کے لیے جس کتاب کو سمجھنے کی سب سے زیادہ ضرورت ہے، اُسے بے سوچے سمجھے اور اپنے قلب وذہن کے دروازے بند کرکے پڑھا جاتا ہے۔ لٰہذا یہ وقت کی اہم ترین ضرورت ہے کہ قرآنِ مجید سمجھ کر پڑھنے کو اپنے شب وروز کا معمول بنایا جائے۔

[مئی 1994ء]

قرآنِ مجید کے بارے میں چند حقائق

انسانوں کی فلاح، بلاشبہ قرآنِ مجید پر ایمان اور اُس کی تعلیمات پر عمل ہی سے ممکن ہے، لیکن اِس حقیقت سے ناآشنا بعض لوگ اپنے کسی تعصب میں مبتلا ہو کر یا محض جدت پسندی کی رو میں قرآنِ مجید کو اتنی اہمیت دینے کے لیے بھی تیار نہیں ہوتے، جتنی اہمیت وہ کسی عام کتاب کو دیتے ہیں۔ جب اُنھیں اِس کتاب کے مطالعے کے لیے کہا جاتا ہے تو وہ کہتے ہیں کہ یہ کتاب چودہ سو سال پہلے کے لوگوں کے لیے، ممکن ہے مفید ہو، لیکن تہذیب و تمدن کے ارتقا نے جو حالات اور مسائل پیدا کیے ہیں، اُن کا حل تو بہر حال نئے علوم و فنون اور جدید فلسفہ و فکر میں پنہاں ہے۔ چنانچہ اُن کے نزدیک قرآن کی فکرِ قدیم کو پڑھنا محض وقت کا زیاں ہے۔

اُن لوگوں کے اِس نقطۂ نظر سے تو ہم بحث نہیں کرتے، البتہ اتنا ضرور کہتے ہیں کہ اِس کتاب کے بارے میں بعض ایسے مشہود حقائق ہیں، جن سے صرفِ نظر کسی عاقل اور سلیم الفطرت شخص کے لیے ممکن نہیں۔

کلام الٰہی

ایک حقیقت یہ ہے کہ دنیا کی کم و بیش ایک چوتھائی آبادی اِس کتاب کے متعلق یہ دعویٰ

کرتی ہے کہ یہ اللہ کا کلام ہے، جو اللہ کے آخری نبی محمد صلی اللہ علیہ وسلم پر نازل ہوا۔ اللہ تعالیٰ ہی کے حکم سے اور اُسی کی بتائی ہوئی ترتیب کے مطابق اِس کلام کو کتاب کی شکل میں منظم کیا گیا۔ یہ عظیم اکثریت دعویٰ کرتی ہے کہ گذشتہ چودہ صدیوں سے یہ کتاب اِس دنیا میں موجود ہے۔ اِس پورے عرصے میں اِس کے الفاظ میں، اِس کے جملوں میں، اِس کے مضامین میں اور اِس کی ترتیب میں کوئی معمولی تغیر بھی واقع نہیں ہوا۔

مقبولیت

قرآن مجید کے بارے میں دوسری حقیقت یہ ہے کہ یہ دنیا میں سب سے زیادہ پڑھی جانے والی کتاب ہے۔ لاکھوں لوگوں کے حافظوں میں اِس کا ایک ایک لفظ محفوظ ہے۔ مسلمانوں کا کوئی گھر ایسا نہیں ہو گا، جس میں یہ کتاب موجود نہ ہو۔ اِس کے علاوہ دنیا کی تمام اہم زبانوں میں اِس کے تراجم ہو چکے ہیں۔ کروڑوں مسلمان جن کی قومیں مختلف ہیں، جن کی نسلیں جدا ہیں، جن کے خطے الگ الگ ہیں، جن کی زبانیں ایک نہیں، وہ سب یکساں طور پر قرآنِ مجید پر اللہ کی کتاب کی حیثیت سے ایمان رکھتے ہیں۔ یہ مقام دنیا میں کسی دوسری کتاب کو حاصل نہیں۔

انقلاب آفرین

اِس کے بارے میں تیسری حقیقت یہ ہے کہ یہ کتاب خطۂ عرب میں ایک ایسا انقلاب برپا کر چکی ہے، جس کی نظیر معلوم تاریخ میں کہیں بھی موجود نہیں ہے۔ ہر شخص مانتا ہے کہ اِس کتاب نے عربوں کو اِس طرح تبدیل کر دیا کہ وہ جو رہزن تھے، رہنما ہو گئے، جنگ و فساد جن

کا روز مرہ تھا، وہ امن و صلح کے علم بردار بن گئے۔ وہ لوگ جو مٹی اور پتھر کے بتوں کی عبادت کرنے والے تھے، بت شکن کہلائے۔ اخلاقی قباحتوں میں مبتلا لوگ نمونۂ اخلاق قرار پائے۔ یہی وہ ذہنی و فکری انقلاب تھا، جس نے عربوں کو صدیوں تک دنیا کی امامت کے منصب پر فائز رکھا۔

انسانی فلاح کا ذریعہ

اِس کتاب کے بارے میں چوتھی حقیقت یہ ہے کہ اِس کتاب کے ماننے والے یہ دعویٰ کرتے ہیں کہ یہ کتاب انسان کی انفرادی اور اجتماعی زندگی میں فلاح کا اصل ذریعہ ہے۔ وہ کہتے ہیں کہ فرد کی روحانی ومادی ضروریات، خاندان کے ساتھ اُس کے تعلقات، اور سیاست، معیشت اور معاشرت کے حوالے سے انسانوں کی اجتماعی احتیاجات کا احاطہ جس طرح قرآن مجید کرتا ہے، انسانی عقل اُس کے سامنے عجز ہی کے اعتراف پر مجبور ہے۔

قرآنِ مجید کے بارے میں یہ وہ نمایاں حقائق ہیں، جن کا انکار کوئی شخص بھی نہیں کر سکتا۔ کیا یہ حقائق اِس بات کے لیے کافی نہیں کہ ایک بار غیر جانب دار ہو کر پورے شعور کے ساتھ اِس کتاب کا مطالعہ کیا جائے؟

[جولائی 1994ء]

گالی کا جواب: گالی، شکایت یا خاموشی؟

گالی کے پیرائے میں حق بات بھی تکلیف کا باعث ہوتی ہے۔ بے علم کو جاہل کہا جائے تو اُسے برا لگتا ہے۔ نشہ کرنے والا اور چوری کرنے والا نشئی یا چور کہلانا پسند نہیں کرتا۔ پھر گالی اگر جھوٹ پر مبنی ہو اور اُس میں تضحیک و تذلیل بھی شامل ہو جائے تو حد درجہ اذیت دیتی ہے۔ یہی وجہ ہے کہ دین و اخلاق میں اِسے ایک مسلمہ برائی سمجھا جاتا ہے۔ چنانچہ مذاہب اور معاشرے اِسے رذائل اخلاق میں شامل کرتے اور اِس سے اجتناب کی تلقین کرتے ہیں۔

اصل مسئلہ گالی کے جواب کا ہے۔ اگر کوئی شخص دشنام تراشتا، بہتان لگاتا اور تمسخر اڑاتا ہے تو اُس کے بارے میں کیا رویہ اختیار کرنا چاہیے؟

اِس ضمن میں تین طرح کے رویے اختیار کیے جاتے ہیں:

اول، ردِ عمل کا مظاہرہ کرتے ہوئے جواب میں بھی گالی دی جائے۔

اِس کا مطلب یہ ہے کہ ہم معاملے کو اپنی ذات کی عدالت میں لے آئے ہیں۔

اِس کے نتیجے میں فساد پیدا ہوتا ہے۔

دوم، مدافعت کرتے ہوئے زیادتی کی شکایت پیش کی جائے۔

اِس کا مطلب ہے کہ ہم معاملے کو لوگوں کی عدالت میں لے گئے ہیں۔

اِس کے نتیجے میں ہمیں دی گئی گالی زبان زدِ عام ہو جاتی ہے۔

سوم، برداشت کرتے ہوئے خاموش رہا جائے اور نتیجہ اللہ پر چھوڑ دیا جائے۔

اِس کا مطلب ہے کہ ہم معاملے کو اللہ کی عدالت میں لے گئے ہیں۔

اِس کے نتیجے میں زیادتی کرنے والا شرمندہ ہو کر معافی کا طلب گار بن جاتا ہے یا بہ صورتِ دیگر قیامت میں سزا کا مستحق قرار پاتا ہے۔

قرآنِ مجید کی تعلیمات اور رسول اللہ صلی اللہ علیہ وسلم کے اسوہ کی روشنی میں تیسرا رویہ ہی قابل اعتبار اور لائق ترجیح ہے۔ سورۂ حجرات میں ارشاد فرمایا ہے:

يٰۤاَيُّهَا الَّذِيْنَ اٰمَنُوْا لَا يَسْخَرْ قَوْمٌ مِّنْ قَوْمٍ عَسٰۤى اَنْ يَّكُوْنُوْا خَيْرًا مِّنْهُمْ وَلَا نِسَآءٌ مِّنْ نِّسَآءٍ عَسٰۤى اَنْ يَّكُنَّ خَيْرًا مِّنْهُنَّ وَلَا تَلْمِزُوْۤا اَنْفُسَكُمْ وَلَا تَنَابَزُوْا بِالْاَلْقَابِ بِئْسَ الِاسْمُ الْفُسُوْقُ بَعْدَ الْاِيْمَانِ وَمَنْ لَّمْ يَتُبْ فَاُولٰٓئِكَ هُمُ الظّٰلِمُوْنَ. (11:49)

”ایمان والو، نہ (تمھارے) مرد دوسرے مردوں کا مذاق اڑائیں، ہو سکتا ہے کہ وہ اُن سے بہتر ہوں، اور نہ عورتیں دوسری عورتوں کا مذاق اڑائیں، ہو سکتا ہے کہ وہ اُن سے بہتر ہوں۔ اور نہ اپنوں کو عیب لگاؤ اور نہ آپس میں ایک دوسرے کو برے القاب دو۔ (یہ سب فسق کی باتیں ہیں، اور) ایمان کے بعد تو فسق کا نام بھی بہت برا ہے۔ اور جو (اِس تنبیہ کے بعد بھی) توبہ نہ کریں تو وہی اپنی جانوں پر ظلم ڈھانے والے ہیں۔“

سورۂ حج میں حکم دیا ہے:

فَلَا يُنَازِعُنَّكَ فِى الْاَمْرِ وَادْعُ اِلٰى رَبِّكَ اِنَّكَ لَعَلٰى هُدًى مُّسْتَقِيْمٍ. وَاِنْ جٰدَلُوْكَ فَقُلِ اللّٰهُ اَعْلَمُ بِمَا

”سو اِس معاملے میں وہ تمھارے ساتھ ہرگز کوئی جھگڑا نہ کرنے پائیں۔ لہٰذا نظر انداز کرو اور اپنے پروردگار کی

تَعْمَلُوْنَ. اَللّٰهُ يَحْكُمُ بَيْنَكُمْ يَوْمَ الْقِيٰمَةِ فِيْمَا كُنْتُمْ فِيْهِ تَخْتَلِفُوْنَ. (67-69:22)

طرف بلاتے رہو۔ یقیناً تم سیدھے راستے پر ہو۔ اِس کے بعد بھی اگر وہ تم سے جھگڑنے کے درپے ہوں تو اِن سے کہہ دو کہ اللہ خوب جانتا ہے، جو کچھ تم کر رہے ہو۔ اللہ قیامت کے دن تمھارے درمیان اُس چیز کا فیصلہ کر دے گا، جس میں تم اختلاف کرتے رہے ہو۔“

احادیث میں بیان ہوا ہے کہ رسول اللہ صلی اللہ علیہ وسلم کی مجلس میں ایک شخص حضرت ابو بکر صدیق رضی اللہ عنہ کو مسلسل گالیاں دے رہا تھا۔ حضرت ابو بکر بالکل خاموش تھے اور حضور صلی اللہ علیہ وسلم اُن کی خاموشی پر مطمئن تھے۔ جب وہ حد سے بڑھ گیا تو حضرت ابو بکر نے بھی کچھ جواب دے دیا۔ اِس پر نبی صلی اللہ علیہ وسلم کا اطمینان باقی نہ رہا اور آپ تشریف لے گئے۔ حضرت ابو بکر کو تشویش ہوئی اور اُنھوں نے اِس کا سبب پوچھا تو آپ نے ارشاد فرمایا کہ جب تک تم خاموش تھے، اللہ کا فرشتہ تمھارے ساتھ تھا اور تمھاری طرف سے اُسے جواب دے رہا تھا۔ جیسے ہی تم بولے تو وہ فرشتہ چلا گیا اور شیطان داخل ہو گیا۔ (مسند احمد، رقم 9624)

اِس سے واضح ہے کہ الزامی دشنام طرازی کے ساتھ ساتھ جوابی دشنام طرازی بھی دین و اخلاق میں نامقبول ہے۔

المیہ یہ ہے کہ اِن میں سے کوئی کام اگر رہنماؤں اور پیش واؤں سے صادر ہو جائے تو عام طور پر اُس کی کوئی تاویل یا توجیہ پیش کر کے اُسے محمود یا کم از کم جائز قرار دیا جاتا ہے۔ اِس مقصد کے لیے بالعموم یہ دلائل دیے جاتے ہیں:

اینٹ کا جواب پتھر سے دینا چاہیے،

باطل کا سر اِسی طرح کچلنا چاہیے،

یہ عام انسانی رویہ ہے،

یہ حق کی حمیت کا اظہار ہے،

یہ لوگوں کے جذبات کی ترجمانی ہے،

یہ ادبا کا شعار ہے،

ہجو گوئی اور ہزل سرائی تو زبان و بیان کی مسلمہ اصناف ہیں۔

اِس طرح کے دلائل پر امام امین احسن اصلاحی کا ایک نوٹ پیش خدمت ہے۔ اِسے اُنھوں نے سورۂ حجرات کی مذکورہ بالا آیت کے الفاظ 'وَلَا تَنَابَزُوْا بِالْاَلْقَابِ' کی تفسیر میں تحریر کیا ہے۔ وہ لکھتے ہیں:

"'تَنَابَزُوْا بِالْاَلْقَابِ' کے معنی آپس میں ایک دوسرے پر برے القاب چسپاں کرنا ہے۔ اچھے القاب سے ملقب کرنا جس طرح کسی فرد یا قوم کی عزت افزائی ہے، اُسی طرح برے القاب کسی پر چسپاں کرنا اُس کی انتہائی توہین و تذلیل ہے۔ ہجو یہ القاب لوگوں کی زبانوں پر آسانی سے چڑھ جاتے ہیں اور اُن کا اثر نہایت دوررس اور نہایت پایدار ہوتا ہے۔ اُن کی پیدا کی ہوئی تلخیاں پشت ہا پشت تک باقی رہتی ہیں اور اگر معاشرے میں یہ ذوق اتنا ترقی کر جائے کہ ہر گروہ کے شاعر، ادیب، ایڈیٹر اور لیڈر اپنی ذہانت اپنے حریفوں کے لیے برے القاب ایجاد کرنے میں لگا دیں تو پھر اُس قوم کی خیر نہیں ہے۔ اُس کی وحدت لازماً پارہ پارہ ہو کے رہتی ہے۔ یہ امر یہاں ملحوظ رہے کہ دورِ جاہلیت میں عربوں کے اندر یہ ذوق بدرجۂ کمال ترقی پر تھا۔ قبیلہ کا سب سے بڑا شاعر اور خطیب وہی مانا جاتا، جو دوسروں کے مقابل میں اپنے قبیلہ کے مفاخر بیان کرنے اور حریفوں کی ہجو و تحقیر میں یکتا ہو۔ اُن کے ہجویہ اشعار پڑھیے تو کچھ اندازہ ہو گا کہ اِس فن شریف میں اُنھوں نے کتنا نمایاں مقام حاصل کر لیا تھا۔ اُن کی اِس چیز نے اُن کو کبھی ایک قوم بننے نہیں دیا۔ وہ برابر

اپنوں ہی کو گرانے اور پچھاڑنے میں لگے رہے۔ تاریخ میں پہلی مرتبہ اسلام نے اُن کو انسانی وحدت اور ایمانی ہم آہنگی سے آشنا کیا، جس کی بدولت وہ دنیا کی ہدایت و قیادت کے اہل بنے۔ قرآن نے یہاں اُن کو دورِ جاہلیت کے اِنھی فتنوں سے آگاہ کیا ہے کہ اللہ تعالیٰ نے تمھیں ایمان و اسلام کی برکات سے نوازا ہے تو اُس کی قدر کرو۔ شیطان کے ورغلانے سے پھر اُنھی لاف زنیوں اور خاک بازیوں میں نہ مبتلا ہو جانا، جن سے اللہ نے تمھیں بچایا ہے۔“(تدبرِ قرآن 507/7)

[جون 2023ء]

باہمی گفتگو میں دین کا تقاضا

ہمیں اپنے گھر میں، گلی محلے میں، دفتر میں، بازار میں اور دوستوں کی محفل میں جس چیز کو سب سے زیادہ استعمال میں لانا پڑتا ہے، وہ ہماری زبان ہے۔ یہ زبان ہی ہے، جس کی بہ دولت ہم دوسروں کی نظروں میں کبھی محترم ہوتے ہیں اور کبھی کم تر ہو جاتے ہیں۔ یہ زبان ہی ہے، جس کا ایک استعمال ہمیں معاشرے میں سرخ رو کر دیتا ہے، اور دوسرا استعمال اِسی معاشرے میں ہمیں بے وقعت بنا دیتا ہے۔ حقیقت یہ ہے کہ زبان سے نکلے ہوئے الفاظ ہی ہمارے اخلاقی وجود کو متعین کرتے ہیں۔

ایک زمانہ تھا کہ طنز و تضحیک، طعن و تشنیع، گالی گلوچ اور دروغ گوئی و بدخوئی جیسی بری عادات سے ہماری معاشرت تقریباً خالی تھی، لیکن وقت گزرنے کے ساتھ ساتھ جہاں شرم و حیا، ادب و احترام اور محبت و رواداری جیسی اعلیٰ اقدار پامال ہوئیں، وہاں ہماری گفتگو اور بات چیت کے انداز بھی بگڑ گئے۔ چنانچہ اِس معاملے میں، واقعہ یہ ہے کہ تھا جو ناخوب، بہ تدریج وہی خوب ہوا۔

اب صورتِ حال یہ ہے کہ ہم دوسروں کا مذاق اڑا کر لطف اٹھاتے ہیں، قدم قدم پر جھوٹ بولتے ہیں، گالی گلوچ ہمارا روز مرہ بن چکا ہے، بڑوں سے بے ادبی اور چھوٹوں کی تضحیک ہمارا وتیرہ بن گیا ہے، اور اگر کہیں ہم اِن قباحتوں سے بچے ہوئے بھی ہوں تو وہاں

ایک دوسری قباحت موجود ہوتی ہے اور وہ ہے بے مقصد گفتگو، جس میں مشغول ہو کر اپنا قیمتی وقت ضائع کرنا بھی ہمارا معمول بن گیا ہے۔

گفتگو کے معاملے میں ہمارا دین ہم سے جو تقاضے کرتا ہے، وہ اُن تقاضوں سے بالکل مختلف ہیں، جو آج ہماری معاشرت میں رائج ہو چکے ہیں۔ وہ چاہتا ہے کہ ہم اپنی زبان سچ بولنے کے لیے استعمال کریں، اُس کے ذریعے سے اپنے مخاطبین کو تذکیر و نصیحت کریں، علم و حکمت کی باتیں سنا کر اُن کے شعور کو پختہ کریں، اگر کوئی غمگین ہے تو اُس کے غم پر ہم دردی کا اظہار کریں اور سب سے بڑھ کر یہ کہ اپنی زبان اللہ تعالیٰ کی حمد و ثنا کے لیے استعمال کریں۔ اگر کبھی ایسی باتوں کے مواقع میسر نہ ہوں یا ہم اِن باتوں کی جرأت و رغبت اپنے اندر نہ پاتے ہوں تو جھوٹ بولنے، غلط سلط زبان چلانے، بے مقصد اور بے فائدہ گفتگو کرنے اور دل دکھانے والے الفاظ منہ سے نکالنے سے کہیں زیادہ بہتر یہ ہے کہ ہم خاموش رہیں۔ حضرت ابوہریرہ رضی اللہ عنہ سے روایت ہے کہ رسول اللہ صلی اللہ علیہ وسلم نے فرمایا: جو شخص اللہ پر اور یوم آخرت پر ایمان رکھتا ہے، اُسے چاہیے کہ یا تو اچھی بات کرے یا پھر خاموش رہے۔ (مسلم، رقم 67)

[اپریل 1994ء]

دل کی میزان

صحابیِ رسول وابصہ بن معبد رسول اللہ صلی اللہ علیہ وسلم کی خدمت میں حاضر ہوئے اور آپ سے نیک روی اور گناہ گاری (بر واثم) کے بارے میں دریافت کیا۔ وہ کہتے ہیں کہ رسول اللہ نے فرمایا: اے وابصہ، کیا تم نیک روی اور گناہ گاری کی حقیقت پوچھنے آئے ہو؟ میں نے عرض کیا: ہاں، یارسول اللہ۔ آپ نے اپنے سینے کی طرف اشارہ کیا اور فرمایا: اپنے نفس سے پوچھو، اپنے دل سے سوال کرو، آپ نے یہ بات تین مرتبہ دہرائی۔ پھر آپ نے وضاحت کرتے ہوئے ارشاد فرمایا کہ نیک روی (بر) وہ ہے، جس پر تمھارا نفس مطمئن ہو، تمھارا دل اطمینان محسوس کرے۔ اور گناہ گاری (اثم) وہ ہے، جس پر تمھارے نفس میں خلش ہو اور تمھیں اپنے سینے میں الجھن محسوس ہو، اگرچہ لوگوں نے اُس کے جواز کا فتویٰ ہی دے دیا ہو۔ (احمد، رقم 17315)

حقیقت یہ ہے کہ اللہ تعالیٰ نے انسان کے اندر ایک میزان رکھ دی ہے۔ یہ میزان اُس کا اپنا ضمیر ہے، اُس کا اپنا دل ہے، اُس کا اپنا نفس ہے۔ یہ میزان اتنی سچی ہے کہ اِس کے فتوے کے بعد باہر سے کوئی فتویٰ حاصل کرنے کی ضرورت ہی نہیں رہتی۔ جو شخص اپنے قول و عمل اِس ترازو میں تولتا رہتا ہے، اُس کے لیے نیکی اور گناہ میں تمیز کرنا کچھ مشکل نہیں ہوتا اور حق تو یہ ہے کہ جتنا کوئی شخص اِس میزان سے کام لیتا ہے، گناہ اتنا ہی اُس سے دور ہوتا چلا جاتا ہے،

اور جتنا اُس سے صرفِ نظر کرتا ہے، اتنا ہی گناہ اُس کے قریب چلا آتا ہے۔

گناہ کس سے نہیں ہوتے، لیکن اگر کوئی اپنے گناہ پر نادم ہوتا ہے، اپنے جرم پر شرمندہ ہوتا ہے تو اِس کا مطلب یہ ہے کہ اُس کی میزان درست ہے، اُس نے اپنے ضمیر کی عدالت کا دروازہ بند نہیں کیا، اپنے سازِ دل کی آواز کو منقطع نہیں ہونے دیا اور اپنے چراغِ نفس کی لو کو بجھنے نہیں دیا۔ یہی وہ شخص ہے، نیکیاں جس کی تلاش میں ہمیشہ سرگرداں رہتی ہیں۔ ایسے شخص سے گناہ سرزد تو ہو جاتے ہیں، لیکن اپنے گناہوں پر وہ کبھی سرکش نہیں ہوتا، اپنی غلطیوں پر کبھی اکڑتا نہیں اور اپنی کوتاہیوں پر کبھی فخر نہیں کرتا۔

گناہ ہم سے قدم قدم پر سرزد ہوتے رہتے ہیں، لیکن سوال یہ ہے کہ کیا کوئی عمل کرنے سے پہلے اور کوئی بات کہنے سے پہلے کبھی ہم نے اپنے دل سے اُس کے صحیح یا غلط ہونے کے بارے میں سوال کیا ہے؟ اگر اِس کا جواب اثبات میں ہے تو قابلِ اطمینان ہے اور اگر نفی میں ہے تو لائقِ تشویش ہے۔

[مارچ 1994ء]

شکر گزاری

آپ نے بعض پالتو جانوروں کو اپنے مالک کے قدموں میں لوٹتے دیکھا ہو گا۔ مالک کے اشاروں پر ناچتے اور اس کے ہر حکم کی بے چون و چرا تعمیل کرتے بارہا وہ آپ کو نظر آئے ہوں گے۔ وہ ایسا کیوں کرتے ہیں؟ یہ سوال اگر آپ سے پوچھا جائے تو بے ساختہ آپ کے منہ سے نکلے گا کہ یہ ان کا اپنے مالک سے اظہارِ تشکر ہے، یہ اظہار اُن کے مالک کی اُن عنایات کا نتیجہ ہے، جو شب و روز وہ ان پر کر تا رہتا ہے۔

یعنی ہم یہ تسلیم کرتے ہیں کہ فطری طور پر ہر عنایت، ہر نوازش شکر گزاری کا تقاضا کرتی ہے۔ اولاد کا اپنے والدین کا شکر گزار ہونا، شاگرد کی اپنے استاد کے لیے شکر گزاری، دوست کا دوست کے لیے اظہارِ تشکر، غرض کہ ہر احسان مند کا اپنے محسن کے لیے شکر گزار ہونا ایک ایسی قدر ہے، جس کے بغیر فطری طور پر انسان مطمئن ہی نہیں ہو سکتا۔

جب کوئی ہمارے احسان کو نظر انداز کر تا ہے تو ہم بر ملا، اُسے احسان فراموش اور ناشکرا کہہ کر پکارتے ہیں، یعنی ہم فطری طور پر اِس کی طرف سے اپنے لیے احسان مندی اور شکر گزاری کے اظہار کے طالب ہوتے ہیں۔ جب وہ یہ اظہار نہیں کر تا تو ہمیں اُس کا یہ طرزِ عمل سراسر غیر منصفانہ اور غیر اخلاقی محسوس ہو تا ہے، گو یا شکر گزاری ہماری فطرت کی آواز ہے، جس پر لبیک کہے بغیر ہمارے اخلاقی وجود کی تکمیل ممکن ہی نہیں۔ لیکن اِس کے

باوجود افسوس ہے کہ فطرت کی یہ آواز ہم اُس وقت نہیں سنتے، جب اِس کی سب سے بڑھ کر ضرورت ہوتی ہے۔

کبھی ہم نے غور کیا ہے کہ ایک ایسی ہستی ہے، جو سب سے بڑھ کر شکر کی سزاوار ہے۔ وہ ہستی کائنات کو تخلیق کرنے والی اور خود ہماری ذات کو پیدا کرنے والی ہے۔ اللہ تعالیٰ چاہتا تو دنیا میں ہمارا وجود ہی نہ ہوتا، اُس نے چاہا ہے تو ہم ایک وجود کے ساتھ چلتے پھرتے، اٹھتے بیٹھتے، کھاتے پیتے اور اپنے معمولات انجام دیتے نظر آتے ہیں۔ وہ ہمارا خالق ہے، ہمارا مالک ہے۔ وہی ہے جس نے وجود بخشنے کے لیے اسباب پیدا کیے اور اب ہمارے وجود کو برقرار رکھنے کے لیے لمحہ بہ لمحہ اسباب فراہم کرتا ہے۔

ہم اپنی ساری زندگی اُس کے حضور سجدے میں گزار دیں تو بھی یہ حقیقت ہے کہ ہم اُس کی عنایتوں، اُس کی نوازشوں کا شکر ادا نہیں کرسکتے۔ لیکن اپنے مالک کا شکر ادا کرنے کی جتنی سکت ہم رکھتے ہیں، اگر ہم اتنا بھی شکر ادا نہ کریں تو پھر ہم سے بڑا احسان فراموش اور ہم سے بڑا بے انصاف کون ہوگا۔ اِس صورت میں تو وہ پالتو جانور ہی ہم سے بہتر ہو جائے گا، جو اپنے مالک کے قدموں میں لوٹ کر اپنے شکر اور وابستگی کا اظہار کرتا ہے۔

[اپریل 1994ء]

دعوت میں ثابت قدمی

کسی اجنبی بات کو منوانے کے لیے جتنا اُس بات کا محکم اور مدلل ہونا ضروری ہے، اتنا ہی اُس کے کہنے والوں کا اسے ثابت قدمی اور استقلال کے ساتھ کہتے رہنا بھی ضروری ہے۔ جس طرح پتھر پر گرنے والا معمولی پانی کا قطرہ اگر لگاتار گرتا رہے تو پتھر میں شگاف ڈال دیتا ہے، اِسی طرح ایک بات جو مسلسل کہی جاتی رہی اور ایک کام جو تسلسل سے کیا جاتا رہے، آخر کار مطلوب نتائج پیدا کرلیتا ہے۔ دین کی دعوت کا بھی یہی معاملہ ہے، اگر ثابت قدمی اور مستقل مزاجی کے ساتھ کسی معاشرے میں یہ دعوت دی جاتی رہے تو ایک وقت آجاتا ہے، جب آواز سے آواز اور قدم سے قدم ملنے لگتے ہیں اور معاشرہ تبدیلی یا انقلاب کے لیے پوری طرح تیار ہوجاتا ہے۔

ہمارے پیغمبر صلی اللہ علیہ وسلم کی تمام زندگی اِس بات کی شاہد ہے کہ آپ نے کسی مرحلے پر بھی اپنے پاے صبر واستقلال میں کوئی لغزش نہ آنے دی۔ 13 سال تک مسلسل آپ اہل مکہ کے سامنے اللہ کا پیغام پہنچاتے رہے، لیکن چند صالح نفوس کے سوا کسی نے بھی آپ کی بات پر کان نہ دھرا۔ کفارِ عرب نے ایک طرف آپ کے پیغام کی مخالفت کی اور آپ کی جدوجہد میں مزاحمت پیدا کی اور دوسری طرف آپ کو دولت اور آسایش کے لالچ دیے گئے، لیکن رسول اللہ صلی اللہ علیہ وسلم کی سعی وجہد پر نہ نقصان کا کوئی اندیشہ غالب آسکا اور

نہ کوئی دنیوی مفاد آپ کے پیغام کے دھارے کا رخ تبدیل کر سکا۔ نبی عربی کا یہی صبر و استقلال تھا، جس نے بالآخر اللہ کے آخری دین کو قرآنِ مجید کی پیش گوئی کے عین مطابق سرزمین عرب کی غالب ترین قوت بنا دیا۔

ہمارے اِس معاشرے میں بھی جو لوگ دین کی دعوت کی جدوجہد کے لیے نکلیں، وہ جب تک ثابت قدمی اور استقامت کو اپنی جدوجہد کا جزوِلازم نہ بنالیں، اُن کے لیے کامیابی کے در وا نہیں ہوسکتے۔ یہی وہ چیز ہے، جو داعی کو نتائج دیکھنے کی خواہش سے بالاتر کر دیتی ہے اور اِسی وجہ سے راستے کے آلام و مصائب داعی کے عزم میں کوئی تغیر پیدا نہیں کر سکتے۔ جناب جاوید احمد صاحب غامدی نے اپنی کتاب ''قانون دعوت'' میں ثابت قدمی اور استقامت کو دعوت کی سب سے اہم شرط قرار دیا ہے۔ وہ لکھتے ہیں:

''یہ اس دعوت کی سب سے اہم شرط ہے اور قرآن مجید میں اس کام کے لیے جگہ جگہ اس کی اہمیت واضح کی ہے، وہ لوگ جو اس کام کے لیے اٹھیں، انھیں یہ حقیقت پہلے قدم ہی پر سمجھ لینی چاہیے کہ یہ راہِ عزیمت ہے اور اس میں امتحان اور آزمایش کے بعد ایسے مراحل بھی آتے ہیں جب مال گھٹتا، باغات اجڑتے، مصائب اڈتے، دست و بازو قلم ہوتے، سر جاتا اور جان جانِ آفرین کے سپرد کرنا پڑتی ہے۔ اس میں بعض ایسے مواقع بھی آتے ہیں جب ترغیب و ترہیب کے سب حربوں کا رخ تنہا داعی حق کے سینے کی طرف ہو جاتا ہے، اور خوف و طمع کے سارے انداز تنہا اسی کو اس راہ سے ہٹانے کے لیے وقف ہو جاتے ہیں۔ اس میں وہ مقامات بھی آتے ہیں جب اس کو حوالہ زنداں کیا جاتا، اس کی پیٹھ پر تازیانے برستے، اس کے جوڑ بند الگ کر دیے جاتے ہیں، اسے کیچڑ بھرے حوض میں لٹکا دیا جاتا، اسے 'عین مقدس' اور 'قربان گاہ' کے درمیان سنگسار کر دیا جاتا، اور اس کا سر قلم کر کے رقاصاؤں کے حضور میں پیش کر دیا جاتا ہے۔ یہ سب منازل اس راہ میں آتی ہیں، بلکہ اللہ تعالیٰ نے فرمایا ہے کہ اس کے قانونِ ابتلا کی رو سے کسی نہ کسی صورت میں لازماً آتی

ہیں، لیکن داعی حق سے اس دعوت کا مطالبہ یہی ہے کہ وہ پوری ثابت قدمی کے ساتھ اپنے موقف پر جما رہے اور اس طرح کے سب مواقع پر یہی پکارے کہ 'انا للہ وانا الیہ راجعون'۔

ارشادِ خداوندی ہے:

"ایمان والو، (یہ نعمت تمھیں عطا ہوئی ہے تو اب تمھارے مخالفین کی طرف سے جو مشکلیں بھی پیش آئیں، اُن میں) ثابت قدمی اور نماز سے مدد چاہو۔ اِس میں شبہ نہیں کہ اللہ اُن کے ساتھ ہے جو (مشکلات کے مقابلے میں) ثابت قدم رہنے والے ہوں۔ اور جو لوگ اللہ کی (اِس) راہ میں مارے جائیں، اُنھیں یہ نہ کہو کہ مردہ ہیں۔ وہ مردہ نہیں، بلکہ زندہ ہیں، لیکن تم (اُس زندگی کی حقیقت) نہیں سمجھتے۔ ہم (اِس راہ میں) یقیناً تمھیں کچھ خوف، کچھ بھوک اور کچھ جان ومال اور کچھ پھلوں کے نقصان سے آزمائیں گے۔ اور (اِس میں) جو لوگ ثابت قدم ہوں گے، (اے پیغمبر)، اُنھیں (دنیا اور آخرت، دونوں میں کامیابی کی) بشارت دو۔ (وہی) جنھیں کوئی مصیبت پہنچے تو کہیں کہ لاریب، ہم اللہ ہی کے ہیں اور ہمیں (ایک دن) اُسی کی طرف پلٹ کر جانا ہے۔"

(البقرہ 2: 153-156)

[اپریل 1994ء]

فکر میں قدامت اور حکمت عملی میں جدت

ہم مسلمان یہ چاہتے ہیں کہ اللہ کا دین اپنی خالص شکل میں دنیا کے کونے کونے تک پہنچے اور کرۂ ارض پر موجود ہر شخص کو قرآن مجید کا الہامی پیغام سنایا جائے تاکہ وہ اپنی دنیوی زندگی کو سنوار سکے اور آخرت کی تیاری کے لیے سرگرم عمل ہو جائے۔

اگر ہم یہ چاہتے ہیں تو پھر اِس کے لیے ضروری ہے کہ ہم دینی فکر میں قدیم ترین اور اپنی حکمتِ عملی میں جدید ترین ہو جائیں۔ دینی فکر میں قدیم ترین ہونے سے مراد یہ ہے کہ دین ہم اُس کو سمجھیں جو صدیوں سے ہمارے پاس قرآن و سنت کی شکل میں موجود ہے۔ اِس دین میں بعد کے ادوار یا موجودہ دور کی کسی آمیزش کو ہم ہرگز گوارا نہ کریں۔ ہر روایت، ہر اجتہاد اور ہر رائے کو ہم قرآن و سنت کی کسوٹی پر پرکھیں اور اِس کے بعد جو چیز بھی نئی یا اجنبی محسوس ہو، اُسے رد کر دیں۔ دینی فکر کے ساتھ ہمارا یہ رویہ دین میں در آنے والی خرابیوں اور بدعات کو دور کر دے گا اور اِس طرح ہماری دینی فکر ہمیشہ خالص شکل میں ہمارے پاس موجود ہوگی۔

جہاں یہ ضروری ہے کہ ہم اپنی دینی فکر بدعات سے پاک کر کے اُس کے دورِ اول کی صورت کو قائم کریں، وہاں یہ بھی ضروری ہے کہ ہم ابلاغِ دین کی حکمتِ عملی کو جدید خطوط پر استوار کریں۔ اِس سلسلے میں ہمیں وہ تمام طریقے اختیار کرنے چاہییں، جو تہذیب و تمدن

اور علوم و فنون کے ارتقا کے نتیجے میں ظہور پذیر ہوئے ہیں۔

مثال کے طور پر موجودہ دور میں کوئی منظم دعوتی کام ہی ثمر آور ہو سکتا ہے۔ چنانچہ ابلاغِ دعوت کے لیے ہم ادارے اور تنظیمیں قائم کریں۔ آج کے دور میں صحافت کا شعبہ بہت موثر ہو گیا ہے۔ اِس شعبے میں زیادہ سے زیادہ کام ہمارے فکر کو تیزی سے پروان چڑھا سکتا ہے۔ اخبارات و جرائد اور کتب و رسائل کی اشاعت کے ذریعے سے ہم اپنا حلقۂ مخاطبین زیادہ وسیع کریں۔ قومی اور بین الاقوامی زبانوں میں اپنے دینی افکار کو بیان کریں۔

الیکٹرانک میڈیا، خصوصاً سوشل میڈیا نے دنیا کی وسعتوں کو سمیٹ دیا ہے۔ کوئی خطہ، کوئی قوم اب ہمارے لیے اجنبی نہیں رہی۔ چنانچہ ہمیں چاہیے کہ ابلاغِ دین کے لیے الیکٹرانک میڈیا کا بہترین استعمال کریں۔ یہ اور اِس نوع کے دوسرے جدید طریقوں کو استعمال میں لا کر ہی ہم اِس دور میں دعوت کا کام بہتر طور پر انجام دے سکتے ہیں۔

دعوتِ دین کی حکمتِ عملی کے معاملے میں بعض لوگ یہ اصرار کرتے ہیں کہ ہمیں وہی طریقے اختیار کرنے چاہییں، جو پیغمبر صلی اللہ علیہ وسلم نے اپنے زمانے میں اختیار کیے تھے۔

اِس معاملے میں جہاں تک اصولی رہنمائی کا تعلق ہے تو اُن کی یہ بات بالکل ٹھیک ہے، یعنی ہمیں اپنی دعوت کی حکمتِ عملی اُنھی اصولوں پر استوار کرنی چاہیے، جو حضور صلی اللہ علیہ وسلم کی دعوت میں کار فرما تھے۔ مثلاً ہماری تمام تر جدوجہد اپنی ابتدا سے انتہا تک صرف اور صرف دعوت ہی کے اسلوب میں ہونی چاہیے اور تشدد و احتجاج کا کوئی شائبہ بھی اِس دعوت میں موجود نہیں ہونا چاہیے۔ ہمیں بہ حیثیتِ داعی اپنے ساتھیوں کے ساتھ محبت و اخوت کا تعلق قائم کرنا چاہیے اور جب تک اقتدار حاصل نہ ہو جائے، جہاد و قتال کا نام بھی ہمیں اپنی زبان پر نہیں لانا چاہیے، لیکن ابلاغِ دعوت کے لیے جو طریقے رسول اللہ صلی اللہ علیہ وسلم نے اپنے مخصوص تمدن میں اختیار کیے، اگر تمدن کا ارتقا اُن سے مختلف طریقے

اختیار کرنے کا داعی ہے تو یہ رسول اللہ کے طریقے کی پیروی ہی کا تقاضا ہے کہ ہم اُنھی مختلف طریقوں کو اختیار کریں۔

حضور صلی اللہ علیہ وسلم نے ابلاغِ دعوت کے لیے اپنے تمدن میں موجود بہترین طریقے اختیار کیے۔ چنانچہ اُن کی پیروی کرتے ہوئے ہمیں بھی اپنی دعوت کی حکمتِ عملی میں اپنے تمدن کے جدید طریقوں کو اختیار کرنا چاہیے۔

[ستمبر 1994ء]

کنٹینر کے حادثے کا پیغام

گذشتہ ماہ (جون 2000ء) برطانیہ میں ڈوور کی بندرگاہ پر ایک ٹرک کے کنٹینر سے 58 افراد کی نعشیں برآمد ہوئیں۔ تحقیقات سے یہ بات معلوم ہوئی کہ اِن میں سے بیش تر کا تعلق ایشیائی ممالک سے ہے۔ اِن لوگوں نے برطانیہ میں غیر قانونی طور پر داخل ہونے کے لیے یہ طریقہ اختیار کیا۔ کنٹینر میں آکسیجن کی کمی اور ٹھنڈک کی زیادتی اِن کی ہلاکت کا باعث بنی۔ اِس موقع پر مقامی ذمہ داران نے یہ بیان دیا کہ ہر سال مختلف پس ماندہ ممالک سے تعلق رکھنے والے سیکڑوں تارکین وطن اِس بندرگاہ سے گرفتار ہوتے ہیں۔ یہ لوگ اپنے وطنوں اور گھروں کو چھوڑ کر یورپ، امریکہ اور دوسرے ترقی یافتہ علاقوں میں تلاشِ روزگار کے لیے نکلتے ہیں۔ اِس مقصد کے لیے وہ اپنی جان، اپنی عزت، اپنے وقار، اپنی اخلاقی اقدار اور اپنے خاندان کے مستقبل کو بھی داؤ پر لگادیتے ہیں۔

اِس واقعے کو حادثہ کہا جائے، خودکشی سے موسوم کیا جائے یا قتل سے تعبیر کیا جائے، بہرحال یہ ایک ایسا سانحہ ہے، جس پر اقوام عالم کے ہر طبقے کو اپنے اپنے دائرۂ فکر و عمل کے اعتبار سے متفکر ہونا چاہیے۔ اِس سانحے نے اقوام عالم کے ہر طبقے کو کوئی نہ کوئی پیغام دیا ہے۔ کاش وہ اِس پیغام کو دھیان سے سنیں اور اِس کے مطابق اپنے رویوں اور اہداف کو تبدیل کرنے کی کوشش کریں۔

ترقی یافتہ اقوام کے لیے پیغام

اقوام عالم کا ایک طبقہ وہ ہے، جس کے ہاتھ میں کرۂ ارض کے نظم اجتماعی کی عنانِ اقتدار ہے۔ یہ طبقہ امریکہ اور یورپ کی اقوام پر مشتمل ہے۔ حکمرانوں کی یہ جماعت اپنے آپ کو اِس زمانے میں مساواتِ انسانی کا سب سے بڑا علم بردار قرار دیتی ہے۔ اِس سانحے نے اُسے یہ پیغام دیا ہے کہ وہ دنیا میں اپنی بچھائی ہوئی معیشت کی بساط کا از سر نو جائزہ لے اور جانے کہ اِس کے نظام کا وہ کون کون سا ظالمانہ طریق عمل ہے، جو روز بہ روز غریب کو غریب تر اور امیر کو امیر تر بناتا چلا جا رہا ہے؟ وہ اِس پر غور کرے کہ کیا وجہ ہے کہ لوگ اپنے وطنوں کی فطری محبت کو قربان کر کے ایک سیل رواں کی طرح اِن کے ملکوں کی طرف اُمڈے چلے آ رہے ہیں؟ کیا وجہ ہے کہ جب وہ پس ماندہ ممالک سے مزدوروں اور محنت کشوں کی بھرتی کا اعلان کرتے ہیں تو لاکھوں کی تعداد میں لوگ کم سے کم اجرت پر اپنی خدمات پیش کرنے کے لیے بہ خوشی تیار ہو جاتے ہیں؟ کیا وجہ ہے کہ ترقی پذیر ممالک ہر وقت اِن کے سامنے دستِ سوال دراز کرنے پر مجبور ہوتے ہیں اور اِن کی سالانہ آمدن کا بیش تر حصہ قرضوں کے سود کی ادائیگی میں صرف ہوتا ہے؟ ہو سکتا ہے کہ کچھ غور و فکر کے بعد وہ اِس نتیجے پر پہنچیں کہ کرۂ ارض پر اِس ظلم کا منبع اِن کا قائم کردہ نظام ہے۔ چنانچہ وہ نظریہ اور عمل کی دوئی کو دور کریں اور دنیا میں منصفانہ نظام معیشت کے احیا کے لیے سرگرم عمل ہوں۔ وہ اپنے مفادات کو حاصل کرتے وقت اتنا خیال ضرور کر لیں کہ کہیں اِس کے نتیجے میں انسان زندگی کی بنیادی ضروریات ہی سے تو محروم نہیں ہو رہے۔ وہ دنیا پر اپنی بادشاہی اسلحے کے زور سے نہیں، بلکہ علم و اخلاق کی قوت سے قائم کریں۔ اِن کا یہ رویہ دنیا میں خوش حالی اور امن و سلامتی کی بنیاد بن سکتا ہے۔

پس ماندہ اقوام کے لیے پیغام

اقوامِ عالم کا ایک دوسرا طبقہ معاشی اعتبار سے پس ماندہ قومیں ہیں۔ اِن اقوام کو بھی اِس سانحے نے ایک پیغام دیا ہے۔ وہ اِس پر غور کریں کہ جس غربت و افلاس کا وہ شکار ہیں، اُس میں اُن کا اپنا کتنا کردار ہے؟ کیا اِس سے نکلنے کی اُنھوں نے کوئی منصوبہ بندی کی ہے؟ وہ اپنے ماہرین فن اور باصلاحیت افراد کو اِس پر مامور کریں کہ وہ اپنی قوم کو اِن مصائب سے نکالنے کے لیے جدوجہد کریں۔ وہ اپنی قوم کو مایوسی کے اندھیروں سے نکالیں اور اِس میں ترقی کی امید پیدا کریں۔ وہ اِس بات کو سمجھیں کہ موجودہ زمانے میں قوموں کی ترقی کا فیصلہ میدانِ جنگ میں نہیں، بلکہ میدانِ معیشت میں ہو رہا ہے۔ وہ اِس پر غور کریں کہ بڑی طاقتوں سے معاندت اور کنفرنٹیشن کے بغیر وہ کس طرح اپنی ترقی کی منزل کو حاصل کر سکتے ہیں۔

امتِ مسلمہ کے لیے پیغام

اقوام عالم کا ایک تیسرا طبقہ امتِ مسلمہ ہے۔ مسلمانوں کے لیے اِس سانحے کا پیغام گوناگوں پہلوؤں سے ہے۔

ایک پہلو سے اِس کا پیغام یہ ہے کہ مسلمان آخرت کی یاد دہانی کے عمل کو تیز سے تیز تر کر دیں۔ گذشتہ صدی میں بد قسمتی سے مسلمانوں نے اپنی اِس ذمہ داری کو یک سر بھلائے رکھا ہے۔ وہ اگر یہ سمجھتے ہیں کہ انسانیت کی فلاح کا واحد راستہ آخرت کا استحضار ہے تو یہ اُن کی ذمہ داری ہے کہ وہ اِس پیغام کو دنیا کے ہر شخص تک پہنچانے کے لیے جدوجہد کریں۔ جس شخص تک بھی وہ رسائی حاصل کر سکتے ہیں، وہ اُسے آخرت کی جواب دہی کے بارے میں خبردار کریں۔ آخرت کی یہ تذکیر قرآن مجید کی ہدایت کے مطابق مجادلۂ احسن کے اسلوب

میں ہونی چاہیے۔ یعنی وہ زبردستی اور دھونس کا طریقہ نہ اختیار کریں، بلکہ حکمت اور محبت کے ساتھ اپنی بات پیش کریں۔ وہ اپنے مدعوین کے ساتھ معاشرتی روابط کو ہرگز منقطع نہ ہونے دیں۔ وہ اپنی بات کو قوی استدلال کے ساتھ پیش کریں۔ وہ اِس پیغام کو پہنچانے کے لیے جدید تمدن کے تمام ذرائع کو اختیار کریں۔ اُن کی اِس تذکیر اور یاددہانی کا یہ نتیجہ نکل سکتا ہے کہ اِس سے متاثر ہو کر ایک طرف دنیا کے کارپرداز عناصر دنیا سے معاشی بے انصافی کو ختم کرنے کے لیے سرگرم عمل ہو جائیں اور دوسری طرف معاشی بے انصافی کا شکار ہونے والے لوگ اِسے اللہ کی طرف سے ایک آزمایش سمجھ کر صبر اور قناعت کا رویہ اختیار کریں۔

دوسرے پہلو سے مسلمانوں کے لیے اِس سانحے کا پیغام یہ ہے کہ وہ اپنے اندر مسلمہ اخلاقی اقدار کو پوری شان کے ساتھ قائم کریں۔ وہ عدل وانصاف کو اِس سطح پر لے جائیں کہ اگر اِس کی زد اُن کی ذات پر بھی پڑے تو وہ اِسے خوش دلی سے قبول کر لیں۔ وہ انفرادی اور اجتماعی سطح پر قانون کی پاس داری کو اپنا شعار بنائیں۔ وہ قانون شکن نہیں، بلکہ قانون کے محافظ بنیں۔ صبر، برداشت اور رواداری کی ایسی خو قائم کریں کہ بدترین مخالف بھی بلاجھجک اپنی ہر بات اُن کے سامنے پیش کر سکیں۔ اشتعال، شر انگیزی اور بدتمیزی کے الفاظ اُن کی لغت سے خارج ہو جائیں۔ وہ اپنے اندر سے دھوکا دہی کے تمام مظاہر کو ختم کر دیں اور اِس بات پر غور کریں کہ کیا وجہ ہے کہ اہل یورپ کی مصنوعات اور خوراک کو دنیا میں پورے اعتماد کے ساتھ استعمال کیا جاتا ہے، جب کہ اُن کے ہاں تیار ہونے والی چیزیں ناقابل قبول ہوتی ہیں اور ستم ظریفی تو یہ ہے کہ خود مسلمان بھی اُن پر اعتماد کرنے کے لیے تیار نہیں ہوتے؟ یوں لگتا ہے کہ ساکھ نام کی کوئی چیز ہی اُن کے پاس نہیں ہے۔ دنیا میں ہم مسلمانوں کا تعارف اِس کے سوا اور کیا ہے کہ یہ محض اپنے جذبات کے اسیر ہوتے ہیں، علم و عقل سے گریز و فرار اختیار کرتے ہیں، دھوکا دہی اور دھاندلی اِن کا شیوہ ہے، جھوٹ اور بد دیانتی اِن کی

عادت ہے، اپنی بات منوانے کے لیے یہ دلیل وبرہان اور گفت وشنید کے بجائے دھونس، زبردستی، احتجاج اور بائیکاٹ کے طریقے اختیار کرتے ہیں، امن وصلح کے ماحول کے بجائے اِنھیں جنگ و جدل کی فضا زیادہ خوش گوار محسوس ہوتی ہے۔ دنیا آج مسلمانوں کو اِنھی حوالوں سے جانتی ہے۔ بلاشبہ، اِس میں پروپیگنڈے کا بھی کچھ دخل ہے، لیکن مسلمانوں کو یہ اعتراف کرنا چاہیے کہ اِن اخلاقی جرائم کی بنیادیں پوری طرح اُن کے اندر موجود ہیں۔

مسلمانوں کو اپنے اِس تعارف کو تبدیل کرنا چاہیے، اور اگر وہ دنیا میں سیاسی اور معاشی عدل و انصاف کے قیام کے لیے کوئی کردار ادا کرنا چاہتے ہیں تو پھر اُن کے لیے یہ نہایت ضروری ہے کہ وہ اجتماعی اخلاقی اقدار کو اپنی معاشرت، اپنی معیشت اور اپنی سیاست میں اِس طرح جاگزیں کر لیں کہ اقوام عالم پکار اٹھیں کہ مسلمانوں سے زیادہ عادل، مسلمانوں سے زیادہ سچا، مسلمانوں سے زیادہ روادار اور مسلمانوں سے زیادہ حق پرست اِس کرۂ ارض پر اور کوئی نہیں ہے۔

ایک اور پہلو سے اِس سانحے کا پیغام امتِ مسلمہ کے لیے یہ ہے کہ وہ علم وہنر کے میدان میں ایسی ترقی حاصل کر لے کہ کسبِ فیض کے لیے لوگ اقصاے عالم سے اِس کی طرف رجوع کریں۔ اِس زمانے میں قومی فضیلت کی بنیاد اصلاً عسکری قوت، عددی اکثریت یا علاقائی وسعت نہیں ہے۔ اِس کی بنیاد معیشت اور سائنس و ٹیکنالوجی کی قوت ہے۔ جو قوم اِن دونوں اعتبارات سے زیادہ مضبوط ہے، دنیا کی قیادت اُسی کے پاس ہو گی۔ اِن دونوں قوتوں کے حصول کا ایک ہی دروازہ ہے اور وہ دروازہ تعلیم ہے۔ بدقسمتی سے ایک مدت سے مسلمانوں نے اِس دروازے کو تقریباً بند ہی کر رکھا ہے۔ ہمارے نوجوان احتجاج کرتے ہیں، سیاست کرتے ہیں، جہاد کرتے ہیں، یہ سب کچھ کرتے ہیں، لیکن تعلیم و تحقیق اور نئی سے نئی دنیاؤں کی دریافت اُن کا کوئی مسئلہ ہی نہیں ہے۔ اگر کچھ نوجوانوں کی توجہ تعلیم کی طرف ہے بھی تو اِس کا محرک روزگار کا حصول ہے۔ بہر حال، موجودہ تمدن میں علم وہنر کی ترقی ہی وہ

راستہ ہے جس پر چل کر کوئی قوم عالم کی فرماں روائی کے منصب پر فائز ہو سکتی ہے۔

حادثے کا یہ پیغام سلطنتِ ارضی کے باجبروت شہنشاہوں کے لیے بھی ہے، اُس کی محروم و مجبور رعایا کے لیے بھی ہے اور اِس میں عدل و قسط کی داعی جماعت، امتِ مسلمہ کے لیے بھی ہے۔ آنے والا زمانہ یہ بتا دے گا کہ نفسانفسی کے شور میں کس نے اِس پیغام کو دھیان لگا کر سنا تھا۔

[اگست 2000ء]

علما کا قتل — ایک نہیں، دو حادثے

گذشتہ دنوں (جنوری 2001ء) کراچی میں نامعلوم دہشت گردوں نے پانچ علماے کرام کو برسرِ عام قتل کر دیا۔ اِس سانحے کی خبر سن کر لوگ مشتعل ہو گئے اور اُنھوں نے کئی عمارتوں اور بہت سی گاڑیوں کو جلاڈالا۔ ملک کے سربرآوردہ مذہبی رہنماؤں، سیاست دانوں، دانش وروں اور عوام الناس نے اِس قتل ناحق کو ایک بڑا حادثہ قرار دیا ہے۔ بے گناہ انسانوں کے اِس مظلومانہ قتل کو ہم بھی ایک عظیم سانحہ تصور کرتے ہیں اور اللہ تعالیٰ سے دعا گو ہیں کہ وہ مقتولین کی مغفرت فرمائے اور اُن کے لواحقین کو صبر جمیل عطا فرمائے۔ مگر ہمارے خیال میں اُس روز ایک نہیں، بلکہ دو حادثے رونما ہوئے ہیں: ایک حادثہ پانچ بے گناہ انسانوں کا قتل ہے اور دوسرا حادثہ قومی املاک کی تباہی ہے۔ ایک حادثہ اقدام کی دہشت گردی کا نتیجہ ہے۔ دوسرا حادثہ ردِ عمل کی دہشت گردی کا ثمر ہے۔ ایک دہشت گردی کے مجرم غیر ہیں اور دوسری دہشت گردی کے مجرم اپنے ہیں۔

28 جنوری کی شام کو جب ایک طرف پانچ انسانوں کے اجسادِ خاکی کی میتیں اٹھ رہی تھیں اور دوسری طرف سیکڑوں انسانوں کے وجودِ اخلاقی کا جنازہ نکل رہا تھا تو یہ طے کرنا مشکل تھا کہ ہمارے احساسات پر کس حادثے کا زیادہ اثر ہے۔ احساسِ غم اور شدتِ تاثر کو تقسیم کرنے کا یہ خیال تو جلد دل سے نکل گیا، لیکن ایک الجھن بدستور موجود ہے۔ اور وہ یہ کہ پانچ

انسانوں کے قلوب بند ہوئے تو سیکڑوں آنکھیں اشک بار ہوئیں، سیکڑوں انسانوں کے ضمیر مردہ ہوئے تو ایک آنسو بھی نہیں ٹپکا۔ پانچ افراد وجودِ جسمانی سے محروم ہوئے تو ہزاروں الفاظ قرطاس ہائے جرائد پر بکھر گئے، سیکڑوں افراد وجودِ اخلاقی سے محروم ہوئے تو ایک لفظ بھی نہیں لکھا گیا۔

بہرحال، یہ دونوں حادثے ناقابل فراموش ہیں۔ پہلے حادثے کی ذمہ داری اربابِ اقتدار پر عائد ہوتی ہے، وہ اربابِ اقتدار جو ہمارے وجودِ اجتماعی کا حقیقی اظہار ہیں۔ دوسرے حادثے کے ذمہ دار ہمارے رہنما اور ہمارے عوام ہیں، وہ رہنما جو ہمارے دلوں پر حکومت کرتے ہیں اور وہ عوام جن میں ہم اور آپ، سب شامل ہیں۔

اربابِ اقتدار پر ذمہ داری اِس لیے عائد ہوتی ہے کہ امن وامان اور عدل وانصاف کا قیام اُن کے بنیادی فرائض میں شامل ہے۔ کوئی حکومت خارجی محاذوں پر خواہ بہت کامیاب ہو، لیکن اُس کی کارکردگی اُس وقت تک صفر ہوگی جب تک وہ اپنے شہریوں کے جان و مال کی حفاظت نہیں کرپاتی۔ گذشتہ عشرے میں ایسی ہی دہشت گردی کے نتیجے میں سیکڑوں بے گناہ شہری مارے گئے ہیں اور کروڑوں کی املاک تباہ ہوئی ہیں۔ یہ سلسلہ مسلسل جاری ہے۔ ہماری حکومتیں اول تو مجرمین پر گرفت ہی نہیں کرپاتیں اور اگر وہ کسی نہ کسی طرح قابو میں آ ہی جائیں تو اُنھیں کیفرکردار تک نہیں پہنچایا جاتا۔ یہ اِسی کا نتیجہ ہے کہ وہ انسانی جان جس کی حرمت کعبے کی حرمت جیسی ہے، وہ اتنی ارزاں ہوگئی ہے کہ اُسے بارود کے چند ٹکڑوں سے خریدا جاسکتا ہے۔ دہشت گردی کے یہ مظاہر یہی تاثر دیتے ہیں کہ ہمارے حکمرانوں کو شہریوں کے جان ومال کی حفاظت سے کچھ خاص دل چسپی نہیں ہے۔ یہ رویہ صرف موجودہ حکمرانوں کا نہیں ہے، بلکہ ہمارے تمام حکمرانوں نے امن وامان کے معاملے میں ایسی ہی غفلت اور ایسی ہی بے پروائی کا مظاہرہ کیا ہے۔

دہشت گردی کے مرتکبین کا تعین اور اُن پر گرفت نہ ہونے کی وجہ سے مختلف گروہوں کے مابین شکوک و شبہات کی فضا پیدا ہو جاتی ہے۔ ہر جرم ایک معما بن جاتا ہے۔ اِس فضا میں مختلف گروہ اپنے مخالفین کو مجرم گردانتے اور اُن کے خلاف انتقامی کارروائی کے لیے اٹھ کھڑے ہوتے ہیں۔ ابہام کی اِسی فضا سے فائدہ اٹھا کر دشمن قوتیں سیاسی، مذہبی یا نجی اختلاف رکھنے والے افراد اور گروہوں کے مابین جنگ کا نہ ختم ہونے والا سلسلہ قائم کرنے میں کامیاب ہو جاتی ہیں۔

اگر مجرمین کی گرفت اور سرکوبی کا نظام قوی اور سریع ہو تو غلط فہمیوں کی فضا بھی پیدا نہیں ہوتی اور جرم کا شکار ہونے والوں میں انتقامی جذبات بھی بے قابو نہیں ہونے پاتے۔ اِس طرح ملک میں امن و امان کا قیام ممکن ہو جاتا ہے۔ گویا اِس منزل کے حصول کا واحد راستہ انتظامیہ اور عدلیہ کا استحکام ہے۔ انتظامیہ اگر مضبوط اور چاک و چوبند ہو اور عدلیہ شفاف اور سریع العمل ہو تو اِس منزل کا حصول بعید از قیاس نہیں۔ اگر ہماری حکومتیں اِن اداروں کے استحکام اور ترقی کو اپنا مسئلہ بنا لیں تو ملک میں فساد، بد امنی اور قتل و غارت گری کا خاتمہ ہو سکتا ہے۔

رہنماؤں پر ذمہ داری اِس لیے عائد ہوتی ہے کہ وہ اپنے پیرووں کی تربیت ہی جلا دو، مٹا دو، چھین لو اور مار ڈالو کے نعروں سے کرتے ہیں۔ یہ رہنما اقتدار کی مسند پر ہوں، سیاست کی بساط پر ہوں یا مذہب کے منبر پر، اپنے مختلف چہروں کے ساتھ ایک ہی زبان بولتے ہوئے نظر آتے ہیں۔ یہ زبان اصلاح و دعوت کی نہیں، بلکہ اشتعال و احتجاج کی ہوتی ہے۔ یہ زبان فتنوں کو دباتی نہیں، بلکہ ابھارتی ہے۔ یہ زبان امن و سلامتی کی فضا قائم نہیں کرتی، بلکہ فتنہ و فساد برپا کرتی ہے۔ یہ زبان دلوں کو جوڑتی نہیں، بلکہ اُن میں نفاق پیدا کرتی ہے۔ اِن رہنماؤں کا منصب یہ تھا کہ وہ ملک اور قوم کی تعمیر میں بنیادی کردار ادا کریں، لیکن اِن سے آج جو کچھ

صادر ہو رہا ہے، اُسے 'تخریب' کے علاوہ شاید کسی اور لفظ سے تعبیر نہیں کیا جاسکتا۔ وہ اُس کے نوجوانوں کو عالم اور سائنس دان بنانے کے بجاے جنگ جو اور سیاست دان بنانے پر مصر ہیں؛ وہ اُس کے افراد میں قانون کی پاس داری کا رویہ پیدا کرنے کے بجاے اُنھیں قانون شکنی پر ابھارتے ہیں؛ وہ اُس کے اربابِ اقتدار کو تذکیر و نصیحت کرنے کے بجاے اُن کے حریف بن کر کھڑے ہو جاتے ہیں؛ وہ لوگوں کو دین کی اساسات پر مجتمع کرنے کے بجاے فروعی اختلافات کو ہوا دیتے ہوئے نظر آتے ہیں؛ وہ نئی نسل کو حقیقت پسندی کا درس دینے کے بجاے اُسے خوابوں کی دنیا میں مگن رکھتے ہیں؛ وہ اُس کے عوام میں تحمل، برداشت اور بردباری کے بجاے احتجاج، اشتعال اور ردعمل کے رویوں کو پروان چڑھاتے ہیں۔ اِس کے بعد کچھ سمجھ میں نہیں آتا کہ ہم اپنے اِن رہنماؤں سے احتجاج کریں، اِن سے خدا کی پناہ مانگیں یا اِن کی اصلاح کے لیے پروردگار کے سامنے گڑگڑائیں۔

عوام پر ذمہ داری اِس لیے عائد ہوتی ہے کہ اُنھوں نے اپنی باگیں اپنی عقل اور اپنے ضمیر کے بجاے اپنے جذبات کے سپرد کر دی ہیں۔ مذکورہ واقعے کے حوالے سے اخبار کی یہ خبر اِسی صورت حال کی عکاسی کر رہی ہے:

"شاہ فیصل کالونی کراچی میں خان گڑھ پل کے نزدیک جامعہ فاروقیہ کی ہائی ایس وین پر دو موٹر سائیکل سوار دہشت گردوں کی فائرنگ سے تین اساتذہ شیخ الحدیث سمیت پانچ افراد ہلاک اور چار زخمی ہو گئے۔ جب کہ بعد میں علاقے میں ہونے والی ہنگامہ آرائی اور فائرنگ کے نتیجے میں مزید ایک درجن افراد زخمی ہو گئے۔ ڈی ایس پی کی گاڑی اور پولیس کی موبائل گاڑیوں سمیت 20 گاڑیوں کو نذر آتش کر دیا گیا۔ مسلح افراد نے ایدھی ٹرسٹ کی ایمبولینسیں چھین لیں۔ ایک مال گاڑی پر حملہ کیا گیا۔ ایک پٹرول پمپ تباہ کیا گیا۔ ہنگاموں کے نتیجے میں کاروبار زندگی مفلوج ہو گیا۔ دکانیں اور ہوٹل بند ہو گئے۔ لوگ گھروں میں محصور ہو کر رہ گئے۔ مین شاہراہ فیصل پر بھی ٹریفک کی آمد و رفت معطل ہو گئی

جس کی وجہ سے ائیر پورٹ سے آنے اور جانے والے مسافروں کو سخت پریشانی کا سامنا کرنا پڑا۔ ہنگامہ آرائی جنازے کی روانگی کے وقت مزید شدت اختیار کر گئی۔ جلوس کے شرکا نے 2 سینماؤں کو آگ لگا دی جس کے نتیجے میں وہاں کھڑی ہوئی آٹھ گاڑیاں اور دو موٹر سائیکلیں بھی جل گئیں۔ اس کے علاوہ ایک آئس کریم پارلر اور ایک دکان کو بھی آگ لگائی گئی جس سے قریب واقع مسجد رہگزر کو بھی نقصان پہنچا۔ جلوس کے شرکا نے ایک تھانے پر حملے کی بھی کوشش کی اور ایک ڈسپنسری کو آگ لگانے کے علاوہ 2 بینکوں پر پتھراؤ کیا۔" (روزنامہ نوائے وقت، 29/جنوری 2001ء)

ظلم و زیادتی کے خلاف احتجاج ہر انسان کا حق ہے، لیکن وہ احتجاج کہاں کا احتجاج ہے، جو بجائے خود ظلم و زیادتی کا عنوان بن جائے۔ ہمارا معاشرہ ایک کھلا معاشرہ ہے۔ یہاں اظہارِ رائے پر کوئی پابندی ہے، نہ نقد و جرح پر۔ اپنا احتجاج عوام اور حکومت تک پہنچانے کے لیے اخبارات و جرائد کو استعمال کیا جا سکتا ہے، الیکٹرانک میڈیا کے ذرائع بروے کار لائے جا سکتے ہیں، سیمینار، جلسے، جلوس اور ریلیاں منعقد کی جا سکتی ہیں۔ اِس سب کچھ کے ہوتے ہوئے ہمارے عوام نہ جانے کیوں توڑ پھوڑ اور ہنگامہ آرائی ہی کا راستہ اختیار کرتے ہیں۔ یوں محسوس ہوتا ہے جیسے ہمارے عوام ردِ عمل کی ایک خاص نفسیات میں مبتلا ہو گئے ہیں۔ اُنھیں اشتعال دلانے اور آپے سے باہر کرنے کے لیے کبھی تردد نہیں کرنا پڑتا۔ کسی کٹھن صورتِ حال میں تحمل اور بردباری تو دور کی بات ہے، کوئی معمولی سا واقعہ بھی اُن کی آتش جذبات کو انگیخت کرنے کے لیے کافی ہوتا ہے۔

اِن سادہ لوحوں سے کوئی یہ پوچھے کہ پانچ انسانی جانوں کا نقصان تو خیر تمھارا نقصان تھا ہی، مگر تمھارے ہاتھوں جلنے والی گاڑیوں کا نقصان کس کا نقصان ہے؟ عمارتوں کی تباہی کس کی تباہی ہے؟ بیسیوں گھنٹوں کے لیے کاروبارِ زندگی کا تعطل کس کا خسارہ ہے؟ اِن سوالوں کے دو ہی جواب دیے جا سکتے ہیں: ایک یہ کہ اب ہمارے عوام بے حسی کی ایسی کیفیت میں مبتلا ہو

گئے ہیں کہ وہ اپنے ملک اور اپنے ہم وطنوں کے نقصان کو اپنا نقصان سمجھنے ہی سے قاصر ہیں اور دوسرا یہ کہ وہ اِس قدر جذباتی ہو گئے ہیں کہ غم و غصے کی حالت اُن کے حواس کو بے قابو اور اُن کی عقل کو ماؤف کر دیتی ہے۔ جواب اگر پہلا ہے تو پھر نہ کوئی گلہ ہے اور نہ کوئی سوال۔ لیکن اگر دوسرا جواب ہے تو پھر ایسا کیوں نہیں ہو تا کہ لوگ غم و اندوہ کی کیفیت میں مبتلا ہو کر کبھی اپنا ہی گھر جلا ڈالیں، کسی وقت سراپا احتجاج ہو کر اپنی ہی دکان کو نذرِ آتش کر دیں، کسی موقع پر مشتعل ہو کر اپنی ہی گاڑی کو تباہ و برباد کر دیں، کسی کے دکھ درد میں شریک ہونے کے لیے اپنے ہی بیوی بچوں کو پیٹ ڈالیں۔ وہ اگر ایسا کریں گے تو یہ بھی سراسر غلط ہو گا، مگر اِس کے بعد وہ جذباتی، دیوانے اور مجنون تو کہلائیں گے، لیکن اُنھیں ظالم، حاسد اور فتنہ پر داز کوئی نہیں کہہ سکے گا۔

[مارچ 2001ء]

دعوت: انقلاب کا واحد راستہ

ایسی تبدیلی جو اپنے وجود میں ہمہ گیر اور اپنی روح میں جاوداں ہو، اُس وقت تک کسی معاشرے میں اپنی پوری شان کے ساتھ نمودار نہیں ہوتی جب تک اُس معاشرہ کے افراد کی اکثریت اپنے دلوں کے دروازے اُس پر کھول نہ دے۔ جب لوگ کسی تبدیلی کو دل سے قبول کرتے ہیں تو پھر روایات تبدیل ہوتیں اور عقائد میں انقلاب برپا ہوتا ہے، رسمیں ٹوٹتیں اور پرانی اقدار رائج ہو جاتی ہیں۔

انبیا اور رسل کی جدوجہد کا جائزہ لیں یا صالح نقیبانِ انقلاب کی زندگیوں کا مطالعہ کریں، یہ بات واضح ہوتی ہے کہ معاشرے میں ایسی تبدیلی برپا کرنے کا واحد طریقہ اور ایسے پایدار انقلاب کا واحد راستہ دعوت ہے۔ وہ دعوت جو دلوں کو تسخیر کر لیتی اور اذہان کو مفتوح کرتی ہے۔ اِس دعوت میں داعی نہ تلوار اٹھاتا، نہ تشدد واحتجاج کی فرنگیانہ سیاست کے خبائث میں الجھتا ہے، بلکہ اِس کے برعکس، اِس طریق انقلاب میں داعی اپنا مدعا، اپنا پیغام، خالص دلیل و برہان کی بنیاد پر پیش کرتا ہے۔ وہ لوگوں کے جذبات مشتعل نہیں کرتا، اُنھیں ٹھنڈے دل و دماغ سے غور کی دعوت دیتا ہے۔

اِس طریق میں داعی احکامات جاری نہیں کرتا، بلکہ دردمندانہ تذکیر و نصیحت کا اسلوب اختیار کرتا ہے۔ دعوت کے مخاطبین کے ساتھ اُس کا تعلق مرشد اور مریدوں کا سا نہیں، بلکہ

بھائیوں کا سا ہوتا ہے۔ اِسی اخوت و محبت کے تعلق سے داعی کو وہ قوت فراہم ہوتی ہے، جس کی بہ دولت وہ معاشرے کی بڑی سے بڑی طاقت سے ٹکرانے کے لیے کھڑا ہو جاتا ہے۔

اِس طریق میں داعی کا مزاج تند و تیز نہیں، بلکہ محبت آمیز ہوتا ہے۔ بڑی سے بڑی ناکامی پر بھی معتدل رہتا اور امید کا دامن ہاتھ میں تھامے رکھتا ہے۔ اُس کی زندگی کا ہر ہر لمحہ صبر و شکر سے عبارت ہوتا ہے۔ اپنی ناکامیوں اور راہ میں آنے والے مصائب سے آنکھیں چرانے کے بجاے وہ اُنھیں خندہ پیشانی سے جھیلتا ہے اور اللہ سے مدد کی دعا کرتا ہے۔ اپنی کامیابیوں اور کامرانیوں پر اظہار غرور و تکبر کے بجاے اُس کا سر اللہ کے سامنے اظہارِ تشکر کے لیے جھک جاتا ہے۔ اِس طریق میں داعی کا نصب العین جاہ و حشمت کا حصول یا کوئی دوسرا دنیوی مفاد نہیں ہوتا، بلکہ اُس کا مقصد اِس تبدیلی کے ذریعے سے محض اللہ تعالیٰ کی رضا کا حصول ہوتا ہے۔ چنانچہ اُس کے پیش نظر دنیا کی کامیابی نہیں، بلکہ آخرت کی کامیابی ہوتی ہے۔

اِس طریق میں داعی امن و آشتی کا نقیب اور صلح جوئی کا علم بردار ہوتا ہے۔ لہٰذا اُس کی ساری داعیانہ زندگی منفی رویے، تشدد و احتجاج کے اقدامات اور جہاد و قتال کے نعروں سے خالی ہوتی ہے۔ اصلاحِ احوال کے لیے اُس کی ساری کاوش اپنی ابتدا سے انتہا تک، درمندانہ نصیحت اور آخرت کے انذار سے زیادہ کچھ نہیں ہوتی۔

انقلاب کا کوئی علم بردار جب یہ طریق اختیار کرتا ہے تو اُس کے وجود سے تحریکیں جنم لیتی ہیں۔ وہ دعوت کی اِس راہ پر اگر ثابت قدمی سے گام زن رہے تو اللہ کی رضا سے بالآخر وہ وقت بھی آجاتا ہے کہ اللہ کی بادشاہی اپنی پوری شان کے ساتھ زمین پر قائم ہو جاتی ہے اور لوگ صدیق و فاروق کو یاد ہی نہیں کرتے، اُنھیں اپنی آنکھوں کے سامنے چلتے پھرتے محسوس کرتے ہیں۔

[مارچ 1994ء]

تاریخ و سیاست

قومی تعمیر میں مذہبی قیادت کا کردار

عرفانِ الٰہی کی وہ میراث جو ابراہیم و موسیٰ اور مسیح و محمد علیہم الصلوٰۃ والسلام نے چھوڑی ہے، وہ علما کا سرمایۂ حیات ہے۔ چنانچہ انبیا کی نیابت میں اب یہ اُنھی کا منصب ہے کہ اپنے ہم قوموں کو جہنم کے عذاب سے خبر دار کریں اور جنت کے انعام کی خوش خبری سنائیں؛ یہ اُنھی کا کام ہے کہ علوم دینیہ پر غور کریں اور اُن کی روشنی میں زمانے کے لیے لائحۂ عمل تشکیل دیں؛ یہ اُنھی کا فریضہ ہے کہ دینی تعلیم کو ہر آمیزش سے پاک کریں اور اُسے دنیا کے قریے قریے تک پہنچائیں؛ اور یہ اُنھی کی ذمہ داری ہے کہ عامۂ امت کو اندازِ زندگی سکھائیں اور اُن کی تعمیر و ترقی کے لیے صحیح راستوں کا تعین کریں۔ تاریخ گواہ ہے کہ علماے امت نے اِن فرائض منصبی کو نہایت خوبی سے نبھایا ہے۔ یہ ذمہ داریاں ادا کرتے ہوئے اُنھوں نے جنگلوں اور صحراؤں کی خاک چھانی ہے، گھر بار چھوڑے ہیں، نعمتوں سے صرفِ نظر کیا ہے، تازیانے کھائے ہیں، قید و بند کی صعوبتیں برداشت کی ہیں اور بسا اوقات اپنی جانیں بھی راہِ حق میں پیش کر دی ہیں۔ بخاری و مسلم، مالک و احمد، بو حنیفہ و شافعی، غزالی و ابن تیمیہ نے دین و ملت کی جو خدمت کی ہے، وہ اپنی مثال آپ ہے۔ یہ اُس طائفۂ علما کے سرخیل تھے۔ اِن کے پیرووں نے عزم و استقامت اور حکمت و دانش کے ساتھ اقوام امت کی رہنمائی کی اور اُنھیں مدت تک جسدِ واحد میں پروئے رکھا۔ اُنھوں نے اربابِ اقتدار کو اُن کے فرائض سے

منحرف نہیں ہونے دیا۔ عامۃ الناس کے اخلاق و کردار کو مجروح ہونے سے بچایا اور اُنھیں خوابوں میں جینے کے بجائے حقیقت پسندی کا درس دیا۔ اِس رہنمائی کا نتیجہ یہ نکلا کہ مسلمان اخلاق و کردار، عدل وانصاف، علم وہنر اور نظم وترتیب میں اوجِ کمال پر فائز ہوئے اور اِسی بنا پر صدیوں تک عالم کی مسندِ اقتدار پر فائز رہے۔

امت جب زوال پذیر ہوئی تو جہاں وہ حکمران رخصت ہوئے جن کے عدلِ اجتماعی کو امتیں تسلیم کرتی تھیں، وہ سالار رخصت ہوئے جن کی ہیبت سے ظالم قومیں کانپ جاتی تھیں، وہ صناع رخصت ہوئے جنھوں نے اشہب تمدن کو مہمیز کر دیا تھا، وہ مدبر رخصت ہوئے جن کی دانش نے عمرانی علوم کے نئے دریچے کھول دیے تھے، وہ حکما رخصت ہوئے جن کے افکار نے اسرارِ حیات کو آشکارا کر دیا تھا، وہاں وہ داعیانِ دین حق، وہ معلمین کتاب و سنت اور وہ قائدین ملتِ اسلامیہ بھی رخصت ہو گئے جو اِن سب کے لیے قوتِ محرکہ کا کردار ادا کر رہے تھے اور جن کے وجود سے اِن سب کا وجود قائم تھا۔ یہ علما دنیا سے اٹھے اور اِس طرح اٹھے کہ امت کا وجود روحِ اسلام سے خالی ہو گیا اور طاغوت کے تن مردہ میں پھر سے جان پڑ گئی:

جہاں سے اِس طرح اٹھے یہ اہل مے خانہ
کہ بحر وبر میں عزازیل نے جلائے چراغ
فلک کا نوحہ زمیں کے حدود میں پہنچا
کہ کھو دیا ہے ستاروں نے منزلوں کا سراغ

جو لوگ اُن کے جانشین ہوئے اُنھوں نے علم و تحقیق اور اخلاق و تقویٰ کا بہرہ تو وافر جمع کر لیا، مگر قومی و اجتماعی امور میں امت کی صحیح رہنمائی کا فریضہ ادا کرنے سے قاصر رہے۔ اِس ضمن میں اُنھوں نے امت کو جو درس دیا، واقعہ یہ ہے کہ وہ امت کی تعمیر و ترقی کے بجائے

شکست وریخت ہی کا باعث ہوا۔ اِس موقع پر زمانہ اُن سے یہ توقع کر رہا تھا کہ وہ وقت کی نبض پر ہاتھ رکھیں گے، حکمت و دانش کو بروے کار لائیں گے، اسبابِ زوال کو متعین کر کے اُن کے تدارک کی حکمتِ عملی ترتیب دیں گے اور پھر امت کو پوری ثابت قدمی کے ساتھ صحیح خطوط پر آگے بڑھائیں گے، مگر نہ زمانے کی نبض کو ٹٹولا گیا، نہ حکمت و دانش کو آزمایا گیا، نہ اسبابِ زوال کی تحقیق کی گئی اور نہ قومی ترقی کے لیے لائحۂ عمل مرتب کیا گیا۔ اِس کے برعکس، اِس جماعتِ علما کی کارگزاری کی تفصیل یہ ہے کہ اِن میں سے کچھ زوال کی نوحہ خوانی سے قوم پر مایوسی طاری کر کے خاموش ہو گئے، کچھ کنارہ کش ہو کر خانقاہوں میں کھو گئے، مگر بیش تر نے امت میں آتش جذبات کو انگیخت کرنے کا سلسلہ شروع کر دیا۔ یہی جذبات پرور علما اِس دورِ زوال میں امت کی قیادت کے منصب پر فائز ہوئے اور آج تک یہ منصب اِنھی کے پاس ہے۔

گذشتہ دو تین صدیوں میں اِنھوں نے مسلمانوں کو جو رہنمائی فراہم کی ہے، حقیقت یہ ہے کہ وہ قرآن وسنت کی تعلیمات سے ہم آہنگ نہیں ہے۔

اِنھوں نے مسلمانوں کو یہ پیغام دیا ہے کہ اُنھیں معاملاتِ دنیا کو چشمِ خرد سے نہیں، بلکہ نگاہِ جذبات سے دیکھنا چاہیے۔ اُن پر اگر زوال آیا ہے تو اُس کے اسباب اُن کے اپنے ہاں جو ہیں سو ہیں، مگر اِس کا بڑا سبب اُن کے دشمنوں کی ریشہ دوانیاں ہیں۔ اُنھیں چاہیے کہ وہ دشمن اقوام کا قلع قمع کرنے کے لیے سر پر کفن باندھ کر اٹھ کھڑے ہوں اور اُس وقت تک برسرِپیکار رہیں، جب تک وہ ان کی سیادت تسلیم نہیں کر لیتیں یا صفحۂ ہستی سے محو نہیں ہو جاتیں۔ اِس جدوجہد میں اگر وہ خود دنیا سے رخصت ہو جاتے ہیں تو اُنھیں جان رکھنا چاہیے کہ محکومی کی زندگی سے شہادت کی موت بدرجہا بہتر ہے۔

یہ طرزِ عمل سکھایا ہے کہ کم زور کو طاقت ور کے جواب میں حکمت سے نہیں، بلکہ شدید

ردِ عمل سے کام لینا چاہیے۔ حکمت سراسر بزدلی کی علامت ہے۔ اگر وہ ظلم سہتے جائیں گے تو اُس کا سلسلہ دراز ہوتا جائے گا۔

یہ تعلیم دی ہے کہ اُنھیں اسباب و وسائل کی فکر نہیں کرنی چاہیے، بلکہ اللہ کی نصرت پر بھروسا کر کے اپنے حقوق کے لیے برسرِ جنگ ہو جانا چاہیے۔ اگر اُن کا ایمان سلامت ہے تو پروردگارِ عالم لازماً اپنے فرشتوں سے اُن کی مدد فرمائیں گے۔ یہ کوئی نیا واقعہ نہیں ہوگا، اللہ تعالیٰ نے کئی مرتبہ پہلے بھی مختلف میدان ہاے کارزار میں ہزاروں اور لاکھوں کے مقابلے میں سیکڑوں مسلمانوں کو فتح عظیم سے ہم کنار کیا ہے۔

یہ سمجھایا ہے کہ اُن کی بقا کا یہ ناگزیر تقاضا ہے کہ جہاں وہ مقیم ہوں، وہاں اُن کے پاس لازماً سیاسی اقتدار ہونا چاہیے۔ وہ اقلیت میں ہوں، تب بھی اُنھیں اِس کے حصول کی جدوجہد کرنی چاہیے۔ اگر پر امن طریقے سے یہ جدوجہد بار آور نہ ہو سکے تو پر تشدد ہو کر اُسے جاری رکھنا چاہیے۔

یہ باور کرایا ہے کہ دنیا پر حکمرانی نہ صرف اُن کا استحقاق ہے، بلکہ اللہ تعالیٰ کی طرف سے عائد کردہ فریضہ ہے۔ ہر مسلمان کو یہ کوشش کرنی چاہیے کہ وہ اپنی استعداد کے لحاظ سے اِس فرض کو بجالائے۔ اور اِس سے بھی آگے بڑھ کر ایک مسلمان کا مقصدِ حیات ہی دنیا پر اسلام کی حکومت کا قیام ہونا چاہیے۔

یہ بتایا ہے کہ وہ خدا کے نزدیک دنیا کی سب سے مکرم قوم ہیں، اِس لیے کہ وہ محمدِ عربی صلی اللہ علیہ وسلم کی امت ہیں اور اُن کی زبان پر کلمۂ طیبہ جاری ہے۔ اِس بنا پر آخرت میں تو اُنھیں سرخ رو ہونا ہی ہے، لیکن دنیا میں بھی وہ لائق فضیلت ہیں۔ چنانچہ اگر کسی وقت وہ اخلاقی اعتبار سے نہایت پست بھی ہو جائیں، تب بھی تعظیم و تکریم کے مستحق ہیں۔

یہ واضح کیا ہے کہ اُن کی سیادت کی کلید جہاد و قتال ہے۔ جب تک وہ اِس میدان میں

سر گرم تھے تو دنیا پر غالب تھے اور جب سے اُنھوں نے اِس میدان کو چھوڑا ہے، محکومی اُن کا مقدر بن گئی ہے۔ چنانچہ اگر وہ اپنی عظمتِ رفتہ کو واپس لانا چاہتے ہیں تو اُنھیں جہاد و قتال کے لیے مستعد ہونا ہو گا۔

اِس تعلیم و تربیت کا خلاصہ کیا جائے تو معلوم ہو گا کہ ایک ہی درس ہے، جو مراکش سے لے کر انڈونیشیا تک کے علما کی زبانوں پر جاری ہے کہ مسلمانو، تلوار اٹھاؤ اور دنیا سے بر سرِ پیکار ہو جاؤ، یہاں تک کہ دنیا کی مسندِ اقتدار پر قابض ہو جاؤ یا آخرت کے مرتبۂ شہادت پر فائز ہو جاؤ۔

علما کی اِس رہنمائی کو اگر تاریخ کے اوراق میں دیکھا جائے تو چند مثالیں بہت نمایاں ہیں:

سید احمد شہید (1831ء–1786ء) ہیں، جنھوں نے ہند میں سکھوں کی حکومت کے خاتمے اور اسلامی حکومت کے قیام کے لیے تحریک شروع کی۔ جہاد کے نام پر چند سو سر فروشوں کو جمع کر کے سکھوں کی طاقت ور حکومت کے خلاف اعلان جنگ کر دیا۔ ابتدا میں کچھ علاقے پر قبضہ بھی کر لیا، مگر بالآخر بالاکوٹ کے مقام پر سکھوں کی بیس ہزار فوج سے مقابلے میں اپنے تمام سر فروش ساتھیوں سمیت شہید ہو گئے۔

امام شامل (1871ء–1797ء) ہیں، جن کی قیادت میں داغستان کے مسلمانوں نے روسی استعمار کے خلاف آزادی کی جنگ لڑی۔ یہ جنگ کم و بیش پچیس سال تک جاری رہی۔ جہاد اور آزادی کے نام پر ہزاروں مسلمانوں نے اپنی جانیں قربان کیں، مگر آخر کار ناکامی کا سامنا کرنا پڑا۔

مہدی سوڈانی (1885ء–1844ء) ہیں، جو سوڈان کو مصر سے آزاد کرا کے انگریزوں کے خلاف بر سرِ پیکار ہو گئے۔ اِسی دوران میں 1885ء میں اُن کی وفات ہو گئی۔ اُن کے جانشین زیادہ عرصہ انگریزوں کا مقابلہ نہ کر سکے۔ 1899ء میں انگریز سوڈان پر قابض ہو

گئے۔ انگریز سالار نے جذبۂ انتقام کے تحت سفاکی کا مظاہرہ کرتے ہوئے مہدی سوڈانی کی قبر اکھاڑ دی اور اُن کی ہڈیاں تک جلا ڈالیں۔

مفتی اعظم امین الحسینی (1974ء–1893ء) ہیں، جنھوں نے فلسطین کی آزادی کے لیے انگریزوں اور یہودیوں کے خلاف بھرپور جدوجہد کی۔ انگریزوں نے اُنھیں فلسطین سے جلا وطن کر دیا۔ اُنھوں نے آخری دم تک فلسطین کی آزادی کے لیے جدوجہد جاری رکھی جو بار آور نہ ہو سکی۔

حسن البنا (1949ء–1906ء) ہیں، جنھوں نے مصر میں اسلامی حکومت کے قیام کی جدوجہد کے لیے ''الاخوان المسلمون'' کے نام سے تنظیم قائم کی اور رضاکار بھرتی کیے۔ اخوان کے رضاکاروں نے فلسطین کی جنگِ آزادی میں بھرپور حصہ لیا۔ برطانیہ کے دباؤ پر مصری حکومت نے ''الاخوان المسلمون'' پر پابندی عائد کر دی، ہزاروں کارکنوں کو قید کر لیا۔ اِسی ہنگامے میں حسن البنا کو شہید کر دیا گیا۔

سید قطب شہید (1966ء–1906ء) ہیں، جو مصر میں ''الاخوان المسلمون'' ہی کے بڑے رہنماؤں میں سے تھے۔ حکومت مخالف سرگرمیوں کی وجہ سے 15 سال قید بامشقت کی سزا ہوئی۔ اِس دوران میں صدر جمال عبدالناصر نے اُنھیں وزارتِ تعلیم کی پیشکش کی، مگر سید قطب نے انکار کر دیا۔ 1966ء میں اُنھیں حکومت کے خلاف بغاوت کے جرم میں پھانسی دے دی گئی۔

محمد بن عبدالکریم ریفی (1963ء–1882ء) ہیں، جنھوں نے شمالی مراکش پر مسلط اسپین کی حکومت کے خلاف علم بغاوت بلند کیا۔ اسپین کی حکومت نے بغاوت فرو کرنے کے لیے انیس ہزار فوج بھیجی۔ محمد بن عبدالکریم نے اُسے زبردست شکست دے کر شمالی مراکش کو آزاد کرا لیا اور وہاں جمہوریہ ریف کے نام سے نئی حکومت قائم کی۔ اِس سے فرانس کو خطرہ

ہوا، جو مراکش کے باقی حصے پر قابض تھا۔ اُس نے اسپین سے مل کر تقریباً تین لاکھ افواج پر مشتمل لشکر تیار کیا اور بہت مختصر مدت میں ریاست ریف پر قبضہ کر کے محمد بن عبدالکریم کو 21 سال کے لیے قید کر دیا۔

یہ سب لوگ دین کے علم بردار تھے، اسلام سے بے پناہ محبت رکھتے تھے، نیک نیت اور پاکیزہ صفت تھے اور دین و ملت کے بعض دوسرے پہلوؤں میں لافانی خدمات کے کار گزار تھے، مگر اِس سب کچھ کے باوجود قومی معاملات میں حقیقت پسندانہ لائحۂ عمل اختیار نہ کرنے کی وجہ سے مطلوبہ نتائج نہ حاصل کر سکے۔ کاش! وہ مسلمانوں کو قوموں کے عروج و زوال کے بارے میں اللہ تعالیٰ کے اِس غیر متبدل قانون سے روشناس کراتے کہ :

ذٰلِكَ بِاَنَّ اللّٰهَ لَمْ يَكُ مُغَيِّرًا نِّعْمَةً اَنْعَمَهَا عَلٰى قَوْمٍ حَتّٰى يُغَيِّرُوْا مَا بِاَنْفُسِهِمْ ۙ وَاَنَّ اللّٰهَ سَمِيْعٌ عَلِيْمٌ.
(الانفال 8:53)

"یہ اِس وجہ سے ہوا کہ اللہ کسی نعمت کو جو اُس نے کسی قوم کو عطا کی ہو، اُس وقت تک نہیں بدلتا، جب تک وہ خود اپنی حالت میں تبدیلی نہ کریں۔ نیز اِس وجہ سے کہ اللہ سمیع و علیم ہے۔"

اِنَّ اللّٰهَ لَا يُغَيِّرُ مَا بِقَوْمٍ حَتّٰى يُغَيِّرُوْا مَا بِاَنْفُسِهِمْ ۗ وَاِذَآ اَرَادَ اللّٰهُ بِقَوْمٍ سُوْٓءًا فَلَا مَرَدَّ لَهٗ ۚ وَمَا لَهُمْ مِّنْ دُوْنِهٖ مِنْ وَّالٍ.
(الرعد 13:11)

"اللہ کسی قوم کے ساتھ اپنا معاملہ اُس وقت تک نہیں بدلتا، جب تک وہ خود اپنے رویے میں تبدیلی نہ کر لے اور جب اللہ کسی قوم کی شامت لانے کا ارادہ کر لیتا ہے تو وہ کسی کے ٹالے نہیں ٹل سکتی اور نہ اللہ کے مقابل میں اُن کا کوئی مددگار ہو سکتا ہے۔"

گویا قوموں کے عروج و زوال اور انعام و عقوبت کا فیصلہ اللہ کے اختیار میں ہے۔ اُس کا انعام

قوم کے کردار اور صفات پر مبنی ہوتا ہے، جب تک کوئی قوم اللہ تعالیٰ کے مقررہ کردار کی حامل اور مطلوبہ صفات سے متصف رہتی ہے تو وہ انعامات کا سلسلہ جاری رکھتے ہیں، بہ صورتِ دیگر وہ اُس کے لیے زوال اور بربادی مقدر کر دیتے ہیں۔

[اپریل 2017ء]

1857ء کی جنگِ آزادی اور علماے ہند

تاریخ کے محققین نے 1857ء کی جنگِ آزادی کے مختلف اسباب بیان کیے ہیں۔ مثلاً یہ کہ انگریز حکومت اور ہند کے عوام میں باہمی ابلاغ نہ ہونے کے باعث غلط فہمیاں پیدا ہوئیں۔ حکومت نے ایسے ضابطے اور طریقے اختیار کیے جو لوگوں کی عادات و اطوار سے متصادم تھے۔ فرائض کی بجاآوری سے کوتاہی برتی۔ فوج کو اچھے طریقے سے منظم نہیں کیا۔ اہل ہند کی ناپسندیدگی کے باوجود عیسائی مبلغین کی تبلیغی سرگرمیوں کی سرپرستی کی۔ مزید برآں، اودھ اور متعدد دوسرے علاقوں کے الحاق کا سلسلہ شروع کر دیا۔ یہ اور اِس نوعیت کے بعض دوسرے اسباب اِس سلسلے میں عام طور پر پیش کیے جاتے ہیں، مگر در حقیقت اِن کی حیثیت ضمنی ہے۔ اِس تحریک کا اصل سبب اہل ہند کی غیر ملکی حکمرانوں کے ناروا تسلط سے بے زاری تھی۔ اُنھوں نے انگریز حکومت کو دل سے قبول ہی نہیں کیا تھا، یعنی انگریزی استعمار کے خلاف نفرت کی فضا اول روز سے موجود تھی۔ یہی بے زاری اور نفرت اُن کے غیر ملکی حکمرانوں سے برسرپیکار ہونے کا باعث ہوئی۔ مولانا غلام رسول مہر نے اپنی کتاب ”1857ء پاک وہند کی پہلی جنگ آزادی“ میں بجا طور پر لکھا ہے:

> ”جنگ آزادی کا بنیادی اور اساسی سبب ایک اور صرف ایک تھا اور وہ یہ کہ انگریزی حکومت اجنبیوں کی حکومت تھی۔ ابتدا میں انھیں مختلف دیسی حکمرانوں کے کارندے،

ایجنٹ اور مختار سمجھ کر قبول کیا گیا۔ جب معلوم ہوا کہ انھوں نے حرافی اور عیاری سے سب کچھ سنبھال لیا تو ان کے خلاف ہمہ گیر نفرت کی لہر دوڑ گئی۔ کوئی بھی غیرت مند محب وطن اجنبی تسلط کو بہ طیب خاطر برداشت نہیں کر سکتا تھا۔" (34-35)

جنگِ آزادی میں اگر چہ ہند کی بیش تر اقوام شریک ہوئیں، مگر چونکہ اِس کی قیادت مسلمانوں کے ہاتھوں میں تھی اور اِس کا مقصد اصلاً مسلم اقتدار کا احیا تھا، اِس لیے اِس کا مسلمانوں سے منسوب ہونا قابل فہم ہے۔ اِس جنگ میں مسلمانوں نے پورے جذبۂ جہاد کے ساتھ حصہ لیا۔ سیاسی قائدین اور علمائے کرام نے مسلمانوں میں اِسی جذبے کو پروان چڑھایا۔ آغازِ جنگ کے موقع پر بہادر شاہ ظفر نے اہل ہند کے نام ایک فرمان جاری کیا اور ہندوؤں اور مسلمانوں کو اِن الفاظ میں مذہبی اپیل کی:

"چند ہندو اور مسلمان سرداروں نے جنھوں نے اپنے مذہب کے تحفظ کے لیے بہت پہلے اپنے گھروں کو خیر باد کہہ دیا ہے اور جو ہندوستان سے انگریزوں کی بیخ کنی کرنے کے لیے پوری کوششیں کر رہے ہیں، مابدولت کے روبرو حاضر ہوئے ہیں۔ انھوں نے موجودہ ہندوستانی جہاد میں حصہ لیا ہے... جو ہندوستانی، چاہے وہ ہندو ہو یا مسلمان، انگریزوں کے خلاف لڑتے ہوئے جاں بحق ہو گا، اسے جنت نصیب ہو گی۔ اور جو انگریزوں کی طرف سے لڑتے ہوئے مارے جائیں گے، انھیں بلاشبہ دوزخ میں جگہ ملے گی۔" (جنگ آزادی کے مسلم مشاہیر، محمد صدیق قریشی 40، 37۔ بہ حوالہ دہلی گزٹ، 1857ء)

نتائج کے اعتبار سے دیکھا جائے تو آزادی کی یہ جنگ ہند کے مسلمانوں کی بربادی پر منتج ہوئی۔ ہزاروں مسلمان شہید ہو گئے۔ ہزاروں کی جایدادیں ضبط ہو گئیں۔ اُن کے لیے سیاسی اور معاشی ترقی کے دروازے بند ہو گئے اور وہ اگلے ایک سو سال کے لیے لاچاری کی زندگی گزارنے پر مجبور ہو گئے۔

اِس جنگ میں مسلمانوں کے مذہبی رہنماؤں کی ایک بڑی جمعیت نے بھرپور حصہ لیا اور

عام مسلمانوں کو انگریزوں کے خلاف مسلح جدوجہد کے لیے آمادہ کیا۔ یہاں ہم موضوع کی مناسبت سے اِس سلسلے کی نمایاں شخصیات کا ذکر کریں گے۔

مولانا احمد اللہ شاہ

مولانا احمد اللہ شاہ کا اصل نام سید احمد علی خان تھا۔ 1817ء میں صوبۂ مدراس کے شہر چینا پٹن میں پیدا ہوئے۔ عربی، فارسی، حدیث اور تفسیر کے علوم حاصل کیے۔ فنِ سپاہ گری کی تربیت حاصل کی۔ تصوف کی طرف بھی راغب ہوئے۔ دہلی کو دعوت و تبلیغ کا مرکز بنانا چاہا، مگر ناموزوں حالات کی وجہ سے یہ ممکن نہ ہو سکا۔ آگرہ کو مرکز بنایا اور وعظ کا سلسلہ شروع کیا۔ وعظ اِس قدر مقبول ہوا کہ اِس میں ہزاروں کی تعداد میں لوگ شریک ہونے لگے۔ آگرہ میں اُن کی سرگرمیوں پر حکومت نے شک کرنا شروع کیا تو اُنھوں نے آگرہ چھوڑ دیا اور انگریزوں کی باقاعدہ مخالفت شروع کر دی۔ کلکتہ، میرٹھ، پٹنہ اور علی گڑھ کا دورہ کر کے فیض آباد میں قیام کیا۔ یہاں اپنے پیروکاروں کی جنگی تربیت کا اہتمام کیا۔ مقامی انتظامیہ نے گرفتار کرنا چاہا تو اُن کے مریدوں نے مسلح مزاحمت کی جو کامیاب نہ ہو سکی۔ گرفتار ہوئے۔ موت کی سزا سنائی گئی۔ سزا پر عمل درآمد سے پہلے لوگوں نے جیل پر یلغار کر کے اُنھیں رہا کرا لیا۔ رہا ہو کر اُنھوں نے لکھنؤ میں اپنا مرکز قائم کیا اور اردگرد کے قصبوں میں انگریزوں کے خلاف جنگی کارروائیوں کی سرپرستی کرتے رہے۔ حملے کامیاب ہوئے تو انگریز لکھنؤ میں قلعہ بند ہو گئے۔ بیان کیا جاتا ہے کہ اِس دوران میں ایک موقع پر مولانا تنہا قلعہ کے اندر گئے اور ایک انگریز کا سر کاٹ کر لے آئے۔

دہلی سے جنگِ آزادی کے مشاہیر مایوس ہو کر لکھنؤ آ گئے اور اِسے اپنا مرکز بنا لیا۔ کچھ معرکوں کے بعد انگریزوں نے لکھنؤ پر قبضہ بحال کر لیا۔ مولانا اور دوسرے رہنماؤں نے شاہ

جہان پور اور محمدی کے علاقوں کو اپنا مستقر بنا کر جنگ کا سلسلہ جاری رکھا۔ مئی 1858ء میں اُنھوں نے اودھ کو زیر کر لیا۔ اِس موقع پر اُنھوں نے اودھ کے راجاؤں سے مدد حاصل کرنے کا فیصلہ کیا۔ اِس ضمن میں بیگم حضرت محل کے حوالے سے اُنھوں نے پایاں کے راجا جگن ناتھ سے مدد طلب کی۔ اُس نے اُنھیں گفت وشنید کی دعوت دی۔ مولانا پایاں پہنچے تو راجا کے بھائی نے اُنھیں گولی مار کر شہید کر دیا۔ پھر اُس نے اُن کا سر کاٹ کر شاہ جہان پور کے انگریز مجسٹریٹ کو پیش کیا اور پچاس ہزار روپیہ انعام وصول کیا۔ مولانا کا سر پولیس اسٹیشن کے دروازے پر لٹکا دیا گیا۔ اُن کی شہادت کے ساتھ ہی اِن علاقوں میں آزادی کی جدوجہد ختم ہو گئی۔ محمد صدیق قریشی نے مولانا کی جدوجہد پر تبصرہ کرتے ہوئے لکھا ہے:

> ”... مولانا نے انقلابی کام کا آغاز اس وقت کیا جب کسی کو اس جنگ کے آثار کا بھی پتا نہ تھا۔ جہاد کا زیرِ زمین جال بچھانے والوں میں ان کا بڑا ہاتھ تھا، انھوں نے تمام اودھ اور آگرے تک خود ہر جگہ پہنچ کر خفیہ سوسائٹیاں قائم کیں اور اپنے موثر کلام اور تقاریر سے لوگوں کو فرنگی حکومت سے نجات حاصل کرنے کی تلقین کرتے۔ آپ ایک بہترین مقرر تھے۔ جب آگرہ میں تھے تو ہزاروں ہندو و مسلم آپ کو سننے کے لیے جمع ہوتے تھے۔ آپ نے ایک ہاتھ میں تلوار اور ایک ہاتھ میں قلم لے کر انقلاب کے لیے علاقوں کے علاقے تیار کر دیے۔ یہ آپ کی مقبولیت کا اعجاز تھا کہ جب آگرہ میں جہاد شروع ہوا تو اس کی قیادت کوتوال نے کی اور کچھ عرصہ تک اسے دبایا نہ جا سکا۔“ (جنگ آزادی کے مسلم مشاہیر 87)

مولانا غلام رسول مہر نے اپنی کتاب ”اٹھارہ سو ستاون کے مجاہد“ میں مولانا احمد اللہ شاہ کے بارے میں بعض انگریز مصنفین کی کتابوں سے اقتباسات نقل کیے ہیں۔ یہاں ہم اِن میں سے دو نقل کر رہے ہیں۔ اِن سے مولانا کے کام کے اثرات کا اندازہ کیا جا سکتا ہے۔

ہومز کے حوالے سے لکھا ہے:

> ”ایک مولوی کچھ مدت سے شہر بہ شہر پھرتا رہا۔ وہ کافروں کے خلاف جہاد کے وعظ

کیا کرتا تھا۔ فیض آباد میں نمودار ہوا تو اس نے لوگوں کے دل میں فساد کا بیج بونا شروع کیا۔ اسے گرفتار کر کے قید کر دیا گیا۔ اس وقت تک انگریزوں کو خفیف سا وہم بھی نہ تھا کہ ان کی حکومت میں تزلزل پیدا کیا جا سکتا ہے۔ وہ اس مولوی کی صلاحیت فتنہ انگیزی کا ٹھیک ٹھیک اندازہ نہ کر سکے۔ کئی ماہ بعد حقیقت منکشف ہوئی اور وہ شخص ان سازشیوں کے گروہ کا سردار ثابت ہوا، جو اپنے ہم مذہبوں کے دل میں انگریزی حکومت کے خلاف بغاوت کے جذبات برانگیختہ کرتے رہتے تھے۔"(114-115)

ہچنسن کے حوالے سے بیان کیا ہے:

"... انگریزی حکومت کے خلاف پہلا واضح اور مضبوط قدم ایک مولوی نے اٹھایا تھا اور اس کے پیش نظر مذہبی اغراض تھیں۔ اس مولوی کا نام احمد علی شاہ اور وطن ارکاٹ (جنوبی ہند) تھا۔ وہ انگریزی بخوبی جانتا تھا۔ فروری 1857ء میں فیض آباد پہنچا۔ سات مسلح جوان ساتھ تھے اور اس نے کھلم کھلا جہاد کی دعوت شروع کر دی۔ بر سر عام وعظ بھی کہتا اور لوگوں میں روپے بھی تقسیم کرتا۔"(115)

مولانا فضل حق خیر آبادی

مولانا فضل حق 1797ء کو خیر آباد (یوپی) میں پیدا ہوئے۔ جید علما سے مختلف دینی علوم حاصل کیے۔ شاہ عبد القادر محدث دہلوی سے حدیث کی تعلیم حاصل کی۔ عربی و فارسی میں متعدد تحقیقی کتابیں قلم بند کیں۔ لکھنؤ میں صدر الصدور مقرر ہوئے۔ سر سید احمد خان نے اُن کے علم و فضل کا اعتراف کرتے ہوئے لکھا ہے:

"... یہ حضرت خلف الرشید ہیں جناب مولانا فضل امام کے۔ زبان قلم نے ان کے کمالات پر نظر کر کے فخر خاندان لکھا ہے اور فکر دقیق نے جب سرکار کو دریافت کیا، فخر جہاں پایا، جمیع علوم و فنون میں یکتائے روزگار ہیں اور منطق و حکمت کی تو گویا انھی کی فکر

عالی نے بناڈالی ہے، علماے عصر بل فضلاے دہر کو کیا طاقت ہے کہ اس سر کردہ اہل کمال کے حضور میں بساط مناظرہ آراستہ کر سکیں۔ بارہا دیکھا گیا کہ جو لوگ اپنے آپ کو یگانۂ فن سمجھتے تھے، جب ان کی زبان سے ایک حرف سنا، دعویٰ کمال کو فراموش کر کے نسبتِ شاگردی کو اپنا فخر سمجھے۔" (تذکرۂ اہل دہلی، بہ حوالہ جنگ آزادی کے مسلم مشاہیر 122)

جنگِ آزادی کا آغاز ہوا تو مولانا فضل حق فوراً دہلی پہنچے۔ یہاں جامع مسجد میں ایک خطبے کے دوران میں یہ فتویٰ دیا کہ مسلمانوں پر فرض ہے کہ وہ انگریزوں کے خلاف جنگ میں حصہ لیں۔ مختلف والیان ریاست کو جنگ کے لیے ابھارا۔ جنرل بخت خان سے مل کر ہر طرح کی امداد کی پیشکش کی۔ دہلی جب مسلمانوں کے قبضے سے نکل گیا تو وہ اودھ روانہ ہو گئے۔ وہاں جنگِ آزادی کی سرگرمیوں میں شریک رہے۔ خاتمۂ جنگ کے بعد جب ملکہ وکٹوریہ کی طرف سے عام معافی کا اعلان ہوا تو اپنے وطن خیر آباد چلے گئے۔ حکومت نے گرفتار کر کے مقدمہ چلایا اور عمر قید کی سزا سنا کر انڈیمان بھجوا دیا۔ مولانا فضل حق کے بیٹے مولانا عبدالحق مقدمے کی پیروی کرتے رہے اور بالآخر رہائی کا فیصلہ حاصل کرنے میں کامیاب ہو گئے، مگر مولانا رہا ہونے سے پہلے ہی سزا کی شدت کی وجہ سے وفات پا گئے۔

مولانا لیاقت علی الٰہ آبادی

مولانا لیاقت علی الٰہ آباد کے ایک گاؤں میں پیدا ہوئے۔ شاہ عبدالعزیز کے ایک شاگرد سے تعلیم حاصل کی اور دین کی تعلیم و تبلیغ میں مصروف ہو گئے۔ جنگِ آزادی کے آغاز کے موقع پر اُنھوں نے الٰہ آباد کو مستقر بنایا۔ مولانا نے لوگوں میں جہاد کا جذبہ پروان چڑھانے کے لیے دو اشتہارات شائع کیے۔ یہ الٰہ آباد، اودھ اور دوسرے مقامات پر بھیجے گئے۔ ایک اشتہار اُن اشعار پر مشتمل تھا، جو سید احمد شہید کے رفقا میدانِ جنگ میں پڑھا کرتے تھے۔

دوسرے اشتہار میں جنگِ آزادی کے لیے مذہبی استدلال کو پوری وضاحت سے بیان کیا گیا ہے۔ اس کا کچھ حصہ ملاحظہ ہو:

”بعد حمد و صلوٰۃ کے واسطے رفع حجت بروز قیامت و تبلیغ احکام شریعت کہ طریقہ سنت ہے... فرمان واجب الاتقان، اعنی قرآن مجید و فرقان حمید اور ارشاد فیض بنیاد برگزیدہ لم یزل حضرت نبی صلعم سے بخوبی ثابت و متحقق کر کے مسلمانان باایمان کو سناتا ہے کہ جو بدعات ظلم و فساد ساری سلطنت ہندوستان میں خصوصاً ضلع الٰہ آباد میں کفرہ فجرہ نصاریٰ کا علی العموم اوپر ہر ایک مومن متبع اسلام کرام کے ... ہو رہا ہے، اظہر من الشمس ہے۔ اس صورت میں مومنین و مخلصین کو لازم ہے کہ متحد جہاد ہو جائیں، بہ موجب ارشاد فیض بنیاد آں حضرت صلعم کے 'لکل نبی حرفۃ و حرفتی الجہاد' (واسطے ہر نبی کے پیشہ ایک مقرر رہا ہے اور پیشہ میرا ہے جہاد) بے شک جس نے اپنا پیشہ چھوڑ دیا، وہ ذلیل وخوار اور فقر فاقے میں گرفتار ہوا فقط۔ اب بہ موجب 'اِنَّ الْجَنَّۃَ تَحْتَ ظِلَالِ السَّیُوْفِ' فائدہ اخروی اٹھاویں اور درجۂ شہادت کا جس میں ہمیشہ کی زندگی ہے اور نعما جنت اور ازواج حوران بہشت پاویں اور کسی طرح کا شک و خطرۂ بد دل میں نہ لاویں اور جان و مال اور تکثر سواد و رائے صائب و ہتھیار وغیرہ سے جہاں تک ممکن ہو شرکت بجالاویں ایسا نہ ہو کہ اوقات سعید اور آوان حمید میں شرکت سے محروم رہیں اور پچھتاویں اور جو شخص اس مقدمے میں پیشوائی کرے، اسی کو اپنا امام سمجھ کر بہ موجب 'اَلْجِھَادُ وَاجِبٌ عَلَیْکُمْ مَعَ کُلِّ اَمِیْرٍ بِرًّا کَانَ اَوْ فَاجِرًا' کی تابعداری کریں کیونکہ قرآن مجید و فرقان حمید فضائل جہاد سے بھرا ہوا ہے۔ ظاہر ہے کہ سورۂ توبہ میں جابجا ارشاد ہے... اور جہاد میں بڑا سامان یہ ہے کہ بندے توکل بہ خدا کریں اور امداد جانب خالق کون و مکان سے ہو۔ سو امداد غیبی صریح ظاہر و باہر ہے کہ مسلمان ہندوستان کے بہ سبب بے استطاعتی زر و عدم موجودگی گولہ و بارود و توپ و لشکر مجبور و ناتواں ہو رہے تھے۔ سو اس خالق اللہ الصمد نے دین احمد صلعم کو جیسا باطناً قوی اور

توانا کیا ہے، ویسا ہی ظاہر اًہے۔... سو یہ سب دلائل کامل وبراہین مدلل کمر بندی اوپر عند دفاع اس قوم نصاریٰ طاغی وباغی کے ہے۔ مناسب ہے کہ جو بھائی مسلمان اس خبر فرحت اثر کو سنیں وہ فوراً مستعد ہو کر کمر ہمت جہاد باندھ لیں اور تا شہر الہ آباد تشریف لائیں اور قلعہ بند کفار نابکار کا قلع قمع کر کے بہ زور تیغ بے دریغ کے خاک میں ملاویں اور باقی ماندوں کو اس ملک سے بھگاویں۔ پھر بہ اطمینان حکومت عدالت اسلام فرماویں۔"

(اٹھارہ سو ستاون کے مجاہد، غلام رسول مہر 218-216)

الہ آباد کے مجاہدین نے اتفاقِ رائے سے مولانا کو اپنا امیر چن لیا اور انگریزوں کے خلاف برسرِ جنگ ہو گئے۔ انگریز سکھوں کی رجمنٹ کے ساتھ قلعہ بند ہو گئے۔ مولانا کی قیادت میں قلعے پر بار بار حملہ کیا گیا، لیکن ہر بار ناکامی کا سامنا کرنا پڑا۔ اِسی دوران میں انگریزوں کو کمک پہنچ گئی۔ اُن کی فوج شہر میں داخل ہو گئی۔ اُس نے شہریوں کا بے دریغ قتل عام شروع کر دیا۔ محض الہ آباد میں سات ہزار افراد کو پھانسی دی گئی۔

مولانا اپنی جد وجہد میں کامیاب نہ ہو سکے۔ الہ آباد پر انگریز قابض ہو گئے۔ اِس موقع پر مولانا کان پور چلے گئے۔ جنگِ آزادی کی ناکامی کے بعد نیپال چلے گئے۔ وہاں گرفتار ہوئے۔ مقدمہ چلا اور سزائے عمر قید کے طور پر انڈیمان بھیج دیے گئے۔ وہاں پہنچنے کے کچھ دن بعد وفات پا گئے۔

مولانا جعفر تھانیسری

مولانا جعفر تھانیسری کا تعلق ضلع کرنال سے تھا۔ دینی علوم حاصل کیے اور اپنے علاقے میں بدعتوں کے خلاف تحریک شروع کی۔ جنگِ آزادی شروع ہوئی تو دہلی چلے گئے۔ جنگ میں باقاعدہ حصہ لیا۔ محمد صدیق قریشی نے ڈاکٹر ہنٹر کے حوالے سے لکھا ہے:

”جنگ کے غیر مانوس کام میں بھی ان کی اعلیٰ قابلیت نے ان کو نمایاں کر دیا اور اب وہ ان لوگوں میں شمار ہونے لگے جن کے پاس باغیانہ راز محفوظ رہ سکتے ہیں۔“

(جنگِ آزادی کے مسلم مشاہیر 133)

جنگِ آزادی کی ناکامی کے بعد مولانا واپس تھانیسر چلے گئے۔ یہاں پر دعوت و تبلیغ کی سرگرمیاں شروع کیں۔ علی گڑھ میں مولانا کو گرفتار کر لیا گیا۔ معلومات حاصل کرنے کے لیے مولانا پر بہت تشدد کیا گیا، مگر مولانا نے کوئی بات بتانے سے انکار کر دیا۔ چنانچہ اُنھیں موت کی سزا ہوئی۔ موت کا فیصلہ سناتے ہوئے یہ کہا گیا:

”... تم بہت عقل مند، ذی علم، قانون دان اور اپنے شہر کے رئیس اور نمبر دار ہو۔ تمھاری سخت دشمنی، باغیانہ تگ و دو اور شرارت انگیز قابلیت میں مبالغہ کرنا ناممکن ہے۔ تم نے سوائے انکار بحث کے کچھ حیلتاً بھی خیر خواہی سرکار کا دم نہیں بھرا اور باوجود فہمایش کے اس کے ثابت کرانے میں کچھ کوشش نہ کی۔ اس واسطے تم کو پھانسی دی جائے گی اور تمھاری کل جائداد ضبط بحق سرکار ہو گی اور تمھاری لاش بھی تمھارے ورثا کو نہیں دی جائے گی۔ بلکہ نہایت ذلت کے ساتھ اس گورستان جیل میں گاڑ دی جائے گی۔“

(جنگِ آزادی کے مسلم مشاہیر 135)

بعد ازاں ڈپٹی کمشنر نے مولانا کی سزا کو حبس دوام بہ عبور دریاے شور میں تبدیل کر کے انڈیمان روانہ کر دیا۔ اس تبدیلی کے موقع پر مولانا سے یہ کہا گیا کہ:

”... ہم تمھیں اپنی مرضی کی موت نہیں مرنے دیں گے بلکہ تمھیں ایسی موت سے ماریں گے کہ تمھاری جان بڑے عذاب سے نکلے۔“

(جنگِ آزادی کے مسلم مشاہیر 136)

مولانا 18 سال تک قید بامشقت میں رہنے کے بعد رہا کر دیے گئے۔

مولانا یحییٰ علی

مولانا یحییٰ علی کا تعلق پٹنہ سے تھا۔ یہاں وہ مرکزی دارالاشاعت کے مہتمم تھے۔ جمعہ کے خطبات میں جہاد کی فضیلت بیان کرتے تھے۔ جنگِ آزادی کے دوران میں اُنھوں نے سرحد کے علاقے میں سرگرم مجاہدین کی مالی اعانت کا سلسلہ جاری رکھا۔ اِس مقصد کے لیے اُنھوں نے پٹنہ سے سرحد تک کے راستے پر خفیہ جماعت خانوں کا ایک پورا سلسلہ قائم کیا۔ اِن کا نظم ونسق اُن کے مرید انجام دیتے تھے۔ اُنھوں نے سفری مبلغین سے خط کتابت کا سلسلہ استوار کر رکھا تھا۔ اِس مقصد کے لیے اُنھوں نے خفیہ زبان بھی وضع کر رکھی تھی۔ جنگ کے بعد مولانا پر یہ جرم عائد کیا گیا کہ وہ سرحد پار کے باغیوں کے لیے ترسیل زر اور فراہمی مجاہدین کے اصل مہتمم ہیں۔ اِس جرم میں اُنھیں موت کی سزا سنائی گئی، جو بعد ازاں حبس دوام بہ عبور دریاے شور میں تبدیل کر دی گئی۔ اُن کی سزاے موت کے فیصلے میں لکھا گیا:

”یہ امر پایۂ ثبوت تک پہنچ گیا ہے کہ یحییٰ علی ہی اس سازش کا کرتا دھرتا ہے جس کا انکشاف اس مقدمہ میں ہوا۔ وہ بہت تعلیم یافتہ انسان ہے اور اپنی لاعلمی کا عذر پیش نہیں کر سکتا۔ جو کچھ اس نے کیا سوچ سمجھ کر عمداً اور سخت باغیانہ طریقہ پر کیا۔ وہ موروثی باغی ہے اور ایک متعصب خاندان سے تعلق رکھتا ہے۔ اس کی خواہش ایک مذہبی مصلح کے درجہ تک پہنچنے کی ہے۔ لیکن بنگال کے برہمو سماجی ہم وطنوں کی طرح دلیل اور فطرت صالح سے اپیل کی بجاے وہ اپنا مقصد سیاسی انقلاب سے پورا کرنا چاہتا ہے اور دیوانوں کی طرح اس حکومت کے خلاف سازش کرتا ہے جس نے ہندوستانی مسلمانوں کو تباہی سے بچایا اور یقینی طور پر مذہبی آزادی عطا کی۔“ (جنگِ آزادی کے مسلم مشاہیر 139)

مولانا پیر علی

مولانا پیر علی کا اصل وطن لکھنؤ تھا۔ جنگِ آزادی سے کچھ پہلے پٹنہ چلے گئے۔ مقصد

انگریزوں کے خلاف سرگرم کارکن پیدا کرنا تھا۔ جنگِ آزادی شروع ہوئی تو مولانا نے دو سو مسلمان جمع کیے اور شہر کے وسط میں واقع گرجے پر حملہ کرنے کے لیے نکل کھڑے ہوئے۔ ایک انگریز نے یہ تصور کر کے کہ لوگ محض تماشے کے لیے جمع ہو گئے ہیں اور کسی انگریز کو دیکھتے ہی بھاگ جائیں گے، گھوڑے پر سوار ہو کر جلوس کی طرف بڑھنے کی کوشش کی تو لوگوں نے گولیاں چلادیں۔ وہ وہیں ڈھیر ہو گیا۔ لوگوں نے اُس کی نعش اِس طرح بگاڑ دی کہ شناخت مشکل ہو گئی۔ مقامی کمشنر نے ایک انگریز کپتان کے ہمراہ ڈیڑھ سو سکھوں کو مقابلے کے لیے روانہ کیا۔ آمنا سامنا ہوا اور سکھوں کی منظم فوج نے لمحوں میں مسلم جمعیت کو منتشر کر دیا۔ اگلے روز مسلمانوں کے 31 سرکردہ لوگ گرفتار ہوئے۔ مولانا پیر علی بھی گرفتار ہوئے۔ مولانا اور 13 دوسرے لوگوں کے لیے پھانسی کی سزا کا اعلان ہوا۔ مولانا کی پھانسی پر وقتی طور پر اِس لیے عمل درآمد روک دیا گیا کہ اُن سے دوسرے اہم مجاہدین کے نام معلوم کیے جا سکیں۔ مولانا پیر علی سے جب ساتھیوں کے بارے میں پوچھا گیا تو اُنھوں نے کہا:

”زندگی کے ایسے موقعے بھی آتے ہیں جن میں جان بچالینا کارِ ثواب ہوتا ہے۔ ایسے موقعے بھی آتے ہیں جن میں جان عزیز دے ہی دینا سب سے بڑی نیکی گنی جاتی ہے۔ تم مجھے پھانسی دے سکتے ہو۔ مجھ ایسے اور آدمیوں کی بھی جانیں لے سکتے ہو، لیکن اس سرزمین سے ہزاروں آدمی تمھارے خلاف اٹھتے رہیں گے اور اطمینان سے حکومت کرنے کا جو مقصد تمھارے سامنے ہے وہ کبھی پورا نہ ہو سکے گا۔“ (اٹھارہ سو ستاون کے مجاہد 300)

بہر حال، مقدمے کی کارروائی مکمل ہونے کے بعد مولانا پیر علی خان پر موت کی سزا نافذ کر دی گئی۔

مولانا کفایت اللہ کافی

مولانا کفایت اللہ کافی کا تعلق مراد آباد سے تھا۔ علوم دینیہ کے علاوہ شاعری اور ادب

میں بھی شہرت حاصل کی۔ جنگ آزادی کے موقع پر جمعہ کے خطبات میں مسلمانوں کو انگریزوں کے خلاف جہاد پر ابھارتے رہے۔ جب مراد آباد میں مجاہدین کی آزاد حکومت قائم ہوئی تو مولانا کو صدر الشریعت مقرر کیا گیا۔ مولانا نے فرنگیوں کے خلاف جہاد و قتال کا فتویٰ جاری کیا، اِس کی نقول مختلف علاقوں میں بھجوائیں۔ فتویٰ کو موثر کرنے کے لیے کئی علاقوں کا دورہ کیا۔ جلد ہی انگریز دوبارہ مراد آباد پر قابض ہو گئے۔ مولانا کو گرفتار کر کے پھانسی دے دی گئی۔

حاجی امداد اللہ مہاجر مکی

حاجی امداد اللہ مہاجر مکی ضلع مظفر نگر کے تھانہ بھون سے تعلق رکھتے تھے۔ علوم اسلامی اور تصوف کی تعلیم حاصل کی۔ بیعت لینے کا سلسلہ شروع کیا۔ مولانا رشید احمد گنگوہی، مولانا محمد قاسم نانوتوی اور مولانا فیض الحسن سہارن پوری جیسی شخصیات حلقۂ بیعت میں شامل ہوئیں۔ تحریکِ آزادی شروع ہوئی تو حاجی صاحب نے تھانہ بھون میں ممتاز علما کا ایک اجلاس منعقد کیا۔ اِس میں جہادی سرگرمیوں کی منصوبہ بندی کی گئی۔ علما نے حاجی صاحب کو اپنا امیر منتخب کر لیا۔ تھانہ بھون کا انتظام اپنے ہاتھوں میں لے لیا اور بعض دیوانی اور فوج داری مقدموں کا فیصلہ بھی کیا۔ گویا مولانا کی امارت میں وہاں نظم حکومت قائم ہو گیا۔ مولانا غلام رسول مہر نے مولانا عاشق الٰہی کے حوالے سے لکھا ہے:

"...اس بد امنی کے زمانے میں لوگ حضرت حاجی امداد اللہ مرحوم و مغفور کی خدمت میں حاضر ہوئے اور عرض کیا کہ کسی حاکم کی سرپرستی کے بغیر گزارا نہیں ہو سکتا۔ آپ ہمارے دینی سردار ہیں، دنیاوی نظم حکومت کا بار بھی اپنے سر پر رکھیں۔ چنانچہ حضرت کو ان کے سروں پر ہاتھ رکھنا پڑا۔ چونکہ حکومت کے فیصلوں اور شرعی قضا میں

مولویوں کی ضرورت تھی، اس لیے مولانا رشید احمد اور مولانا محمد قاسم بھی تھانہ بھون ہی میں حضرت حاجی صاحب کے پاس ٹھہر گئے۔" (اٹھارہ سوستاون کے مجاہد 253)

اُن کی قیادت میں مقامی مجاہدین نے شاملی کے علاقے پر قبضہ کر لیا۔ جب انگریزوں کا قبضہ بحال ہو گیا اور مجاہدین شکست سے دوچار ہوئے تو انگریزوں نے حاجی صاحب کو گرفتار کرنے کی کافی کوشش کی، مگر وہ چھپ کر مکہ چلے گئے۔ یہاں بھی وہ ہند کے مسلمانوں میں انگریزوں کے خلاف جذبات کو پروان چڑھاتے رہے۔ حاجی صاحب کی وفات مکہ معظمہ ہی میں ہوئی۔

مولانا سرفراز علی

مولانا سرفراز علی سید احمد شہید کے مرید تھے۔ اُن کا تعلق شاہ جہان پور سے تھا۔ فوج میں اُن کا کافی اثر ورسوخ تھا۔ جہاد کی بیعت لیتے تھے۔ جنگ آزادی کے دوران میں اودھ کے لوگوں کو جہاد کے لیے تیار کیا اور دہلی اور لکھنؤ کے معرکوں کے لیے ہزاروں مجاہدین تیار کر کے روانہ کیے۔ اِسی وجہ سے امیر المجاہدین کے لقب سے مشہور ہوئے۔ جب لکھنؤ پر انگریزوں کا قبضہ ہوا تو مولانا بھی گرفتار کر لیے گئے۔ اُنھیں کالے پانی کی سزا کے طور پر انڈیمان بھیج دیا گیا۔

مولانا رحمت اللہ کیرانوی

مولانا رحمت اللہ کیرانوی ضلع مظفر نگر کے علاقے کیرانہ کے عالم تھے۔ اُنھوں نے کیرانہ میں جنگِ آزادی کی تحریک شروع کی۔ یہاں مجاہدین کافی مستحکم تھے۔ مولانا نے یہاں

لوگوں کے اندر جہاد کے جذبات کو مستحکم کیا۔ مقامی لوگوں نے اُن کی سیادت کو قبول کیا۔ چنانچہ جب لوگوں کو کسی نئی حکمت عملی سے آگاہ کرنا ہو تا تو جامع مسجد کی سیڑھیوں پر نقارہ بجا کر یہ اعلان کیا جاتا کہ "ملک خدا کا اور حکم مولوی رحمت اللہ کا۔" کیرانہ پر جب انگریز فوج قابض ہو گئی اور مولانا کی تلاش شروع ہوئی تو اُنھوں نے بھیس بدل کر ایک قریبی گاؤں میں پناہ لی۔ یہیں سے وہ حجاز مقدس کے لیے روانہ ہو گئے۔

علماے دیوبند

حاجی امداد اللہ مہاجر مکی کی قیادت میں دیوبند کے علما مولانا محمد قاسم نانوتوی اور مولانا رشید احمد گنگوہی نے بھی جنگِ آزادی میں حصہ لیا۔ اُن کی جدوجہد کو مصلحتاً تاریخ کی کتابوں میں درج نہیں کیا گیا۔ البتہ، یہ بات طے ہے کہ یہ دونوں حضرات جنگِ آزادی میں شرکت کے جرم میں گرفتار ہوئے اور کچھ عرصہ قید رہے۔

[اگست 2002ء]

سید احمد شہید اور اُن کی تحریکِ جہاد

سوانح

سید احمد 29/نومبر 1786ء کو رائے بریلی میں پیدا ہوئے۔ چار سال کی عمر میں مکتب میں داخل ہوئے۔ تعلیم کی طرف خاص رغبت محسوس نہ ہوئی۔ سپاہیانہ کھیلوں سے زیادہ دل چسپی رہی۔ بلوغ کو پہنچے تو خدمتِ خلق کا میلان ہوا۔ ساتھ ساتھ عبادت کا ذوق بڑھا اور تہجد کی نماز معمول بن گئی۔ سترہ، اٹھارہ سال کی عمر میں تحصیل معاش کے لیے لکھنؤ گئے۔ وہاں چند مہینے گزارے اور پھر حضرت شاہ ولی اللہ کے صاحب زادے شاہ عبدالعزیز صاحب سے ملاقات کی غرض سے دہلی روانہ ہو گئے۔ شاہ صاحب نے اُنھیں تعلیم و تربیت کی غرض سے اپنے بھائی شاہ عبدالقادر کے سپرد کیا۔ یہاں سید صاحب نے نصابِ تعلیم تو مکمل نہیں کیا، مگر دینی علوم سے ضروری واقفیت بہم پہنچالی۔ چار پانچ سال دہلی میں گزار کر واپس رائے بریلی پہنچے۔ چند برس بعد نواب امیر احمد خان کے لشکر میں شامل ہو گئے۔ یہاں اُنھوں نے سپاہیوں میں دعوت و تبلیغ کا سلسلہ شروع کر دیا۔ امیر خان انگریزوں کو ہندوستان سے نکالنا چاہتے تھے۔ جب امیر خان انگریزوں کی بڑھتی ہوئی قوت کا مقابلہ نہ کر سکے اور اُن کے ساتھ مصالحت اور ماتحتی کا رویہ اختیار کرنے پر مجبور ہو گئے تو سید احمد نے اُنھیں مصالحت سے روکنے اور

بر سر جنگ رکھنے کی ہر ممکن کوشش کی، مگر وہ آمادہ نہیں ہوئے۔ چنانچہ کم و بیش 6 برس امیر خان سے وابستہ رہنے کے بعد سید صاحب علیحدہ ہوگئے اور دوبارہ شاہ عبدالعزیز کے پاس دہلی چلے گئے۔ اُس وقت اُن کی عمر 33 سال تھی۔ شاہ عبدالقادر وفات پا چکے تھے۔ سید صاحب اُنھی کی مسجد میں مقیم ہوئے اور سلسلۂ بیعت شروع کیا۔ جب مولانا عبدالحئ اور شاہ اسماعیل جیسے علما دائرۂ بیعت میں داخل ہوئے تو لوگوں نے کثرت کے ساتھ آپ کے ہاتھ پر بیعت کرنا شروع کر دی۔ کچھ عرصہ بعد سید احمد نے ہندوستان کے متعدد علاقوں کا دورہ کیا۔ اِن موقعوں پر بے شمار لوگوں نے آپ کے ہاتھ پر بیعت کی۔ اِس دوران میں مولانا عبدالحئ اور شاہ اسماعیل اُن کے ہم راہ رہے۔ پھر وہ اپنے رفقا کے ہم راہ ایک بڑے قافلے کی صورت میں حج کے لیے روانہ ہوئے۔ حج کے دوران میں عقبہ کے مقام پر اپنے رفقا سے جہاد کی بیعت لی۔ واپس آکر بریلی میں قیام کیا اور لوگوں کی حربی تربیت میں مصروف ہوگئے۔ اُس زمانے میں اُنھوں نے ہندوستان کے علما اور اہل سیادت کو خطوط لکھ کر جہاد کے لیے ابھارا۔

کچھ سرفروشوں کی جمعیت تیار ہو جانے کے بعد اُنھوں نے اسلام اور مسلمانوں کی حمیت میں مسلح جدوجہد شروع کرنے کا فیصلہ کیا۔ اِس سلسلے میں وہ انگریزوں سے برسرپیکار ہونا چاہتے تھے، مگر حالات اور بعض مصالح کے پیش نظر اُنھوں نے پنجاب میں قائم رنجیت سنگھ کی حکومت کے خلاف مسلح جدوجہد کا عزم کیا۔ اِس مقصد کے لیے اُنھوں نے پشاور کے نواحی علاقوں کو اپنا مستقر بنانے کا فیصلہ کیا۔ یہ علاقے لاہور کی سکھ حکومت کے باج گزار تھے۔ سید صاحب چند سو سرفروشوں کو لے کر نکلے اور سال بھر سفر کرتے ہوئے مقررہ علاقے میں پہنچے۔ بعض مقامی سرداروں کی حمایت سے اپنی امارت قائم کی اور سکھوں کے ساتھ جنگوں کا سلسلہ شروع کیا۔ یہ سلسلہ زیادہ عرصہ جاری نہ رہ سکا اور 6/ مئی 1831ء کو وہ بالاکوٹ کے مقام پر اپنے بیش تر ساتھیوں سمیت شہید ہوگئے۔

افکار

سید احمد شہید جہاد و قتال کے ذریعے سے ہندوستان میں مسلمانوں کے اقتدار کو دوبارہ قائم کرنا چاہتے تھے۔ اِس مقصد کے لیے اُنھوں نے جو نقطہ ہاے نظر قائم کیے، وہ زیادہ تر اُن کے خطوط اور خطبات سے اخذ کیے جا سکتے ہیں۔ اِن کی بنا پر یہاں چند بنیادی نکات بیان کیے جا رہے ہیں۔

دین کی اشاعت میں اصل کردار جہاد کا ہے

سید احمد شہید کا تصور یہ تھا کہ اسلام کی اشاعت اصلاً جہاد ہی کی بہ دولت ہوئی ہے۔ وہ اکثر جسم پر ہتھیار سجا کر نکلتے اور اپنے اہل بیعت کو بھی اِس کی ترغیب دیتے۔ ایک موقع پر رفقا کے ہم راہ ہتھیار لگا کر نکلے۔ کسی نے کہا کہ یہ تلوار یا بندوق وغیرہ باندھنا آپ کے شایانِ شان نہیں ہے، یہ جہالت کے انداز ہیں اور آپ کے آبا کے طرزِ عمل کے خلاف ہیں۔ یہ سن کر اُن کا چہرہ غصے سے سرخ ہو گیا۔ کہنے لگے:

> ”اس بات کا آپ کو کیا جواب دوں؟ اگر سمجھیے تو یہی کافی ہے کہ یہ وہ اسباب خیر و برکت ہیں کہ اللہ تعالیٰ نے انبیا علیہم السلام کو عنایت فرمائے تھے تاکہ کفار و مشرکین سے جہاد کریں اور خصوصاً ہمارے حضرت محمد صلی اللہ علیہ وسلم نے اسی سامان سے تمام کفار و اشرار کو زیر کر کے جہان میں دین حق کو روشنی بخشی۔ اگر یہ سامان نہ ہوتا تو تم نہ ہوتے اور اگر ہوتے تو خدا جانے کس دین و ملت میں ہوتے۔“ (وزیر الدولہ، وقائع احمدی 300)

جہاد تمام عبادات سے افضل ہے

سید صاحب کے نزدیک جہاد تمام عبادات سے برتر ہے۔ آغازِ کار میں اُنھوں نے لوگوں

کو قیام و سجود کی طرف زیادہ راغب کیا اور اِس ضمن میں تصوف کے طریق بھی اختیار کیے، مگر بہت جلد اِس پر جہاد کی تلقین و تربیت نے غلبہ پانا شروع کر دیا۔ اِس تبدیلی پر بعض لوگوں نے شکایت کی تو سید صاحب نے فرمایا:

"ان دنوں اس (تصوف و سلوک) سے افضل کام ہم کو در پیش ہے۔ اسی میں ہمارا دل مشغول ہے۔ وہ جہاد فی سبیل اللہ کے لیے تیاری ہے۔ اگر کوئی تمام دن روزہ رکھے، تمام رات عبادت و ریاضت میں گزارے اور نوافل پڑھتے پڑھتے پیروں میں ورم آجائے اور دوسرا شخص جہاد کی نیت سے ایک گھڑی میں بارود اڑائے تاکہ کفار کے مقابلے میں بندوق لگاتے آنکھ نہ جھپکے تو وہ عابد اس مجاہد کے رتبے کو ہرگز نہیں پہنچ سکتا اور (سلوک و تصوف کا) وہ کام اس وقت کا ہے، جب (جہاد کے) اس کام سے فارغ البال ہو۔"

(وزیر الدولہ، وقائع احمدی 448)

غلبۂ دین وعدۂ الٰہی ہے

سید احمد نے اِس نظریے کو پیش کیا کہ اللہ تعالیٰ نے یہ وعدہ کر رکھا ہے کہ وہ مسلمانوں کی نصرت اور دین اسلام کو غلبہ عطا فرمائے گا، اِس لیے مسلمان اگر جدوجہد جاری رکھتے ہیں تو وہ لازماً کامیاب ہوں گے۔ اہل ہند کے نام ایک مکتوب میں لکھتے ہیں:

"...(ہماری جدوجہد کا) یہ سلسلہ انجام کو پہنچ کر رہے گا 'وَكَانَ حَقًّا عَلَيْنَا نَصْرُ الْمُؤْمِنِينَ' (47:30) اور اللہ کے وعدے کے مطابق یہ دین متین تمام ادیان پر غالب ہو کر رہے گا۔" (ابوالحسن علی ندوی، سیرت سید احمد شہید 478/1)

مسلمانوں پر سرکش کفار کے ساتھ جنگ واجب ہے

سید احمد اِس بات کا بھی اظہار کرتے تھے کہ کافروں اور سرکشوں سے ہر زمانے میں اور ہر مقام پر جنگ لازم ہے۔ مسلمانوں کی حالت اور اقامتِ جہاد کے حوالے سے ایک خط میں لکھتے

ہیں:

”اگرچہ کفار اور سرکشوں سے ہر زمانے اور ہر مقام میں جنگ کرنا لازم ہے، لیکن خصوصیت کے ساتھ اس زمانے میں کہ اہل کفر و طغیان کی سرکشی حد سے گزر چکی ہے، مظلوموں کی آہ و فریاد کا غلغلہ بلند ہے، شعائرِ اسلام کی توہین ان کے ہاتھوں صاف نظر آ رہی ہے۔ اس بنا پر اب اقامت رکن دین، یعنی اہل شرک سے جہاد عامۂ مسلمین کے ذمے کہیں زیادہ مؤکد اور واجب ہو گیا ہے۔“

(ابوالحسن علی ندوی، سیرت سید احمد شہید 1/357-356)

اہل ہند کے نام ایک خط میں لکھتے ہیں:

”... فقیر کی غرض یہ ہے کہ کام کا وقت سر پر آ گیا ہے اور معرکۂ کارزار در پیش ہے۔ ہر صاحب ایمان اور ہر مسلمان کو جسے اللہ نے اطاعت و انقیاد کی دولت عطا فرمائی ہے، اس وقت لازم ہے کہ جس طرح ممکن ہو، فقیر کے پاس پہنچ جائے اور مجاہدین اور مہاجرین کے زمرے میں شامل ہو جائے۔ ...جو شخص اس معرکے میں خود حاضر ہو گا، وہ سعادت سے مشرف ہو گا اور دوسروں سے سبقت لے جائے گا اور جو اس معاملے میں کاہلی اور سستی سے کام لے گا، وہ کل قیامت میں کف افسوس ملے گا۔“

(ابوالحسن علی ندوی، سیرت سید احمد شہید 1/478-477)

دین کا قیام سلطنت سے ہے

سید احمد کا سیاسی نظریہ یہ تھا کہ دین اور سلطنت میں کوئی تفریق نہیں، بلکہ دین کا قیام سلطنت کے قیام پر منحصر ہے۔ اپنے ایک خط میں اُنھوں نے اِس نظریے کی وضاحت کی ہے:

”حقیقت میں مطابق مقولۂ ”سلطنت و مذہب جڑواں ہیں“ اگرچہ یہ قول حجت شرعی نہیں، لیکن مدعا کے موافق ہے کہ دین کا قیام سلطنت سے ہے اور وہ دینی احکام، جن کا

تعلق سلطنت سے ہے، سلطنت کے نہ ہونے سے صاف ہاتھ سے نکل جاتے ہیں اور مسلمانوں کے کاموں کی خرابی اور سرکش کفار کے ہاتھوں اُن کی ذلت ونکبت اور شریعت مقدسہ کے شعائر کی بے حرمتی اور مسلمانوں کی مساجد و معابد کی تخریب جو ہوتی ہے، وہ بخوبی ظاہر ہے۔" (ابوالحسن علی ندوی، سیرت سید احمد شہید 359/1)

تبلیغ جہاد و قتال کے بغیر نامکمل ہے

اُنھوں نے اِس نظریے کا بھی اظہار کیا کہ دین کی دعوت و تبلیغ کے کسی مرحلے میں اگر جہاد نہ ہو تو اِس کارِ خیر کی تکمیل ہی نہیں ہوتی۔ ہندوستانی علما کے نام خط میں لکھتے ہیں:

"چونکہ زبانی دعوت و تبلیغ شمشیر وسناں سے جہاد کے بغیر مکمل نہیں ہوتی، اس لیے رہنماؤں کے پیشوا اور مبلغوں کے سردار محمد رسول اللہ صلی اللہ علیہ وسلم آخر میں کفار سے جنگ کرنے کے لیے مامور ہوئے اور دینی شعائر کی عزت اور شریعت کی سربلندی و ترقی اسی رکن جہاد کی اقامت کی وجہ سے ظہور پذیر ہوئی۔"

(ابوالحسن علی ندوی، سیرت سید احمد شہید 361/1)

جہاد کے لیے عسکری مساوات ضروری نہیں ہے

جنگی کارروائیوں کے دوران میں ایک موقع پر رنجیت سنگھ کی فوج کے سالار ونیٹورا نے سید احمد شہید سے سفارتی ملاقات کی خواہش ظاہر کی۔ سید صاحب نے مولوی خیر الدین صاحب کو اپنے سفیر کے طور پر روانہ کیا۔ اِس ملاقات میں جو گفتگو ہوئی، اُس سے سید صاحب کے افکار کی بھرپور عکاسی ہوتی ہے۔ ہم یہاں اُس کا خلاصہ بیان کر دیتے ہیں۔ ونیٹورا نے جو فارسی زبان پر عبور رکھتا تھا، مولوی صاحب سے پوچھا کہ آپ کے خلیفہ نہایت بے سروسامانی

کی حالت میں ایک ایسی ہستی سے کیوں برسرِپیکار ہیں جو خزانوں، دفتروں، فوج اور لشکروں کی مالک ہے؟ مولوی صاحب نے جواب دیا کہ اسلام میں پانچ احکام فرض کا درجہ رکھتے ہیں: نماز، روزہ، زکوٰۃ، حج اور جہاد۔ جہاد کا شرعی مفہوم اعلاے کلمۃ اللہ کی جدوجہد ہے۔ سید صاحب نے جہاد کا فریضہ ادا کرنے کا تہیہ کیا ہے۔ ادائیگی جہاد کی دو شرطیں ہیں: ایک یہ کہ مجاہدین کی جماعت کا امام ہو، جس کے تحت شرعی طریقے سے جہاد کیا جائے۔ دوسرے یہ کہ کوئی دارالامن ہو، جہاں سے اِس فریضے کا آغاز کیا جا سکے۔ ہندوستان میں سید صاحب کی صورت میں امام تو میسر تھا، مگر دارالامن میسر نہیں تھا اور سرحد میں قبائل یوسف زئی کو دارالامن تو میسر تھا، مگر اُن کا کوئی شرعی امام نہ تھا۔ چنانچہ سید صاحب نے یہاں آنے کا فیصلہ کیا۔ یہاں کے لوگوں نے اُن کی خلافت و امامت پر بیعت کی۔ اب ہمارے لیے اُن کی حیثیت امیر المومنین کی ہے۔ دین میں جماعتِ مجاہدین کے امام کے لیے یہ شرط نہیں ہے کہ اُس کی عسکری صلاحیت دشمن کے برابر ہو۔ البتہ، دین کی ترقی شرطِ لازم ہے۔

وینٹورا نے کہا کہ آپ کی باتیں ٹھیک ہیں، مگر یہ چیز ناقابل فہم ہے کہ آپ کے خلیفہ کے پاس نہ افواج ہیں، نہ توپ خانہ، نہ سرمایہ، نہ ملک، لیکن اِس کے باوجود اُن کے اتنے بڑے عزائم ہیں۔

مولوی صاحب نے کہا کہ اہل دنیا کو تو فوج، توپ اور خزانوں پر اعتقاد ہوتا ہے اور ہم کو اللہ کی قدرت پر بھروسا ہے۔ ہمارا عقیدہ ہے کہ 'كَمْ مِّنْ فِئَةٍ قَلِيْلَةٍ غَلَبَتْ فِئَةً كَثِيْرَةً بِاِذْنِ اللّٰهِ'۔ تاریخ شاہد ہے کہ کسی پیغمبر کے پاس بھی خزانہ، توپ اور فوج نہ تھی۔ اُنھوں نے غریب پیرووں کے ساتھ بڑے بڑے زبردستوں کو خاک میں ملا دیا۔

اہداف

اِن افکار و نظریات کی بنیاد پر جو اہداف سید احمد کے پیشِ نظر رہے، وہ یہ ہیں:

کفر وضلالت سے جنگ اور اعلاے کلمۃ اللہ

سید احمد نے اپنی تحریکِ جہاد کا مقصد کفر وضلالت کے خلاف جنگ طے کیا۔ سرحد کے ایک سردار کو ارسال کیے جانے والے خط میں اُنھوں نے لکھا ہے:

"اس تمام جدوجہد سے فقیر کا مقصود صرف یہ ہے کہ اہل کفر وضلالت سے جنگ کرنے کے بارے میں جو احکام وارد ہوئے ہیں اور فرمانِ خداوندی 'جَاهِدُوْا بِاَمْوَالِهِمْ وَاَنْفُسِهِمْ' (اپنے مال وجان کے ساتھ جہاد کرو) کی تعمیل کی صورت پیدا ہو۔ فرماں بردار بندے کے لیے اپنے مالک کے حکم کی تعمیل کے بغیرہ چارہ نہیں۔"

(ابوالحسن علی ندوی، سیرت سید احمد شہید 353/1)

شاہ سلیمان کے نام ایک خط میں لکھتے ہیں:

"اس تمام معرکہ آرائی اور جنگ آزمائی کا مقصود صرف یہ ہے کہ اللہ کا کلمہ بلند ہو، رسول اللہ صلی اللہ علیہ وسلم کی سنت زندہ ہو اور مسلمانوں کا ایک ملک کفار ومشرکین کے قبضے سے نکل آئے۔ اس کے سوا کوئی مقصود نہیں۔"

(ابوالحسن علی ندوی، سیرت سید احمد شہید 359-358/1)

اِسی طرح امراے ہندوستان کے نام ایک خط میں لکھا ہے:

"... کفار اور دشمنوں کے ساتھ جو جذبۂ جہاد فقیر کے دل میں موجزن ہے، اس میں رضاے الٰہی اور اعلاے کلمۃ اللہ کے مقصد کے سوا عزت وجاہ ومال ودولت، شہرت وناموری، امارت وسلطنت، برادران ومعاصرین پر فضیلت وبزرگی یا کسی اور چیز کا فاسد خیال ہر گز دل میں نہیں ہے۔" (ابوالحسن علی ندوی، سیرت سید احمد شہید 356/1)

رضاے الٰہی کا حصول

اُنھوں نے واضح کیا کہ اُن کی ساری جدوجہد متاعِ دنیا اور حکومت وسلطنت کے لیے نہیں

ہے، بلکہ وہ یہ سب کچھ سر تا سر رضائے الٰہی کے لیے کر رہے ہیں۔ سرحد کے علما اور رؤسا کے نام ایک مکتوب میں لکھتے ہیں:

"ہم محض رضائے الٰہی کے آرزو مند ہیں۔ ہم اپنی آنکھوں اور کانوں کو غیر اللہ کی طرف سے بند کر چکے ہیں اور دنیا و مافیہا سے ہاتھ اٹھا چکے ہیں۔ ہم نے محض اللہ کے لیے علم جہاد بلند کیا ہے۔ ہم مال و منال، جاہ و جلال، امارت و ریاست، حکومت و سیاست کی طلب و آرزو سے آگے نکل گئے ہیں۔ خدا کے سوا ہمارا کوئی مطلوب نہیں۔"

(ابوالحسن علی ندوی، سیرت سید احمد شہید 355/1)

مزید لکھتے ہیں:

"جب تک ہمارے جسم میں جان ہے اور ہمارے سر جسموں کے ساتھ ہیں، ہم بصد حیلہ و فن اسی سودے میں لگے ہوئے ہیں۔ خدا کا لاکھ لاکھ شکر ہے کہ ہم اپنے مالک کی اطاعت میں مشغول ہیں اور محض رضائے الٰہی کے آرزو مند۔"

(ابوالحسن علی ندوی، سیرت سید احمد شہید 1/362-361)

ہندوستان میں مسلمانوں کی حکومت کا قیام

ہندوستان میں اُن کی مساعی کا عملی ہدف انگریزوں کو نکالنا اور مسلمانوں کی حکومت کو از سر نو قائم کر کے نفاذ شریعت کی راہ ہموار کرنا تھا۔ ہند میں جہاد کی ضرورت کے حوالے سے وزیرِ گوالیار کو لکھتے ہیں:

"جناب کو خوب معلوم ہے کہ یہ پردیسی سمندر پار کے رہنے والے، دنیا جہان کے تاج دار اور یہ سودا بیچنے والے سلطنت کے مالک بن گئے ہیں۔ بڑے بڑے اہل حکومت اور ان کی عزت و حرمت کو انھوں نے خاک میں ملا دیا ہے۔ جو حکومت و سیاست کے مرد میدان تھے، وہ ہاتھ پر ہاتھ دھرے بیٹھے ہیں۔ اس لیے مجبوراً چند غریب و بے سروسامان

کمر ہمت باندھ کر کھڑے ہو گئے اور محض اللہ کے دین کی خدمت کے لیے اپنے گھروں سے نکل آئے۔"(ابوالحسن علی ندوی، سیرت سید احمد شہید 1/358-357)

شہزادہ کامران کے نام ایک خط میں اپنے جنگی اہداف کو اِن الفاظ میں بیان کیا ہے:

"اس ملک (سرحد) کو مشرکین کی نجاستوں سے پاک کرنے اور منافقین کی گندگی سے صاف کرنے کے بعد حکومت و سلطنت کا استحقاق اور ریاست و انتظام سلطنت کی استعداد رکھنے والوں کے حوالے کر دیا جائے گا، لیکن اس شرط کے ساتھ کہ وہ احسان خداوندی کا شکر بجالائیں گے اور ہمیشہ اور ہر حال میں جہاد کو قائم رکھیں گے اور کبھی اس کو موقوف نہیں کریں گے اور انصاف اور مقدمات کے فیصلے میں شرع شریف کے قوانین سے بال بھر بھی تجاوز و انحراف نہیں کریں گے اور ظلم و فسق سے کلیۃً اجتناب کریں گے۔ اس کے بعد میں اپنے مجاہدین کے ساتھ ہندوستان کا رخ کروں گا تاکہ اس کو شرک و کفر سے پاک کیا جائے، اس لیے کہ میرا مقصود اصلی ہندوستان پر جہاد ہے، نہ کہ ملک خراساں (سرحد وافغانستان) میں سکونت اختیار کرنا۔"

(ابوالحسن علی ندوی، سیرت سید احمد شہید 1/363-362)

مسلمانوں کی حالتِ زار اور اصلاحِ احوال کے لیے لائحۂ عمل کو ایک تمثیل میں بیان کرتے ہیں:

"...جب کسی کے مکان کی کوئی دیوار گر جاتی ہے، سارے گھر والوں کو تکلیف ہوتی ہے۔ چنانچہ مرد، عورت، بچے سب اُس کی درستی کی فکر میں لگ جاتے ہیں۔ ہر ایک اپنے مقدور بھر اس کی تیاری میں سرگرم ہوتا ہے۔ کوئی اینٹ لاتا ہے، کوئی مٹی لاتا ہے اور چھت کی تیاری میں منہمک ہو جاتا ہے۔ جب سارے گھر والے دن رات لگ کر اور مشقت اور تکلیف برداشت کر کے ایک زمانے کے بعد اپنے گھر کو درست اور آباد کر لیتے ہیں تو پھر مدتوں تک اس میں آرام پاتے ہیں۔

اِسی طرح اس زمانے میں مسلمانوں کے دین کی عمارت منہدم ہو گئی ہے۔ کفار رہزنوں کی طرح مسلمانوں کے گھر کے مال واسباب کولوٹ رہے ہیں اور دست تعدی دراز کر رہے ہیں، اس لیے کہ اس گھر کا کوئی نگہبان اور پاسبان نہیں رہا۔ اب سونے والوں کو خواب غفلت سے بیدار ہونا چاہیے اور اپنے ویران مکان کی پاسبانی کر کے اور اس کا سامان مہیا کر کے اس کو آباد کرنا چاہیے اور ان رہزنوں اور چوروں کو گرفتار کر کے اُن کو اُن کے اعمال کی سزا دینی چاہیے اور اُن سے اپنی خدمت لینی چاہیے۔ مکان کے آباد ہو جانے کے بعد اطمینان کے ساتھ وہ مکان میں آرام کر سکتے ہیں۔"

(ابوالحسن علی ندوی، سیرت سید احمد شہید 397/2)

اقدامات

سید احمد نے اپنے افکار و نظریات کی ترویج اوراہداف و مقاصد کے حصول کے لیے جو اقدامات کیے، اُنھیں ہم واقعاتی ترتیب سے یہاں بیان کر دیتے ہیں:

رنجیت سنگھ کی حکومت کے خلاف جدوجہد کا فیصلہ

سید احمد کا اصل مقصد اگرچہ پورے ہندوستان پر مسلمانوں کی حکومت قائم کرنا تھا اور اِس بنا پر اُن کے اصل حریف انگریز تھے، مگر اُنھوں نے جنگی جدوجہد کا آغاز پنجاب میں رنجیت سنگھ کی حکومت کے خلاف کارروائی سے کیا۔ اِس فیصلے کے کئی اسباب تھے۔

ایک سبب یہ تھا کہ سکھ حکومت نے مسلمانوں پر ظلم کا بازار گرم کر رکھا تھا۔ مسلمانوں کی سیاست، معیشت، معاشرت تباہ ہو رہی تھی۔ معاملہ اِس انتہا تک پہنچ گیا تھا کہ اُن کی مساجد بھی سکھوں کی تاخت سے محفوظ نہ تھیں اور وہ آزادی کے ساتھ اُن میں عبادت کرنے سے قاصر تھے۔ اِس صورتِ حال کو ایک انگریز مصنف نے اِن الفاظ میں بیان کیا ہے:

”واقعہ یہ ہے کہ پنجاب بھر میں ایک بھی ایسے مسلمان خاندان کی مثال نہیں ملتی، جس کو عزت واقتدار حاصل ہو۔ یہ صورت حال اس نفرت کا نتیجہ ہے جو گرو گوبند سنگھ کے پیرووں کو اپنے قدیم حریفوں کی نسل سے چلی آرہی ہے، جنھوں نے ان پر مظالم کیے تھے۔ اس کا ثبوت کہ یہ گہری عداوت اب بھی زائل نہیں ہوئی ہے، اس سلوک سے ملتا ہے جو ان بدقسمت مسلمانوں کے ساتھ کیا جاتا ہے، جو ابھی تک سکھوں کی عمل داری میں رہتے ہیں، جو اگرچہ کثیر التعداد ہیں، لیکن سب غریب نظر آتے ہیں اور ایک مظلوم اور ذلیل قوم کے فرد معلوم ہوتے ہیں۔ وہ زمین جوتتے ہیں، ان سے قلی گیری، بوجھ ڈھونے اور محنت ومشقت کے کام لیے جاتے ہیں۔ ان کو گائے کا گوشت کھانے کی اجازت نہیں، نماز نہیں پڑھ سکتے، شاذونادر مسجد میں جمع ہو کر نماز پڑھ سکتے ہیں۔ مسجدوں میں بھی تھوڑی مسجدیں تباہی سے بچی ہیں۔“

(The Sketch of the Sikhs, Lieut. Col. Malcolm, 124-125)

اِن حالات میں پنجاب کے مسلمان دینی واخلاقی پستی اور قومی بے اعتمادی کا شکار ہو گئے تھے۔ سید احمد کو اِس صورت حال سے بہت رنج ہوا، چنانچہ اُنھوں نے پہلے اِس چھوٹے مسئلے کو حل کرنے کا فیصلہ کیا۔

دوسری بات یہ ہے کہ وہ سیاسی اور عسکری مصالح کے پیشِ نظر اپنی جدوجہد ہندوستان کی شمال مغربی سرحد سے شروع کرنا چاہتے تھے۔ اِس کی وجہ ایک تو یہ تھی کہ پنجاب اِسی سرحد سے ملحق تھا۔ مزید یہ کہ سرحد کا یہ علاقہ طاقت ور اور پرجوش افغانی قبائل کا مرکز تھا اور اِس کے پیچھے ترکستان تک آزاد مسلمان ریاست کا ایک پورا سلسلہ موجود تھا۔ پھر یہ بھی حقیقت تھی کہ اِس علاقے میں اُن کا ایک وسیع حلقۂ ارادت تھا۔ اِن کے علاوہ ایک وجہ غالباً یہ بھی تھی کہ پشاور اور اُس کے گردونواح کے علاقے رنجیت سنگھ کی حکومت لاہور کے باج گزار تھے۔ ہر سال سکھوں کا لشکر اِس علاقے میں آتا اور رقم وصول کر کے جاتا۔ اِس علاقے کے

باشندے ظاہر ہے کہ اِس سے ناخوش تھے۔

اِس صورتِ حال میں سید احمد نے ہندوستان کی شمال مغربی سرحد کا رخ کیا۔ 17/ جنوری 1826ء کو رائے بریلی سے روانہ ہوئے۔ گوالیار، ٹونک، اجمیر، عمر کوٹ، حیدر آباد (سندھ)، شال (کوئٹہ)، قندھار، غزنی اور کابل سے ہوتے ہوئے پشاور پہنچے۔ 18/ دسمبر 1826ء کو نوشہرہ پہنچے اور وہیں قیام کیا۔ یہاں سے رنجیت سنگھ کو لاہور ایک خط بھجوایا، جس کا مضمون یہ تھا:

"(1) یا تو اسلام قبول کر لو (اس وقت ہمارے بھائی اور ہمارے مساوی ہو جاؤ گے، لیکن اس میں کوئی جبر نہیں)۔

(2) یا ہماری اطاعت اختیار کر کے جزیہ دینا قبول کرو۔ اس وقت ہم اپنے جان و مال کی طرح تمھارے جان و مال کی حفاظت کریں گے۔

(3) آخری بات یہ ہے کہ اگر تم کو دونوں باتوں میں سے کوئی بھی منظور نہیں تو لڑنے کے لیے تیار ہو جاؤ، مگر یاد رکھو کہ سارا یاغستان اور ملک ہندوستان ہمارے ساتھ ہے اور تم کو شراب کی محبت اتنی نہ ہو گی، جتنی ہم کو شہادت کی ہے۔"

(ابوالحسن علی ندوی، سیرت سید احمد شہید 456/1)

رنجیت سنگھ کی فوج کے خلاف مسلح کارروائیوں کا آغاز

رنجیت سنگھ کی طرف سے خط کا مثبت جواب نہ پا کر سید صاحب نے جنگ کا فیصلہ کیا اور اکوڑے خٹک میں مقیم سکھوں کے لشکر پر شب خون مارنے کے لیے تیار ہو گئے۔ سات ہزار فوج پر مشتمل رنجیت سنگھ کے اِس لشکر کی قیادت بدھ سنگھ کر رہا تھا۔ اُس وقت سید صاحب کے ساتھ موجود مجاہدین کی تعداد سات سو تھی۔ اِس میں پانچ سو ہندوستان سے اور دو سو قندھار سے تعلق رکھتے تھے۔ دسمبر 1822ء کی رات کے تین بجے مجاہدین نے لشکر پر حملہ

کر دیا۔ کچھ لوگ خیموں کو گرانے لگے اور کچھ نے مال اسباب لوٹنا شروع کر دیا۔ اِس معرکے میں چالیس کے قریب مسلمان شہید ہوئے اور سات سو سکھ مارے گئے۔ اِس کے بعد سکھوں کے زیر تسلط حضرو کی بستی پر حملہ کیا اور سامانِ غنیمت حاصل کیا۔ اِن واقعات کے بعد بدھ سنگھ نے سید صاحب کو یہ خط لکھا:

"شرافت منزلت، سیادت مرتبت، فضیلت پناہ، عبادت انتباہ، زبدۃ الفضلاء العظام، یگانۂ بلا اشتباہ، سید احمد صاحب سلمہ۔ واضح ہو کہ اتنی مسافت طے کرنے کے بعد اور اتنے دور دراز ملک سے آکر آپ نے لڑائی کی طرح ڈالی اور لباس شہادت کو اپنے اوپر آراستہ کیا ہے تو لازم تھا کہ جنگ و مقابلہ میدان میں نکل کر ہو۔ طمع نفسانی سے شہر حضرو کے غربا اور بیوپاریوں پر شب خون اور چھاپہ مارنا ذلت اور ہمیشہ کی بدنامی کی بات ہے۔ اسی کے ساتھ آپ کے ہمراہی جس طرح شیشے کو پتھر سے مارا جائے، اسی طرح معدوم ہو گئے۔ اب بھی اگر آپ اصل سید اور بڑے سردار ہیں تو باہر نکل کر صاف صاف مقابلہ کیجیے۔ چھپ کر لڑنے سے دنیا اور دین کا کوئی فائدہ نہ ہو گا اور اگر فرار اختیار کریں گے تو دونوں جہان کے نفع سے خالی ہاتھ جائیں گے۔" (ابو الحسن علی ندوی، سیرت سید احمد شہید 469/1)

اِس خط کے جواب میں سید صاحب نے لکھا:

"امیر المومنین سید احمد کی طرف سے سپہ سالار جنود و عساکر، مالک خزائن و دفاتر، جامع ریاست و سیاست، حاوی امارت و ایالت، صاحب شمشیر و جنگ، عظمت نشان، سردار بدھ سنگھ کو (اللہ اس کو سیدھے راستے کی ہدایت دے اور اس پر توفیق کی بارش کرے) واضح ہو کہ آپ کا گرامی نامہ، جو اظہار مراتب شجاعت و شہامت کے دعاویٰ پر مشتمل ہے، پہنچا اور اس کے مضمون سے آگاہی ہوئی۔ معلوم ہوتا ہے کہ میرا اس ہنگامہ آرائی اور معرکہ پیرائی سے جو مقصود ہے، آپ نے اس کو اچھی طرح نہیں سمجھا اور اسی لیے آپ نے اس طرح کا خط لکھا۔ اب کان لگا کر سنیے اور غور کر کے سمجھیے کہ اہل حکومت و ریاست

سے لڑائی جھگڑا چند اغراض سے ہوتا ہے۔ بعض آدمیوں کا مقصود مال وریاست کا حصول ہوتا ہے، بعض کو محض اپنی شجاعت اور دلیری دکھانی ہوتی ہے اور بعض آدمیوں کا مقصد شہادت کا مرتبہ حاصل کرنا ہوتا ہے۔ لیکن اس سے میرا مقصد ہی دوسرا ہے، یعنی، فقط اپنے مولا کے حکم کی بجاآوری، جو مالک مطلق اور بادشاہ برحق ہے۔ اس نے دین محمدی کی نصرت و اعانت کے بارے میں جو حکم دیا ہے، محض اس کی تعمیل مقصود ہے۔ خدائے عزوجل اس بات کا گواہ ہے کہ میرا اس ہنگامہ آرائی سے اس کے علاوہ کوئی دوسرا مقصود نہیں اور اس میں کوئی نفسانی غرض ہرگز شامل نہیں، بلکہ کسی نفسانی غرض کے حصول کی آرزو نہ کبھی زبان پر آتی ہے، نہ کبھی دل میں گزرتی ہے۔ دین محمدی کی نصرت میں جو کوشش بھی ممکن ہو گی، بجالاؤں گا اور جو تدبیر بھی مفید ہو گی، عمل میں لاؤں گا اور ان شاء اللہ زندگی کی آخری سانس تک اسی کوشش میں مشغول رہوں گا اور اپنی پوری عمر اسی کام میں صرف کر دوں گا۔ جب تک زندہ ہوں، اسی راستے پر چلتا رہوں گا اور جب تک دم میں دم ہے، اسی کا دم بھرتا رہوں گا۔ جب تک پاؤں ہیں، اس وقت تک یہی راستہ ہے اور جب تک سر ہے، اس وقت تک یہی سودا۔ خواہ مفلس ہوں، خواہ دولت مند، خواہ منصب سلطنت سے سرفراز ہوں، خواہ کسی کی رعیت بنوں، خواہ بزدلی کا الزام سہوں، خواہ بہادری کی تعریف سنوں، خواہ میدان جہاد سے زندہ واپس ہوں، خواہ شہادت سے سرخرو ہوں۔ ہاں، اگر میں دیکھوں کہ میرے مولیٰ کی خوشی اسی میں ہے کہ میدان جنگ میں تنہا سر بکف آؤں، تو خدا کی قسم کہ سو جان سے سینہ سپر ہوں گا اور لشکر کے نرغے میں بے کھٹکے گھس آؤں گا۔ مختصر یہ کہ مجھے نہ اپنی شجاعت کا اظہار مقصود ہے، نہ ریاست کا حصول۔ اس کی علامت یہ ہے کہ اگر سربرآوردہ حکام اور عالی مرتبت سرداروں میں سے کوئی شخص دین محمدی قبول کرلے، تو میں اس کی مردانگی کا سو زبان سے اعتراف واظہار کروں گا اور ہزار جان سے اس کی سلطنت کی ترقی چاہوں گا اور اس کی حکومت کی ترقی کے لیے بے حد کوشش کروں گا۔ اس بات کا آپ فوراً امتحان کرسکتے ہیں۔ اگر اس کے خلاف ہو، تو مجھے

الزام دیجیے۔ اگر آپ انصاف کی نظر سے دیکھیں، تو مجھے اس معاملے میں ہرگز قابل ملامت اور قابل الزام نہ پائیں گے، کیونکہ جب جناب اپنے حاکم کے احکام کی تعمیل میں، جو آپ جیسا ایک انسان، بلکہ آپ کی برادری کا ایک فرد ہے، کوئی عذر اور کوئی حیلہ نہیں کرسکتے، تو میں احکم الحاکمین کے حکم کی تعمیل میں، جو زمین و آسمان کے تمام افرادِ انسانی اور ساری کائنات کا خالق ہے، کیا عذر کرسکتا ہوں۔"

(ابوالحسن علی ندوی، سیرت سید احمد شہید 1/472-469)

اِس مراسلت کے بعد شیدو کے مقام پر بڑا معرکہ ہوا۔ پشاور کے سرداروں نے سید احمد سے بھرپور تعاون کا وعدہ کیا تھا، لیکن عین موقع پر وہ وعدے سے پھر گئے۔ اِس معرکے میں مجاہدین کو شکست کا سامنا کرنا پڑا۔

امامت وخلافت کی بیعت

حملوں کے موقعوں پر سید احمد نے یہ محسوس کیا کہ مقامی لوگ نظم وضبط کی پابندی نہیں کرتے تو اُنھوں نے لوگوں سے بیعتِ امامت وخلافت لی اور اعلان کیا کہ حدودِ شرعیہ کا نفاذ ہو گا اور جمعے کے خطبے میں اُن کا نام پڑھا جائے گا۔ اِس موقع پر اُنھوں نے ہند میں موجود اپنے رفقا کو ایک خط تحریر کیا۔ اِس میں اُنھوں نے اپنے سفر کی داستان بیان کرنے کے بعد بیعتِ امامت کی ضرورت کو بیان کیا اور لوگوں کو جہاد کے لیے بلایا۔ لکھتے ہیں:

"... مجاہدین کا لشکر ایک بے سری فوج اور عام بلوائیوں کی طرح تھا اور کوچ و مقام میں کہیں کوئی نظم نہیں تھا۔ اس لیے مال غنیمت شرع شریف کے قانون کے مطابق تقسیم نہ ہوسکا۔ اس بنا پر تمام مسلمانوں نے، جو موجود تھے، جن میں سادات، علما، مشائخ، امرا اور خواص و عوام تھے، بالاتفاق اس بات کو کہا کہ جہاد کا قیام اور کفر وفساد کا ازالہ امام کے تقرر کے بغیر مسنون اور شرعی طریقے پر انجام نہیں پاسکتا۔ اس بنا پر 12 جمادی الآخرہ

1242ھ کو ان سب نے اس فقیر کے ہاتھ پر بیعت امامت کی اور اس کی اطاعت کا عہد کیا۔ جمعے کے روز خطبہ بھی اس فقیر کے نام کا پڑھا گیا۔ ان شاء اللہ اس رکن رکین کے ادا کرنے کی برکت سے، جس پر دین کے اکثر احکام کا مدار ہے، فتح ونصرت ظاہر ہو گی۔"

(ابوالحسن علی ندوی، سیرت سید احمد شہید 477/1)

اِس موقع پر کئی مقامی سرداروں اور علمائے کرام نے سید صاحب کے ہاتھ پر بیعتِ امامت کی اور اُنھیں اپنا امیر تسلیم کر لیا۔ بیعت لینے کے بعد اُنھوں نے اعلان کر دیا کہ اب سب لوگوں کو شریعت کی پوری پابندی کرنا ہو گی۔

سکھ فوج کو سالیانہ دینے سے انکار اور معرکہ آرائی

پنجتار کے علاقے کو سید احمد نے اپنا مستقر بنا لیا تھا۔ رنجیت سنگھ کی فوج کا یہ عام دستور تھا کہ وہ ہر سال دریائے اٹک کے مشرقی کنارے پر واقع ایک علاقے چھچھ میں آتی تھی اور سالیانہ وصول کر کے رخصت ہوتی تھی۔ سید احمد کی آمد کے بعد قبائل نے سالیانہ دینے کا ارادہ ترک کر دیا۔ سید صاحب کی موجودگی میں جب سکھوں کا لشکر فرانسیسی سالار ونٹورا کی قیادت میں وصولی کے لیے آیا تو سوائے ایک سردار حادی خان کے باقی سرداروں نے (نعل بندی) سالیانہ دینے سے انکار کر دیا۔ ونٹورا نے سید احمد کو خط لکھا کہ یہ ملک رنجیت سنگھ کی عمل داری میں ہے۔ سمہ کے رئیس ہمیشہ ہمیں نعل بندی دیتے رہے ہیں، مگر جب سے آپ آئے ہیں، یہ منحرف ہو گئے ہیں، آپ ہمیں اپنے ارادوں سے آگاہ کریں۔ سید صاحب نے جواب دیا کہ یہ ملک سکھوں کا نہیں، بلکہ مسلمانوں کا ہے۔ تمام ملک مشرق سے مغرب تک اللہ کے قبضے میں ہے، وہ جس کی تلوار کو زور دیتا ہے، وہ لے لیتا ہے۔ کافروں سے جنگ کرنا مسلمانوں پر فرض ہے۔ چنانچہ اللہ تعالیٰ اگر قوت وہمت دے تو ہم ملک کو کفر سے پاک کر دیں۔ صورتِ حال کی سنگینی کو محسوس کرتے ہوئے ونٹورا واپس چلا گیا۔ اگلے ایک سال کے

دوران میں سید احمد کے حلیفوں میں پھوٹ پڑ گئی۔ وینٹورا دوبارہ پنجتار پر حملے کے ارادے سے آیا۔ سید احمد کو اطلاع ہوئی تو اُنھوں نے پنجتار سے پہلے درے میں دو پہاڑوں کے درمیان دیوار کی تعمیر شروع کرا دی۔ دیوار مکمل ہونے کے چند روز بعد سکھوں کا لشکر پنجتار میں پہنچا۔ سید احمد نے لوگوں سے موت کی بیعت لی۔ وینٹورا نے تھوڑی سی کوشش کی، مگر اُسے محسوس ہوا کہ وہ مقابلہ نہ کر سکے گا، چنانچہ اُس نے پسپائی اختیار کی۔ اِس پسپائی کی وجہ سے سید احمد کا علاقے پر رسوخ بڑھ گیا۔ اِس صورتِ حال میں رنجیت سنگھ نے اِس خیال سے کہ سید صاحب جس طرح کے درویش صفت آدمی ہیں، اُنھیں جلد نذرانہ مقرر کر کے گوشہ نشینی پر آمادہ کیا جا سکے گا، سید احمد کو مصالحت کا یہ پیغام بھیجا کہ دریاے اٹک کے پار کی جاگیر اور علاقے کا مالیہ بھی آپ ہی وصول کیا کریں اور ہم سے جنگ کا خیال ترک کر دیں۔ سید احمد نے جواب دیا کہ ہم اعلاے کلمۃ اللہ کے لیے آئے ہیں۔ اگر تو مسلمان ہو جائے تو ہم سارا علاقہ تمھارے حوالے کر دیں گے۔ گفت و شنید سے مسئلہ حل نہ ہو سکا تو وینٹورا نے پنجتار پر حملے کا ارادہ کیا۔ اِس مقصد کے لیے وہ اپنی فوج لے کر پنجتار کے قریب پہنچ گیا، مگر اُس کی سپاہ میں خوف اور بددلی پھیل گئی اور اُسے پسپائی اختیار کرنا پڑی۔

قوانین کا نفاذ اور قبائلی سرداروں کی بغاوت

یہ کہا جا سکتا ہے کہ پشاور اور گرد و نواح کے سرداروں کے مطیع ہونے سے اِس علاقے پر سید صاحب کی حکومت قائم ہو گئی تھی، مگر در حقیقت پنجتار کے علاوہ باقی علاقوں کے سرداروں، خوانین اور ملاؤں نے دل سے سید احمد کی سیادت قبول نہیں کی تھی، تاہم قیامِ حکومت کے بعد جب سید احمد نے شریعت کے بعض احکام کو سختی سے نافذ کیا اور اُن کی صدیوں سے قائم روایات کو توڑا تو عام لوگ بھی متردد ہونا شروع ہو گئے۔ چنانچہ اُن لوگوں نے ایک

سازش کے تحت سید صاحب کے مقرر کردہ عاملوں اور قاضیوں کو یک بارگی قتل کرنے کا منصوبہ بنایا۔ بیش تر جگہوں پر یہ منصوبہ کامیاب ہو گیا۔

ہجرت کا فیصلہ

اِس سازش کی کامیابی کے بعد سید صاحب اِس علاقے سے حد درجہ مایوس ہو گئے اور اُنھوں نے یہاں سے ہجرت کرنے کا فیصلہ کیا۔ اِس موقع پر اُن کے رفیق کار مولوی خیر الدین صاحب نے اُن سے دو باتوں میں اختلاف کیا: ایک اختلاف یہ تھا کہ تنخواہ دار فوج بھرتی اور ملازمین کا تقرر کیے بغیر اِس زمانے میں جہاد نہیں ہو سکتا۔ لاکھوں آدمیوں نے آپ کے ہاتھ پر جہاد کی بیعت کی تھی، مگر جہاد کے موقع پر اُن کا نشان بھی نہیں ہے۔ دوسرا اختلاف یہ تھا کہ یہاں کے لوگ برتے ہوئے ہیں، اِن سے معاملہ آسان ہے، کسی دوسری جگہ پر جائیں گے تو معلوم نہیں وہ لوگ آپ کو قبول بھی کریں۔ سید صاحب کی طرف سے پہلے اختلاف کا جواب یہ تھا کہ میں خلافِ سنت طرزِ عمل اختیار نہیں کر سکتا، دوسرے اختلاف کا جواب یہ تھا کہ یہاں مخلص کم اور مفسد زیادہ ہیں۔ یہاں کے لوگوں سے مجھ کو ایسی نفرت محسوس ہوتی ہے، جو آدمی کو اپنی قے سے ہوتی ہے۔

معرکۂ بالاکوٹ

ہجرت کر کے سید احمد اپنے لشکر کے ہم راہ سردار ناصر خان کے علاقے راج دواری میں مقیم ہوئے۔ یہاں اُنھوں نے مقامی سرداروں کے مابین اختلاف ختم کر کے اُنھیں سکھوں کے خلاف جہاد کے لیے آمادہ کیا۔ اُس زمانے میں وادیِ کاغان کے علاقے میں خانہ جنگی کی صورت تھی۔ اِس صورتِ حال سے سکھ فائدہ اٹھا رہے تھے۔ مظفر آباد کے سردار زبردست

خان کو اُس کے چچازاد نے سکھوں کی مدد سے نکال کر اپنا قبضہ کر لیا تھا۔ گڑھی حبیب اللہ کے سردار حبیب اللہ خان کو سکھوں نے نکال دیا تھا اور وہ بالاکوٹ کے درے میں پناہ گزین تھا۔ بعض اور سردار بھی اِسی صورتِ حال سے دوچار تھے۔ اِن سرداروں کی مدد کر کے فوجی قوت حاصل کرنے کا سب سے مناسب مقام بالاکوٹ تھا۔ سید احمد نے اِسی مقام کی طرف بڑھنے کا فیصلہ کیا۔ پہلے اُنھوں نے مولوی خیر الدین اور مولانا محمد اسماعیل کو کچھ مجاہدین کے ہم راہ بالاکوٹ روانہ کیا۔ اُن کے پیچھے سید صاحب بھی ساڑھے تین سو کا لشکر لے کر روانہ ہوئے اور بالاکوٹ سے پہلے سچون میں قیام کیا۔ مولانا محمد اسماعیل جب بالاکوٹ پہنچے تو اُن کے پاس مظفر آباد کا جلاوطن سردار زبردست خان اور بعض دوسرے سردار آئے اور مظفر آباد پر حملے کے لیے اصرار کیا۔ اُنھوں نے دو سو مجاہدین کو اُن کے ہم راہ روانہ کر دیا۔ مظفر آباد پر زبردست خان اور مجاہدین کو فتح ہوئی، مگر زبردست خان نے تیور بدلنے شروع کر دیے۔ اِسی اثنا میں شیر سنگھ نے مظفر آباد پر حملہ کر دیا۔ زبردست خان کی بے ہمتی کی وجہ سے مجاہدین کو فرار کی راہ اختیار کرنا پڑی۔ مولوی صاحب کی قیادت میں مجاہدین واپس بالاکوٹ پہنچے۔

مولانا محمد اسماعیل جو بالاکوٹ میں تھے، اُن سے کشمیر کے کچھ معتبر افراد نے ملاقات کی۔ اُنھوں نے کہا کہ کشمیر کے مسلمان مجاہدین کے لشکر کی آمد سے بہت خوش ہیں۔ کشمیر بالاکوٹ سے صرف تین منزل کے فاصلے پر ہے۔ ہم چاہتے ہیں کہ آپ یہاں پر اپنی حکومت قائم کریں اور ہمیں سکھوں کے ظلم سے نجات دلائیں۔ مولانا اسماعیل نے یہ پیغام من وعن سید احمد کی طرف بھجوایا۔ اُنھوں نے مقامی لوگوں سے مشورہ کیا تو اُنھوں نے کہا کہ آپ کے یہاں سے کوچ کر جانے کے بعد سکھ ہمیں تباہ کر دیں گے، اِس لیے بہتر یہ ہے کہ آپ یہاں کے سکھوں سے نمٹ کر ہی آگے جائیں۔ اِس سے آپ کی دھاک بھی بیٹھ جائے گی اور اگلے معاملات آسان ہوں گے۔ سید صاحب نے اِس مشورے کو قبول کیا۔

حبیب اللہ خان نے، جو بالاکوٹ میں مقیم تھا، سید احمد کو یہ اطلاع دی کہ شیر سنگھ کا لشکر بالاکوٹ سے ڈھائی کوس کے فاصلے پر پہنچ چکا ہے۔ یہ اطلاع ملنے کے بعد مجاہدین کے لشکر کے ساتھ وہ بالاکوٹ روانہ ہو گئے۔ وہاں پہنچ کر اُنھوں نے جنگی حکمت عملی کے لیے احباب سے مشورہ کیا۔ احباب نے چھاپہ مارنے کا طریقہ تجویز کیا، مگر سید احمد نے اِس مرتبہ براہِ راست جنگ کا فیصلہ کیا۔ اِس موقع پر اُنھوں نے فرمایا:

”... اتنے برس ہم نے اس کار خیر کے واسطے طرح طرح کی کوشش و جاں فشانی کی، اپنی دانست میں کوئی دقیقہ نہیں چھوڑا، ہندوستان، خراسان اور ترکستان میں اپنے خلفا روانہ کیے، انھوں نے بھی حتی الامکان دعوت فی سبیل اللہ میں کوئی کوتاہی نہیں کی اور ہم بھی جہاں جہاں گئے، وہاں کے لوگوں کو ہر طریقے پر وعظ و نصیحت سے سمجھاتے رہے، مگر سوائے تم غربا کے کسی نے ہمارا ساتھ نہ دیا، بلکہ ہم پر طرح طرح کا افترا کیا۔ اب ہمارے کاتب بھی خطوط لکھتے لکھتے تھک گئے اور ہم بھیجتے بھیجتے تنگ آگئے اور کچھ ظہور میں نہ آیا۔ اب یہی خوب ہے کہ اپنے سب غازی بھائیوں کو پہروں پر سے اپنے پاس بلوا لیں۔ کل صبح کو اسی بالاکوٹ کے نیچے ہمارا اور کفار کا میدان ہے۔ اگر اللہ نے ہم عاجز بندوں کو اُن پر فتح یاب کیا تو پھر چل کر لاہور دیکھیں گے اور جو شہید ہو گئے، تو ان شاء اللہ تعالیٰ جنت الفردوس میں چل کر عیش کریں گے۔“

(ابوالحسن علی ندوی، سیرت سید احمد شہید 421/2)

اِس کے بعد سید صاحب نے مورچہ بندی کی اور سکھوں کے حملے کا انتظار کرنے لگے۔ سکھوں نے حملہ کیا، مجاہدین بے جگری سے لڑے۔ سکھوں کو پسپائی اختیار کرنا پڑی۔ اِس حملے میں مولانا اسماعیل شہید ہو گئے۔ مجاہدین نے تعاقب کیا تو سکھوں نے مڑ کر زوردار حملہ کیا۔ مجاہدین اِس کا مقابلہ نہ کر سکے اور پے در پے شہید ہوتے چلے گئے۔ سید احمد بھی شہید ہو گئے۔

نتائج

سید احمد شہید اور اُن کے رفقانے اپنے پروردگار اور اُس کے دین سے اپنے تعلق و محبت کا اظہار جس سطح پر کیا، وہ اپنی مثال آپ ہے۔ ایک خط میں لکھتے ہیں:

"اگرچہ ہم عاجز و خاکسار، ذرۂ بے مقدار ہیں، لیکن بلاشک محبت الٰہی سے سرشار اور غیر خدا کی محبت سے بالکل دستبردار ہیں۔" (ابوالحسن علی ندوی، سید احمد شہید 355/1)

"... تاج فریدون و تخت سکندری کی قیمت میرے نزدیک ایک جو کے برابر بھی نہیں۔ کسریٰ و قیصر کی سلطنت میں خاطر میں بھی نہیں لاتا۔ ہاں، اس قدر آرزو رکھتا ہوں کہ اکثر افراد انسانی، بلکہ تمام ممالک عالم میں رب العالمین کے احکام، جن کا نام شرع متین ہے، کسی کی مخالفت کے بغیر جاری ہو جائیں، خواہ میرے ہاتھ سے، خواہ کسی دوسرے کے ہاتھ سے۔ پس ہر ترکیب و تدبیر، جو اس مقصد کے حصول کے لیے مفید ہو گی، عمل میں لاؤں گا۔" (ابوالحسن علی ندوی، سیرت سید احمد شہید 361-360/1)

اُن کی محنت و مشقت کی ایک جھلک بھی ملاحظہ فرمالیجیے۔ جہاد کے دوران میں ایک مقام پر اکثر مجاہدین بیمار ہو گئے تو اِس موقع پر اُنھوں نے صبر و استقامت کی قابل رشک مثالیں پیش کیں۔ سید ابوالحسن ندوی لکھتے ہیں:

"مجاہدین کے لیے یہ بڑے ابتلا کا زمانہ تھا۔ گنتی کے چھ سات آدمی تو تندرست تھے، باقی سب بیماروں کی خدمت کرتے تھے۔ کھانے کی تنگی کا یہ حال تھا کہ ایک مٹھی مکئی ہر آدمی کو ملتی تھی۔ تندرست لوگ اس کو چکی میں پیس لاتے اور لپٹا پکا کر مریضوں کو کھلاتے اور خود کھاتے۔ ایک ترش تین پتی کی گھاس ہوتی تھی، جس کو فارسی میں سہ برگہ کہتے ہیں؛ اس کو پیس چھان کر تھوڑا سا نمک ملا کر ان مریضوں کو پلاتے تھے۔ یہی دوا تھی۔ کسی دن وہ ایک مٹھی مکئی بھی نہ ملتی۔ اس دن گھاسوں کی پتیاں، جو بے مزہ نہ ہوتیں اور پکانے میں گل جاتیں، جنگل سے توڑ لاتے اور بڑی بڑی ہانڈیوں میں نمک ڈال کر ابالتے اور اُن مریضوں کو کھلاتے اور خود بھی کھاتے۔ کسی روز ایک بیمار مرتا، کسی روز دو، کسی روز تین،

تار بندھا تھا۔ جو مر جاتے، اگر اُن کی کوئی چادر ہوتی، تو اسی کو پاک کر کے اس میں لپیٹ کر دفن کرتے۔ کئی جا جمیں بھی دھلی ہوئی رکھی تھیں۔ اگر مرنے والے کے پاس کوئی چادر بھی نہ ہوتی، تو اُنھیں جا جموں میں سے ایک چادر پھاڑ کر اُس کے کفن کا انتظام کرتے تھے۔" (سیرت سید احمد شہید 9-10/2)

حقیقت یہ ہے کہ سید احمد اور اُن کے احباب کا اصل ہدف احیاے امت اور رضاے الٰہی کا حصول تھا۔ اِس مقصد کو پانے کے لیے اُنھوں نے اپنے ہنستے بستے گھر یہ جانتے بوجھتے چھوڑ دیے کہ اُن میں واپسی ناممکن ہے۔ اپنے اہل خانہ کی محبت اور رضا پر اپنے پروردگار کی محبت اور رضا کو فائق سمجھا اور اپنی دانست میں اِسی کے تقاضے پورے کرنے کے لیے عازم سفر ہوئے۔ زندگی کی بے شمار نعمتوں اور آسایشوں کو آنِ واحد میں ترک کر دیا۔ مختصر سے عرصے میں عزیمت کی ایسی داستانیں رقم کیں کہ کتابِ تاریخ کے مضامین ایثار کا خلاصہ قرار پائے۔ اِس کے صلے میں اپنے مالک سے اگر کچھ مانگا تو وہ مال و دولت، جاہ و حشمت اور ملک و اقتدار نہیں، بلکہ اُس کی خوش نودی تھی۔ یہی وجہ ہے کہ وہ رضاے الٰہی کی جستجو میں اِس درجۂ کمال پر فائز ہوئے کہ دورِ صحابہ کی یاد تازہ ہو گئی۔

ایثار و عزیمت کی اِن بلندیوں کے باوجود واقعہ یہ ہے کہ یہ لوگ احیاے امت کے حوالے سے کوئی معمولی تغیر لائے بغیر اپنی جانیں راہِ خدا میں لٹا کر رخصت ہو گئے۔ سید احمد اور اُن کے رفقا صفحۂ ہستی سے مٹا دیے گئے۔ سکھوں نے آتش انتقام میں مسلمانوں کی بستیوں کو تاراج کیا۔ بالا کوٹ کو گھیر لیا، گھروں کو آگ لگا دی۔ اُن مجاہدین کو بھی شہید کر دیا، جو بیمار اور ناتواں تھے۔ جہاں تک ہند کے مسلمانوں کا تعلق ہے تو وہ ایک جانب دین کے محافظوں کی ایک بڑی جماعت سے محروم ہو گئے اور دوسری جانب اپنے سے خائف انگریز حکمرانوں کی بے انصافی کا شکار ہو گئے۔

[جولائی 2002ء]

سید احمد شہید اور سر سید احمد خان کی جدوجہد

سید احمد شہید اور سر سید احمد خان مسلمانانِ برصغیر کے دو جلیل القدر رہنما ہیں۔ اُن کے طرزِ فکر اور طریق کار کے بارے میں تو مختلف تنقیدات سامنے آتی رہی ہیں، مگر اُن کے اخلاصِ نیت اور قومی وفاداری پر آج تک کوئی نقد و جرح کی ہمت نہیں کر سکا۔ اُن رجالِ کار نے مسلمانوں کے دورِ مغلوبیت میں اُن کے سیاسی وجود کے تحفظ کی جنگ لڑی۔ اُنھوں نے اپنے اپنے انداز میں قوم کی رہنمائی کی اور اِس کی روشنی میں جدوجہد کے لیے لائحۂ عمل اختیار کیا۔ آج بھی مسلمان مغلوبیت کی زندگی گزار رہے ہیں۔ فرق صرف اتنا ہے کہ پہلے وہ براہِ راست مغلوب تھے اور اب بالواسطہ ہیں۔ وہ اِس سے نکلنا چاہتے ہیں، مگر اپنے قومی استحکام کے لیے صحیح راستے کا تعین کرنے سے قاصر ہیں۔ آیئے، تاریخ کے اوراق میں اپنے اِن رہنماؤں کے کام کا مطالعہ کرتے ہیں۔ ہو سکتا ہے کہ اِس طرح ہم اپنے لیے کوئی راہ تلاش کر سکیں۔

سید احمد بریلوی نے مسلمانوں کی سیاسی بقا کے لیے جہاد و قتال کا راستہ اختیار کیا۔ اُن کے زمانے میں پنجاب اور سرحد میں سکھوں کی حکمرانی تھی۔ اُنھوں نے مسلمان رعایا پر ظلم و ستم کا بازار گرم کر رکھا تھا۔ سید صاحب نے سکھوں کے خلاف مسلح جدوجہد کا نعرہ بلند کیا۔ مسلمانوں کو جہاد کی ترغیب دی اور اُنھیں سکھ حکومت کے بہ زور خاتمے کی جدوجہد پر آمادہ کیا۔ جب کچھ سرفروش جمع ہو گئے تو اُنھوں نے جنوری 1826ء میں مجاہدین کا ایک قافلہ تیار

کیا اور بریلی سے پشاور کے لیے روانہ ہو گئے۔ 1830ء میں اُنھوں نے پشاور پر قبضہ کر لیا۔ وہاں حکومت قائم کی اور اسلامی شریعت کا نفاذ شروع کر دیا۔ ابتدا میں تو مقامی لوگوں نے اُن سے تعاون کیا، مگر تھوڑے ہی عرصے بعد ساتھ چھوڑ گئے۔ سید صاحب کی حکومت کے خلاف بغاوت ہو گئی اور ایک ہی رات میں بیش تر حکومتی ذمہ داروں کو تہ تیغ کر دیا گیا۔ جنگ و جدال کا سلسلہ شروع ہوا اور اِس کے نتیجے میں مجاہدین کی بڑی تعداد شہید ہو گئی۔ اِس صورتِ حال کو دیکھ کر سید احمد نے اِس سرزمین کو چھوڑ کر ہجرت کرنے کا فیصلہ کیا۔ اِس موقع پر اُنھوں نے فرمایا:

"اس سیاست سے ہماری غرض یہ نہ تھی کہ صاحب ملک و جاہ بن جائیں، ہم تو محض اللہ کے بندوں کی تہذیب و تادیب چاہتے تھے۔ اب ہم انھیں منتقم حقیقی کے انصاف پر چھوڑتے ہیں اور بقیہ رفیقوں کے ساتھ دوسرے ملک کا راستہ لیتے ہیں۔ ہم اپنے وطن کو چھوڑ سکتے ہیں۔ جہاں کہیں صادق القول لوگ مل جائیں گے، وہاں مقیم ہو جائیں گے۔ اس ملک پر انحصار نہیں۔" (پاکستان کا نظام حکومت اور سیاست، ڈاکٹر ایم اے رزاق 41)

ہجرت کا سفر ابھی جاری تھا کہ وادیِ کاغان کے ایک سردار نے سکھ فوجوں کے خلاف مدد کی درخواست کی۔ سید صاحب نے اِسے قبول کیا اور بالاکوٹ پر قبضہ کر لیا۔ سکھ حکومت کے بیس ہزار کے لشکر نے بارہ سو مجاہدین پر حملہ کر دیا۔ مجاہدین کی اکثریت اِس معرکے میں شہید ہو گئی۔ سالارِ قافلہ سید احمد بھی بے دردی سے قتل کر دیے گئے۔ سکھوں نے بالاکوٹ پر قبضہ کر لیا۔ مکانوں کو آگ لگا دی۔ شہریوں کا قتل عام کیا، یہاں تک کہ بیماروں اور زخمیوں کو بھی مار ڈالا۔

سید احمد بریلوی اور اُن کے رفقا جانتے تھے کہ اُن کے پاس اقتدار کی قوت نہیں ہے؛ وہ اِس بات سے آگاہ تھے کہ وہ ایک منظم حکومت کے خلاف جنگ کے لیے نکل رہے ہیں؛

اُنھیں معلوم تھا کہ اُن کے سپاہی باقاعدہ فوجی تربیت کے حامل نہیں ہیں اور نہ پوری طرح اسلحہ سے لیس ہیں؛وہ اِس بات کا علم رکھتے تھے کہ اُن کے چند سو افراد کے مقابلے کے لیے ہزاروں کا لشکرِ جرار موجود ہے؛ اور وہ اِس بات سے بھی واقف تھے کہ دنیا کی سپر پاور برطانوی حکومت کی تائید اُن کے مقابلے میں سکھوں کو حاصل ہے۔ اِس سب کچھ کے باوجود اُنھوں نے مسلح جنگ کا اقدام کیا اور جام شہادت نوش کیا۔

اِس اسلوبِ جدوجہد کو اگر ہم اصولی لحاظ سے بیان کرنا چاہیں تو اِن نکات میں بیان کر سکتے ہیں:

1۔ مقتدر قوتوں کے ساتھ تصادم کا طرزِ عمل

2۔ جہاد و قتال اور ہجرت کی ترغیب

3۔ مسلح گروہوں کا قیام

4۔ سیاسی جدوجہد کے لیے مسلح اقدامات

جدوجہد کے اِس انداز سے جو نتائج برآمد ہوئے، وہ یہ ہیں:

ایک یہ کہ مسلمانانِ ہند انگریز حکمرانوں کے لیے ایک محارب قوت کے طور پر سامنے آئے۔ چنانچہ اُن کے دل میں اِن کے لیے عناد پیدا ہو گیا اور اُنھوں نے مسلمانوں پر ترقی کے دروازے بند کرنے شروع کر دیے۔

دوسرے یہ کہ مسلمانوں نے ردِ عمل کے طور پر انگریز قوم اور اُس کی تہذیب و تمدن کے ساتھ ساتھ علوم جدیدہ کی بھی مخالفت کی اور اِس طرح اُنھوں نے دورِ جدید میں ترقی کے بنیادی عنصر کو یک سر نظر انداز کر دیا۔

تیسرے یہ کہ قوم کے باصلاحیت اور مخلص نوجوانوں نے مقتل کا رخ کیا اور قومی ترقی اور خدمتِ دین میں کوئی کردار ادا کیے بغیر اپنی جانوں سے ہاتھ دھو بیٹھے۔

مولانا سید ابو الاعلیٰ صاحب مودودی نے اپنے رسالے ''تجدید و احیائے دین'' میں سید احمد بریلوی کی اِس تحریک کے اثرات کا جائزہ لیا ہے۔ اِس کے خصائص کے بارے میں وہ لکھتے ہیں:

''انھوں نے عامۂ خلائق کے دین، اخلاق اور معاملات کی اصلاح کا بیڑا اٹھایا اور جہاں جہاں ان کے اثرات پہنچ سکے، وہاں زندگیوں میں ایسا زبردست انقلاب رونما ہوا کہ صحابۂ کرام کے دور کی یاد تازہ ہو گئی... انھوں نے دنیا کے سامنے پھر ایک مرتبہ روح اسلامی کا مظاہرہ کر دیا۔ ان کی جنگ ملک ومال یا قومی عصبیت یا کسی دنیوی غرض کے لیے نہ تھی، بلکہ خالص فی سبیل اللہ تھی۔ ان کے سامنے کوئی مقصد اس کے سوانہ تھا کہ خلق اللہ کو جاہلیت کی حکومت سے نکالیں اور وہ نظام حکومت قائم کریں جو خالق اور مالک الملک کے منشا کے مطابق ہے... یہ خدا سے ڈرنے والے، آخرت کے حساب کو یاد رکھنے والے اور ہر حال میں راستی پر قائم رہنے والے تھے، خواہ اس پر قائم رہنے میں ان کو فائدہ پہنچے یا نقصان۔ انھوں نے کہیں شکست کھائی تو بزدل ثابت نہ ہوئے اور کہیں فتح پائی تو جبار اور متکبر نہ پائے گئے۔ اس شان کے ساتھ خالص اسلامی جہاد ہندوستان کی سرزمین میں نہ ان سے پہلے ہوا تھا اور نہ ان کے بعد ہوا۔ ان کو ایک چھوٹے سے علاقہ میں حکومت کرنے کا موقع ملا، انھوں نے ٹھیک اس طرز کی حکومت قائم کی جس کو خلافت علیٰ منہاج النبوۃ کہا گیا ہے... ہر پہلو میں انھوں نے اس حکمرانی کا نمونہ ایک مرتبہ پھر تازہ کر دیا جو صدیق و فاروق نے کی تھی۔''(115)

سید صاحب اور اُن کے رفقا کے اِن اعلیٰ خصائص کے باوجود مولانا مودودی صاحب نے جن کا اپنا فکر اِسی اسلوبِ جدوجہد کا آئینہ دار ہے، نتائج کے اعتبار سے اِسے ایک ناکام تحریک کہا ہے اور اِس ناکامی کا ایک اہم سبب دورِ جدید سے عدم توجہی کو قرار دیا ہے:

''سید صاحب اور شاہ اسماعیل شہید جو عملاً اسلامی انقلاب برپا کرنے کے لیے اٹھے

تھے، انھوں نے سارے انتظامات کیے، مگر اتنا نہ کیا کہ اہل نظر علما کا ایک وفد یورپ بھیجتے اور یہ تحقیق کراتے کہ یہ (انگریز) قوم جو طوفان کی طرح چھاتی چلی جا رہی ہے اور نئے آلات، نئے وسائل، نئے طریقوں اور نئے علوم وفنون سے کام لے رہی ہے، اس کی اتنی قوت اور اتنی ترقی کا کیا راز ہے۔ اس کے گھر میں کس نوعیت کے ادارات قائم ہیں، اس کے علوم کس قسم کے ہیں۔ اس کے تمدن کی اساس کن چیزوں پر ہے۔ اور اس کے مقابلہ میں ہمارے پاس کس چیز کی کمی ہے۔ جس وقت یہ حضرات جہاد کے لیے اٹھے ہیں، اس وقت یہ بات کسی سے چھپی نہ تھی کہ ہندوستان میں اصلی طاقت سکھوں کی نہیں، انگریزوں کی ہے، اور اسلامی انقلاب کی راہ میں سب سے بڑی مخالفت اگر ہو سکتی ہے تو انگریز ہی کی ہو سکتی ہے، پھر سمجھ میں نہیں آتا کہ کس طرح ان بزرگوں کی نگاہ دوررس سے معاملہ کا یہ پہلو بالکل ہی اوجھل رہ گیا کہ اسلام و جاہلیت کی کشمکش کا آخری فیصلہ کرنے کے لیے جس حریف سے نمٹنا تھا، اس کے مقابلہ میں اپنی قوت کا اندازہ کرتے اور اپنی کمزوری کو سمجھ کر اسے دور کرنے کی فکر کرتے۔ بہر حال جب ان سے یہ چوک ہوئی تو اس عالم اسباب میں ایسی چوک کے نتائج سے وہ نہ بچ سکتے تھے۔"

(تجدید واحیائے دین، سید ابوالاعلیٰ مودودی 128)

سید احمد شہید کے طرزِ جدوجہد کے بعد اب سر سید احمد خان کے اسلوبِ جدوجہد کا جائزہ لیتے ہیں۔

انگریز 1846ء تک کم وبیش پورے ہندوستان پر عملاً قابض ہو چکے تھے۔ 1857ء میں اہل ہند، بالخصوص مسلمانوں نے مغلیہ سلطنت کی بحالی کے لیے پہلے بہادر شاہ ظفر کے بیٹے مرزا مغل اور پھر جنرل بخت خان کی قیادت میں انگریزوں کے خلاف بغاوت کی۔ کچھ دنوں کے لیے دہلی پر قبضہ بھی کر لیا، مگر بالآخر شکست کھائی۔ اِس بغاوت میں اگرچہ ہندو بھی شریک تھے، مگر اِس کا غلغلہ چونکہ دہلی اور اودھ کے مسلم علاقوں میں زیادہ تھا اور یہ مسلمان حکومت

کی بحالی کی لیے لڑی گئی تھی، اِس لیے اِس کا الزام بھی اصلاً مسلمانوں ہی کے سر آیا۔ اِس بغاوت کا نتیجہ یہ نکلا کہ ہزاروں مسلمان مارے گئے اور عام مسلمان شہریوں پر سیاسی، معاشی اور علمی ترقی کے دروازے بند ہو گئے۔

اِس جنگ کے موقع پر سر سید احمد خان بجنور میں جج کے عہدے پر تعینات تھے۔ یہاں اُنھوں نے اپنی جان کو خطرے میں ڈال کر کئی انگریزوں کی جانیں بچائیں۔ انگریز حکمران مسلمانوں کو جنگِ آزادی کا واحد ذمہ دار ٹھہرا رہے تھے۔ سر سید نے ''اسبابِ بغاوتِ ہند'' کے نام سے ایک رسالہ تصنیف کیا، جس میں اُنھوں نے مسلمانوں کی پوزیشن کو صاف کرنے کی کوشش کی۔ ''طعام اہل کتاب'' کے عنوان سے ایک مضمون تحریر کیا، جس کا مقصد انگریزوں پر یہ واضح کرنا تھا کہ اسلام عیسائیوں کا کھانا کھانے کی اجازت دیتا ہے۔

اقتدار کے خاتمے نے مسلمانوں کو ردِ عمل کی ایک خاص نفسیات میں مبتلا کر دیا تھا۔ وہ انگریزی معاشرت کے ساتھ ساتھ انگریزی تعلیم کا بھی بائیکاٹ کرنے پر مصر تھے۔ سر سید نے اُنھیں، اِس کے برعکس اِس بات کی ترغیب دی کہ وہ میسر مواقع سے فائدہ اٹھائیں اور صبر و حکمت کے ساتھ نئے مواقع پیدا کرنے کی کوشش کریں۔ اُنھوں نے ''سائنٹیفک سوسائٹی'' قائم کی، جس کا مقصد مغربی علوم کو متعارف کرانا تھا۔ اِسی طرح اُنھوں نے ''تہذیب الاخلاق'' کے نام سے ایک علمی و تحقیقی جریدہ جاری کیا۔ سر سید نے اِس بات کو بہت اچھی طرح بھانپ لیا تھا کہ اگر مسلمانوں نے اپنے آپ کو جدید تعلیم کے زیور سے آراستہ نہ کیا تو وہ ترقی کی دوڑ میں بہت پیچھے رہ جائیں گے۔ اِس سلسلے میں اُنھوں نے علی گڑھ میں ایک مدرسہ قائم کیا، جو دو سال بعد ہی کالج بن گیا اور بالآخر اُسے ایک یونیورسٹی کی حیثیت حاصل ہو گئی۔

سر سید نے مسائل کے حل کے لیے سیاسی طرزِ عمل اختیار کرنے کو ترجیح دی۔ اُنھوں نے

1886ء میں اہل ہند کی شکایات کو حکومت تک پہنچانے کے لیے ''برٹش انڈین ایسوسی ایشن'' کے نام سے ایک فورم قائم کیا۔ اِسی طرح اُنھوں نے 1893ء میں ''محمڈن اینگلو اورینٹل ڈیفنس ایسوسی ایشن'' قائم کی۔ اِس کا مقصد مسلمانوں کے سیاسی حقوق کا تحفظ تھا اور اُنھیں ایک ایسا پلیٹ فارم فراہم کرنا تھا جہاں وہ اپنے مسائل کو زیرِ بحث لاسکیں۔

سرسید کے اِس اندازِ کار کو ہم اِن نکات میں بیان کرسکتے ہیں:

1۔ مقتدر قوتوں سے موافقت کا طرزِ عمل

2۔ علوم وفنون کے ذریعے سے موثر ہونے کی ترغیب

3۔ تعلیمی اداروں کا قیام

4۔ سیاسی جدوجہد کے لیے پرامن اقدامات

سرسید احمد خان کے اسلوبِ جدوجہد کے یہ نتائج نکلے:

ایک یہ کہ حکمران طبقے کے معاندانہ رویے میں کمی آئی اور مسلمانوں کے لیے بھی معاشی ترقی کے دروازے کھلنے لگے۔

دوسرے یہ کہ مسلمانوں کے ذہین اور مخلص نوجوان میدانِ جنگ کے بجاے میدانِ علم کی طرف بڑھے اور قومی تعمیر کے لیے سرگرم ہوگئے۔

تیسرے یہ کہ مسلمانوں نے قیمتی جانیں ضائع کیے بغیر ہند میں اپنا سیاسی تشخص بحال کیا اور بہ تدریج دو بڑی مسلمان ریاستوں کو وجود بخشا۔

مولانا امین احسن اصلاحی سرسید کے بارے میں بیان کرتے ہیں:

''یہ ایک واقعہ اور حقیقت ہے کہ وہ مسلمان قوم کے ایک بہت بڑے لیڈر تھے۔ انھوں نے تاریخ کے ایک نہایت ہی نازک دور میں مسلمانوں کی خدمت کی اور ایسے اخلاص کے ساتھ خدمت کی کہ اس اخلاص کی کم از کم پچھلے دور میں تو مثال ملنی مشکل

ہے۔ یہ ان کے خلوص ہی کی برکت تھی کہ نہایت اعلیٰ قابلیتوں اور نہایت بلند سیرت و کردار کے اتنے رجال وقت انھوں نے اپنے گرد جمع کر لیے کہ ہمارے لیڈروں میں سے کوئی دوسرا شخص ان صفات اور صلاحیتوں کے اتنے اشخاص اپنے گرد جمع نہ کر سکا۔ شبلی، حالی، نذیر احمد، محسن الملک، وقار الملک، کس کس کو گنیے؟ ان میں سے ایک ایک شخص اپنے علم و فضل اور اپنی خدمات قومی کے لحاظ سے تمام مسلمانوں کے لیے قابل فخر ہے... میرے استاذ مولانا حمید الدین فراہی سر سید مرحوم کی تفسیر قرآن کو ایک فتنہ سمجھتے تھے، لیکن ان کے قومی خلوص اور ان کے کردار کی بلندی کے بڑے مداح تھے۔“

(تفہیم دین، مولانا امین احسن اصلاحی 175)

اِن دونوں شخصیات اور اِن کے کام کا تعلق ہماری قریب کی تاریخ سے ہے۔ ہم اِس کی تفصیلات کو پڑھ سکتے اور اُن کے نتائج کا جزئیات کی حد تک مشاہدہ کر سکتے ہیں۔ کون سا لائحۂ عمل کامیاب رہا اور کون سا ناکام؟ اِس سوال کا جواب جاننے کے لیے ہمیں کسی علم کلام کی ضرورت نہیں ہے۔ ہم اِسے قرطاسِ ارضِ ہند پر رقم دیکھ سکتے ہیں۔

[فروری 2002ء]

سانحۂ نیویارک

11/ ستمبر کو امریکہ کے شہر نیویارک میں ہزاروں انسانوں کو اجتماعی طور پر قتل کر دیا گیا۔ چشمِ فلک نے ایسے منظر پہلے بھی بارہا دیکھے ہیں، مگر یہ حادثہ شاید اِس لیے منفرد ہے کہ یہ عین اُس زمانے میں رونما ہوا ہے، جب تہذیبِ انسانی اپنی ترقی کی آخری منزلوں کو چھو رہی ہے، جب ملکوں کی حدیں معدوم ہو رہی ہیں اور فرزندانِ آدم مل کر ایک عالمی برادری تشکیل دے رہے ہیں اور جب پروردگارِ عالم کا یہ فرمان کہ جس نے کسی انسان کو قتل کیا، اُس نے گویا سب انسانوں کو قتل کیا، دنیا کے علم و فکر، فلسفہ و حکمت اور قانون و اخلاق میں اساسی اصول کی حیثیت اختیار کر گیا ہے۔ یہی وجہ ہے کہ انسان کا وجودِ اجتماعی یہ ماننے ہی کے لیے تیار نہیں ہے کہ اِس قتل کے خون آشام مجرم اُسی نوع سے تعلق رکھتے ہیں، جسے خالق حقیقی نے انسان کے نام سے موسوم کیا ہے۔ اُس کی چشمِ حیراں مجسم سوال ہے کہ یہ قاتل:

انساں ہیں کہ صحرا میں شبِ تار کی وحشت
آدم ہیں کہ ابلیس کے چہرے کی سیاہی

الہامی قانون میں ایسی دہشت و بربریت عالم کے پروردگار اور اُس کے فرستادوں کے خلاف اعلانِ جنگ اور اقلیم خداوندی میں فتنہ و فساد کے مترادف ہے۔ اِس کی رو سے ''محاربہ'' اور ''فساد فی الارض'' کے اِن مجرموں کے لیے دنیوی سزا عبرت ناک طریقے سے

قتل اور اخروی انجام جہنم کا عذاب عظیم ہے:

اِنَّمَا جَزٰٓؤُا الَّذِیۡنَ یُحَارِبُوۡنَ اللّٰہَ وَ رَسُوۡلَہٗ وَ یَسۡعَوۡنَ فِی الۡاَرۡضِ فَسَادًا اَنۡ یُّقَتَّلُوۡۤا اَوۡ یُصَلَّبُوۡۤا اَوۡ تُقَطَّعَ اَیۡدِیۡہِمۡ وَ اَرۡجُلُہُمۡ مِّنۡ خِلَافٍ اَوۡ یُنۡفَوۡا مِنَ الۡاَرۡضِ ؕ ذٰلِکَ لَہُمۡ خِزۡیٌ فِی الدُّنۡیَا وَ لَہُمۡ فِی الۡاٰخِرَۃِ عَذَابٌ عَظِیۡمٌ. (المائدہ5:33)

”جو اللہ اور اُس کے رسول سے لڑیں گے اور اِس طرح زمین میں فساد پیدا کرنے کی کوشش کریں گے، اُن کی سزا پھر یہی ہے کہ عبرت ناک طریقے سے قتل کیے جائیں یا سولی پر چڑھائے جائیں یا اُن کے ہاتھ اور پاؤں بے ترتیب کاٹ دیے جائیں یا اُنھیں علاقہ بدر کر دیا جائے۔ یہ اُن کے لیے دنیا میں رسوائی ہے اور آخرت میں اُن کے لیے ایک بڑا عذاب ہے۔“

11/ستمبر کا سانحہ بہت بڑا ہے، مگر اِس کے بعد اِس سے بھی بڑا سانحہ یہ رونما ہوا ہے کہ اِس قتل وغارت کے ملزم وہ لوگ قرار پائے ہیں، جو تاریخ انسانی میں امن وسلامتی کے سب سے بڑے علم بردار کے پیرو ہیں۔ جس کا یہ اعلان آج بھی میدانِ عرفات میں گونج رہا ہے کہ:

”لوگو، تمھارا رب بھی ایک ہے اور تمھارا باپ بھی ایک ہے۔ اور تمھارا خون اور تمھارا مال قیامت تک اُسی طرح حرام ہے، جس طرح حج کا یہ دن، ذوالحج کا یہ مہینا اور ام القریٰ کا یہ شہر حرام ہے۔“

محمدِ عربی کے پیرووں سے اِس ظلم کا تصور بھی محال ہے، لیکن اگر یہ الزام عدل کے ایوانوں میں ثابت ہو جاتا ہے تو پھر اسلام اور اہل اسلام اُن کی ذات، اُن کے نظریات اور اُن کے اقدامات سے براءت کا اعلان کرتے ہیں۔

[نومبر 2001ء]

مسئلۂ عراق اور مسلمانوں کا طرزِ عمل

عراق کے خلاف امریکہ کے اعلانِ جنگ (2003ء) سے دنیا بھر کے مسلمان متفکر ہیں۔ انھیں خطرہ ہے کہ یہ جنگ اہل عراق کی تباہی پر منتج ہو سکتی ہے۔ اِس کے نتیجے میں مسلمانوں کی جانیں تلف ہو سکتی، املاک برباد ہو سکتی اور بستیاں راکھ کا ڈھیر بن سکتی ہیں اور اِس خطۂ ارضی میں ان کی تعمیر و ترقی کے راستے برسوں تک کے لیے مسدود ہو سکتے ہیں۔ اِس موقع پر مسلمانوں کے عوام و خواص یہ خواہش رکھتے ہیں کہ اُن کی قیادت علم جہاد بلند کرے اور اللہ کی نصرت کے بھروسے پر امریکہ کو بہ زور و قوت حملے سے روک دے اور اُسے ایسی سزا دے کہ وہ آیندہ مسلمانوں کے خلاف جرأت کا تصور بھی نہ کر سکے۔ ہمارے ہاں یہ خواہش، بالعموم تین ہی مقدمات کے حوالے سے سامنے آ رہی ہے۔

ایک یہ کہ اسلام میں مسلمانوں کے باہمی تعلق کی اساس رشتۂ اخوت پر استوار ہے۔ مسلمان بھائیوں کے بارے میں فکر مند ہونا، اُن کی تعمیر و ترقی کی تمنا رکھنا، اُن کے دکھ درد میں شریک ہونا اور اگر وقت پڑے تو اُن کی حفاظت و بقا کے لیے اپنی جان کا نذرانہ پیش کرنا اخوت کا عین تقاضا ہے۔

دوسرے یہ کہ امریکہ ایک مفاد پرست قوت ہے۔ اُس نے اپنی طاقت دنیا پر اپنے اقتدار کے استحکام اور دوام کے لیے مختص کر رکھی ہے۔ اِس مقصد کے لیے اگر اُسے عدل و

انصاف کے منافی اقدام بھی کرنا پڑے تو وہ اُس سے بھی گریز نہیں کرتا۔ عراق پر اُس کا جنگ مسلط کرنا اِسی سلسلے کی ایک کڑی ہے، جو سراسر ظلم ہے۔

تیسرے یہ کہ اگر مسلمان اپنے اندر جذبۂ ایمانی بیدار کر کے ظالموں کے خلاف برسرپیکار ہو جائیں تو وہ اللہ تعالیٰ کی نصرت سے فیض یاب ہوسکتے ہیں۔ اُن کی ابتدائی ایک ہزار سالہ تاریخ شاہد ہے کہ اُنھوں نے اپنی ہمت اور نصرتِ الٰہی کے بھروسے پر عظیم سلطنتوں کو زیر کیا ہے۔

ہمارے نزدیک یہ تینوں باتیں بنیادی طور پر درست ہیں، مگر ان کے ساتھ ساتھ بعض دوسرے حقائق بھی ہیں، جن کے بغیر یہ باتیں ادھوری ہیں۔

اِس میں کوئی شبہ نہیں کہ جذبۂ اخوت مسلمانوں کے وجودِ اجتماعی کی اساس ہے۔ امت کے تن مردہ میں زندگی کی اگر کوئی رمق باقی ہے تو اُس کا سبب یہی جذبہ ہے۔ اِسی نے کشمیر، فلسطین، افغانستان اور چیچنیا میں ہونے والی خون ریزی پر دنیا بھر کے مسلمانوں کو مغموم کر رکھا ہے اور اِسی کی وجہ سے وہ اپنے نونہالوں کو بے دریغ میدانِ جنگ کی طرف روانہ کر رہے ہیں۔ چنانچہ اگر یہ کہا جائے تو غلط نہ ہو گا کہ افتراقِ امت کے اِس زمانے میں بھی اِس جذبے کی بنا پر امت کی عظمتِ رفتہ کی بحالی کا خواب دیکھا جاسکتا ہے۔

اخوت کے اِس بے پایاں جذبے سے کسی کو انکار نہیں، مگر اِس کے باوجود یہ حقیقت ہے کہ ایک عرصے سے امتِ مسلمہ کا شیرازہ بکھرا ہوا ہے۔ بین الاقوامی سیاست میں اُن کی کوئی متفقہ پالیسی نہیں ہے۔ ہر ملک اپنے مقامی مفادات ہی کو ترجیح دیتا ہے۔ ایک ریاست کے مسلمانوں پر دوسری مسلمان ریاستوں کے دروازے اسی طرح بند ہوتے ہیں، جس طرح غیر مسلموں کے لیے بند ہوتے ہیں۔ مسلمان ریاستیں آپس میں ایک دوسرے کے افرادی اور مادی وسائل کے استعمال کے لیے منصوبہ بندی نہیں کرتیں۔ نتیجۃً بعض ریاستوں میں مسلمان بھوکوں مرتے ہیں اور بعض میں مسلمان انتہائی عیش و عشرت کی زندگی بسر کرتے

ہیں۔ مزید بر آں، یہ بھی حقیقت ہے کہ مسلمانوں میں اخوت کی گرمی جذبات اُس وقت نظر نہیں آتی، جب کوئی مسلمان ملک اخلاقی پستی کا اظہار کرتا ہے، دینی شعار سے غفلت برتتا ہے، عدل وانصاف کا خون کرتا ہے یا برادر ملک ہی سے برسرِ جنگ ہو جاتا ہے۔

یہ حقیقت اگر مسلم ہے تو پھر ہمارے نزدیک اِس موقع پر جذبۂ اخوت کا صحیح اظہار یہ ہے کہ مسلمان اپنی تمام توجہ ایک دوسرے کی خیر و سلامتی اور تعمیر و ترقی پر مرتکز کریں۔ اُن کے امیر ممالک غریب ممالک کو اقتصادی لحاظ سے مضبوط کرنے میں بھرپور تعاون کریں، اُنھیں سودی قرضوں سے نجات دلائیں، اُن کے علاقوں میں سرمایہ کاری کریں، اپنی ریاستوں میں اُن کے لیے روزگار کے مواقع پیدا کریں، اُن کے ساتھ تجارتی معاہدے کریں، ان کی سرزمین پر درس گاہیں، تحقیقی مراکز اور رفاہی ادارے قائم کریں۔ اگر کوئی ملک سیاسی لحاظ سے بے حکمتی کی روش اختیار کر رہا ہے تو سب مل کر اُسے روکیں، کسی ملک کی اخلاقی غلطیوں کو قبول کرنے کے بجاے اور اُس معاملے میں اُس کی مدد کرنے کے بجاے اُس کے لیے تادیب و تنبیہ کا رویہ اختیار کریں۔ بین الاقوامی معاملات میں اپنے اجتماعی وجود کے حوالے سے ایک ہی پالیسی کو سامنے لے کر آئیں۔

دوسری بات بھی صحیح ہے کہ تاریخ کی ہر سپر پاور کی طرح امریکہ بھی دنیا کو اپنے نظریات اور مفادات ہی کی نظر سے دیکھ رہا ہے۔ اُس کی ہر ممکن کوشش ہے کہ دنیا پر اُس کا اقتدار ہمیشہ مسلم رہے؛ علم، اسلحہ اور اقتصاد میں اُس کا کوئی ثانی نہ ہو؛ اقوام عالم اُس کی بالادستی کو بہ رضا و رغبت یا طوعاً و کرہاً تسلیم کرتی ہوں؛ ریاستوں کے باہمی معاملات اُس کی منشا کے مطابق تشکیل پائیں اور اُس کی تہذیب دیگر تمام تہذیبوں پر غالب ہو۔ غالباً اِسی زاویۂ نظر کا نتیجہ ہے کہ وہ جمہوریت کا علم بردار ہے، لیکن اگر اپنے اقتدار کا سوال پیدا ہو جائے تو اُس کے وجود سے آمریت ہی کا صدور ہوتا ہے۔ وہ امن، انصاف، آزادی، حق خودارادیت اور احترام

انسانیت جیسی اعلیٰ اخلاقی اقدار کا داعی ہے، لیکن اگر اُن کی زد میں اُس کے اپنے مفادات آ جائیں تو اُن کا خون کرنے میں بھی اُسے کوئی قباحت محسوس نہیں ہوتی۔ وہ اقوام عالم کے مابین اشتعال کو ناپسند کرتا ہے، لیکن اگر وہ خود مشتعل ہو جائے تو دوسری قوموں کے لیے اس کی زبان اور ہاتھ کے شر سے محفوظ رہنا مشکل ہو جاتا ہے۔

امریکہ کے بارے میں یہ سب باتیں درست ہیں، لیکن اِس کے ساتھ ساتھ یہ بھی امر واقعی ہے کہ دنیا کی عنانِ اقتدار اسی کے ہاتھ میں ہے۔ فوجی قوت کے لحاظ سے اُس کا کوئی ثانی نہیں ہے۔ اقتصادی ضرورتوں کے لیے قومیں اُسی کی طرف رجوع کرتی ہیں۔ اکثر ممالک کے بجٹ اُسی کی خیرات اور قرضوں سے تشکیل پاتے ہیں۔ سیاسی اختلافات کے حل کے لیے اقوام عالم کی نظریں اُسی کی طرف اٹھتی ہیں اور بین الاقوامی معاملات میں، بالعموم اُسی کا منشا نافذ العمل ہوتا ہے۔ باہمی تنازعات میں اُسی کو ثالث مانا جاتا ہے۔ اُسی کی تہذیب اور اسی کی اقدار تک رسائی کو قومیں اپنی ترقی کی معراج تصور کر رہی ہیں۔ جدید علوم و فنون کے میدان میں دنیا کی ترقی یافتہ اقوام بھی ابھی اس سے صدیوں پیچھے ہیں۔ یہی صورتِ حال ہے، جس کی وجہ سے دنیا کے طاقت ور ممالک بھی اُس کے اقتدار کو چیلنج کرنے کی پوزیشن میں نہیں ہیں۔

اِس صورتِ حال میں اگر مسلمان امریکہ پر اپنی برتری قائم کرنا چاہتے ہیں تو یہ لازم ہے کہ وہ اعلیٰ اخلاقیات اور سائنس اور ٹیکنالوجی کے میدان میں امریکہ سے برتر مقام پر فائز ہو جائیں تاکہ اقوام عالم کی نگاہیں امریکہ کے بجائے اُن کی طرف اٹھنی شروع ہو جائیں۔ اِس مقصد کے لیے یہ ناگزیر ہے کہ مسلمانوں کی تمام ریاستوں میں آمرانہ حکومتوں کے بجائے جمہوری حکومتیں قائم ہوں اور دنیا پر یہ واضح ہو کہ مسلمان پروردگارِ عالم کی ہدایت 'امرھم شوریٰ بینھم' پر پوری طرح کاربند ہیں۔ وہ دنیا میں عدل و انصاف کے سب سے بڑے علم بردار بن کر سامنے آئیں۔ دنیا کو معلوم ہو کہ عدل پر مبنی فیصلے کی زد اگر ان کے اپنے وجود پر بھی پڑے گی تو

وہ اُس موقع پر بھی عدل ہی کے طرف دار ہوں گے۔ وہ مذہبی، وطنی اور لسانی تعلق سے بالاتر ہو کر محض انسانی بنیادوں پر مظلوم اور مجبور کی حمایت کرتے ہوئے نظر آئیں۔ دنیا یہ جان لے کہ اگر مظلوم و بے کس کوئی ہندو، کوئی عیسائی اور کوئی یہودی بھی ہو گا تو اُس کے حق میں سب سے پہلی آواز اہل اسلام میں سے بلند ہو گی۔ مزید بر آں، سائنس، ٹیکنالوجی اور اسلحہ کی قوت میں وہ اپنے آپ کو اِس مقام پر لے آئیں کہ امریکہ، برطانیہ، روس، چین، جاپان، جرمنی اور فرانس جیسی طاقتیں بھی ان کے سامنے دستِ طلب دراز کریں۔

تیسری بات بھی صحیح ہے کہ اللہ کی مدد اُن لوگوں کے شامل حال ہوتی ہے، جو ظلم وعدوان کے خلاف برسرجنگ ہوتے اور راہِ جہاد میں اپنی جان کا نذرانہ پیش کرنے کے لیے تیار رہتے ہیں۔ اور یہ بات بھی صحیح ہے کہ ہماری تاریخ میں خالد بن ولید، طارق بن زیاد، موسیٰ بن نصیر، صلاح الدین ایوبی اور محمد بن قاسم جیسے جرنیلوں نے فتوحات کی عظیم داستانیں رقم کی ہیں، مگر اس کے ساتھ یہ بھی حقیقت ہے کہ گذشتہ تین صدیوں کے دوران میں مسلمان جہاد کے پورے جذبے کے باوجود غیر مسلموں ہی کے ہاتھوں شکست سے دوچار ہوئے ہیں۔ سراج الدولہ اور ٹیپو سلطان جیسے بہادروں کی انگریزوں سے شکست، سید احمد شہید اور شاہ اسماعیل شہید جیسے اصحابِ ایمان کی سکھوں کے مقابلے میں ہزیمت، مسلمانانِ ہند کی اپنی ہی سرزمین پر جنگ آزادی میں ناکامی، عراق کی کویت پر حملے کے بعد امریکی تاخت کی وجہ سے پسپائی، فلسطین اور کشمیر میں نصف صدی سے جاری آزادی کی تحریکوں کی بے ثمری اور طالبان اور افغانستان کی امریکہ کے ہاتھوں تباہی سے صرفِ نظر کسی صاحبِ بصیرت کے لیے ممکن نہیں ہے۔

اِس تناظر میں ہمارے نزدیک مسلمانوں کے لیے اس حقیقت کا ادراک ناگزیر ہے کہ نصرتِ الٰہی کا معاملہ اللّٰ ٹپ نہیں ہے۔ اس سلسلے میں اللہ تعالیٰ کا ایک قانون ہے، جس کی

پیروی کے بعد ہی اللہ کی مدد کی توقع کی جاسکتی ہے۔ ارشادِ خداوندی ہے:

يٰۤاَيُّهَا النَّبِيُّ حَرِّضِ الْمُؤْمِنِيْنَ عَلَى الْقِتَالِ ؕ اِنْ يَّكُنْ مِّنْكُمْ عِشْرُوْنَ صٰبِرُوْنَ يَغْلِبُوْا مِائَتَيْنِ ۚ وَ اِنْ يَّكُنْ مِّنْكُمْ مِّائَةٌ يَّغْلِبُوْۤا اَلْفًا مِّنَ الَّذِيْنَ كَفَرُوْا بِاَنَّهُمْ قَوْمٌ لَّا يَفْقَهُوْنَ. اَلْـٰٔنَ خَفَّفَ اللّٰهُ عَنْكُمْ وَ عَلِمَ اَنَّ فِيْكُمْ ضَعْفًا ؕ فَاِنْ يَّكُنْ مِّنْكُمْ مِّائَةٌ صَابِرَةٌ يَّغْلِبُوْا مِائَتَيْنِ ۚ وَ اِنْ يَّكُنْ مِّنْكُمْ اَلْفٌ يَّغْلِبُوْۤا اَلْفَيْنِ بِاِذْنِ اللّٰهِ ؕ وَ اللّٰهُ مَعَ الصّٰبِرِيْنَ.

(الانفال8:66-65)

”اے پیغمبر، اِن مومنوں کو (اُس) جنگ پر ابھارو (جس کا حکم پیچھے دیا گیا ہے)۔ اگر تمھارے لوگوں میں بیس آدمی ثابت قدم ہوں گے تو دو سو پر غالب آئیں گے اور اگر تمھارے سو ہوں گے تو ہزار منکروں پر بھاری رہیں گے، اِس لیے کہ یہ ایسے لوگ ہیں جو بصیرت نہیں رکھتے۔ اِس وقت، البتہ اللہ نے تمھارا بوجھ ہلکا کر دیا ہے، اِس لیے کہ اُس نے جان لیا کہ تم میں کچھ کمزوری ہے۔ سو تمھارے سو ثابت قدم ہوں گے تو دو سو پر غالب آئیں گے اور اگر تمھارے ہزار ایسے ہوں گے تو اللہ کے حکم سے دو ہزار پر بھاری رہیں گے۔ اور اللہ اُن لوگوں کے ساتھ ہے جو (اُس کی راہ میں) ثابت قدم رہیں۔“

اِن آیات سے یہ باتیں واضح ہوتی ہیں:

اولاً، مسلمانوں کی کوئی جماعت اس وقت تک نصرتِ الٰہی کی مستحق نہیں قرار پاتی، جب

تک اس کے اندر ثابت قدمی نہ ہو۔

ثانیاً، مسلمانوں کو چاہیے کہ جنگ کے لیے ضروری اسباب و وسائل ہر حال میں فراہم کریں اور محض جذبات سے مغلوب ہو کر کوئی اقدام نہ کریں۔

ثالثاً، مسلمانوں کی قوت دشمن کے مقابلے میں کم سے کم ایک نسبت دو کی ہونی چاہیے۔ قوت کے لحاظ سے یہ تناسب اصلاً نبی صلی اللہ علیہ وسلم اور آپ کے صحابہ کی جماعت کے لیے بیان ہوا ہے۔ اِس کے پورا ہو جانے کے بعد اُن کے لیے نصرتِ الٰہی کی حیثیت وعدۂ خداوندی کی تھی، جسے ہر حال میں پورا ہونا تھا، مگر بعد کے مسلمانوں کے لیے اِس کی حیثیت یہ ہے کہ وہ ایک اور دو کا تناسب حاصل کر لینے کے بعد اللہ سے یہ توقع قائم کر سکتے ہیں کہ وہ اپنی نصرت کے دروازے اُن پر کھول دے گا۔

[اپریل 2003ء]

نیوزی لینڈ کے سانحے کے بعد چند غور طلب پہلو

کرائسٹ چرچ، نیوزی لینڈ (مارچ 2019ء) میں ایک سفاک درندے نے اللہ کے حضور میں سجدہ ریز در جنوں انسانوں کو شہید کر دیا۔ قلم عاجز ہے کہ اِس موقع پر دل کے درد کو بیان کر سکے۔ استاذِ گرامی جناب جاوید احمد غامدی کے الفاظ مستعار لیے جائیں تو بس یہی کچھ کہا جا سکتا ہے کہ:

سینے میں کوئی درد ہے، پنہاں کبھی پیدا

پہلو میں دھڑکتا تھا جو آنکھوں سے رواں ہے

اڑتا ہوا خاشاک، یہ بکھری ہوئی لاشیں

انساں ہیں، مگر ان پہ بھی سایوں کا گماں ہے

بارود کی بارش ہے شب و روز یہاں اب

بچوں کو اماں ہے، نہ بزرگوں کو اماں ہے

ابلیس کے ہاتھوں میں ہے دنیا کی حکومت

یہ تیرا جہاں ہے تو خدایا، تو کہاں ہے؟

دعا ہے کہ اللہ تعالیٰ اپنے بندوں کے آخری سجدے کو امر کر دے، اُن کے لہو کو اپنے دربار میں سرخ روئی کا سبب بنا دے اور اُن کی معصومانہ شہادت کے صلے میں اُن کی غلطیوں

اور کوتاہیوں کو معاف فرمادے۔ اِس واقعے نے پوری دنیا کو آزردہ کیا ہے، مگر سب جانتے ہیں کہ چند دنوں کے بعد یہ قصۂ ماضی بن جائے گا اور نائن الیون، سیون سیون، آرمی پبلک اسکول اور اِس جیسے دوسرے حادثات کے تسلسل میں اِس کی حیثیت محض تاریخی حوالے کی ہو کر رہ جائے گی۔ حالات کا یہی جبر ہے، جس سے انسانی تاریخ گزرتی ہے۔ اِس سے مفر ممکن نہیں ہے۔ تاہم یہ ضروری ہے کہ ایسے حادثات سے سبق حاصل کیا جائے اور اسباب و عوامل کی تحقیق کر کے اُن کے تدارک کی منصوبہ بندی کی جائے۔ چنانچہ ریاستوں کے اربابِ اقتدار کی ذمہ داری ہے کہ وہ اپنے اپنے ملکی حالات کے لحاظ سے ضروری اقدامات کو بروے کار لائیں۔ اہل علم و دانش کو البتہ، ایسے واقعات کے فکری پس منظر اور پیش منظر کو زیرِ غور لانا چاہیے اور ان محرکات، تصورات اور رویوں کی نشان دہی کرنی چاہیے، جو ان میں کمی یا برعکس طور پر اضافے کا باعث بن سکتے ہیں۔ نیوزی لینڈ کے واقعے کو اگر اِس زاویے سے دیکھا جائے تو ہمارے نزدیک چند باتوں کی اہمیت غیر معمولی ہے۔ پہلی بات یہ ہے کہ دنیا کو اب اِس بات کا اندازہ ہو جانا چاہیے کہ انتہا پسندی اور دہشت گردی کے مرض کا اصلاً کسی خطے، کسی نسل، کسی قوم یا کسی مذہب سے کوئی تعلق نہیں ہے۔ ظلم اور سفاکی کا یہ عارضہ کسی بھی فرد، گروہ یا حکومت کو لاحق ہو سکتا اور انسانی جانوں کی بربادی کا باعث بن سکتا ہے۔ ہیروشیما، ناگاساکی، نیو یارک، لندن، بغداد، فلسطین، شام اور پاکستان و افغانستان میں برپا ہونے والی قیامتیں اِس کی بدترین مثالیں ہیں۔ چنانچہ اگر کوئی گورا یا کالا یا کوئی عربی یا عجمی یا کوئی امریکی یا افغانی یا کوئی ہندوستانی یا پاکستانی یا کوئی ہندو، مسلمان، یہودی یا عیسائی ایسے جرائم میں ملوث ہوتا ہے تو اِس بنا پر اُس کی نسل، اُس کی قوم اور اُس کے مذہب کو موردِ الزام ٹھہرانا کسی طرح بھی جائز نہیں ہے۔ اِسی طرح کوئی تحریک، تنظیم یا حکومت ایسی ظالمانہ کارروائیوں کا ارتکاب کرتی ہے تو اس کی ذمہ داری اُن کی قوموں پر بہ حیثیتِ مجموعی نہیں ڈالی جا سکتی۔ یہ درست ہے کہ بعض

اوقات حکومتی یا سیاسی اور مذہبی طبقات ایسے جرائم کی پشت پناہی کرتے ہیں، جس کی وجہ سے اُن کا دائرہ زیادہ پھیل جاتا ہے، مگر تاریخ شاہد ہے کہ عین اِس وقت اُس قوم یا مذہب کے لوگوں کی اکثریت اُنھیں رد کر رہی ہوتی ہے۔ لٰہذا کسی بڑے یا چھوٹے واقعے کو بنیاد بنا کر کسی قوم پر ایسے جرائم کا لیبل لگانا ہرگز دانش مندی نہیں ہے۔ اِس کے رد عمل میں قومی حمیت کے جذبات برانگیختہ ہوسکتے اور اصلاح کے بجاے فساد کے امکانات بڑھ سکتے ہیں۔ واضح رہے کہ انسانی جان کی حرمت کوئی ایسا مسئلہ نہیں ہے، جسے سمجھنے کے لیے غور و فکر کی ضرورت ہو۔ یہ علم کا مقدمہ، تاریخ کا مسلمہ، انسانی فطرت کی آواز، قوموں کا ضمیر اور مذاہب کا حکم ہے۔ اللہ تعالیٰ نے جو دین اپنے انبیا علیہم السلام کی وساطت سے انسانوں کو دیا ہے، اُس میں بلا امتیاز نسل و مذہب انسانی جان کی حرمت ہمیشہ مسلم رہی ہے۔ یہ بات بائیبل میں بھی رقم ہے اور قرآنِ مجید نے بھی اس کو نہایت واشگاف انداز میں بیان کیا ہے۔ ارشاد فرمایا ہے کہ:

مَنْ قَتَلَ نَفْسًا بِغَيْرِ نَفْسٍ اَوْ فَسَادٍ فِى الْاَرْضِ فَكَاَنَّمَا قَتَلَ النَّاسَ جَمِيْعًا ۖ وَ مَنْ اَحْيَاهَا فَكَاَنَّمَآ اَحْيَا النَّاسَ جَمِيْعًا.

(المائدہ 5:32)

”جس نے کسی ایک انسان کو قتل کیا، اِس کے بغیر کہ اُس نے کسی کو قتل کیا ہو یا زمین میں کوئی فساد برپا کیا ہو تو اُس نے گویا تمام انسانوں کو قتل کر دیا اور جس نے کسی ایک انسان کو زندگی بخشی، اُس نے گویا تمام انسانوں کو زندگی بخش دی۔“

چنانچہ ابراہیم و موسیٰ علیہما السلام کے پیرو ہوں، مسیح علیہ السلام کو ماننے والے ہوں یا محمد رسول اللہ صلی اللہ علیہ وسلم پر ایمان رکھنے والے ہوں، سب پر اِس اصول کی پیروی لازم ہے۔ کوئی شخص یا گروہ اگر اِس سے انحراف کرتا ہے تو وہ بنی نوع انسان کا دشمن، مذاہب کا تارک، پیغمبروں کا منکر اور خدا کا باغی ہے۔ ساری انسانیت کو مل کر اُس کے خلاف فکری و

عملی جدوجہد کرنی چاہیے۔ لیکن یہ جدوجہد کبھی کامیاب نہیں ہو سکتی، اگر یہ مان لیا جائے کہ انتہا پسندی یا دہشت گردی کا تعلق کسی خاص قوم یا مذہب کے ساتھ ہے۔ یہ غلط اندازِ فکر و عمل قوموں اور تہذیبوں کے تصادم پر منتج ہو سکتا ہے اور خدانخواستہ پورے کرۂ ارض کی تباہی کا سامان پیدا کر سکتا ہے۔ دوسری بات یہ ہے کہ دنیا بھر کی قوموں اور ریاستوں کے لیے اُس طرزِ عمل کو مشعل راہ بنانا چاہیے، جو نیوزی لینڈ کی حکومت اور عوام نے اِس موقع پر اختیار کیا ہے۔ اُسے اتنی پذیرائی ملنی چاہیے کہ وہ آیندہ کے لیے رجحان ساز بن جائے۔ جس طرح خاتون وزیراعظم نے اِس اقدام کو سفاکانہ دہشت گردی قرار دیا، قاتل کو دہشت گرد اور انتہا پسند کہا، مسلمانوں کی حفاظت نہ کر سکنے کی ذمہ داری قبول کی، 15/مارچ کو نیوزی لینڈ کی تاریخ کے سیاہ دن سے تعبیر کیا، مسلمانوں کا لباس پہنا، انھیں السلام علیکم کہا، اُن کے نبی صلی اللہ علیہ وسلم پر درود بھیجا، اُن کے اجتماعِ جمعہ میں شرکت کی، اُن سے برسرِ عام معافی مانگی، اُنھیں گلے سے لگایا اور ہر طرح کے تعاون کا اعلان کیا؛ جس طرح گرجا گھروں پر مسلمانوں کے لیے اظہارِ ہم دردی کے بینر لگائے گئے، اُن کے دروازے مسلمانوں کے لیے کھول دیے گئے، شہدا کے لیے تعزیتی اور دعائیہ مجالس منعقد کی گئیں، مسجدوں کے آگے پھول رکھے گئے، نمازیوں کے لیے لوگ ڈھال بن کر کھڑے ہو گئے؛ اور جس طرح اجتماعات میں اذانیں گونجنے لگیں، پارلیمنٹ کا آغاز تلاوتِ قرآن سے ہوا اور ارکانِ پارلیمنٹ نے باادب کھڑے ہو کر تلاوت اور اُس کا ترجمہ سنا، سرکاری ٹی وی پر جمعہ کی اذان نشر کی گئی اور حکومتی ارکان اور شہریوں نے جمعہ کے اجتماع میں شرکت کی؛ یہ سب قابلِ صد تحسین اور لائق تقلید ہے۔ یہ رویہ اجنبی ضرور ہے، مگر وقت کی آواز، حالات کا تقاضا اور زمانے کا مطالبہ ہے۔ تمام اقوام عالم کو اپنے نظریات، اذواق اور روایات کے مطابق اِس کو اختیار کرنا چاہیے۔ اسی کو اختیار کرنے سے دنیا امن و آشتی کا گہوارہ بن سکتی ہے۔ تیسری بات یہ ہے کہ مسلمانوں کو صبر و

برداشت کے اِس رویے کو اب اپنا مستقل شعار بنالینا چاہیے، جو اُنھوں نے اِس موقع پر اختیار کیا ہے۔ اُن کے عوام اور مذہبی اور سیاسی قائدین نے جس تحمل اور بردباری کا مظاہرہ کیا ہے، وہ قابل تعریف ہے۔ نہ توڑ پھوڑ ہوئی، نہ ہنگامہ ہوا، نہ الزام تراشے گئے، نہ مذہبی رنگ دیا گیا، نہ بدگمانی پیدا ہوئی، نہ لب ولہجے میں سختی آئی اور نہ انتقامی جذبات بھڑکے، بلکہ اِس سب کچھ کے برعکس، نیوزی لینڈ کی حکومت اور عوام کے اقدامات کو سراہا گیا اور ان کے لیے شکر گزاری کے کلمات کا اظہار کیا گیا۔ یہی طرزِ عمل اخلاق کا تقاضا اور یہی رویہ دین کا مطلوب ہے۔ مسلمان اگر اِس پر استقلال کا مظاہرہ کریں تو وہ نہ صرف اپنے اندر انتہا پسندی کے عناصر کو ختم کرنے میں کامیاب ہو سکتے ہیں، بلکہ دنیا سے دہشت گردی کے ناسور کو مٹانے میں بھی معاون ثابت ہو سکتے ہیں۔ اِس موقع پر انھیں نہ اِس طنز وتعریض کو اختیار کرنا چاہیے کہ ہم پر انتہا پسندی اور دہشت گردی کا الزام لگانے والوں کے اندر خود دہشت گرد پائے جاتے ہیں اور نہ اِس الزامی جواب کو دہرانا چاہیے کہ مسلمانوں میں پیدا ہونے والی انتہا پسندی کا اصل سبب امریکہ اور بعض دیگر ممالک کی آمرانہ اور ظالمانہ پالیسیوں کا ردِ عمل ہے۔ اس کے بجاے اِس موقع کو دنیا کے سامنے اسلام کی حقیقی تعلیمات پیش کرنے کے لیے استعمال کرنا چاہیے۔ چوتھی اور آخری بات یہ ہے کہ مسلم اور غیر مسلم دنیا، دونوں کو اِس امر کا جائزہ لینا چاہیے کہ اسلام کا جو تصور اُنھوں نے قائم کر رکھا ہے، وہ کس حد تک اسلام کے مآخذ، یعنی قرآن وسنت کے مطابق ہے۔ یہ سوال اُن کے ذہنوں میں اٹھنا چاہیے کہ ایک جانب اگر اسلام آدم وحوا کی تمام اولاد کو برابر سمجھتا ہے، رنگ ونسل کے تعصبات کو رد کرتا ہے، اظہارِ راے کی آزادی کا قائل ہے، 'فتنہ' (persecution)، یعنی مذہبی جبر کو قتل سے بھی بڑا جرم قرار دیتا ہے، ایک انسان کے قتل کو تمام انسانیت کا قتل سمجھتا ہے، اور مساجد ہی کو نہیں گرجوں، خانقاہوں اور معبدوں کو بھی مقدس سمجھتا ہے تو دوسری جانب وہ کیسے حقوقِ انسانی کے

معاملے میں تفریق کر سکتا ہے، کیسے قومی امتیاز کی بات کر سکتا ہے، کیسے کسی کو بالجبر اسلام قبول کرنے یا اسلام پر برقرار رہنے کی ہدایت کر سکتا ہے، کیسے معصوم انسان کو بارود سے اڑانے کی اجازت دے سکتا ہے اور کیسے عبادت گاہوں کو مسمار کرنے کا حکم دے سکتا ہے؟ اسلام اگر اللہ کا دین ہے اور یقیناً ہے تو پھر اس کے افکار میں یہ تناقض اور تضاد ہر گز ممکن نہیں ہے۔ لیکن بہ ظاہر اگر یہ تناقض اور تضاد نظر آتا ہے تو اِس کے معنی یہ ہیں کہ یا مسلمانوں کے بیان میں کوئی غلطی ہے یا غیر مسلموں کے فہم میں کوئی ابہام ہے یا پھر دونوں مغالطوں اور غلط فہمیوں کا شکار ہیں۔ چنانچہ ہر دو جانب کے اصحابِ علم و دانش کو اس بات پر غور کرنا چاہیے کہ خلافت، اسلامی ریاست، غلبۂ دین، جہاد و قتال، تکفیر، ارتداد، جزیہ اور ان جیسی دیگر اصطلاحات کے حوالے سے اسلام کا صحیح تصور کیا ہے؟ کیا اِس کا صحیح تصور وہی ہے، جو روایتی مذہبی مدارس میں پڑھایا جاتا ہے اور جس کی بنا پر اکثر اسلامی تحریکیں اور مذہبی سیاسی جماعتیں اپنی حکمت عملی ترتیب دیتی ہیں یا وہ ہے جو بعض غیر سنجیدہ عناصر اسلاموفوبیا (Islamophobia) کے نام سے دنیا میں پھیلانے کی کوشش کر رہے ہیں؟ اِس مسئلے میں فریقین اگر حقیقت تک رسائی چاہتے ہیں تو اُنھیں اسلام کی اُن تعبیرات کو بھی زیرِ غور لانا ہو گا، جو اسلام کی رائج اور روایتی تعبیرات سے مختلف ہیں۔ اور پھر اُن کے باہمی تقابل سے اصل تصور تک پہنچنے کی کوشش کرنی ہو گی۔ متبادل اور مقابل تعبیرات میں سب سے نمایاں کام وہ ہے، جو دورِ حاضر میں جناب جاوید احمد غامدی نے اپنی کتاب ''میزان'' کی صورت میں دنیا کے سامنے پیش کیا ہے۔ جناب جاوید احمد غامدی کا موقف یہ ہے کہ مسلمانوں میں پائی جانے والی مذہبی انتہا پسندی کا اصل سبب وہ فکر ہے، جس کی تعلیم ہمارے مدارس میں دی جاتی ہے اور جسے انتہا پسند مذہبی جماعتیں اپنے اقدامات کی بنیاد بناتی ہیں۔ اُن کے نزدیک یہ فکر سیاست، دعوت اور جہاد کے حوالے سے قرآن و حدیث کی بعض غلط تعبیرات کا نتیجہ ہے، لہٰذا جب

تک اِس کی غلطی واضح نہیں ہو جاتی اور اِس کے مقابل میں اسلام کے صحیح فکر کو پیش نہیں کر دیا جاتا، انتہا پسندی سے چھٹکارا پانا ممکن نہیں ہے۔ انھوں نے لکھا ہے کہ:

”اِس وقت جو صورت حال بعض انتہا پسند تنظیموں نے اپنے اقدامات سے اسلام اور مسلمانوں کے لیے پوری دنیا میں پیدا کر دی ہے، یہ اُسی فکر کا مولود فساد ہے جو ہمارے مذہبی مدرسوں میں پڑھا اور پڑھایا جاتا ہے، اور جس کی تبلیغ اسلامی تحریکیں اور مذہبی سیاسی جماعتیں شب و روز کرتی ہیں۔ اِس کے مقابل میں اسلام کا صحیح فکر کیا ہے؟ اِس کو ہم نے اپنی کتاب ”میزان“ میں دلائل کے ساتھ پیش کر دیا ہے۔ یہ درحقیقت ایک جوابی بیانیہ (counter narrative) ہے اور ہم نے بارہا کہا ہے کہ مسلمانوں کے معاشرے میں مذہب کی بنیاد پر فساد پیدا کر دیا جائے تو سیکولرازم کی تبلیغ نہیں، بلکہ مذہبی فکر کا ایک جوابی بیانیہ ہی صورت حال کی اصلاح کر سکتا ہے۔“ (مقامات 196)

اِس جوابی بیانیے کا جو حصہ اسلام اور ریاست سے متعلق ہے، اُس کے تعارف کے لیے درجِ ذیل تین نکات کفایت کریں گے۔ اُن پر ایک نظر ڈالنے سے یہ اندازہ ہو جائے گا کہ اگر اسلام کی صحیح تعبیر یہی ہے، جسے جناب جاوید احمد غامدی پیش کر رہے ہیں تو اِس کی ترویج سے مسلم اور غیر مسلم دنیا پر کیا اثرات مرتب ہو سکتے ہیں۔

1۔ غامدی صاحب کے نزدیک دورِ جدید کی قومی ریاستیں جو بین الاقوامی معاہدوں کی بنا پر قائم ہوتی ہیں، اِن میں شہریت اور قومیت کی اساس رنگ و نسل یا نظریہ اور مذہب نہیں، بلکہ ملک ہے۔ مسلمانوں کی ریاستیں بھی اِسی نوعیت کی ہیں۔ اِن میں سے کوئی نہ اُس طرح کی مذہبی ریاست ہے، جو اللہ تعالیٰ نے اپنے پیغمبر صلی اللہ علیہ وسلم کے ذریعے سے جزیرہ نمائے عرب میں قائم کی تھی اور جس میں کسی غیر مسلم کو شہریت کا حق حاصل نہیں تھا اور نہ کسی فرد یا گروہ کی مقبوضہ ریاست ہے، جس میں بادشاہ یا حکمران کا مذہب ہی ریاست کا مذہب قرار پاتا ہے۔ اِن میں رہنے والے مسلم و غیر مسلم برابر کے شہری ہیں، جن کے حقوقِ شہریت

میں رنگ و نسل اور دین و مذہب کی بنیاد پر کوئی تفریق قائم نہیں کی جا سکتی۔

2۔ غامدی صاحب کا موقف ہے کہ خلافت ایک سیاسی اصطلاح ہے۔ اِسے نہ دینی اصطلاح قرار دیا جا سکتا ہے اور نہ مسلمانوں کو اِس کا مکلف ٹھہرایا جا سکتا ہے کہ وہ خلافت کے نام پر دنیا کے تمام مسلمانوں کی ایک حکومت قائم کرنے کی سعی کریں۔ دنیا بھر کے مسلمانوں کا کسی ایک ریاست یا ایک حکومت کے تحت جمع ہونا ایک محمود خواہش ہو سکتی ہے اور اِس کے لیے پر امن جدوجہد بھی بالکل بجا ہے، لیکن اِس تمنا کو ایک دینی مطالبے کے طور پر پیش کرنا درست نہیں ہے۔ اُن کے نزدیک دنیا پر غلبۂ اسلام کی جدوجہد نہ دین کا مقصود ہے اور نہ اِس مقصد کے لیے کسی تنظیم سازی یا جہاد و قتال کی اجازت ہے۔ جہاد و قتال کا اقدام کوئی منظم ریاست صرف اور صرف ظلم و عدوان کے خلاف کر سکتی ہے اور اس میں بھی نہ خودکش حملوں کا کوئی جواز ہے اور نہ معصوم شہریوں اور غیر مقاتلین کو ہدف بنانے کی کوئی گنجایش ہے۔

3۔ غامدی صاحب سمجھتے ہیں کہ شرک، کفر اور ارتداد کے حوالے سے مسلمانوں میں رائج مذہبی بیانیہ درست نہیں ہے۔ وہ بیانیہ یہ ہے کہ شرک اور کفر کے استیصال کے لیے دنیا پر اسلام کے غلبے کی جدوجہد شریعت کا حکم ہے اور یہ مسلمانوں کا مذہبی فریضہ ہے کہ وہ دعوت و جہاد کا علم اٹھائیں اور اقوام عالم کی سرحدوں پر کھڑے ہو کر یہ اعلان کریں کہ ''اسلام لاؤ، جزیہ دو یا لڑنے کے لیے تیار ہو جاؤ۔'' گویا دنیا کے غیر مسلم جو اِس بیانیے کی رو سے کافر اور مشرک ہیں، اگر اسلام قبول نہیں کرتے تو اُن کے لیے زندگی کی گنجایش صرف اِس صورت میں ہے کہ وہ مسلمان ریاست میں ذمی یا محکوم ہو کر رہنے کا فیصلہ کریں۔ مزید یہ کہ اگر کوئی مسلمان دین سے منحرف ہو کر کوئی دوسرا مذہب اختیار کرے تو اُسے محکوم ہو کر بھی زندہ رہنے کا حق نہیں ہے، شریعت میں اُس کے لیے موت کی سزا مقرر ہے، جو ہر حال

میں اُس پر نافذ ہونی چاہیے۔ غامدی صاحب کے نزدیک یہ بیانیہ سر تا سر دین و شریعت کے خلاف ہے۔ اِس کی تائید میں پیش کیے جانے والے قرآن وحدیث کے نصوص اور نبی صلی اللہ علیہ وسلم اور صحابۂ کرام کے بعض اقدامات کا تعلق اللہ تعالیٰ کے قانونِ اتمام حجت سے اور زمانۂ رسالت کے ان مشرکین عرب اور یہود و نصاریٰ سے ہے، جن پر رسول اللہ صلی اللہ علیہ وسلم کے براہِ راست انکار کی پاداش میں عذابِ الٰہی نازل کیا گیا تھا۔ زمانۂ رسالت کے بعد کے مشرکین اور یہود و نصاریٰ سے ان آیات و احادیث کا کوئی تعلق نہیں ہے۔ اِس لیے اسلامی شریعت کا کوئی حکم اِن سے اخذ نہیں کیا جا سکتا۔ ہمارے علما نے رسول اللہ صلی اللہ علیہ وسلم کی بہ حیثیتِ رسول بعض خصوصی ذمہ داریوں کی تعمیم کر کے یہ نقطہ ہاے نظر مرتب کیے اور کچھ ایسے احکام کو شریعت میں داخل کر دیا، جو شریعت کا حصہ نہیں تھے۔ چنانچہ اگر کوئی شخص کسی کو اللہ کا شریک ٹھیراتا ہے، کوئی اللہ اور اس کے رسولوں کا انکار کرتا ہے یا کوئی مسلمان اسلام کو چھوڑنے کا فیصلہ کرتا ہے تو اِن اقدامات کی سنگینی، شناعت اور حرمت کے باوجود شریعت میں اِن کے لیے کوئی سزا مقرر نہیں ہے۔ اِن میں فیصلے کا اختیار اللہ کے پاس ہے اور سزا کا معاملہ قیامت اور آخرت تک موخر ہے۔ لٰہذا دنیا میں کسی فرد، جماعت، حکومت، ریاست یا ریاست ہاے متحدہ کو یہ حق حاصل نہیں ہے کہ وہ کسی شخص کے شرک، کفر یا ارتداد کی بنا پر اُسے کسی سزا کا مستحق قرار دے۔

[اپریل 2019ء]

جماعتِ اسلامی کی سیاسی ترقی کے موانع

پاکستان کے سیاسی منظر نامے پر ”جماعتِ اسلامی“ کو اہم مقام حاصل ہے۔ یہ ایک نظریاتی جماعت ہے، جو متعین آدرش اور نصب العین رکھتی ہے۔ اِس کی بنیاد ملتِ اسلامیہ کے جلیل القدر مبلغ دین سید ابو الاعلیٰ مودودی نے رکھی ہے۔ اِس کی شہرت ایک اصول پرست جماعت کی ہے۔ ایسے ملک میں جہاں سیاست کارفرما قوتوں سے سمجھوتے کا نام ہے اور اقتدار خریدنی اور فروختنی جنس ہے، اِس نے، بالعموم اپنے اصولی اور نظریاتی موقف کو مقدم رکھا ہے۔ تنظیم سازی اور جماعتی نظم و ضبط کے اعتبار سے یہ تمام جماعتوں میں سرفہرست ہے۔ کارکن سے لے کر امیر جماعت تک، ہر فرد ایک نظام سے متصل ہے اور اُس کی اتباع کو ناگزیر سمجھتا ہے۔ اِس کے کارکن فعال اور بے لوث سمجھے جاتے ہیں۔ اِس کے طائفے میں ان گنت لوگ ہیں، جنھوں نے اپنی زندگیاں اِس کی خدمت کے لیے وقف کر رکھی ہیں اور اُن میں ایسے جاں نثاروں کی کمی نہیں ہے جو ہدیۂ دل کے ساتھ نذرانۂ جاں پیش کرنے کے لیے بھی تیار رہتے ہیں۔ اِس کے رہنما اخلاق و کردار میں اعلیٰ درجے کے حامل ہیں۔ بانی جماعت سید مودودی کا معاملہ تو خیر غیر معمولی ہے، مگر اُن کے ابتدائی پیرووں پر بھی اِس معاملے میں انگلی اٹھانا آسان نہیں ہے۔ پاکستان میں سیاسی سطح پر اسلامی تشخص کے فروغ اور دستوری سطح پر نفاذِ شریعت کی جدوجہد میں اِس جماعت کی حیثیت رہنما اور رجحان ساز کی ہے۔ آئینی اور

قانونی امور میں اسلام کی آواز کو اِس نے جس موثر اور باوقار انداز سے اٹھایا ہے، اُس کے نتیجے میں ایک جانب اُن عناصر نے پسپائی اختیار کی ہے جو اِس ملک کو سیکولر ریاست بنانے کے داعی تھے اور دوسری جانب وہ طبقات اعتماد کے ساتھ آگے بڑھے ہیں، جو اِس خطۂ ارض کو اسلام کا گہوارہ بنانا چاہتے ہیں۔ یہی وہ خصائص ہیں، جن کی بنا پر یہ جماعت اقتدار سے محروم رہنے کے باوجود پوری شان سے قائم ودائم ہے اور قیام پاکستان سے زمانۂ حال تک اِس ملک کی تاریخ میں کوئی دور بھی ایسا نہیں ہے، جو اِس کے فعال کردار سے خالی ہو۔

جماعتِ اسلامی کے یہ خصائص ہر شخص پر عیاں ہیں، مگر حقیقت یہ ہے کہ اِن کے ساتھ 63 برس کی مسلسل جدوجہد کے باوجود یہ عوامی مقبولیت اور اقتدار کی منزل سے کوسوں دور نظر آتی ہے اور دن بہ دن روبہ زوال ہے۔ ہمارے نزدیک اِس کے تین بنیادی اسباب ہیں:

ایک سبب یہ ہے کہ اِس نے اپنے آپ کو اصلاً ملکی سیاست کو ہدف بنانے والی ایک سیاسی جماعت سے آگے بڑھ کر عالم گیر سطح پر اسلامی انقلاب برپا کرنے والی جماعت کے طور پر پیش کیا ہے۔ اسلامی انقلاب کی دعوت کے لیے اِس کی تقریر یہ ہے کہ دین کا مقصود غلبۂ دین کی جدوجہد ہے۔ یہ جدوجہد مسلمانوں کی دینی ذمہ داری ہے۔ چنانچہ وہ بہ حیثیتِ فرد ہوں، بہ حیثیتِ قوم ہوں یا بہ حیثیتِ امت، اُنھیں ہر حال میں اِس ذمہ داری کو انجام دینا ہے۔ دین اُن سے یہ مطالبہ کرتا ہے کہ وہ اہل اسلام کے سیاسی تسلط کے لیے سرگرم عمل ہوں اور دنیا میں قانونِ خداوندی کی بالادستی فی الواقع قائم کر دیں۔ اِس سوال سے قطع نظر کہ آیا دینی نصوص میں اِس تقریر کی کوئی بنیاد موجود بھی ہے یا نہیں؟ اِس کا نتیجہ یہ ہے کہ جماعت کی سیاسی مساعی کا ہدف محض پاکستان نہیں، بلکہ پورا عالم اسلام ہے۔ چنانچہ اِس تناظر میں جماعت کو اپنی توجہ ملکی مسائل کے ساتھ ساتھ عالمی مسائل پر بھی مرکوز رکھنی پڑتی ہے۔ جلسے جلوسوں، اخباری بیانوں اور انتخابی نعروں میں روزگار، صحت اور تعلیم جیسی عام آدمی کی ضرورتوں کو موضوع

بنانے کے بجائے عالم اسلام کے مسائل کو پیش کیا جاتا ہے، اِس وجہ سے لوگوں کے ذہنوں میں اِس کا تصور ایک ایسی سیاسی جماعت کے طور پر نہیں ابھرتا، جو اقتدار میں آکر اُن کے مقامی مسائل کو حل کر سکے۔ وہ محسوس کرتے ہیں کہ مسلم لیگ اور پیپلز پارٹی کا مسئلہ تو سندھ، خیبر پختونخوا، پنجاب اور بلوچستان ہیں، مگر جماعتِ اسلامی کا مسئلہ افغانستان، عراق، فلسطین، کشمیر، چیچنیا، روس اور امریکہ ہیں۔ مزید برآں، اِسی وسیع ہدف کی وجہ سے جماعت کے اسباب و وسائل مقامی مقاصد کے لیے مختص ہونے کے بجائے گوناگوں خارجی مقاصد کے لیے صرف ہوتے ہیں۔ اِسی طرح اِس کے انتخابی امیدوار اپنے حلقوں سے بڑھ کر ملکی اور بین الاقوامی سیاست میں سرگرم رہتے ہیں۔ اِس کا نتیجہ یہ نکلتا ہے کہ اکثر لوگ مسلمانوں کی حمیت میں اِس کے کردار کو خراجِ تحسین پیش کرنے کے باوجود اور اِس کے امیدواروں کو دوسری جماعتوں کے امیدواروں سے بہتر سمجھنے کے باوجود اِسے اپنے ووٹوں سے محروم رکھتے ہیں۔

دوسرا سبب یہ ہے کہ اِس کے دستور میں بعض ایسی دفعات مذکور ہیں، جو اِس کے ایک بھرپور سیاسی جماعت کے طور پر کام کرنے میں مانع ہیں۔ اِس ضمن میں دو چیزیں بہت نمایاں ہیں: ایک چیز یہ ہے کہ اِس میں حصولِ رکنیت اور اُسے قائم رکھنے کا معیار دیگر جماعتوں کی بہ نسبت بہت کڑا ہے۔ اِس کا اندازہ دستور میں درج ”فرائض رکنیت“ کے زیرِ عنوان حسبِ ذیل نکات سے کیا جاسکتا ہے:

داخلۂ جماعت کے بعد جو تغیرات ہر رکن کو بہ تدریج اپنی زندگی میں کرنے ہوں گے، وہ یہ ہیں:

”1۔ دین کا کم از کم اتنا علم حاصل کر لینا کہ اسلام اور جاہلیت (غیر اسلام) کا فرق معلوم ہو اور حدود اللہ سے واقفیت ہو جائے۔

2۔ تمام معاملات میں اپنے نقطۂ نظر، خیال اور عمل کو کتاب و سنت کی تعلیمات کے مطابق ڈھالنا، اپنی زندگی کے مقصد، اپنی پسند اور قدر کے معیار اور اپنی وفاداریوں کے محور کو تبدیل کر کے رضائے الٰہی کے موافق بنانا اور اپنی خودسری اور نفس پرستی کے بت کو توڑ کر تابع امر رب بن جانا۔

3۔ ان تمام رسوم جاہلیت سے اپنی زندگی کو پاک کرنا جو کتاب اللہ اور سنت رسول اللہ کے خلاف ہوں اور اپنے ظاہر و باطن کو احکام شریعت کے مطابق بنانے کی زیادہ سے زیادہ کوشش کرنا۔

4۔ ان تعصبات اور دل چسپیوں سے اپنے قلب کو، اور ان مشاغل اور جھگڑوں اور بحثوں سے اپنی زندگی کو پاک کرنا جن کی بنا نفسانیت یا دنیا پرستی پر ہو اور جن کی کوئی اور اہمیت دین میں نہ ہو۔

5۔ فساق و فجار اور خدا سے غافل لوگوں سے موالات اور موٗدت کے تعلقات منقطع کرنا اور صالحین سے ربط قائم کرنا۔

6۔ اپنے معاملات کو راستی، عدل، خدا ترسی اور بے لاگ حق پرستی پر قائم کرنا۔

7۔ اپنی دوڑ دھوپ اور سعی وجہد کو اقامت دین کے نصب العین پر مرتکز کر دینا اور اپنی زندگی کی حقیقی ضرورتوں کے سوا ان تمام مصروفیتوں سے دست کش ہو جانا جو اس نصب العین کی طرف نہ لے جاتی ہوں۔" (دستور جماعت اسلامی دفعہ 8)

دوسری چیز یہ ہے کہ دستور میں ارکان کے لیے اختلاف رائے کے اظہار کی گنجایش نہایت محدود ہے۔ چنانچہ دفعہ 93 کے تحت نہایت صراحت سے درج ہے کہ جو ارکان جماعت کے فیصلوں سے اختلاف رکھتے ہوں:

"انھیں ارکان جماعت کے اجتماعات میں اختلاف خیال کے اظہار کا پورا حق حاصل ہو گا، مگر اس غرض کے لیے پریس اور پبلک پلیٹ فارم کو ذریعہ بنانے کا حق نہ ہو گا اور یہ حق

بھی نہ ہو گا کہ وہ فرداً فرداً ارکان جماعت سے نجویٰ کرتے پھریں... اگر کوئی رکن جماعت، جماعت کی طے کردہ پالیسی سے اختلاف کا اظہار کر دے تو وہ جماعت میں کسی ایسے منصب پر نہیں رہ سکے گا، جس کا فریضہ جماعتی پالیسی کو نافذ یا اس کی ترجمانی کرنا ہو۔" (دفعہ 93)

رکنیت کا کڑا معیار اور اظہارِ اختلاف پر تحدید، یہ دونوں چیزیں ظاہر ہے کہ جماعت میں لوگوں کی شمولیت کی راہ میں رکاوٹ بنتی ہیں۔ پہلی چیز عوام الناس کے آنے میں رکاوٹ بنتی ہے اور دوسری چیز اصحابِ علم و دانش کے آنے میں، اِس کی وجہ یہ ہے کہ عوام کی اکثریت دینی تعلیم و تربیت سے محروم ہونے کی وجہ سے نہ مذکورہ معیار کو حاصل کرنے کا داعیہ محسوس کرتی ہے اور نہ اِس کی ہمت جمع کر پاتی ہے۔ اہل علم و دانش کے لیے داعیے اور ہمت کا مسئلہ تو پیدا نہیں ہوتا، مگر وہ اظہارِ اختلاف پر پابندیوں کی وجہ سے گریزاں ہو جاتے ہیں۔ وہ یہ محسوس کرتے ہیں کہ جماعت کے ماحول میں جا کر وہ نہ اپنی صلاحیتوں کو بروے کار لا سکتے، نہ جماعت کی کوئی خدمت انجام دے سکتے اور نہ ملک و قوم کی ترقی میں کوئی کردار ادا کر سکتے ہیں۔

تیسرا سبب یہ ہے کہ جماعتِ اسلامی فقہ و شریعت کے معاملے میں بہ تدریج اُس روایتی تعبیر کی علم بردار بن کر کھڑی ہو گئی ہے، جس کی اساس تقلیدِ جامد کے اصول پر قائم ہے۔ اِسی روایتی تعبیر کے بارے میں مولانا مودودی کا یہ تبصرہ تھا:

"اس (فقہ) میں اسلامی شریعت کو ایک "منجمد شاستر" بنا کر رکھ دیا گیا ہے۔ اس میں صدیوں سے اجتہاد کا دروازہ بند ہے جس کی وجہ سے اسلام ایک زندہ تحریک کے بجائے محض عہد گذشتہ کی ایک تاریخی تحریک بن کر رہ گیا ہے۔" (تفہیمات 337/1)

مولانا مودودی کی رہنمائی میں پروان چڑھنے والی نفاذِ شریعت کی علم بردار اس جماعت سے یہ توقع بالکل بجا تھی کہ یہ شریعت اور اُسے اخذ کرنے کے اصولوں کا جائزہ لے، تحقیق و

جستجو اور اجتہاد کے مقامات کو متعین کرے اور اِس ملک کے لیے ایسی فقہ ترتیب دے، جو قرآن و سنت کے عین مطابق ہو اور دورِ جدید کے مسائل کو تشفی بخش طریقے سے حل کرتی ہو، مگر اِس نے روایتی فکر کو اختیار کر کے گویا اُن قوانین کو اختیار کرنے پر اصرار کیا ہے، جو ہمارے قدیم فقہا نے اپنے زمانے کی ضرورتوں کے لحاظ سے تشکیل دیے تھے۔ چنانچہ ''نفاذِ شریعت'' کے زیرِ عنوان وہ اپنی دعوت کو نہ قوم کے ذہین عناصر سے منوا سکی ہے اور نہ دنیا کی غیر مسلم اقوام کے سامنے اعتماد کے ساتھ پیش کر سکی ہے۔ چنانچہ اگر یہ کہا جائے تو غلط نہ ہو گا کہ جماعت کے اِس طرز عمل نے اِس کے اپنے جواز ہی کو چیلنج کر دیا ہے، کیونکہ اگر قدیم فقہی تعبیرات ہی کو اختیار کرنا ہے تو روایتی دینی جماعتیں اِس کی زیادہ اہل اور زیادہ حق دار ہیں۔

یہی وہ بنیادی رکاوٹیں ہیں، جو ہمارے نزدیک جماعتِ اسلامی کی سیاسی ترقی کی راہ میں مزاحم ہیں۔ ہمارا احساس ہے کہ اگر یہ جماعت اپنے طریق فکر و عمل میں سے یہ رکاوٹیں دور کر لے تو وہ پاکستان میں اسلامی اقدار کو فروغ دے سکتی، عوام میں اپنی جڑوں کو مضبوط کر کے اقتدار کی منزل کی طرف بڑھ سکتی اور ملک کے سیاسی استحکام کے لیے گراں قدر خدمات انجام دے سکتی ہے۔

[اگست 2002ء]

فوج کی حکمرانی

ہمارے سیاسی کلچر میں فوج کی حکمرانی کو اب ایک روایت کی حیثیت حاصل ہو گئی ہے۔ سیاسی جماعتیں باہم بر سر پیکار ہوتی ہیں؛ سیاست دان ایک دوسرے کے وجود کو برداشت کرنے سے انکار کرتے ہیں؛ سول حکومتیں بدانتظامی، عدم استحکام اور اخلاقی انحطاط کا بدترین نمونہ پیش کرتی ہیں؛ عوام الناس حکمرانوں کے آگے اپنے مسائل حل نہ ہونے کا رونا روتے ہیں؛ غیر مقبول مذہبی اور سیاسی گروہ فوج کو حکومت سنبھالنے کی پیشکش کرتے ہیں اور فوجی جنرل پوری آمادگی دل کے ساتھ اِس صدائے خوش نوا پر لبیک کہتے اور قوم کے مسیحا کا کردار ادا کرنے کے لیے تیار ہو جاتے ہیں۔ وہ آئین کو بالائے طاق رکھ کر مسندِ اقتدار پر فائز ہوتے ہیں، اقتدار کے زیادہ سے زیادہ مظاہر کو اپنی ذات میں مرتکز کرنے کی کوشش کرتے ہیں، کچھ استحکام حاصل کر لینے کے بعد اپنے اقتدار کے آئینی جواز کے لیے سرگرم عمل ہو جاتے ہیں، اقتدار کو طول دینے کی ہر ممکن کوشش کرتے ہیں اور بالآخر عوام کی ناپسندیدگی کا داغ اپنے دامن پر سجا کر رخصت ہو جاتے ہیں۔

اِس روایت کا آغاز اکتوبر 1958ء میں جنرل ایوب خان صاحب کے مارشل لا سے ہوا۔ یہ وہ زمانہ تھا جب سکندر مرزا نے سیاست دانوں کے پر زور ایما پر مارچ 1959ء میں عام انتخابات کے انعقاد کا وعدہ کر رکھا تھا۔ سیاسی سرگرمیاں زور پکڑ رہی تھیں۔ صاف نظر آرہا

تھا کہ اب سکندر مرزا کے لیے انتخابات سے گریز ممکن نہیں ہو گا اور انتخابات کے نتیجے میں اُسے لازماً کرسی صدارت سے محروم ہونا پڑے گا۔ محرومی کے اِس خدشے کے پیشِ نظر اُس نے جنرل ایوب خان کے ذریعے سے مارشل لا نافذ کر دیا۔ جنرل صاحب نے اقتدار میں آنے کے بعد سیاسی اعتبار سے تین بڑے اقدامات کیے:

1۔ انھوں نے سکندر مرزا کو منصبِ صدارت سے اتارا اور خود اُس پر فائز ہو گئے۔

2۔ اُنھوں نے 1956ء کے آئین کو منسوخ کیا۔

3۔ ایک موقع پر سیاسی سرگرمیوں پر پابندی عائد کی اور سیاست دانوں کو سیاست کے لیے نااہل قرار دیا۔

ایوب خان 1969ء میں رخصت ہو گئے، اِس دوران میں اُنھوں نے جمہوریت کا نعرہ بھی لگایا، انتخابات بھی کرائے اور آئین بھی تشکیل دیا، مگر تاریخ میں وہ ایک آمر اور مخالفِ جمہوریت ہی کی حیثیت سے جانے گئے۔

عوام کی زور دار احتجاجی تحریک کے نتیجے میں ایوب خان کو اقتدار چھوڑنا پڑا۔ اِس موقع پر اُنھی کے وضع کردہ 1962ء کے آئین کا تقاضا تھا کہ اقتدار قومی اسمبلی کے اسپیکر کو منتقل کیا جائے، مگر اُنھوں نے آئین کے علی الرغم عنانِ حکومت چیف آف آرمی اسٹاف جنرل یحییٰ خان کے سپرد کی۔ جنرل یحییٰ خان نے دو سال حکومت کی۔ اِس دوران میں اُن کے اہم سیاسی اقدام یہ تھے:

1۔ مارشل لا نافذ کیا۔

2۔ عوام سے رائے لیے بغیر ون یونٹ کو توڑ دیا۔

3۔ انتخابات کے بعد اقتدار میں اپنی شرکت کی تگ و دو، منتخب نمایندوں کو انتقالِ اقتدار میں التوا اور مشرقی حصے میں فوجی کارروائی جیسے بعض ایسے معاملات کیے کہ جنھوں نے مشرقی

پاکستان کی علیحدگی کی تحریک کو کامیاب بنانے میں حتمی کردار ادا کیا۔

یحییٰ خان کے بعد کچھ عرصہ تک جناب ذوالفقار علی بھٹو کی سول حکومت قائم رہی۔ 1977ء کے انتخابات میں دھاندلی کے الزامات کی بنیاد پر بھٹو حکومت کے خلاف ایک زوردار عوامی تحریک شروع ہوئی اور ملک سیاسی خلفشار کا شکار ہو گیا۔ اِس صورتِ حال کو بنیاد بنا کر 1978ء میں جنرل ضیاء الحق صاحب نے عنانِ حکومت سنبھالی۔ اِس موقع پر اُنھوں نے یہ اعلان کیا کہ وہ 90 روز کے اندر انتخابات کرا کے رخصت ہو جائیں گے، مگر وہ 10 سال تک حکمرانی کے منصب پر فائز رہے اور فرشتۂ اجل ہی اُنھیں مسندِ اقتدار سے ہٹانے میں کامیاب ہوا۔ اِس دوران میں وہ بہ تدریج اپنے فوجی تشخص کو کم کرتے چلے گئے اور آہستہ آہستہ جمہوری اداروں کو بھی کسی حد تک بحال کر دیا، مگر اقتدار سے اپنی علیحدگی کو وہ کسی لمحے بھی گوارا کرنے کے لیے تیار نہیں ہوئے۔ اُن کے اہم سیاسی اقدامات یہ ہیں:

1۔ آئین کی خلاف ورزی کرتے ہوئے مارشل لا کا نفاذ۔

2۔ نام نہاد ریفرنڈم کے ذریعے سے اپنے اقتدار کو آئینی تحفظ دینے کی کوشش۔

3۔ غیر جماعتی انتخابات کا انعقاد۔

4۔ گروہی اور فرقہ دارانہ سیاست کا فروغ۔

تاریخی روایت کے اِس تسلسل کو قائم رکھتے ہوئے جنرل پرویز مشرف صاحب نے پاکستان کی عنانِ اقتدار سنبھالی ہے۔ عدالتِ عظمیٰ نے حسبِ سابق اُنھیں سندِ جواز فراہم کر دی ہے۔ اور اب وہ معطل اسمبلیوں کو تحلیل اور منتخب صدر کو سبک دوش کر کے پاکستان کے صدرِ مملکت کے منصب پر بھی فائز ہو گئے ہیں۔ اہل پاکستان اب تک یہی سمجھ رہے تھے کہ 12 اکتوبر کا اقدام دو اداروں کی نہیں، بلکہ دو اداروں کے سربراہوں کی باہمی آویزش کا نتیجہ تھا۔ یہ آویزش اپنے منطقی انجام کو پہنچ چکی۔ چنانچہ جناب پرویز مشرف مقررہ مدت تک

انتخابات کرا کے رخصت ہو جائیں گے، مگر اب اُن کی طرف سے اسمبلیوں کی تحلیل اور عہدۂ صدارت کے حصول نے اہل پاکستان کو اِس شک میں مبتلا کر دیا ہے کہ کیا سابقہ روایت کو ایک مرتبہ پھر دہرایا جائے گا؟ اکتوبر 2002ء تک اِس سوال کا شافی جواب ملنے کا بہ ظاہر کوئی امکان نہیں ہے۔

اِس موقع پر، ہم سمجھتے ہیں کہ پرویز مشرف صاحب اور پاکستانی قوم کو اُن مسائل سے صرفِ نظر نہیں کرنا چاہیے جو فوج کے اقتدار پر قابض ہونے سے پیدا ہوتے ہیں۔ یہاں ہم اُن میں سے چند نمایاں مسئلوں کا ذکر کیے دیتے ہیں:

ایک مسئلہ یہ پیدا ہوتا ہے کہ اِس طرح کے اقدامات کے نتیجے میں دین کے بعض بنیادی مسلمات مجروح ہوتے ہیں۔

دین کا مسلمہ اصول ہے کہ 'وَاَمْرُهُمْ شُوْرٰى بَيْنَهُمْ'[1]، یعنی اُن (مسلمانوں) کا نظام اُن کے باہمی مشورے پر مبنی ہے۔ مسلمان جب بھی کوئی اجتماعی نظام قائم کریں گے، اُس کا اصل اصول یہی قاعدہ ہو گا۔ اِس کا مطلب یہ ہے کہ ریاست کی سطح پر اجتماعی نوعیت کا کوئی فیصلہ مسلمانوں کی مشاورت کے بغیر نہیں ہو گا اور اِس ضمن میں اُن کی رائے کو حتمی حیثیت حاصل ہو گی۔ استاذِ گرامی جناب جاوید احمد صاحب غامدی اِس اصول کی وضاحت میں لکھتے ہیں:

> "... مسلمانوں کے اجتماعی نظام کی اساس 'وَاَمْرُهُمْ شُوْرٰى بَيْنَهُمْ' ہے، اِس لیے اُن کے امرا و حکام کا انتخاب اور حکومت و امارت کا انعقاد مشورے ہی سے ہو گا اور امارت کا منصب سنبھال لینے کے بعد بھی وہ یہ اختیار نہیں رکھتے کہ اجتماعی معاملات میں مسلمانوں کے اجماع یا اکثریت کی رائے کو رد کر دیں۔" (میزان 495)

---

[1] الشوریٰ 42:38۔

اِس اصول کی روشنی میں اگر ہم موجودہ صورتِ حال کا جائزہ لیں تو یہ بات واضح ہوتی ہے کہ جنرل صاحب کے مختلف اقدامات اِس سے کسی طرح بھی مطابقت نہیں رکھتے۔ 12 اکتوبر کے اقدام کو، ہو سکتا ہے کہ بعض لوگ اِس تصور کی بنا پر جائز قرار دے دیں کہ اِس کا سبب اولاً، قیمتی انسانی جانوں کو زیاں سے بچانا اور ثانیاً، ملک کو معاشی تباہی سے محفوظ کرنا تھا۔ یہ خیال اگر حرف بہ حرف بھی صحیح ہو، تب بھی حقیقت یہ ہے کہ یہ 'وَاَمۡرُهُمۡ شُوۡرٰى بَيۡنَهُمۡ' کے اصول کے منافی ہے، اِس کی وجہ یہ ہے کہ مسلمانوں کی رائے سے قائم ہونے والی حکومت کو اُن سے رائے لیے بغیر ختم کیا گیا ہے۔ حالیہ اقدامات بھی اِس اصول کے مطابق درست نہیں ہیں، کیونکہ اسمبلیوں کی تحلیل بھی عوامی رائے کے بغیر ہوئی ہے اور منتخب صدر کی معزولی اور نئے صدر کے تقرر جیسے معاملات بھی عوام الناس کی تائید و تصدیق کے بغیر کیے گئے ہیں۔

دوسرا مسئلہ یہ پیدا ہوتا ہے کہ ایسے اقدامات آئین کی خلاف ورزی پر منتج ہوتے ہیں۔ ہمارا آئین درحقیقت وہ دستور العمل ہے جس کے بارے میں قوم نے یہ فیصلہ کر رکھا ہے کہ وہ اپنے اجتماعی امور کو اُس کی روشنی میں انجام دے گی۔ اِس میں ہم نے قومی سطح پر یہ طے کیا ہے کہ ہمارا نظامِ حکومت کیا ہو گا؟ حکومت کس طریقے سے وجود میں آئے گی اور کس طریقے سے اُسے تبدیل کیا جا سکے گا؟ سربراہانِ ریاست و حکومت کس طریقے سے منتخب ہوں گے، اُن کے کیا اختیارات ہوں گے اور کس طرح اُن کا مواخذہ کیا جا سکے گا؟ یہ اور اِس نوعیت کے بے شمار امور جزئیات کی حد تک اِس دستور میں طے کیے جا چکے ہیں۔ کسی بھی قوم کا سیاسی استحکام اِس بات میں مضمر ہوتا ہے کہ آئین کے لفظ لفظ پر پوری دیانت داری سے عمل کیا جائے، لیکن ہمارے ہاں فوج جب بھی اقتدار میں آتی ہے، اِس کی خلاف ورزی کر کے ہی آتی ہے۔ چنانچہ جناب مشرف صاحب کے اقدامات کے بارے میں اُن سمیت کسی کو یہ تردد نہیں ہو گا کہ وہ آئین کے علی الرغم عمل میں آئے ہیں۔

تیسرا مسئلہ یہ پیدا ہوتا ہے کہ اِس طرح کے اقدامات کے نتیجے میں جمہوری اقدار کی ترویج رک جاتی ہے۔ سیاسی عمل میں رخنہ آجاتا ہے اور قومی تعمیر و ترقی کا عمل متاثر ہو جاتا ہے۔ موجودہ زمانے میں یہ بات ہر لحاظ سے ثابت شدہ ہے کہ جس معاشرے میں جمہوری اقدار مستحکم ہوں گی، وہ تعمیر و ترقی کی منزلیں تیزی سے طے کرے گا، اِس کی وجہ یہ ہے کہ جمہوری اقدار معاشرے کے افراد کو باشعور بناتی، اُن کے اندر اعتماد پیدا کرتی اور اُنھیں مستقبل کی بہتری کے لیے سرگرم عمل کر دیتی ہیں۔ فوجی حکمرانوں کی آمد سے چونکہ قومی معاملات میں اُن کی شرکت کا راستہ بند ہو جاتا ہے، اِس لیے وہ کوئی فعال کردار ادا کرنے کے قابل نہیں رہتے۔ مشرف صاحب کے آنے سے پہلے سیاسی عمل اپنی فطری رفتار سے رواں دواں تھا۔ لوگ باری باری مختلف چہروں کو آزمارہے تھے۔ توقع تھی کہ اگر یہ عمل جاری رہاتو آیندہ کچھ عرصے میں نااہل لوگ چھٹتے چلے جائیں گے اور باکردار اور باصلاحیت لوگ قوم کی نمایندگی کے منصب پر فائز ہو جائیں گے، مگر جنرل مشرف صاحب کے اقدامات سے یہ سلسلہ ایک مرتبہ پھر رک گیا ہے۔

یہاں یہ مناسب معلوم ہوتا ہے کہ جملۂ معترضہ کے طور پر مختصراً اُن اعتراضات کا جائزہ بھی لے لیا جائے، جو ہمارے ہاں جمہوریت کے حوالے سے پیش کیے جاتے ہیں۔

جمہوریت پر ایک اعتراض یہ کیا جاتا ہے کہ یہ نظام قرآنِ مجید کے شورائیت کے اصول سے مطابقت نہیں رکھتا۔ ہمارے نزدیک یہ بات درست نہیں ہے۔ جمہوریت سے مراد وہ نظام حکومت وسیاست ہے جس میں فیصلہ کن حیثیت عوام کی رائے کو حاصل ہوتی ہے۔ اِس میں شبہ نہیں کہ یہ اصطلاح مغرب کی ایجاد کردہ ہے، مگر حقیقت یہ ہے کہ اسلام نے صدیوں پہلے 'وَاَمۡرُهُمۡ شُوۡرٰى بَيۡنَهُمۡ' کے لافانی اسلوب میں یہ اصول پوری طرح واضح فرمادیا تھا۔ اِس کی روشنی میں ہم بہ حیثیتِ قوم اپنے حالات اور تمدنی تقاضوں کے پیشِ نظر کوئی بھی

نظام اختیار کرسکتے یا وضع کرسکتے ہیں۔ گویا ہم اپنی قومی حیثیت میں، مثال کے طور پر یہ طے کرسکتے ہیں کہ ہم اپنی منتخب کردہ پارلیمان کے ذریعے سے اپنی رائے کو روبہ عمل کریں گے یا اپنے اندر سے کسی فرد کو حکومت چلانے کے لیے براہِ راست منتخب کریں گے یا کسی فوجی جنرل کو اپنے سیاسی معاملات انجام دینے کی ذمہ داری سونپیں گے۔ 1973ء میں ہم نے اپنی قومی حیثیت میں متفقہ طور پر یہ طے کیا کہ ہم پارلیمانی نظام حکومت کے ذریعے سے اپنے ریاستی امور انجام دیں گے۔ ہمارا یہ اقدام 'وَاَمۡرُهُمۡ شُوۡرٰى بَيۡنَهُمۡ' کے اصول کے عین مطابق ہے۔

دوسرا اعتراض عام طور پر یہ کیا جاتا ہے کہ جمہوری نظام حکومت اُن ممالک کے لیے ناموزوں ہے، جہاں خواندگی کی شرح کم ہو۔ پرویز مشرف صاحب نے بھی منصبِ صدارت پر فائز ہونے سے کچھ عرصہ پہلے اپنے ایک بیان کے ذریعے سے اِسی نقطۂ نظر کا اظہار کیا تھا۔ اُنھوں نے کہا تھا:

"پاکستان کا ماحول پارلیمانی جمہوریت کے لیے سازگار نہیں ہے۔ ایک ایسا ملک جس کی چودہ کروڑ آبادی میں سے ستر فی صد لوگ ناخواندہ ہیں، اس سے دنیا کیوں توقع رکھتی ہے کہ وہ مغربی طرز کی جمہوریت کا حامل ہو۔" (روزنامہ جنگ، 3 جون 2001ء)

پارلیمانی جمہوریت سے مراد وہ طرزِ حکومت ہے جس میں پارلیمان کو ریاست کے سب سے برتر ادارے کی حیثیت حاصل ہوتی ہے۔ یہ ادارہ عوام کے منتخب نمایندوں پر مشتمل ہوتا ہے۔ عوام کے یہ نمایندے اپنے اندر سے ایک وزیر اعظم کا انتخاب کرتے ہیں۔ وزیر اعظم اپنی کابینہ کے ذریعے سے حکومت کا نظم چلاتا ہے۔ وہ اپنے تمام اقدامات کے حوالے سے پارلیمان کے سامنے جواب دہ ہوتا ہے۔ ارکانِ پارلیمان اگر اُس کی کارکردگی سے غیر مطمئن ہوں تو وہ اُسے تبدیل بھی کرسکتے ہیں۔ اِس نظام میں صدر کی حیثیت آئینی سربراہ کی ہوتی ہے، نظم حکومت اور قانون سازی کے معاملات میں اُس کی مداخلت نہایت محدود ہوتی ہے۔

اِس نظام جمہوریت پر مذکورہ اعتراض کے جواب میں بہت کچھ کہا جا سکتا ہے، لیکن یہ دو باتیں ہی اُس کی تردید کے لیے کافی ہیں:

ایک یہ کہ اِس بات کا فیصلہ کہ اہل پاکستان کے لیے کون سا نظام درست ہے اور کون سا درست نہیں ہے، دین، اخلاق اور اجتماعی مصالح کے لحاظ سے اہل پاکستان ہی کو کرنا چاہیے۔ 1973ء تک اہل پاکستان دانستہ یا نادانستہ طور پر مختلف نظام ہاے حکومت کا تجربہ کر چکے تھے۔ اِس موقع پر اُن کے منتخب نمایندوں نے بہت سوچ بچار کے بعد پارلیمانی نظام حکومت قائم کرنے کا فیصلہ کیا۔ پاکستانی قوم اپنے اِس فیصلے پر ابھی تک قائم ہے۔ اگر کچھ لوگ یہ سمجھتے ہیں کہ یہ فیصلہ پاکستان کے قومی مفاد میں نہیں ہے تو اُنھیں راے عامہ کو اپنے نقطۂ نظر کے حق میں ہموار کرنا چاہیے، یہاں تک کہ لوگوں کی اکثریت اُن کی راے کو اپنی راے کے طور پر اختیار کر لے۔ راے عامہ کی تائید کے بغیر کیا جانے والا اجتماعی اقدام کسی لحاظ سے بھی درست قرار نہیں پا سکتا۔

دوسری یہ کہ سیاسی شعور کے ہونے یا نہ ہونے کا تعلیم و تعلم سے کوئی ایسا گہرا تعلق بھی نہیں ہے کہ محض تعلیم کی کمی کو سیاسی شعور کی کمی پر محمول کر لیا جائے۔ اِس میں کوئی شبہ نہیں کہ تعلیم اجتماعی شعور کی بیداری میں معاون ثابت ہوتی ہے، مگر حقیقی معنوں میں سیاسی شعور سیاسی عمل کے تسلسل اور استحکام سے پیدا ہوتا ہے۔ پاکستان کی تاریخ کا اگر جائزہ لیا جائے تو واضح ہو گا کہ اِس قوم میں سیاسی شعور کی ایسی کمی نہیں ہے کہ اِسے حق راے دہی سے محروم کر دیا جائے۔ 1947ء میں اِس قوم نے اپنے ووٹوں ہی کے ذریعے سے علیحدہ مملکت اور اُس کے لیے قائداعظم محمد علی جناح کی قیادت کا فیصلہ کیا۔ 1969ء میں اِس قوم نے اپنی پرزور تحریک سے جنرل ایوب خان جیسے باجبروت حکمران کو اقتدار سے علیحدہ ہو جانے پر مجبور کر دیا۔ کیا یہ سیاسی شعور کا اظہار نہیں ہے کہ اِس قوم نے بہ تدریج مذہبی سیاست کو

بالکلیہ ختم کر دیا اور ملک کو دو جماعتی نظام کی طرف گام زن کر دیا ہے؟ یہ بات صحیح ہے کہ ہماری عوامی سیاست ابھی تک جاگیر داروں اور صنعت کاروں کے حصار سے نہیں نکلی، لیکن اِس کی اصل وجہ عوام کی ناخواندگی نہیں، بلکہ سیاسی عمل میں بار بار آنے والا تعطل ہے۔ اگر یہ سیاسی عمل کسی انقطاع کے بغیر جاری رہے تو یہ بات پورے یقین کے ساتھ کہی جا سکتی ہے کہ آیندہ تین چار انتخابات کے بعد شفاف نظام سیاست کے قیام اور باصلاحیت اور با کردار حکمرانوں کا انتخاب بہت آسان ہو جائے گا۔ پاکستان کی سیاسی تاریخ کے معروف محقق جناب ڈاکٹر صفدر محمود اپنی کتاب ''پاکستان——تاریخ وسیاست''میں لکھتے ہیں:

''تاریخ کے صفحات شاہد ہیں کہ پاکستان کے عوام کی سیاسی پس ماندگی کا رونا ان حکمرانوں نے رویا ہے جن کی کوئی نمائندہ حیثیت نہیں تھی۔اس بدعت کا آغاز میجر جنرل سکندر مرزا سے ہوا۔ پھر یہ روایت فیلڈ مارشل ایوب خان سے ہوتی ہوئی صدر ضیاء الحق تک پہنچی، کیونکہ یہ حکمران غیر سیاسی پس منظر کے مالک اور عوام سے الرجک تھے۔ قائد اعظم محمد علی جناح نے جو حقیقی معنوں میں قوم کے قائد تھے کبھی بھی عوام کی ناخواندگی یا سیاسی پس ماندگی کی شکایت نہیں کی، حالانکہ اس وقت ناخواندگی کی شرح کہیں زیادہ تھی۔ دنیا میں کسی ایسے ملک کی مثال نہیں ملتی جس کے عوام نے اپنے ووٹ کے تقدس کے تحفظ کی خاطر اتنی قیمتی جانوں اور املاک کا نذرانہ پیش کیا ہو جتنا پاکستانی عوام نے 1977ء میں قومی اتحاد کی تحریک کے دوران پیش کیا۔ یہ حقیقت میں پاکستان کے اس عام شہری کی فتح تھی جو ہر قیمت پر جمہوریت کی بالا دستی کا خواہاں ہے۔ کیا ایک ایسی قوم کو جو اپنے ووٹ کے تقدس کا اس قدر شعور رکھتی ہے جمہوریت کے لیے نااہل قرار دینا ناانصافی نہیں ہے؟''(294)

تیسرا اعتراض یہ کیا جاتا ہے کہ ہمارے ہاں جمہوری عمل کے نتیجے میں جو سیاسی رہنما منظر عام پر آئے ہیں، اُنھوں نے ہمیشہ اخلاقی پستی ہی کا مظاہرہ کیا ہے۔ حکومت کی زمام کار

ایسے لوگوں کے ہاتھوں میں دینا ملک و قوم کو تباہی کے دہانے پر کھڑا کرنے کے مترادف ہے۔ یہ بات کچھ ایسی غلط نہیں ہے، مگر اِس کا علاج قومی اداروں کا انہدام نہیں، بلکہ اُن کا استحکام ہے۔ ادارے جس قدر مستحکم ہوں گے، احتساب کا نظام بھی اُسی قدر بہتر ہو گا۔ اگر ہم اداروں کو اُن کے بننے کے عمل سے پوری طرح گزرنے ہی نہیں دیں گے تو طالع آزما لوگ قومی مفاد کو ذاتی مفاد پر قربان کرتے رہیں گے۔ اداروں کا استحکام بھی سیاسی عمل کے تسلسل کے بغیر ممکن نہیں۔

چوتھا مسئلہ یہ پیدا ہوتا ہے کہ اِس طرح کے اقدامات کے لازمی نتیجے کے طور پر عوام اپنے سیاسی مستقبل کے بارے میں شکوک و شبہات کا شکار ہو جاتے ہیں اور اجتماعی معاملات میں اُن کی دل چسپی کم ہونا شروع ہو جاتی ہے۔ یہ صورتِ حال معاشرے کی صحت کے لیے کسی طرح بھی مفید نہیں ہے۔ معاشرہ اُسی وقت صحیح معنوں میں ترقی کی راہ پر گام زن ہوتا ہے جب اُس کا ایک ایک فرد قومی تعمیر کے عمل میں پوری طرح شریک ہو، مگر جب وہ اپنے اور اپنی قوم کے مستقبل کے حوالے سے شبہات کا شکار ہو گا تو پوری دل جمعی کے ساتھ اپنا کردار ادا نہیں کر پائے گا۔ جنرل مشرف صاحب کے منصبِ صدارت پر متمکن ہونے کے بعد اہل پاکستان اِس وقت ایسے ہی تردداتِ میں مبتلا ہیں۔ وہ سوچتے ہیں کہ کیا واقعی مقررہ مدت تک انتخابات ہو جائیں گے؟ انتخابات اگر ہوئے تو کیا وہ رائج نظام ہی کے تحت ہوں گے یا کوئی نیا نظام وضع کیا جائے گا؟ جنرل صاحب سابقہ جرنیلوں کی پیروی کرتے ہوئے اپنے اقتدار کو طول دینے کی کوشش کریں گے یا وہ منتخب حکومت کو اقتدار سپرد کر دیں گے؟ قوم کے یہ تردداتِ جنرل صاحب کی نیت پر کسی شبہے کا اظہار نہیں ہیں، بلکہ پاکستان کی سیاسی تاریخ کی اِس مشہود حقیقت پر مبنی ہیں کہ فوج اگر ایک مرتبہ اقتدار میں آ جائے تو اپنی مرضی سے واپس نہیں جاتی۔

پانچواں مسئلہ یہ پیدا ہوتا ہے کہ اِس طرح کے اقدامات کے نتیجے میں فردِ واحد بلا شرکتِ غیرے اقتدار کا مالک بن جاتا ہے۔ کوئی فردِ واحد اپنی ذات میں بہت ایمان دار ہو سکتا ہے، اخلاق و کردار کے حوالے سے بہت بہتر ہو سکتا ہے، قیادت و سیادت کی بے پناہ صلاحیتوں کا حامل ہو سکتا ہے، سیاسی بصیرت سے بہرہ مند ہو سکتا اور قومی تعمیر کے لیے بہت متفکر ہو سکتا ہے۔ یہ تمام خصائص، بلاشبہ کسی فرد کی شخصی عظمت پر دلالت کرتے ہیں، لیکن اِن سب کا کسی ایک شخص میں اجماع بھی اُسے یہ اختیار نہیں دیتا کہ وہ عوام کی راے کے بغیر مسندِ اقتدار پر قابض ہو جائے۔ دین و اخلاق اور فطرتِ انسانی کے مسلمات کے اعتبار سے اقتدار کے لیے صرف اور صرف ایک شرط ہے اور وہ راے عامہ کی اکثریت کا اعتماد ہے۔ یہ اعتماد اگر حاصل ہے تو قائدانہ صلاحیتوں سے محروم اور سیاسی بصیرت سے بے بہرہ افراد کا اقتدار بھی جائز ہے اور اگر یہ اعتماد حاصل نہیں ہے تو کسی عظیم سیاسی مدبر اور ملک و قوم کے خیر خواہ کے اقتدار کا بھی کوئی جواز نہیں ہے۔

[اپریل2007ء]

فوج کی حکمرانی کا اصل محرک

صدرِ پاکستان جناب جنرل پرویز مشرف نے آئینی ترامیم کا ایک مجوزہ پیکج پیش کیا ہے۔ اِس میں صدر کے لیے نہایت اہم اختیارات مختص کیے گئے ہیں۔ یہ تجویز کیا گیا ہے کہ صدر اپنی صواب دید پر وزیر اعظم کو مقرر اور معزول کرنے کے مجاز ہوں گے، کابینہ اور قومی اسمبلی کو برطرف کر سکیں گے اور وزیر اعظم اور کابینہ کے کسی حکم نامے کو نظر ثانی کے لیے واپس کر سکیں گے یا قومی اسمبلی میں بحث کے لیے بھیج سکیں گے۔

صدرِ مملکت کا یہ اقدام ہماری تاریخ میں معمول کا واقعہ ہے۔ یہ اُنھی روایات کا تسلسل ہے جو ان کے پیش رو اس میدان میں قائم کر چکے ہیں۔

1958ء میں جنرل ایوب خان نے مارشل لا کے توسط سے اقتدار سنبھالا۔ کرسی صدارت پر فائز ہونے کے بعد اُنھوں نے ایک آئینی کمیشن مقرر کیا۔ کمیشن نے اپنی رپورٹ میں پارلیمانی نظام کو ملک کے لیے ناموزوں قرار دیا۔ اُس کی سفارشات کی روشنی میں جنرل ایوب خان کی طرف سے نامزد کی گئی ایک کمیٹی نے 1962ء کا آئین تشکیل دیا۔ اُسے عوام کی تائید حاصل کیے بغیر نافذ کر دیا گیا۔ اُس میں صدارتی نظام تجویز کیا گیا تھا، جس کے تحت صدر تمام انتظامی اختیارات کا مرکز تھا۔ اُسے گورنروں، وزرا اور انتظامی کمشنوں کے اراکین کے تقرر و تنزل کا اختیار حاصل تھا۔ تمام اعلیٰ عہدوں پر اُسی کی منشا کے مطابق تقرر ہوتا تھا۔

اعلیٰ عدالتوں کے ججوں کے علاوہ باقی تمام بڑے عہدہ دار اس کے آگے جواب دہ تھے۔ وہ افواجِ پاکستان کا سربراہ تھا۔ خارجہ پالیسی اسی کی رائے کے مطابق تشکیل پاتی تھی۔ اُس کی طرف سے جاری ہونے والے آرڈی نینس کا درجہ مقننہ کے پاس کردہ قانون کے برابر تھا۔ اُسے اسمبلی کے پاس کردہ مسودۂ قانون کو ویٹو کرنے کا حق حاصل تھا۔ یہ ویٹو اُس صورت میں، البتہ کالعدم ہو سکتا تھا، جب قومی اسمبلی کے دو تہائی ارکان اور اُس کے بعد بنیادی جمہوریتوں کے اراکین کی اکثریت اُسے کالعدم کرنے کی منظوری دے۔ صدر کے پاس اسمبلی کو برطرف کرنے کا اختیار بھی تھا، تاہم اِس صورت میں اُسے خود بھی صدارت سے علیحدہ ہونا پڑتا۔

1977ء میں جب جنرل ضیاء الحق نے مارشل لا کے ذریعے سے اقتدار سنبھالا تو اُس وقت ملک میں 1973ء کا آئین رائج تھا۔ یہ پارلیمانی نظام حکومت کا حامل تھا اور اِس میں اختیارات کا مرکز وزیر اعظم کا منصب تھا۔ صدر کی حیثیت ایک علامتی سربراہ کی تھی۔ جنرل ضیاء الحق نے ایک لمبے عرصے تک مارشل لا کے ذریعے سے بلاشرکت غیرے اپنی حکمرانی قائم رکھی۔ 1984ء میں ریفرنڈم کے ذریعے سے اُنھوں نے خود کو صدر منتخب کرالیا۔ 1985ء میں انتخابات منعقد کرائے اور نئی اسمبلی سے آٹھویں ترمیم کے ذریعے سے آئینی سطح پر اقتدار کو اپنی ذات میں مرتکز کر لیا۔ اِس ترمیم کی رو سے صدر وزیر اعظم کو نامزد کرتا تھا۔ وزیر اعظم یا کابینہ کے کسی حکم نامے کو نظر ثانی کے لیے واپس بھیج سکتا تھا۔ یہ محسوس کر کے کہ حکومت کو آئین کے مطابق چلانا ممکن نہیں رہا، اسمبلی توڑ سکتا تھا۔ مالیاتی بل کے علاوہ کسی بھی بل کو نظر ثانی کے لیے پارلیمنٹ میں واپس بھیج سکتا تھا۔ اگر اُسے وزیر اعظم پر اعتماد نہ رہے تو وہ اُسے اسمبلی سے اعتماد کا ووٹ لینے کا فرمان جاری کر سکتا تھا۔

اِس تفصیل سے یہ بات واضح ہوتی ہے کہ کم و بیش ایک ہی نوعیت کے آئینی اختیارات

ہیں، جو ماضی کے فوجی حکمرانوں جنرل ایوب خان اور جنرل ضیاء الحق نے اپنے لیے مختص کیے اور اِس وقت جنرل پرویز مشرف اپنے لیے خاص کر رہے ہیں۔ یہ اختیارات، بلاشبہ شخصی اور غیر جمہوری اندازِ حکومت کے آئینہ دار ہیں، آئین کی روح کے منافی ہیں اور پارلیمانی طرزِ حکومت سے متصادم ہیں۔ فوجی حکمرانوں کے ایسے اقدامات کے بارے میں ہم اپنا نقد ''اشراق'' کے صفحات میں وقتاً فوقتاً پیش کرتے رہے ہیں۔ یہاں ہمارے پیشِ نظر ان تنقیدات کا اعادہ نہیں ہے، بلکہ ان سے قطع نظر کرتے ہوئے ہمارا مقصود فوج کے اقتدار سے وابستہ رہنے کا محرک دریافت کرنا ہے اور اس کے مستقل تدارک کے لیے لائحۂ عمل تجویز کرنا ہے۔

فوج کے ہاں اقتدار سے وابستہ رہنے کا اصل محرک کیا ہے؟ اس سوال کے دو مختلف جواب دیے جاسکتے ہیں:

ایک یہ کہ اس کا محرک ہوسِ اقتدار، جاہ طلبی اور مراعات کی تمنا جیسے اخلاقی امراض ہیں۔

دوسرے یہ کہ فوج یہ یقین رکھتی ہے کہ اُس کے علاوہ کوئی اور جماعت یا ادارہ حکمرانی کی اہلیت ہی نہیں رکھتا۔

اگر ہم پہلے جواب کو اختیار کرنا چاہیں تو حقیقت یہ ہے کہ تاریخ سے اُس کی تائید حاصل کرنا مشکل ہے۔ فوج کے وہ نمایندے جو براہِ راست مسندِ اقتدار پر فائز رہے یا وہ جو پس پردہ عوامی حکومتوں پر موثر ہوتے رہے، اُن پر قومی خیانت کے حوالے سے انگلی اٹھانا محال ہے۔ یہ کہنا مشکل ہے کہ اُنھوں نے ذاتی اغراض کے لیے ملکی مفاد کو قربان کر دیا۔ اِسی طرح اُن پر اخلاقی الزامات کی مثالیں بھی شاید ہی پیش کی جاسکیں۔

اِس پہلو سے دیکھیں تو دوسرا جواب ہی قرین قیاس معلوم ہوتا ہے۔ اِس ضمن میں فوج کا

مقدمہ یہ ہے کہ ملک کے بیش تر لوگ ناخواندہ ہیں، ان کے لیے یہ ممکن ہی نہیں ہے کہ قومی مفاد کے حوالے سے صحیح اور غلط میں تمیز کر سکیں۔ ان کے رہنما ان کے جذبات بھڑکا کر انھیں بہ آسانی اپنے ساتھ وابستہ کر لیتے ہیں اور اس طرح اقتدار کے ایوانوں میں پہنچ جاتے ہیں۔ ان کی اکثریت مفاد پرست، بدعنوان اور سیاسی بصیرت سے بے بہرہ افراد پر مشتمل ہے۔ چنانچہ یہ داخلی نظم و نسق چلانے اور خارجی امور سے عہدہ برآ ہونے میں ناکام رہتے ہیں۔ سیاسی ادارے بھی چونکہ انھی پر مشتمل ہوتے ہیں، اس لیے وہ ان کی تعمیری کاوشوں کا مرکز بننے کے بجائے ان کی بدعنوانیوں کی آماج گاہ بن جاتے ہیں۔

یہی وہ نقطۂ نظر ہے جسے جنرل پرویز مشرف صاحب نے اقتدار حاصل کرنے کے بعد ان الفاظ میں پیش کیا تھا:

> ”پاکستان کا ماحول پارلیمانی جمہوریت کے لیے ساز گار نہیں ہے۔ ایک ایسا ملک جس کی چودہ کروڑ آبادی میں سے ستر فی صد لوگ ناخواندہ ہیں، اس سے دنیا کیوں توقع رکھتی ہے کہ وہ مغربی طرز کی جمہوریت کا حامل ہو۔“

مزید برآں، جغرافیائی تنازعات اور سرحدی خطرات کی وجہ سے فوج یہ سمجھتی ہے کہ اسے اقتدار کے منابع سے الگ نہیں رہنا چاہیے۔ اس کا خیال یہ ہے کہ سول حکومتیں نہ ان خطرات سے آگاہ ہو سکتی اور نہ ان کے تدارک کے لیے کوئی خاطر خواہ اقدام کر سکتی ہیں۔ اسی طرح اسے اس بات کا بھی یقین ہے کہ پاکستان کے عوام سیاست دانوں کی بہ نسبت ان پر زیادہ اعتماد رکھتے ہیں۔

ان تصورات کی بنا پر فوج کے اربابِ حل و عقد اس بات کا یقین رکھتے ہیں کہ موجودہ حالات میں فوج ہی وہ واحد ادارہ ہے جو قومی معاملات سے عہدہ برآ ہو سکتا ہے۔ فوج کے افراد تعلیم یافتہ ہیں۔ قومی حمیت کا جذبہ ان کی روح کے اندر سرایت کیے ہوئے ہے۔ یہ

نہایت منظم ہیں۔ ان کے اندر نیچے سے لے کر اوپر تک میرٹ کا منضبط نظام ہے، اس وجہ سے اس ادارے کی قیادت ہمیشہ بہترین ہاتھوں میں ہوتی ہے۔ ان کی تربیت اس طریقے سے ہوتی ہے کہ یہ قومی مصلحتوں کے خلاف کسی مفاہمت پر آمادہ نہیں ہوتے۔ یہ مستعد اور چاک و چوبند ہوتے ہیں، اس لیے پیشِ نظر اہداف کو عام لوگوں کے مقابلے میں بہت تیزی سے حاصل کرنے میں کامیاب ہو جاتے ہیں۔ یہ اور اس نوعیت کے بعض دوسرے خصائص کی بنا پر یہ سول افراد کی بہ نسبت بہت بہتر کارکردگی پیش کر سکتے ہیں۔ چنانچہ جب تک اس ملک کی اکثریت تعلیم یافتہ ہو کر سیاسی شعور حاصل نہیں کر لیتی اور اہل سیاست میں قابل لوگ پیدا نہیں ہو جاتے، اس وقت تک ملک و قوم کی بقا اور تعمیر و ترقی کے لیے یہ ضروری ہے کہ عنانِ اقتدار فوج ہی کے ہاتھوں میں رہے۔

فوج کا یہ مقدمہ جن اساسات پر مبنی ہے، اُنھیں "The Millitary & Politics in Pakistan" میں استادِ محترم پروفیسر ڈاکٹر حسن عسکری رضوی نے نہایت خوبی سے بیان کیا ہے۔ کتاب کے تعارف میں اُنھوں نے بعض ماہرین سیاسیات ایس. ای. فائنر، ج. پ. لاول، سی. آئی. ای کم اور ایم. جینووٹز کی آرا کی روشنی میں لکھا ہے کہ نئی وجود پذیر ہونے والی اقوام میں فوج کو تین عوامل کی وجہ سے امتیازی حیثیت حاصل ہوتی ہے۔ ایک یہ کہ فوج کو ملک سے باہر ترقی یافتہ فوجی قوتوں پر نظر رکھنا ہوتی ہے۔ غیر ملکی افواج سے رابطہ اسے بین الاقوامی معیارات اور فوجی لائحۂ عمل کے جدید طریقوں سے روشناس کراتا ہے۔ اس کی سپاہ کی اکثریت اگرچہ دیہی علاقوں سے تعلق رکھتی ہے، مگر وہ جدید تعلیم و تربیت سے آراستہ ہو جاتی ہے۔ افسران مغربی ممالک کے فوجی تعلیمی اداروں میں تربیت پاتے ہیں۔ وہاں وہ جدید ٹیکنالوجی کی تعلیم حاصل کرتے اور صنعتی طور پر ترقی یافتہ ممالک کے جنگی اصولوں سے روشناس ہوتے ہیں۔ یہ چیز انھیں اپنے معاشرے کی پس ماندگی کے بارے میں سوچنے پر آمادہ کر

دیتی ہے۔

دوسرے یہ کہ نئی اقوام کی سیاسی قیادت ملکی سالمیت کے حوالے سے اندرونی اور بیرونی خطرات کے پیشِ نظر ایک مستعد اور مضبوط فوج کی ضرورت مند ہوتی ہے۔ وسائل کی کثرت سے فراہمی فوج کو جدید آلات اور تکنیکی صلاحیتوں کا حامل بنا دیتی ہے۔ ترقی یافتہ ممالک کی طرف سے فوجی امداد اس کی ترقی کی رفتار کو بڑھا دیتی ہے۔ وہ ان ہتھیاروں اور آلات کے استعمال کو سیکھتے ہیں جن سے ملک کے دوسرے ادارے ناواقف ہوتے ہیں۔ اس طرح ایک غیر ترقی یافتہ ملک میں فوج کو ایک ترقی یافتہ ادارے کی حیثیت حاصل ہو جاتی ہے۔

تیسرے یہ کہ فوج محض ایک پیشہ ور ادارہ نہیں، بلکہ ایک طرزِ زندگی ہے۔ فوج اپنے افراد کی اس طریقے سے تربیت کرتی ہے کہ ان کے ذہنوں سے علاقائی اور فرقہ دارانہ تعصبات کی بیخ کنی ہو جاتی ہے اور قومی اور پیشہ وارانہ لحاظ سے ان کا اجتماعی تشخص نمایاں ہوتا ہے۔ اس کے نتیجے میں فوج کے افراد میں تنظیم اور یک جہتی پیدا ہوتی ہے اور وہ معاشرے میں منفرد اور ممتاز مقام کے حامل بن جاتے ہیں۔

ڈاکٹر صاحب مزید لکھتے ہیں کہ تنظیمی وسائل اور تکنیکی مہارت کی وجہ سے فوج کے افراد ملک میں تکنیکی اور انتظامی اصلاحات کے نمایندے قرار پاتے ہیں۔ چنانچہ وہ سڑکیں، پل اور ڈیم تعمیر کرتے، تربیتی اداروں، اسلحہ کے کارخانوں اور قومی ضرورت کی مختلف صنعتوں کو کامیابی سے چلاتے اور حادثات اور قدرتی آفات کے موقعوں پر جاں فشانی کے ساتھ لوگوں کی خدمت بجالاتے ہیں۔ سول حکومتیں اکثر روز افزوں مسائل کے حل کے لیے فوج کی مدد کی طلب گار ہوتی ہیں۔ وہ گاہے گاہے مشکل موقعوں پر ایسے امور میں فوج سے تعاون حاصل کرتی ہیں جو اس کے اصل پیشے سے غیر متعلق ہوتے ہیں۔ چنانچہ وہ سیاسی معاملات

میں شریک ہوتے اور نظم و نسق کے پیچیدہ مسائل کو حل کرتے ہیں۔ اس طرح وہ ایک جانب سیاسی طرزِ عمل کا تجربہ کرتے اور دوسری جانب حکومتوں کی کم زوریوں سے آگاہ ہوتے ہیں۔ اس تناظر میں ان کے اپنے اندر بھی اور باہر بھی یہ تاثر مستحکم ہو جاتا ہے کہ فوج اس وقت کام آنے کی صلاحیت رکھتی ہے جب سول حکومت ناکام ہو جاتی ہے۔

ڈاکٹر صاحب کے نزدیک اس صورتِ حال کا نتیجہ یہ نکلتا ہے کہ ایک منتشر اور غیر منظم معاشرے میں فوج ایک منضبط، متحد، منظم اور قوم کی نگہبان تصور کی جاتی اور اس کے افراد معاشرے میں ایمان دار، محبِ وطن، ثابت قدم اور قومی سلامتی کے نمایندے قرار پاتے ہیں۔

اس تجزیے کی روشنی میں یہ بات پوری طرح واضح ہو جاتی ہے کہ فوج کے اقتدار سے وابستہ رہنے کا اصل محرک یہ ہے کہ اسے اس امر کا کامل یقین ہے کہ اس خطۂ ارضی میں اس کے سوا کوئی دوسرا ادارہ حکمرانی کی اہلیت ہی نہیں رکھتا اور اس کی کارکردگی کی بنا پر عوام کا اعتماد بھی اسی کو حاصل ہے۔

فوج کے اس نقطۂ نظر سے اختلاف کیا جا سکتا ہے، مگر اسے بے وزن قرار نہیں دیا جا سکتا۔ اس کے جواب میں یہ بات بجا طور پر کہی جا سکتی ہے کہ پاکستان میں سیاسی عدم استحکام کی وجہ عوام کی ناخواندگی سے بڑھ کر سیاسی عمل میں بار بار آنے والا تعطل ہے۔ سیاسی عمل اگر کسی انقطاع کے بغیر جاری رہے تو تین چار انتخابات کے مسلسل انعقاد سے شفاف نظام سیاست کی راہ ہموار ہو سکتی اور ملک کی باگ ڈور باصلاحیت اور باکردار افراد کو منتقل ہو سکتی ہے۔ مگر اس کے جواب میں فوج اپنا یہ خدشہ پیش کر دیتی ہے کہ اگر اہل سیاست کو چھوٹ دے دی گئی تو ملک کا وجود ہی خطرے میں پڑ سکتا ہے۔ بہر حال، اس بحث سے قطع نظر درجِ بالا تناظر میں فوج کا اقتدار میں رہنے کا محرک سمجھ میں آ سکتا ہے۔

اربابِ فوج کو اپنے اس تصور پر عمل درآمد کے لیے جو مسئلہ سب سے بڑھ کر درپیش ہے، وہ جمہوریت کا غلغلہ ہے۔ دنیا بھر میں اس کے ایک سیاسی قدر کے طور پر مستحکم ہو جانے کی وجہ سے وہ اسے نظر انداز نہیں کر سکتے۔ چنانچہ وہ چاہتے ہیں کہ ان کی حکمرانی کو زک پہنچے بغیر عوام کی اقتدار میں شمولیت اور آئین کی پاس داری کا تاثر قائم ہو جائے۔ اس صورتِ حال نے فوج کو ایک لاینحل مخمصے میں مبتلا کر رکھا ہے۔ وہ جمہوری نظام کو اس ملک کے لیے قبل از وقت سمجھتے، عوام کو انتخاب کے لیے اور سیاست دانوں کو حکومت کے لیے نااہل تصور کرتے اور اپنی مزعومہ اہلیت کی بنا پر ہر حال میں مقتدر رہنا چاہتے ہیں، مگر اس کے ساتھ ساتھ وہ عوام کی سیاسی عمل میں شرکت کا تاثر بھی دینا چاہتے ہیں۔ اسی مخمصے میں مبتلا ہو کر وہ معروف سیاست دانوں کو سیاست سے الگ کرتے، سیاسی جماعتوں پر پابندیاں لگاتے، ریفرنڈم کا سہارا لیتے، بلدیاتی اداروں کو پروان چڑھاتے، غیر جماعتی انتخابات کراتے اور آئین میں اپنی ضرورت کے لحاظ سے ترمیم و تغیر کرتے رہتے ہیں۔

بہر حال، اس تناظر میں کم سے کم یہ بات تو واضح ہو جاتی ہے کہ فوج کو جب تک اپنی اہلیت اور اہل سیاست کی عدم اہلیت کا یقین ہے، اس وقت تک اسے اقتدار سے الگ رکھنا کم و بیش ناممکن ہے۔ ہم سمجھتے ہیں کہ اسے اقتدار سے غیر متعلق رکھنے کی صرف ایک ہی صورت ہو سکتی تھی کہ کوئی مضبوط سیاسی قیادت عوام کے بھرپور اعتماد کے ساتھ سامنے آتی اور اپنی صلاحیت اور کردار سے فوج پر اپنی اہلیت واضح کر دیتی۔ ایسی قیادت کی راہ روکنا فوج کے لیے ناممکن ہوتا۔ اس حل کے لیے تمنا اور دعا ہی کی جا سکتی ہے۔

اس مسئلے کا حقیقی حل صرف اور صرف ایک ہے اور وہ یہ کہ ہم سب مل کر اس ملک میں تعلیمی انقلاب برپا کرنے کی جدوجہد کریں۔ اگر ہمارے عوام، سیاسی رہنما، مذہبی قائدین، سماجی کارکن، دانش ور، بیوروکریسی کے کارپرداز عناصر اور فوج کے اربابِ حل و عقد قوم کی

تعلیمی ترقی کو اپنا مسئلہ بنالیں اور اپنی صلاحیتیں اور قوتیں اس مقصد کے لیے صرف کرنا شروع کر دیں تو پندرہ بیس سال کے اندر ہی ہر شعبۂ زندگی میں اس کے مثبت اثرات نمایاں ہونے شروع ہو جائیں گے۔ ہماری اس رائے کو ہو سکتا ہے کہ بعض لوگ یہ کہہ کر بے معنی قرار دینا چاہیں کہ تعلیمی انقلاب کا سیاسی انقلاب سے کیا تعلق ہے! ہم ان کی خدمت میں یہ عرض کریں گے کہ اگر وہ تھوڑا سا غور کریں تو یہ تعلق بہت نمایاں ہو کر سامنے آجائے گا۔

دیکھیے، جمہوری سیاست کے دو ہی بڑے اجزا ہیں: ایک عوام اور دوسرے سیاست دان۔ اگر یہ دونوں سیاسی شعور سے بہرہ مند نہیں ہیں تو جمہوری اقدار کے فروغ کی توقع نہیں کی جا سکتی۔ تعلیم جس طرح انسانوں کے اندر مذہبی، اخلاقی اور عمرانی شعور بیدار کرتی ہے، اسی طرح وہ ان میں سیاسی شعور بھی اجاگر کرتی ہے۔ ہمارا مسئلہ یہ ہے کہ تعلیم کی کمی کی وجہ سے ہمارے عوام اور سیاست دان، دونوں ہی اس سیاسی شعور کے حامل نہیں ہو سکے جو جمہوری طرزِ سیاست کے لیے ناگزیر ہے۔ یہ دونوں گروہ تعلیم کے فقدان کی وجہ سے کس طرح سیاسی شعور سے بے بہرہ رہتے ہیں، اس کا اندازہ اس مختصر جائزے سے کیا جا سکتا ہے۔

ہمارے عوام کی اکثریت دیہی آبادی پر مشتمل ہے۔ دیہی علاقوں میں سیاست کی اساس جاگیر دارانہ طرزِ معاشرت ہے۔ کسان اور ہاری علاقے کے بڑے زمین داروں کے محتاج ہوتے ہیں۔ تعلیم نہ ہونے کی وجہ سے وہ ان کی محتاجی سے نجات کے راستے ہی تلاش نہیں کر پاتے۔ چنانچہ وہ اپنے چوہدری اور وڈیرے کی منشا کے مطابق سیاسی رائے کے اظہار پر مجبور ہوتے ہیں۔ اس وجہ سے سیاسی سوجھ بوجھ کا عمل ان کے اندر وجود پذیر ہی نہیں ہوتا۔ اسی طرح، ان پڑھ ہونے کی وجہ سے عوام سیاسی مسائل پر صحافیوں اور ماہرین سیاسیات کے تجزیوں کا مطالعہ کرنے سے قاصر ہوتے ہیں۔ چنانچہ رائے عامہ ہموار کرنے کے لیے اہل دانش کی کاوشیں ان پر غیر موثر ہو کر رہ جاتی ہیں۔ پھر تعلیم کی کمی کی وجہ سے وہ اپنے حقوق کے حصول

کے ذرائع اور ان کے لیے آواز بلند کرنے کے اسالیب سے بے خبر رہتے ہیں۔ اس طرح ان کی حیثیت مظلوم اور خاموش تماشائی کی سی ہوتی ہے۔ مزید برآں، ان کے لیے علاقائی، نسلی اور گروہی تعصبات سے بالاتر ہو کر سوچنا کم و بیش ناممکن ہوتا ہے۔ وہ اپنے سیاسی تعلق کا اظہار، بالعموم انھی عصبیتوں کے حوالے سے کرتے ہیں۔ چنانچہ استعداد اور اخلاق و کردار کی بنا پر سیاسی قیادت کے تشکیل پانے کا عمل ہی صحیح معنوں میں شروع نہیں ہو پاتا۔ سیاسی جماعتوں کی نظریاتی اساسات اور منشورات اول توان کے لیے ناقابل فہم ہوتے ہیں، لیکن اگر تھوڑا بہت سمجھا بھی دیا جائے توان کے صحیح اور غلط میں امتیاز کرنا ان کے لیے ممکن نہیں ہوتا۔ اس صورتِ حال کا نتیجہ یہ نکلتا ہے کہ وہ سیاسی عمل میں شرکت سے محروم رہتے ہیں۔

جہاں تک سیاست دانوں کا تعلق ہے توان کی اکثریت بھی غیر تعلیم یافتہ یا کم تعلیم یافتہ ہے۔ ان کا حقیقی منصب یہ ہے کہ یہ اگر اقتدار سے باہر ہوں تو عوام کو سیاسی لحاظ سے منظم کریں، انھیں سیاسی آرا قائم کرنے کی تربیت دیں، اظہارِ رائے کے طریقوں سے آگاہ کریں اور قومی امور سے باخبر اور متعلق رکھیں اور اگر اقتدار میں ہوں توان کاموں کے ساتھ ساتھ ملک کے لیے قانون سازی کریں، ملکی تعمیر و ترقی کے لیے منصوبہ بندی کریں، اندرونی نظم و نسق کو چلائیں اور بیرونی ممالک کے ساتھ قومی امور کو طے کریں۔ یہ سبھی معاملات تعلیم پر منحصر ہیں۔ تعلیم کی کمی کی وجہ سے ہمارے سیاست دان چاہتے ہوئے بھی ان ذمہ داریوں کو انجام نہیں دے پاتے۔ نتیجۃً وہ نہ سیاسی معاملات کا ادراک کر پاتے، نہ عوام میں سیاسی شعور بیدار کر پاتے، نہ سیاسی جماعتوں کو قواعد و ضوابط کے مطابق مستحکم کر پاتے اور نہ ملکی نظم و نسق کو چلا پاتے ہیں۔ چنانچہ وہ عوام کے اعتماد سے محروم رہتے اور فوج اور بیورو کریسی جیسے منظم تعلیم یافتہ اداروں کے ہاتھوں میں کٹھ پتلی بنے رہتے ہیں۔

ہمارے عوام اور سیاست دانوں کی یہ تعلیمی پس ماندگی جب تک ختم نہیں ہو گی، اس

وقت تک ملک کے سیاسی کلچر میں کسی حقیقی تبدیلی کی توقع کرنا کارِ عبث ہے۔ موجودہ سیاسی صورتِ حال میں ہمارے نزدیک تعلیم ہی وہ نکتہ ہے جس پر فوج، اہل سیاست اور عوام، تینوں متفق ہو سکتے ہیں۔ ان تینوں کو جمہوری اقدار کے قیام کی ممکنہ جدوجہد معطل کیے بغیر تعلیمی پس ماندگی ختم کرنے کے لیے سرگرم عمل ہو جانا چاہیے۔ فوج اگر لوگوں کی سیاسی پس ماندگی کا سبب ناخواندگی کو قرار دیتی ہے تو اسے اپنی پوری قوت اس محاذ پر صرف کر دینی چاہیے۔ سیاست دان تعلیم و تعلم کے ذریعے سے اپنی قابلیت کو بڑھائیں اور ضرورت پڑنے پر اسے ثابت کر کے دکھائیں۔ عوام الناس یہ سمجھ لیں کہ تعلیم ہی وہ قوت ہے جس کے ذریعے سے وہ سیاسی عمل میں شریک ہو سکتے اور حکمرانوں کو اپنی منشا کے مطابق چلا سکتے ہیں۔

[اگست 2002ء]

شناختی کارڈ کا مسئلہ

ہماری تاریخ کا یہ عجیب المیہ ہے کہ دین کو نظم اجتماعی پر غالب کرنے کے جو اقدامات بھی اربابِ اقتدار کی جانب سے ہوئے، وہ اپنی فطری ترتیب کے بالکل برعکس تھے۔ یہی وجہ ہے کہ اُن کی بنا پر کوئی واضح تبدیلی، ہمارے معاشرے میں نمود پذیر نہ ہو سکی۔ نظام صلاۃ وزکوٰۃ کا نفاذ، وفاقی شرعی عدالت کا قیام اور قرآن و سنت کی آئینی بالادستی جیسے اقدامات کے خصائص اپنی جگہ، لیکن اُن کی بہ دولت دین کی موثر دعوت کی جانب کوئی پیش رفت تاحال سامنے نہیں آ سکی۔ اِس کی وجہ سوائے اِس کے اور کچھ نہیں کہ ایسے اقدامات میں نہ تو صحیح ترتیب کو ملحوظ رکھا گیا اور نہ درست حکمتِ عملی کو اپنایا گیا، اِس لیے اکثر یہی محسوس ہوا کہ اربابِ اقتدار نے صرف اپنے اقتدار کو تحفظ دینے کے لیے ایسے اقدامات کیے ہیں۔

گذشتہ دنوں، ہماری حکومت نے شناختی کارڈ میں مذہب کے اندراج کی منظوری دے کر اِسی نوع کا ایک اقدام اور کیا ہے۔ اس کے نتیجے میں افراد کے تین گروہ سامنے آئے ہیں، جو حکومت کے اس فیصلے کے بارے میں مختلف نقطہ ہاے نظر اور رویوں کا اظہار کر رہے ہیں۔

ایک گروہ ان لوگوں پر مشتمل ہے، جنھوں نے ایک عرصے سے مذہبِ قادیانیت کو ہدفِ ملامت بنا رکھا ہے اور اِسی پس منظر میں وہ شناختی کارڈ میں مذہب کے اندراج کے لیے تحریکی انداز میں کام کرتے رہے ہیں۔ یہ گروہ حکومت کے اِس اقدام کو استحسان کی نظروں

سے دیکھتا اور اِس فیصلے کو اپنی عظیم الشان کامیابی سے تعبیر کرتا ہے۔

دوسرے گروہ میں وہ لوگ شامل ہیں، جو مذہب کو معاشرتی تعمیر وترقی میں ایک رکاوٹ سمجھتے اور لادینی نظام کے قیام کو معاشرتی مسائل کا حل قرار دیتے ہیں۔ شناختی کارڈ میں مذہب کے اندراج کے بارے میں ان کا مقدمہ یہ ہے کہ اس فیصلے کے ذریعے سے اقلیتوں کو دوسرے درجے کا شہری بنادیا گیا ہے، لہٰذا اس اقدام کو وہ ظلم ونا انصافی سے تعبیر ہیں اور اس بات پر زور دے رہے ہیں کہ حکومت اِس فیصلے کو واپس لے۔

تیسرا گروہ اُن حضرات پر مشتمل ہے، جو غیر مسلم ہیں اور ایک اقلیت کی حیثیت سے، اِس ملک کے شہری ہیں۔ وہ اِس خوف میں مبتلا ہیں کہ اس فیصلے کے نتیجے میں کہیں وہ حقوقِ شہریت ہی سے محروم نہ ہو جائیں۔ لہٰذا یہ گروہ اِن دنوں احتجاجی مظاہروں اور جلسے جلوسوں میں مصروف ہیں۔

ہماری رائے میں اِن تینوں گروہوں کا نقطۂ نظر اور رویہ صحیح نہیں۔ جہاں تک پہلے گروہ کا تعلق ہے تو اُسے یہ بات جان لینی چاہیے کہ اِس طرح کے بے ترتیب اقدامات سے نفاذِ اسلام کی جانب کوئی پیش قدمی نہیں ہو سکتی۔ اُن کے لیے صحیح راستہ یہ ہے کہ وہ نفاذِ دین کو بہ حیثیتِ مجموعی اپنا مقصد بنائیں اور اس کے لیے تشدد و احتجاج اور غیر حکیمانہ مطالبات کے بجائے دعوت و انذار کا طریقہ اختیار کریں۔ کسی صالح تبدیلی کے لیے دعوت و انذار ہی اللہ تعالیٰ کا بتایا ہوا راستہ ہے اور جو بھی اس راستے سے ہٹے گا، وہ اللہ تعالیٰ کے طے کردہ حدود سے تجاوز کرے گا۔

دوسرے گروہ کو چاہیے کہ وہ ظلم و انصاف کے پیمانے مغرب سے مستعار لینے کے بجائے اُس دین سے حاصل کرنے کی کوشش کرے، جو فطرت کا صحیح عکاس ہے۔ آزادیِ ضمیر و مذہب جس قدر اسلام میں پائی جاتی ہے، واقعہ یہ ہے کہ کہیں اور اِس کی مثال بھی ڈھونڈنا

ناممکن ہے۔ وہ اگر مذہب کو انسان کا ذاتی معاملہ قرار دیتے ہیں تو ذاتی شناخت نامے میں مذہب کی تصریح سے اُن کا انکار سمجھ میں نہیں آتا۔ اُن کے نزدیک اگر اِس سے حقوق میں تفریق پیدا ہوتی ہے تو اُنھیں معلوم ہونا چاہیے کہ یہ تفریق ہمارے ہاں پہلے ہی سے روا ہے۔ حصولِ ملازمت کے لیے دی جانے والی درخواستوں، تعلیمی اداروں کے داخلہ فارموں اور پاسپورٹ کی دستاویزات وغیرہ میں مذہب کے خانے پہلے سے موجود ہیں۔ اِس کے علاوہ اُنھیں اس بات پر بھی غور کرنا چاہیے کہ ہمارے ہاں رائج جداگانہ طریقۂ انتخاب بھی اس بات کا متقاضی ہے کہ شناختی کارڈ پر مذہب کا اندراج ہونا چاہیے۔

تیسرے گروہ کو اِس سلسلے میں پورا اطمینان رکھنا چاہیے کہ اِس اقدام سے اُن کے حقوق و مراعات میں کوئی کمی نہیں ہوگی، کیونکہ شناختی کارڈ میں مذہب کے اندراج کے اعلان کے ساتھ، حکومت کی طرف سے، یہ اعلان ہرگز نہیں ہوا کہ اقلیتوں کو ان کے حقوق و مراعات سے محروم کیا جارہا ہے۔ اقلیتی مذاہب سے تعلق رکھنے والے افراد اِسی معاشرے میں رہتے ہیں۔ اُن کا مختلف طرزِ عبادت اور معاشرت اُنھیں دیگر مذاہب کے افراد سے منفرد بنادیتا ہے۔ وہ اگر اپنے مذہب پر پورا یقین رکھتے ہیں تو اُنھیں اِس کے بارے میں معذرت خواہانہ رویہ اختیار نہیں کرنا چاہیے، اس لیے کہ مذہب ہی انسان کی سب سے بڑی شناخت ہے۔ ہر مسلمان اور غیر مسلم کے لیے اس کا مذہب، اگر وہ اس پر ایمان رکھتا ہے، باعثِ شرف ہونا چاہیے۔

اس کے علاوہ یہ بات بھی پیشِ نظر رہنی چاہیے کہ پاکستان کے تمام غیر مسلموں کو معاہد کی حیثیت حاصل ہے اور معاہدین کے بارے میں اسلام اِس بات کی اجازت دیتا ہے کہ وہ اگر وفادار شہریوں کی حیثیت سے نظمِ ریاست کی پابندی کرنے کے لیے تیار ہوں تو ریاست جن شرائط پر چاہے، اُن سے معاملہ کرسکتی ہے، یہاں تک کہ اُن کو سیاسی لحاظ سے مسلمانوں کے

برابر حقوق بھی دے سکتی ہے۔ قائداعظم محمد علی جناح نے 11/اگست 1947ء کو دستور ساز اسمبلی میں خطاب کرتے ہوئے اقلیتوں کے بارے میں جو اعلان کیا، اُسے بلاشبہ ایک معاہدے کی حیثیت حاصل ہے۔

لہٰذا اقلیتوں کو شناختی کارڈ میں مذہب کے اندراج سے خوف زدہ نہیں ہو جانا چاہیے، بلکہ اس فیصلے کو پورے اعتماد کے ساتھ، کھلے دل سے قبول کرنا چاہیے۔

مختصر یہ کہ اصولی طور پر حکومت کے اِس فیصلے سے اختلاف کی کوئی گنجایش نہیں، البتہ معاشرے کو صحیح خطوط پر استوار کرنے کے بعد اِس طرح کا اقدام ہوتا تو زیادہ بہتر تھا، لیکن اب اگر یہ فیصلہ ہو گیا ہے تو اِس پر ہنگامہ برپا کرنے کی کوئی وجہ نہیں ہے۔

[دسمبر 1992ء]

کاش ایسا ہو!

وہ افکار جو وحی کی تعلیم سے خالی ہیں اور وہ نظریات جو اللہ کے دین کی رہنمائی سے محروم ہیں، آج روبہ زوال ہیں۔ اِسی وجہ سے اُن افکار و نظریات پر قائم دنیا کے مختلف نظاموں کی بنیادیں متزلزل ہیں اور واقعہ یہ ہے کہ وہ عالم پیر آج مر رہا ہے، جسے فرنگی مقامروں نے قمار خانہ بنا رکھا تھا۔

یہی وہ مقام ہے، جس پر آج یہ دنیا جہانِ تازہ کی تخلیق کی منتظر نظر آتی ہے، لیکن سوال یہ ہے کہ یہ جہانِ تازہ کون پیدا کرے گا؟ کیا وہ قومیں جہانِ تازہ تخلیق کریں گی، جن کے افکار کی نہایتِ کمال انسان کے جبلی جذبوں کی تسکین سے زیادہ اور کچھ نہیں؟ کیا وہ لوگ جہانِ تازہ پیدا کریں گے، جو انسان کی علمی و فکری اور اخلاقی صلاحیتوں کو اجتماعی معیشت کے مقابر میں دفن کرنا چاہتے ہیں؟ کیا وہ خطے جہانِ تازہ کو جنم دیں گے، جو انسانیت اور اخلاق کا ہر تقاضا بھلا کر سرمایہ دار کے خوں خوار پنجوں کو مضبوط بنا رہے ہیں؟ کیا اُن علاقوں میں جہانِ تازہ کی تعمیر ہو گی، جہاں پتھر اور نجوم و کواکب مسجودِ انسانیت ہیں۔

یہ اقوام، یہ لوگ، یہ خطے، یہ علاقے بھلا کیسے جہانِ تازہ تخلیق کر سکتے ہیں، جب کہ اِن کی رگوں میں دوڑنے والا خون اور اِن کی مٹی کو سیراب کرنے والا پانی کہنہ افکار اور فرسودہ روایات سے مرکب ہے۔

ہاں، ایک ایسی قوم ہے جو اِس عالم کی تشکیل نو کرنے کی صلاحیت رکھتی ہے۔ یہ قوم ملتِ اسلامیہ ہے۔ اِس قوم کے پاس قرآنِ مجید کی صورت میں وہ عالم گیر رہنمائی موجود ہے، جس کے بغیر عقل در در کی ٹھوکریں کھانے پر مجبور ہو جاتی اور جذبات بے لگام ہو کر انسان کے اخلاقی اور روحانی وجود کو تباہ کر دیتے ہیں۔ اِس کے پاس دنیا کے کامل ترین انسان کا اسوہ موجود ہے، جس کی روشنی انسان کی انفرادی و اجتماعی زندگی کو گہوارۂ امن بنا دیتی ہے۔ اِس قوم کے پاس دنیا کے مرکزی خطے ہیں، اِس کے پاس کثیر آبادی ہے، اِس کے پاس زرخیز اذہان ہیں، اِس کے پاس سرمایہ ہے۔ بے شمار انعام و اکرام ہیں، جو اللہ تعالیٰ نے اِس قوم پر کر رکھے ہیں۔

آج، یہ قوم اگر اٹھ کھڑی ہوتی ہے تو نہ صرف یہ اپنی عظمتِ رفتہ کو واپس لا سکتی ہے، بلکہ پوری دنیا کی تقدیر بدل سکتی ہے۔ زمانہ منتظر ہے کہ یہ جہانِ تازہ تخلیق کرے۔ اللہ تعالیٰ نے اِس تخلیق کے ہر مرحلے میں اپنی نصرت و امداد کا وعدہ کر رکھا ہے۔

اِس سے پہلے کہ کوئی دوسری قوم کسی کہنہ نظام زندگی کو نئے قالب میں ڈھال کر پھر اٹھ کھڑی ہو، اِس سے پہلے کہ انسانیت انسانوں سے مایوس ہو کر خود کشی کر لے اور اِس سے پہلے کہ عالم کا پروردگار اِس زمین و آسمان کو میدانِ حشر میں تبدیل کر دے۔

کاش ایسا ہو! کہ ملت اسلامیہ کے سپاہی جہانِ تازہ کو وجود بخشنے کے لیے اٹھ کھڑے ہوں۔

[مارچ 1994ء]

حالات و وقائع

23 اعتراضات کی ویڈیو سیریز

کتابی صورت میں

"غامدی صاحب کے فکر پر 23 اعتراضات کے جواب میں" کے زیرِ عنوان ویڈیو سیریز کا سلسلہ جاری ہے۔ اِس میں روایتی مذہبی فکر کے وہ اعتراضات زیرِ بحث ہیں جو استاذِ گرامی جناب جاوید احمد غامدی کے افکار پر بالعموم کیے گئے ہیں اور جنھیں علما کی اجماعی آرا کے مقابل میں اُن کے تفردات کے طور پر پیش کیا جاتا ہے۔ یہ درحقیقت قرآن و سنت اور حدیث و سیرت کے مختلف مباحث کی رائج تعبیرات ہیں۔ غامدی صاحب نے اِنھیں قرآن و سنت کے نصوص اور حدیث و سیرت کے حقائق کے خلاف قرار دے کر جزواً یا کلیتاً قبول کرنے سے انکار کیا ہے۔

اِس سلسلۂ مباحث میں سوال و جواب اور بحث و مکالمے کا اسلوب اختیار کیا گیا ہے۔ شریکِ گفتگو محمد حسن الیاس صاحب ہیں۔ اُنھوں نے تمام مباحث کو بالاستیعاب ترتیب دے کر نہایت خوش اسلوبی سے استاذِ گرامی کے سامنے پیش کیا ہے۔ استاذِ گرامی نے جوابی گفتگو میں روایتی نقطۂ نظر کی تشریح کی ہے، اُس کے دلائل کا تجزیہ کیا ہے اور اُس کے مقابل میں اپنے موقف کو پوری وضاحت کے ساتھ پیش کر دیا ہے۔

راقم اِس سلسلۂ مباحث کو مقالات کی صورت میں تالیف کر رہا ہے۔ اِس کے لیے تفصیلی بحثیں اجزا میں تقسیم کی ہیں اور اشارات کی وضاحت اور اجمالی نکات کی تفصیل کی ہے۔ حسبِ موقع استاذِ گرامی کی تصانیف سے متعلقہ اقتباس نقل کیے ہیں۔ تشریح و توضیح اور تائید و تاکید کے لیے جلیل القدر اہل علم کی کتابوں کے حوالے بھی درج ہیں۔ مقصود یہ ہے کہ جو مباحث آڈیو ویڈیو کی صورت میں دستیاب ہیں، وہ تحریری شکل میں بھی سامنے آ جائیں تا کہ طلبہ اور محققین کے لیے اُن سے استفادہ آسان ہو جائے۔

یہ مقالات استاذِ گرامی کے افکار کے بارے میں راقم کے فہم کا بیان ہیں، تاہم خوش نصیبی ہے کہ یہ اُن کی نظر ثانی سے بھی گزر رہے ہیں۔ اِس کے نتیجے میں فہم و بیان کے نمایاں تسامحات کی اصلاح ساتھ ساتھ ہو رہی ہے۔

دینی موضوعات پر استاذِ گرامی کے اعلیٰ علمی مباحث کو اُنھی کے مکالمات سے اخذ کر کے تحریر کرنا اور اِس مقصد کے لیے اُن کی اصولی رہنمائی کا میسر ہونا شرف و امتیاز کا باعث ہے۔ یہ پروردگار کی عظیم عنایت ہے، جو راقم کی اہلیت اور بساط سے یقیناً بہت بڑھ کر ہے۔ الحمد للہ۔

مذکورہ ویڈیو سیریز کی تشکیل اور اُس پر مبنی اِس سلسلۂ مقالات کی تالیف کا کام ''غامدی سینٹر آف اسلامک لرننگ، امریکہ'' کے زیرِ اہتمام جاری ہے۔ دعا ہے کہ اللہ تعالیٰ ادارے اور افراد کی اِس اجتماعی کاوش کو قبول فرمائے۔ آمین۔

[اپریل 2023ء]

”اشراق امریکہ“

ہماری دعوتی روایت کی تجدید

ماہنامہ ”اشراق“ کو امام العصر جناب جاوید احمد غامدی کی دعوت کے ترجمان کی حیثیت حاصل ہے۔ اِس کا پہلا شمارہ 50 سال پہلے مارچ 1973ء میں لاہور (پاکستان) سے شائع ہوا تھا۔ اگلے 12 سال یہ حسبِ حالات وقتاً فوقتاً شائع ہوتا رہا۔ 1983ء میں ”المورد“ قائم ہوا تو اِسے اُس کے فکری نمایندے کی حیثیت حاصل ہو گئی۔ 1987ء میں اِس کا ڈیکلریشن استاذِ گرامی کے نام منتقل ہوا تو یہ باقاعدگی سے شائع ہونے لگا۔[1] بعد ازاں جب استاذِ گرامی کے فرزندِ ارجمند جواد احمد صاحب نے اپنی انتظامی صلاحیتوں کو دعوتی کام کے لیے مختص کرنے کا فیصلہ کیا تو ”اشراق“ کی نگرانی کے جملہ امور اُنھیں سونپ دیے گئے۔ اللہ کا شکر ہے کہ وہ اُنھیں حسبِ استطاعت خوش اسلوبی سے انجام دے رہے ہیں اور ماہنامہ ”اشراق“ لاہور بلا انقطاع جاری و ساری ہے۔ الحمد للہ رب العالمین۔

اِس رسالے کے ادارتی اور انتظامی امور میں جن رفقا کا غیر معمولی کردار رہا ہے، اُن میں

---

[1] اس سے پہلے اِس کا ڈیکلریشن استاذِ گرامی کے رفیق ڈاکٹر مستنصر میر کے پاس تھا۔

ڈاکٹر منیر احمد، شکیل الرحمٰن، طالب محسن، خورشید ندیم، نعیم بلوچ، معز امجد، محمد بلال اور قدیر شہزاد کے نام نمایاں ہیں۔ راقم الحروف کو بھی استاذِ گرامی نے اِس کی خدمت کا اعزاز عطا فرمایا ہے۔ چنانچہ اُنھی کی سرپرستی اور رہنمائی میں کم و بیش 20 سال سے اِس کی ادارت کے فرائض بجالانے کا موقع میسر ہے۔ تدوین و طباعت میں معظم صفدر، نعیم احمد، شاہد محمود، شاہد رضا اور اظہر امیر کی خدمات گراں قدر ہیں۔ جن رجالِ کار نے اِسے لوگوں تک پہنچانے کے مشن کو اپنایا اور گھروں، دفتروں، دکانوں میں اِسے دستیاب کرنے کے لیے شب و روز جدوجہد کی، اُن میں دو شخصیات کا کردار غیر معمولی ہے: ایک محمد اسحاق ناگی مرحوم اور دوسرے ڈاکٹر حبیب الرحمٰن شہید۔ ڈاکٹر حبیب الرحمٰن کو اِسی کی خدمت کی بہ دولت شہادت کا رتبہ ملا۔ اللہ دونوں کو جنت الفردوس عطا فرمائے۔ ''اشراق'' کی تعمیر و ترقی اور اِس کا دوام و استحکام استاذِ گرامی اور اُن کے اِن رفقا و احباب کی کاوشوں کا نتیجہ ہے۔ دعا ہے کہ اللہ تعالیٰ اِن کی اجتماعی مساعی کو شرفِ قبولیت عطا فرمائے اور اِن کے اخروی اجر کا وسیلہ بنائے۔ آمین۔

گذشتہ برسوں کے دوران میں جب دنیا کے مختلف ملکوں میں ''المورد'' کے انفرادی نظم قائم ہوئے تو پاکستان سے باہر اُن سب کاموں کی بنیاد پڑ گئی، جو ''المورد'' کے تصور کا لازمی جز ہیں۔ اِن نو تشکیل اداروں نے پاکستان میں قائم اولین ''المورد'' کو مثالی نمونہ (role model) بنایا اور اپنے افرادی اور مالی وسائل کی رعایت سے تصنیف و تالیف، تعلیم و تربیت اور نشر و اشاعت کے کاموں کو منظم کرنا شروع کیا۔ اِن کے مؤسسین اور منتظمین نے اپنے کاموں کو اُنھی خطوط پر استوار کیا، جن پر اولین ''المورد'' کو قائم کیا گیا تھا اور اُنھیں اُنھی ناموں سے موسوم کیا جو استاذِ گرامی کے ساتھ نسبت کو ظاہر کرتے تھے یا اُن کے کاموں کی حیثیت سے

معلوم و معروف تھے۔ اِس سے مقصود یہ تھا کہ کام اپنی ساخت، شناخت اور تعلق میں اُسی تحریک کا حصہ قرار پائیں جس کا بیڑا استاذِ گرامی نے اٹھایا تھا اور اُسی روایت کا تواتر شمار ہوں، جو نصف صدی سے امام العصر کی اقتدا میں قائم ہے۔ اِس تناظر میں بعض اہل دعوت کو تمنا ہوئی کہ اگر اسباب میسر ہوں تو ہمارے دعوتی ترجمان "اشراق" کو بھی دیگر ممالک سے جاری کیا جائے۔ یہ تمنا پوری ہوئی اور اِس سلسلے کا اولین قدم ماہنامہ "اشراق ہند" کی صورت میں اٹھایا گیا۔ یہ 2017ء سے باقاعدگی سے جاری ہے۔ فاضل محقق اور عالم دین مولانا محمد ذکوان ندوی اِس کی ادارت کے فرائض انجام دے رہے ہیں۔

پروردگار کا احسان ہے کہ ہندوستان کے بعد اب امریکہ سے بھی "اشراق" کے اجرا کے اسباب پیدا ہو گئے ہیں۔ اِن اسباب کی فراہمی "المورد امریکہ" کے رفقا اور "غامدی سینٹر آف اسلامک لرننگ" کے ایگزیکٹو ڈائریکٹر جناب فرحان سید کی کاوشوں کا ثمر ہے۔ اِس کی ادارت کے لیے میری ناچیز خدمات پیش ہیں۔

"اشراق امریکہ" تحریر کے ساتھ آڈیو کی صورت میں بھی دستیاب ہے۔ یہ صورت ہمارے دعوتی کام میں ایک نئے باب کا اضافہ ہے۔ اِس میں مصنفین کی تحریریں اُن کی اپنی آوازوں میں نشر ہوں گی۔ مقصود یہ ہے کہ دعوت کو دورِ جدید کے تقاضوں سے ہم آہنگ کیا جائے اور اِس کے ساتھ اُسے برصغیر پاک و ہند کے اُن کروڑوں لوگوں تک پہنچایا جائے جو اردو رسم الخط سے ناواقفیت کے باعث اِس سے مستفید ہونے سے قاصر ہیں۔ "غامدی سینٹر آف اسلامک لرننگ" کی روحِ رواں اور اُس کے ڈائریکٹر ریسرچ اینڈ کمیونیکیشن برادرم محمد حسن الیاس نے اِس جدت کو شامل حال کرنے کا عزم کیا ہے۔ وہ "اشراق آڈیو" کے مدیر کے فرائض انجام دیں گے۔

ہماری خوش نصیبی ہے کہ استاذِ گرامی جناب جاوید احمد غامدی نے ''اشراق امریکہ'' کی سرپرستی کو قبول فرمایا ہے۔ ہمارے لیے اِس سے بڑھ کر شرف و اعزاز اور کیا ہو گا کہ ہمیں اپنے عہد کے امام کی رہنمائی میں دین کی خدمت کا موقع میسر ہے۔ دعا ہے کہ پروردگار اِس سے تا دیر فیض یاب رکھے۔ آمین۔

''اشراق امریکہ'' صحافت کے میدان میں ہماری دعوت کا نقشِ ثالث ہے۔ ''اشراق پاکستان'' کو نقشِ اول اور ''اشراق ہند'' کو نقشِ ثانی کی حیثیت حاصل ہے۔ گویا یہ اُسی سفر کا تیسرا سنگِ میل ہے جس کا آغاز نصف صدی پہلے استاذِ گرامی نے کیا تھا۔ ہر نشانِ راہ جہاں رہ گزر کی صحیح سمت کا اطمینان دلاتا ہے، وہاں سامانِ سفر کی ترتیب اور عزمِ سفر کی تجدید کا تقاضا بھی کرتا ہے۔ ''اشراق امریکہ'' کے آغاز کے موقع پر اِس تقاضے کو پورا کرنے کی صورت یہ ہے کہ اُن اصولوں، اُن معیاروں اور اُن قدروں کی یاد دہانی کی جائے، جنھیں بانی ''اشراق'' نے قائم کیا اور اُن کے رفقا نے دل و جان سے برقرار رکھا۔

یہ درجِ ذیل ہیں:

1۔ ''اشراق'' علما کے انذار کا ترجمان ہے

دین کی دعوت کا کام رسالت مآب صلی اللہ علیہ وسلم سے امت کے علما کو منتقل ہوا ہے۔ اِسے قرآنِ مجید نے ''انذار'' سے تعبیر کیا ہے۔ یعنی لوگوں کو اخروی زندگی کی تیاریوں کے لیے بیدار کیا جائے۔ یہ کام ظاہر ہے کہ تصنیف و تالیف اور تعلیم و تربیت کے اہتمام اور اُن کی نشر و اشاعت پر مبنی ہے۔ ''اشراق'' اِن کاموں کے جامع اور ناشر کی حیثیت سے اپنا کردار ادا کرتا ہے۔

2۔ ”اشراق“ دین کی بے آمیز تعلیمات کا آئینہ دار ہے

دین اُسی صورت میں انسانوں کے لیے حجت قرار پاتا ہے، جب اُسے نبی آخر الزماں حضرت محمد صلی اللہ علیہ وسلم کی الہامی تعلیمات پر منحصر کیا جائے۔ آپ سے قبل و بعد کے انسانی علوم و افکار کی کوئی آمیزش اُس میں نہ ہونے دی جائے۔ چنانچہ ”اشراق“ کا بنیادی مقصد یہ ہے کہ دین کو فلسفہ، کلام، فقہ، تصوف اور تاریخ کی ملاوٹوں سے بالکل الگ کر کے بے کم و کاست اور خالص قرآن و سنت کی بنیاد پر پیش کیا جائے۔

3۔ ”اشراق“ مدرسۂ فراہی کے اندازِ فکر کا نمایندہ ہے

دورِ حاضر میں امام حمید الدین فراہی، امام امین احسن اصلاحی اور امام جاوید احمد غامدی کا کام خالص قرآن و سنت پر مبنی ہے۔ مدرسۂ فراہی کے اِن جلیل القدر اہل علم نے اِس بات کو بہ طورِ اصول اختیار کیا ہے کہ دین کو نبی صلی اللہ علیہ وسلم کے قول و فعل اور تقریر و تصویب تک محدود سمجھا جائے۔ نہ اِس میں کوئی کمی کی جائے، نہ اضافہ کیا جائے اور نہ اِس میں کسی فکر، کسی نظریے، کسی خیال کو در اندازی کی اجازت دی جائے۔ ”اشراق“ بعینہٖ اِس نقطۂ نظر کا حامل ہے۔ لہٰذا اُسے مدرسۂ فراہی کے فکری نمایندے کی حیثیت حاصل ہے۔

4۔ ”اشراق“ حریتِ فکر کا علم بردار ہے

علم و فکر کی آزادی علم و فکر کی بقا کا ذریعہ ہے۔ اِسی سے علوم و فنون میں تعمیر و ترقی کی راہیں کھلتی ہیں اور انسان کے اُن پر اعتماد میں اضافہ ہوتا ہے۔ اِس راہ میں اگر تقلید و تہدید اور جبر و اکراہ کی دیواریں کھڑی کر دی جائیں تو نہ صرف اِس کی ترقی کا سفر رک جاتا ہے، بلکہ اِس کا

اعتبار بھی ختم ہونا شروع ہو جاتا ہے۔ بد قسمتی سے ہماری تاریخ میں گذشتہ چند صدیوں سے اِسی کا چلن ہے۔ چنانچہ مذہبی روایت دین سے مقدم اور معتبر ہوگئی ہے اور لوگ قرآن و سنت کو اُسی کی روشنی میں سمجھنے پر آمادہ ہوگئے ہیں۔ اندھی تقلید کی یہ جامد روایت دین کی دعوت میں سب سے بڑی رکاوٹ ہے۔ لہٰذا ''اشراق'' نے اِسے بہ بانگِ دہل چیلنج کیا ہے اور دینی علوم پر غور و فکر کی کامل آزادی کا علم بلند کیا ہے۔ اِس اعتبار سے یہ جریدہ دورِ حاضر کے مذہبی جبر و استبداد کے خلاف اعلانِ جنگ ہے۔

5۔ ''اشراق'' علمی مکالمے کا حامی ہے

اہل علم کے مابین اتفاق و اختلاف علم کے سفر کا لازمی جز ہے۔ اتفاق و اختلاف کے لیے نقد و نظر اور بحث و مکالمہ ناگزیر ہے۔ علم کی دنیا میں اُسی اتفاق یا اختلاف کو وقعت ملتی ہے جو تجزیہ و تحلیل کے بعد دلائل سے ثابت ہو۔ یہ سارا عمل علمی تبادلۂ خیال کو پروان چڑھاتا ہے۔ مکالمہ ایک صاحب علم کے سوال اور دوسرے کے جواب پر منحصر ہوتا ہے۔ اِس کے نتیجے میں علم منتقل ہوتا اور صحیح اور غلط میں امتیاز کا سلسلہ جاری رہتا ہے۔ ''اشراق'' اگرچہ مدرسۂ فراہی کے اندازِ فکر کا آئینہ دار ہے، مگر یہ دیگر مکاتبِ فکر کے ساتھ علمی تبادلۂ خیال کو ضروری سمجھتا ہے۔ اِس کے ''نقد و نظر'' اور ''نقطۂ نظر'' کے شعبے اِسی طرح کے مضامین کے لیے مختص ہیں۔

6۔ ''اشراق'' فرقہ بندی کا مخالف ہے

فرقہ بندی گروہی عصبیت پر مبنی ہوتی ہے۔ یعنی لوگ کسی گروہ یا جماعت کی حمایت علم و

استدلال یا حق و صداقت کی بنا پر نہیں کرتے، بلکہ نسبت، تعلق اور وابستگی کی بنا پر کرتے ہیں۔ وابستگی بہ ذاتِ خود کوئی عیب نہیں، لیکن یہ اگر حق کے مقابلے میں ہو تو سراسر فساد ہے۔ پھر یہ معاشرے میں وہی فتنہ، وہی شر پیدا کرتی ہے، جو زمانۂ رسالت میں ابوجہل اور ابولہب نے پیدا کیا تھا۔ ہمارے ہاں یہ اِسی کا نتیجہ ہے کہ مسلمانوں کے مختلف گروہ ایک دوسرے کو دائرۂ اسلام سے خارج قرار دیتے اور اُن کے لیے انکار، ارتداد اور تکفیر کے فتوے جاری کرتے ہیں اور نوبت یہ آجاتی ہے کہ اُن کے خون کو مباح اور قتل کو واجب سمجھ لیا جاتا ہے۔ ''اشراق'' اِس تعصب اور فرقہ بندی کے خلاف ہے اور مسلمانوں کو دعوت دیتا ہے کہ وہ جاہلی عصبیت کی سنگلاخ پگ ڈنڈیوں کو چھوڑ کر اخوت و سلامتی کی ہموار شاہراہوں کو اختیار کریں۔

7۔ ''اشراق'' لوگوں کی انفرادی اصلاح کا نقیب ہے

دین چاہتا ہے کہ انسان کے علم و عمل کو آلایشوں سے پاک کر کے اُسے خدا کی ابدی جنت کا اہل بنایا جائے۔ اِس کے لیے سب سے بنیادی چیز خالق کے ساتھ بندگی کے تعلق کو پورے خلوص سے قائم کرنا ہے۔ اِس کے بعد مخلوقِ خدا کے ساتھ اپنے معاملات کو مبنی بر اخلاق رکھنا ہے۔ اِن دونوں پہلوؤں سے انسان کو وعظ و نصیحت کی ضرورت ہوتی ہے۔ ''اشراق'' اِسی تذکیر و تلقین کا مجموعہ ہے۔ خاص انفرادی تہذیبِ اخلاق کے پہلو سے اِس میں ''اصلاح و دعوت'' کا شعبہ مختص ہے۔

8۔ ''اشراق'' قوم کا ہم درد اور اُس کی غلطیوں کی اصلاح کا داعی ہے

اِس میں شبہ نہیں کہ ''اشراق'' علماے دین کا پلیٹ فارم ہے اور اِس بنا پر اُس کا اصل

ہدف دعوت و انذار ہے، مگر خود دعوت کا تقاضا ہے کہ ملک و ملت کے دکھ درد میں شریک رہا جائے۔ اُنھیں تکلیف پہنچے تو محبت اور تسلی کا اظہار کیا جائے، وہ سرخ رو ہوں تو اُن کی حوصلہ افزائی کی جائے۔ وہ انتشار و افتراق کا شکار ہوں تو اخوت اور اتحاد کا درس دیا جائے۔ غفلت، جہالت اور اخلاقی پستی کے اندھیروں کی طرف گام زن ہوں تو عزم و ہمت، علم و ہنر اور ادب و اخلاق کے اجالوں کی طرف بلایا جائے۔ اِس مقصد کے لیے اُنھیں جھنجوڑا بھی جائے، ڈرایا بھی جائے، خبر دار بھی کیا جائے، مگر مایوس ہرگز نہ ہونے دیا جائے۔

مقامِ افسوس کہ مسلمان قوم علم و عمل کے انحطاط کا شکار ہے۔ اِس کے رہنماؤں نے جو حکمتِ عملی بھی اختیار کی ہے، اُس نے اِس میں مزید اضافہ کیا ہے۔ اِس کی وجہ یہ ہے کہ اُن کی ہر حکمتِ عملی عقل کے بجاے جذبات اور اصولوں کے بجاے سطحی مفادات پر مبنی ہوتی ہے۔ یہی وجہ ہے کہ مسلمان اپنے اپنے ملک میں قومی حیثیت سے منظم ہونے کے بجاے بے قابو گروہوں کی صورت اختیار کرتے چلے جا رہے ہیں۔ برِ صغیر اور بعض دیگر ممالک میں اُن کی سیاست، معیشت اور معاشرت تباہی کے دہانے تک پہنچ گئی ہے۔ اِس صورتِ حال میں ضروری ہے کہ اُنھیں اُن کی قومی اور اجتماعی غلطیوں کا احساس دلایا جائے اور اُن کی فوری اصلاح کی طرف متوجہ کیا جائے۔ یہ کام اگرچہ ''اشراق'' کا اصل میدان نہیں ہے، مگر اِن معاملات میں اصولی رہنمائی اُس کی ذمہ داری ہے۔ اُس نے اِس ذمہ داری کو نبھانے کی ہمیشہ کوشش کی ہے۔

9۔ ''اشراق'' معیاری زبان و بیان کا ضامن ہے

قرآنِ مجید شہ پارۂ ادب اور زبان و بیان کا عظیم معجزہ ہے۔ اُس کی دعوت کو پیش کرنے والی ہستی افصح العرب والعجم تھی۔ آپ کے جلیل القدر صحابہ بھی فصیح اللسان تھے۔ اُن کی

اتباع میں سلف و خلف کے علما نے جب دین کی دعوت کو پیش کیا تو صحتِ زبان اور حسن کلام کو خاص طور پر ملحوظ رکھا۔ اردو زبان میں بھی دبستانِ شبلی کے تمام اہل قلم نے معیاری زبان و بیان کے التزام کو لازمی امر کے طور پر اختیار کیا۔ ''اشراق'' نے اِس روایت کو پوری محنت سے قائم رکھا ہے۔ اُس کے صفحات میں اسلوب کی ندرت، جملے کی سلاست، محاورے کی موزونی، املا کی درستی اور اوقاف کی پابندی کا ہر ممکن لحاظ کیا جاتا ہے۔ یہی وجہ ہے کہ اردو دان طبقے میں اِسے معیاری اردو زبان کا حامل سمجھا جاتا ہے۔

10۔ ''اشراق'' نو آموز قلم کاروں کی درس گاہ ہے

''اشراق'' نے ہمیشہ نئے لکھنے والوں کی حوصلہ افزائی کی ہے۔ ہر نام ور ادیب، ہر بڑا انشا پرداز فنی تربیت اور مشق مزاولت کے بعد ہی معتبر ہوتا ہے۔ اعلیٰ جرائد نہ صرف ادیبوں کے کام کو متعارف کراتے ہیں، بلکہ باصلاحیت نوجوانوں کو صاحبِ طرز ادیب بنانے میں بھی کردار ادا کرتے ہیں۔ ''اشراق'' یہ خدمت برس ہا برس سے انجام دے رہا ہے۔ متعدد قلم کار ہیں، جنھوں نے ''اشراق'' سے لکھنے کا آغاز کیا، اُس کے تدوینی عمل سے بار بار اپنی تحریروں کو گزارا اور بالآخر صاحبِ کتاب مصنف کے مقام پر فائز ہوئے۔ اِس لحاظ سے دیکھیے تو ''اشراق'' انشا پردازی کی ایک عظیم دانش گاہ ہے، جس میں دین کے طلبہ علم و تحقیق، تصنیف و تالیف اور ترتیب و تدوین کی تربیت حاصل کرتے ہیں۔

یہ وہ بنیادی اصول، وہ لازمی معیارات اور وہ مستقل اقدار ہیں، جنھیں استاذِ گرامی جناب جاوید احمد غامدی نے ''اشراق'' کی مستحکم روایت کے طور پر قائم کیا ہے۔ اِس روایت کو وجود بخشنے کے لیے اُنھوں نے صبر و برداشت کے خارزاروں میں عمر بھر آبلہ پائی کی ہے، تب کہیں جا کر سرو و سمن پیدا ہوئے ہیں۔ اُن کی نصف صدی کی خود نوشت اِن دو جملوں میں تحریر ہے:

ہوتا ہے روز راہ کے کانٹوں سے تار تار
سیتا ہوں اُن کی نوک سے پھر پیرہن کو میں
اِس دشتِ بے چراغ میں کرتا ہوں روز و شب
پیدا ہر اک ببول سے سرو و سمن کو میں

لیکن یہ اُنھی کا کام ہے، اُنھی کا حوصلہ اور اُنھی کا مرتبہ ہے۔ ہم جیسے رہ نوردانِ شوق تو بس اُن کے نقشِ قدم کو چراغِ راہ ہی بنا سکتے ہیں یا زیادہ سے زیادہ یہ جستجو اور یہ آرزو کر سکتے ہیں:

تیرہ ہیں مہ و مہر تو ہم اپنے لہو سے
کر دیتے ہیں یہ بزم چراغاں کوئی دن اور
اِس دور میں سرمایۂ اربِ نظر بھی
اب ہو گا فراہی کا دبستاں، کوئی دن اور

[اگست 2023ء]

تصنیف و تالیف اور نشر و اشاعت

مجوزہ حکمتِ عملی

——برائے المورد و رفقائے المورد——

[زیرِ نظر تحریر "المورد" کے اہتمام میں ہونے والے تصنیفی کاموں کا مجوزہ پالیسی بیان ہے۔ یہ راقم کا موقف ہے اور اِسے بعض احباب کے استفسار پر لکھا گیا ہے۔ یہ موقف اُس فہم پر مبنی ہے جو راقم نے گذشتہ 30 برسوں کے دوران میں استاذِ گرامی جناب جاوید احمد غامدی کے فکر و عمل سے اخذ کیا ہے۔ اِسے پیش کرنے کا مقصد اُس ابہام اور خلطِ مبحث کو دور کرنے کی کوشش ہے جو گذشتہ دس پندرہ سالوں سے اہل المورد محسوس کر رہے ہیں اور اِس کے ساتھ اُس ہلاکت خیز غلطی سے متنبہ کرنے کی جدوجہد ہے جس میں "المورد" کے مختلف مراکز کے اہل انتظام بہت حد تک مبتلا ہو چکے ہیں۔ ڈر ہے کہ اگر اِس کی جلد اصلاح نہ کی گئی تو "المورد" جیسے عظیم الشان دعوتی ادارے کو کتابوں کی اشاعت کے ادارے میں تبدیل ہونے سے نہیں روکا جا سکے گا۔ مصنف]

مقصد

ادارۂ علم و تحقیق المورد کے زیرِ اہتمام تصنیف و تالیف اور نشر و اشاعت کے کاموں کا بنیادی مقصد انبیا علیہم السلام کے طریقے پر دعوت و انذار کا احیا ہے۔ اِس کی صورت یہ ہے کہ دین پر غور و فکر کے عمل کو صحیح نہج پر قائم کیا جائے اور دین کی دعوت کو فرقہ دارانہ تعصبات سے الگ رہ کر خالص قرآن و سنت کی بنا پر پیش کیا جائے۔ اِس مقصد کے حصول کے لیے ایسی تصانیف کا سامنے آنا ضروری ہے، جن میں:

1۔ قرآن وسنت کو اساس کی حیثیت حاصل ہو،

2۔ دین کی شرح و وضاحت کسی آمیزش کے بغیر اور بے کم و کاست کی گئی ہو،

3۔ انفرادی اور اجتماعی معاملات میں تزکیہ و تطہیر اور اخلاق و ادب کی تعلیم دی گئی ہو،

4۔ علم جدید کے اُس چیلنج کا جواب دیا گیا ہو جو اِس وقت امتِ مسلمہ کو درپیش ہے،

5۔ فکر اسلامی کے مختلف علوم و فنون کی تحقیق و تنقیح کی گئی ہو،

6۔ زمانۂ رسالت سے دورِ حاضر تک مسلمانوں کے فکر و عمل کا جائزہ لیا گیا ہو،

7۔ رائج افکار پر نقد و تبصرہ کیا گیا ہو۔

بنیادی اصول

''المورد'' کا تصنیفی کام جس اصول پر قائم ہے، وہ یہ ہے کہ دین کی دعوت و تبلیغ اور تعلیم و تربیت کی ذمہ داری علماے دین پر عائد ہے۔ وہ اِس بات کے مکلف ہیں کہ پوری جستجو اور جاں فشانی سے دین کے علم کو حاصل کریں اور پھر کامل عزم و ہمت کے ساتھ اُسے لوگوں تک پہنچائیں۔ عام مسلمان اِس کے ذمہ دار نہیں ہیں۔ اُن سے دین کا تقاضا ہے کہ وہ علما کے

کاموں کے انتظام و انصرام اور اُن کی نشر و اشاعت کے لیے اپنا تعاون بہم پہنچائیں اور دامے درمے قدمے سخنے دین کے فروغ اور تجدید و احیا کے لیے اپنی خدمات پیش کریں۔ یہ خدمات اُنھیں خالص نصرتِ دین کے جذبے سے اور عند اللہ اپنا اجر محفوظ کرنے کے لیے پیش کرنی چاہییں۔

''المورد'' کا کردار

درجِ بالا مقصد اور بنیادی اصول کی بنا پر ''المورد'' کے کردار کے ایجابی اور سلبی پہلو درجِ ذیل ہیں:

اولاً، ''المورد'' کے تینوں عناصر ترکیبی ——— علما، منتظمین اور مخاطبین ——— للہ فی اللہ ادارے سے متعلق ہوتے ہیں۔ علما اِس لیے دعوت دیتے ہیں کہ وہ اللہ کے حضور اپنی معذرت پیش کر سکیں، اصحاب ثروت اور اہل عمل اِس لیے مدد کرتے ہیں کہ اللہ کی خوش نودی کو پا سکیں اور عوام الناس اِس لیے متوجہ ہوتے ہیں کہ دین کو سمجھ کر اُس پر عمل پیرا ہو سکیں۔ اگر تمام عناصر ترکیبی کی وابستگی کا مقصد رضاے الٰہی ہے تو لازم ہے کہ ادارے کے تمام افعال و احوال کا اصل ہدف آخرت ہونا چاہیے۔

ثانیاً، ''المورد'' کا انتظامی ڈھانچا ——— جو عام مسلمانوں پر مشتمل ہے ——— دین کی شرح و وضاحت اور دعوت و تبلیغ کا مکلف نہیں ہے۔ اُس کی ذمہ داری علما کو اُن کے کام میں مدد فراہم کرنا ہے۔ یہ مدد وہ کسی کاروباری ترقی یا کسی مالی منفعت کے لیے نہیں، بلکہ اخروی اجر و ثواب کی غرض سے انجام دیتا ہے۔ چنانچہ ''المورد'' کے اہداف اور اُس کی تنظیم و ترتیب کے معیارات کئی پہلوؤں سے عام کاروباری اداروں سے مختلف ہیں۔

ثالثاً، نجی شعبے میں تعلیم و تعلم (education) اور نشر و اشاعت (media) کے ادارے،

بالعموم کاروباری مقاصد کے لیے قائم ہوتے ہیں۔ اُن میں کچھ سرمایہ کار منافع کمانے کے لیے سرمایہ لگاتے ہیں۔ معلمین، مصنفین اور مقررین وغیرہ کو اِسی مقصد کے لیے بھرتی کیا جاتا ہے۔ اُن کا مقصد بھی محض ملازمانہ فرائض انجام دینا ہوتا ہے۔ اِن میں عوام کی فلاح و بہبود بھی اصلاً پیشِ نظر نہیں ہوتی۔ "المورد" کو ایسے کاروباری اداروں پر ہر گز قیاس نہیں کرنا چاہیے۔ اِس کا نتیجہ ادارے کی شکست و ریخت کے سوا کچھ نہیں نکلے گا۔

رابعاً، "المورد" کو اِس لیے بھی کاروباری اشاعتی اداروں پر قیاس کرنا درست نہیں ہے کہ اِس میں کسی سرمایہ کار نے سرمایہ کاری نہیں کی۔ اِس کے مالیات کا انحصار لوگوں کی اعانتوں پر ہے، جو وہ نصرتِ دین اور خدمتِ خلق کے جذبے سے پیش کرتے ہیں۔ اِس کے معلمین، مصنفین اور مقررین ملازمت کی غرض سے نہیں، بلکہ خدمتِ دین کے لیے وابستہ ہوئے ہیں۔ اِس کے منتظمین کی بھی اِس سے کوئی کاروباری یا مالی منفعتیں وابستہ نہیں ہیں۔

خامساً، علم و تحقیق، تصنیف و تالیف اور دعوت و تبلیغ "المورد" کے علما کا کام ہے۔ وہی اِس کام کی نوعیت کو واضح کر سکتے، اِس کی حقیقت کو سمجھا سکتے، اِس کے پیش و عقب کو جان سکتے، اِس کے عیب و صواب کو پرکھ سکتے اور اِس کے نتائج و اثرات کا مواجہہ کر سکتے ہیں۔ اِس امر کا فطری تقاضا ہے کہ تصنیف و تالیف اور نشر و اشاعت کی حکمتِ عملی کی ترتیب و تشکیل اور اطلاق و انطباق میں کلیدی حیثیت علما کی آرا کو حاصل ہونی چاہیے۔

حکمتِ عملی

درجِ بالا مقدمات کی روشنی میں "المورد" کی تصنیف و تالیف اور نشر و اشاعت کی حکمتِ عملی کے خط و خال درجِ ذیل ہیں:

1۔ تصنیف کے تمام علمی امور ——— فکر، بیان، معلومات، مشمولات اور پریزنٹیشن ——— کی

اصل ذمہ داری مصنف پر عائد ہو گی۔ چنانچہ تصنیف کے جملہ علمی امور کے حقوق و اختیارات (rights) مصنف کے پاس ہوں گے۔

2۔ تصنیف کے تمام عملی امور —— پرنٹنگ، پبلشنگ اور مارکیٹنگ —— کی اصل ذمہ داری ادارے پر عائد ہو گی۔ چنانچہ تصنیف کے جملہ عملی امور کے حقوق و اختیارات (rights) ادارے کے پاس ہوں گے۔

3۔ مصنف اور ادارہ ایک دوسرے کے امور میں اپنی تجاویز اور مشورے پیش کر سکیں گے۔

4۔ تصنیف کی ایڈیٹنگ، پروف ریڈنگ، فارمیٹنگ اور ڈیزائننگ کے تمام کام ادارے کی ذمہ داری ہوں گے، تاہم اِن میں ترجیح و اختیار کی فیصلہ کن حیثیت مصنف کو حاصل ہو گی۔

5۔ کتاب کا ٹائیٹل مصنف اور پبلشر کے باہمی اتفاق سے طے ہو گا۔ اختلاف کی صورت میں مصنف کی رائے حتمی ہو گی۔

6۔ تصنیف کی ساخت (ای بک، ہارڈ باؤنڈ، پیپر بیک)، قیمت، تقسیم، ترسیل، تشہیر کے کاموں کی ذمہ داری اور اختیارات ادارے کے پاس ہوں گے۔ مصنف کو اِن میں مداخلت کا حق نہیں ہو گا۔

7۔ اگر کوئی تصنیف کسی صاحبِ علم کی تحریر و تقریر سے اخذ و استفادے پر مبنی ہے تو اولاً اُس سے اشاعت کی اجازت حاصل کی جائے گی اور ثانیاً اُسے رائلٹی میں شریک کیا جائے گا۔

(شرح و وضاحت کی کتابوں پر اِس اصول کا اطلاق نہیں ہو گا)

8۔ اگر ادارہ اپنے نظم سے وابستہ یا غیر وابستہ مصنف کی کتاب کا دوسری زبان میں ترجمہ کرا کے اُسے شائع کرنا چاہے گا تو اولاً مصنف سے اجازت حاصل کرنا ہو گی اور ثانیاً اُسے رائلٹی میں شریک کیا جائے گا۔

9۔ اگر ادارہ اپنے نظم سے وابستہ یا غیر وابستہ مصنف کی کتاب کو آڈیو/ویڈیو بک میں پیش کرنا چاہے گا تو اولاً مصنف سے اجازت حاصل کرنا ہو گی اور ثانیاً اُسے رائلٹی میں شریک کیا جائے گا۔

10۔ کتاب کی ایڈیٹنگ، پروف ریڈنگ، فارمیٹنگ اور ڈیزائننگ تصنیف و تالیف سے بالکل الگ کام تصور ہوں گے۔ چنانچہ مصنف سے یہ تقاضا نہیں کیا جائے گا کہ وہ کتاب کو قابلِ اشاعت (printable) صورت میں دستیاب کرے۔ یہ کام ادارہ بہ طورِ پبلشر انجام دے گا۔

11۔ بہ وقتِ ضرورت کسی مصنف کے تصنیفی کام کی جانچ پرکھ اور نظر ثانی کا کام دیگر مصنفین انجام دیں گے۔ انتظامی افراد کو یہ ذمہ داری نہیں سونپی جائے گی۔

فکر سے کتاب تک کے مراحل

1۔ فکر / مفکر (thinker)

فکر ایک نظریہ (thought) یا تصور ہے، جسے کوئی مفکر (thinker) پیش کرتا ہے۔

ہمارے مفکرین: حمید الدین فراہی، امین احسن اصلاحی، جاوید احمد غامدی۔

2۔ تحقیق / محقق (researcher)

کسی فکر یا نظریے کو ثابت کرنے کے لیے محقق مواد کی تحقیق کرتا ہے۔

ہمارے محققین: حمید الدین فراہی، امین احسن اصلاحی، جاوید احمد غامدی۔

3۔ تحقیقی معاونت / معاون محقق (research assistant)

محقق کی ضرورت اور ہدایت کے مطابق معاون محقق مواد کی تلاش اور چھان پھٹک کے لیے اُسے معاونت فراہم کرتا ہے۔

ہمارے معاون محققین: بعض موقعوں پر معز امجد، ڈاکٹر شہزاد سلیم، ڈاکٹر محمد عامر گزدر، محمد حسن الیاس اور بعض دوسرے اہل علم استاذِ گرامی جناب جاوید احمد غامدی کو تحقیقی معاونت پیش کرتے رہے ہیں۔

4۔ تصنیف / مصنف (author/ writer)

کسی فکر یا تحقیق کو لوگوں تک پہنچانے کے لیے مصنف اُسے تحریر کرتا اور کتاب کا مسودہ تیار کرتا ہے۔

مفکر، محقق اور مصنف الگ الگ شخصیات بھی ہوسکتی ہیں اور ایک شخصیت بھی اِن تینوں کی جامع ہوسکتی ہے۔

ہمارے مصنفین 1: فراہی، اصلاحی، غامدی۔

(اِنھوں نے اپنے بیش تر افکار اور تحقیقات کو خود لکھا ہے)۔

ہمارے مصنفین 2: خالد مسعود، محمد رفیع مفتی، طالب محسن، معز امجد، نعیم احمد بلوچ، ساجد حمید، ڈاکٹر شہزاد سلیم، ڈاکٹر ریحان احمد یوسفی، محمد ذکوان ندوی، ڈاکٹر عرفان شہزاد، رضوان اللہ، ڈاکٹر جنید حسن، محمد حسن الیاس، ڈاکٹر محمد عامر گزدر، سید منظور الحسن۔

(اِنھوں نے ہمارے مفکرین ——— فراہی، اصلاحی اور غامدی ——— کے افکار اور تحقیقات کو لکھا ہے)۔

5۔ ترجمہ / مترجم (translator)

مترجم تصنیف کو دوسری زبان میں تحریر کرتا ہے۔

ہمارے مترجمین: ہمارے ہاں یہ کام خالد مسعود، ڈاکٹر شہزاد سلیم اور بعض دیگر اہل علم نے انجام دیا ہے۔

6۔ ٹرانسکرائبنگ / ٹرانسکرائبر (transcriber)

ٹرانسکرائبر تقریر یا گفتگو کو تحریر میں منتقل کرتا ہے۔

ہمارے ٹرانسکرائبر: استاذِ گرامی کے بعض انٹرویوز اور تقاریر کو شاہد محمود نے ٹرانسکرائب کیا ہے۔

7۔ کمپوزنگ / کمپوزر (composer)

کمپوزر مسودے کو کمپوز کرتا ہے تا کہ اُسے اشاعت کے لیے تیار کیا جا سکے۔

ہمارے کمپوزر: فاروق ضمیر اور بعض دوسرے افراد یہ کام انجام دیتے رہے ہیں۔

8۔ پروف ریڈنگ / پروف ریڈر (proof reader)

پروف ریڈر کمپوزڈ مسودے کو اصل مسودے کے مطابق کرتا اور کمپوزنگ کی غلطیاں درست کرتا ہے۔

ہمارے پروف ریڈر: یہ کام نعیم احمد اور بعض دوسرے افراد انجام دیتے رہے ہیں۔

9۔ ادارت / مدیر (editor)

مدیر تحریر کی زبان و بیان کو دیکھتا ہے، اُس میں اوقاف لگاتا ہے، سرخیاں نکالتا ہے، حوالوں کی پڑتال کرتا ہے، فہرست بندی کرتا ہے، تکرار یا اضافی چیزوں کو ختم کرتا ہے، کوئی خلا ہیں تو اُنھیں پر کرتا ہے۔

ہمارے مدیر: جناب جاوید احمد غامدی، علامہ خالد مسعود، ڈاکٹر منیر احمد، معز امجد، ڈاکٹر شہزاد سلیم، آصف افتخار، سید منظور الحسن، محمد بلال اور محمد ذکوان ندوی ادارت کے فرائض انجام دیتے رہے ہیں۔

10۔ ادارت میں معاونت / معاون مدیر (assistant editor)

یہ مدیر کے درجِ بالا کاموں میں معاونت ہے۔

ہمارے معاون مدیران: معظم صفدر، شاہد محمود، طارق ہاشمی، شاہد رضا یہ کام انجام دیتے رہے ہیں۔

11۔ ڈیزائننگ / ڈیزائنر (designer)

ڈیزائنر کتاب کے ٹائیٹل، سب ٹائیٹل، بیک ٹائیٹل اور اندرونی صفحات کی فارمیٹنگ، پلیسمنٹ اور ایڈجسٹمنٹ کا کام کرتا ہے۔

ہمارے ڈیزائنر: یہ کام محمد مشتاق اور بعض دیگر افراد انجام دیتے رہے ہیں۔

12۔ پبلشنگ / پبلشر (publisher)

پبلشر مصنف کی تصانیف کو معاشرے تک پہنچانے کا کام کرتا ہے۔ اِس ضمن میں وہ تین امور انجام دیتا ہے:

1۔ مسودے کے بعد سے پی ڈی ایف تک کی تیاری،

2۔ پرنٹنگ کا اہتمام،

3۔ ڈسٹری بیوشن کا اہتمام۔

ہمارے پبلشر: استاذِ گرامی کی کتابوں کے لیے یہ پوزیشن "المورد" پاکستان کو حاصل ہے۔

13۔ پرنٹنگ / پرنٹر (printer)

عموماً پبلشر کا اپنا پریس نہیں ہوتا۔ کتاب چھپوانے کے لیے وہ پرنٹر کی خدمات حاصل کرتا ہے۔

ہمارے پرنٹر: "المورد" پاکستان کی کتابوں کے لیے یہ کام شرکت پرنٹنگ پریس، ٹوپیکل پرنٹنگ پریس، فائن پرنٹرز اور بعض دوسرے پرنٹر انجام دیتے رہے ہیں۔

14۔ڈسٹری بیوشن / ڈسٹری بیوٹر (distributer)

مختلف آوٹ لٹس تک کتابوں کو پہنچانے کا کام بعض اوقات پبلشر خود انجام دیتا ہے اور بعض اوقات اس کام کے لیے مخصوص کمپنیوں کی خدمات حاصل کرتا ہے۔

ہمارے ڈسٹری بیوٹر: یہ کام زیادہ تر "المورد" نے خود اور بعض موقعوں پر "دارالتذکیر" نے انجام دیا ہے۔

تصنیفی کام کی اقسام

1۔اصل اور حقیقی تصانیف (original & genuine writings)

اِن تصانیف میں فکر (thinking)، تحقیق (research) اور تصنیف (writing) کے کام ایک ہی شخصیت سے صادر ہوتے ہیں۔ "المورد" کی مطبوعات میں اِس کی مثال جناب جاوید احمد غامدی کی تصانیف "البیان"، "میزان"، "برہان"، "مقامات" اور "خیال و خامہ" ہیں۔

2۔بیانیہ تصانیف (narration/ description based writings)

اِن تصانیف میں ایک مصنف کسی مفکر کے علم و تحقیق کو اُس کی تقریروں اور تحریروں سے اخذ کر کے اپنے فہم (understanding) اور اسلوب (writing style) کے مطابق تحریر کرتا ہے۔

"المورد" کی مطبوعات میں اِس کی مثال "اسرا و معراج: غامدی صاحب کا موقف" اور

''نزولِ مسیح: غامدی صاحب کا موقف'' ہیں۔ اِن میں جناب جاوید احمد غامدی کے افکار اور تحقیقات کو راقم (سید منظور الحسن) نے اپنے فہم کے مطابق اور اپنے الفاظ میں بیان کیا ہے۔

3۔ شرح و وضاحت پر مبنی تصانیف (explanation & analysis based writings)

اِن تصانیف میں ایک مصنف کسی مفکر کے علم و تحقیق کی اپنے زاویۂ نظر سے توضیح و تحلیل کرتا ہے۔

''المورد'' کی مطبوعات میں اِس کی مثال ''میزان ——— توضیحی مطالعہ'' ہے۔ یہ ڈاکٹر عمار خان ناصر کی تصنیف ہے۔ اِس میں اُنھوں نے جناب جاوید احمد غامدی کی کتاب ''میزان'' کی شرح و وضاحت کا کام کیا ہے۔

4۔ تراجم (translations)

اِن تصانیف میں ایک مصنف کسی دوسرے مصنف کی تصنیف کا مختلف زبان میں ترجمہ کرتا ہے۔

''المورد'' کی مطبوعات میں اِس کی مثال ڈاکٹر شہزاد سلیم کی کتاب "Islam — A Comprehensive Introduction" ہے۔ یہ جناب جاوید احمد غامدی کی کتاب ''میزان'' کا انگریزی ترجمہ ہے۔

5۔ ملفوظات / خطبات نگاری / مکالمہ نگاری

اِن تصانیف میں کسی مفکر کی گفتگو یا تقریر کو ضروری تدوین کے بعد بعینہٖ نقل کر دیا جاتا ہے۔

''المورد'' کی مطبوعات میں اِس کی مثال راقم (سید منظور الحسن) کے درج ذیل مضامین

ہیں:

* مدرسۃ الاصلاح سیمینار: جناب جاوید احمد غامدی کا خطاب (اشراق، جنوری 2020ء)

* پوتے کی وفات پر غامدی صاحب کے تاثرات (اشراق، نومبر 2022ء)

* ماخذِ دین کی بحث: غامدی صاحب سے ایک گفتگو (اشراق، نومبر 2018ء)

6۔ ترتیب و تدوین

اِن تصانیف میں کوئی تصنیفی کام نہیں ہوتا، بلکہ منتخب مضامین کی ایڈیٹنگ کر کے اور اُنھیں خاص صورت میں ترتیب دے کر شائع کیا جاتا ہے۔ اِس کی مثال ماہنامہ ''اشراق'' ہے۔

تصنیفی کام کی ملکیت

تصنیفی کام کی ملکیت کا معاملہ نہایت اہم اور قدرے پیچیدہ ہے۔ دورِ جدید کے اشاعتی مسائل نے اِس کی اہمیت اور پیچیدگی میں اضافہ کیا ہے۔ مزید یہ کہ ''المورد'' کے کام کی مختلف نوعیت کی وجہ سے اِسے دیگر اشاعتی اداروں کے معاملات پر قیاس بھی نہیں کیا جا سکتا۔ لہٰذا اِس معاملے میں کوئی ایسی پالیسی تو وضع نہیں ہو سکتی جو ابہام و خطا سے پاک ہو اور جسے مستقلاً اختیار کیا جا سکے، تاہم آغازِ کار کے لیے جس پالیسی کو اختیار کرنا مجموعی طور پر مفید ہو سکتا ہے، وہ درجِ ذیل ہے:

''المورد'' کا مقصد، اُس کی تاریخ، اُس کے زیر اہتمام ہونے والی تصانیف کی نوعیت، اُس سے وابستہ علما و مصنفین کی غیر کاروباری (non professional) خدمات اور اُس کے راس المال (capital) کا عوام الناس (public) کے تعاون پر انحصار جیسے امور متقاضی ہیں کہ تصنیف کے

متن کی ملکیت کا حق مصنف کے لیے تسلیم کیا جائے۔ اِس سے قطع نظر کہ ادارہ مصنف کی رائلٹی طے کرتا ہے، کوئی مشاہرہ مقرر کرتا ہے یا اُس کے تصنیفی منصوبے کا محنتانہ ادا کرتا ہے۔ اِس کی تفصیل اِن نکات پر مبنی ہے:

1۔ دعوتِ دین کے لیے تصنیف و تالیف کا کام علما کی ذمہ داری ہے۔ وہی اِس کے کارپرداز ہیں اور وہی عند اللہ اور عند الناس اِس کے بارے میں جواب دہ ہیں۔

2۔ تصنیف و تالیف کا کام تخلیق ہے۔ فطری طور پر تخلیق کا حق ملکیت تخلیق کار کے لیے تسلیم کیا جاتا ہے۔

3۔ کتاب کی تصنیف کے بعد مصنف ہی اُس کے متن کو بہتر (develop) کرنے کے لیے اُس میں ترمیم و اصلاح کر سکتا ہے۔ وہ یہ کام عمر بھر جاری رکھتا ہے اور اپنی تخلیق کو نکھارتا رہتا ہے۔

4۔ کتاب میں جو فکر پیش کیا گیا ہے، ممکن ہے کہ مصنف بعد ازاں اُسے غلط سمجھ کر اُس سے رجوع کرنا چاہے اور اُسے اپنی نسبت سے دنیا میں نہ پیش کرنا چاہے۔ یہ اُسی صورت میں ممکن ہے، جب اُسے کتاب کی ملکیت کا حق حاصل ہو۔

5۔ کتاب کے متن کی بنا پر اگر تکفیر، غداری یا دین وملت سے انحراف کا لیبل لگتا ہے تو وہ مصنف پر لگتا ہے اور اِس کے نتیجے میں مصنف ہی کو قید، جلاوطنی یا موت کا سامنا کرنا ہے۔

6۔ ''المورد'' کے مصنفین کا مقصدِ زندگی ملازمت، کاروباری منافع یا مالی ترقی ہر گز نہیں ہے۔ وہ اِس کام کو دینی ذمہ داری کے طور پر انجام دے رہے ہیں۔

7۔ دعوت دین کی ترقی اور تسلسل کے لیے ضروری ہے کہ جدید نسل کے ذہین نوجوان اِس کام کو اپنا آئیڈیل بنائیں، یہ اُسی صورت میں ممکن ہے، جب اُنھیں ملازمانہ مراعات اور ملکیت میں سے کوئی ایک چیز میسر ہو۔ اگر ملازمانہ مراعات بھی محدود ہوں اور ملکیت بھی

دستیاب نہ ہو تو اِس کام کے لیے وہی لوگ میسر ہوں گے جو مقابلتاً کم صلاحیت ہوں گے یا اکا دکا وہ باصلاحیت میسر ہوں گے، جو اپنے خاندان اور معاشرے سے لڑ کر اِس کام کو اختیار کر پائیں گے۔

8۔ ادارے کے پاس جو راس المال (capital) بھی جمع ہوتا ہے، اُس کی اصل حقیقت پبلک فنڈ کی ہے۔ یہ فنڈ مصنفین اور معلمین کی شخصیت اور کار کردگی کی بنا پر میسر ہوتا ہے۔ فنڈ دینے والوں کے سامنے عموماً ادارہ یا اس کا انتظامی انفرا سٹرکچر نہیں ہوتا۔ یہ چیز بھی ادارے کے مقابلے میں مصنف کے اسٹیک کو قدرے بڑھاتی ہے۔

9۔ دنیا بھر میں قائم ''المورد'' کے مختلف اداروں کی قانونی صورت یہ ہے کہ اِس میں غیر علما کاموں کے مالک اور علما و مصنفین ملازم قرار پاتے ہیں۔ اگر ادارے کو تصنیف کا مالک بنایا جائے گا تو تصنیف کی ملکیت عملاً اُن افراد کے ہاتھ میں آئے گی جو نہ علما ہیں، نہ کل وقتی طور پر ادارے میں سر گرم عمل ہیں اور نہ اُن کا کوئی بڑا دنیوی اسٹیک ادارے سے وابستہ ہے۔

10۔ تصنیفی کام کے تین اسٹیک ہولڈرز ہیں: ایک عوام جو مال و اسباب فراہم کرتے ہیں، دوسرے ''المورد'' کی مجلس انتظام اور تیسرے مصنفین۔ عوام کو حق ملکیت دیا نہیں جا سکتا، باقی دو میں سے اگر انتخاب کرنا ہو تو دیکھنا چاہیے کہ بہ لحاظِ منفعت اور بہ اعتبارِ تعلق کون تصنیف کے زیادہ قریب ہے۔

[جولائی 2023ء]

مصعب اسکول سسٹم

[المورد کا ایک تعلیمی منصوبہ]

''مصعب اسکول سسٹم'' اسلامی تشخص کا آئینہ دار ایک جدید تعلیمی ادارہ ہے۔ یہ اِس احساس کی بنا پر قائم کیا گیا ہے کہ ہمارا تعلیمی نظام ایسے افراد تیار کرنے سے قاصر ہے جو اعلیٰ سیرت و کردار کے حامل ہوں اور علم و فن کے میدان میں کارہاے نمایاں انجام دینے کی صلاحیت رکھتے ہوں۔ اِس نظام میں ایک جانب وہ روایتی اسکول ہیں جو قومی شعبے کے ماتحت ملک کے طول و عرض میں قائم ہیں۔ اِن کے بارے میں یہ بات ہر سطح پر تسلیم شدہ ہے کہ اِن کے نصاب فرسودہ اور طریق تدریس پس ماندہ ہے۔ لہٰذا یہ اِس کی استطاعت ہی نہیں رکھتے کہ علم و فن کے ارتقا کو جزوِ نصاب بنا سکیں اور تعلیم و تدریس کے وہ اسالیب اختیار کر سکیں جن کے بغیر جدید علوم و فنون تک رسائی کم و بیش ناممکن ہے۔ اِن میں، بالعموم وہ نصاب پڑھائے جاتے ہیں جو دنیا میں ترک کیے جا چکے ہیں اور اُن کے لیے بھی تفہیم کے بجاے حفظ و یاد داشت کا طریقہ اختیار کیا جاتا ہے۔ چنانچہ اِن سے فارغ ہونے والے طلبہ اُن علوم سے کم و بیش ناواقف ہوتے ہیں جن کی تحصیل کی اسناد اُنھیں فراہم کی جاتی ہیں۔ اِس کا نتیجہ اِس کے سوا کچھ نہیں نکلتا کہ تعلیم کا مقصد محض روز گار کا حصول قرار پاتا ہے اور علوم پر غور و فکر اور اُن کی بنا پر تحقیق و دریافت کے وہ اہداف بالکل مفقود ہو جاتے ہیں جنھیں حاصل کر کے کوئی

قوم دنیوی ترقی کی منزلیں طے کر سکتی ہے۔

دوسری جانب نجی شعبے میں قائم جدید تعلیمی ادارے ہیں۔اِن کے نصابِ تعلیم اور طریق تدریس کا معیار اگرچہ قومی شعبے میں قائم تعلیمی اداروں کے مقابلے میں بہتر ہے، مگر اِن کا فساد یہ ہے کہ یہ نئی نسل کا تعلق اُس کی قومی اور تہذیبی روایات سے منقطع کرنے پر مصر نظر آتے ہیں۔ چنانچہ شرم وحیا، ایثار و قربانی، ادب و احترام، مروت و پاس داری، شایستگی و خوش اسلوبی، سنجیدگی و متانت اور غیرت و خودداری جیسی وہ اقدار جو ہماری معاشرت کا طرۂ امتیاز ہیں، اِن میں کم ترین اوصاف کی حیثیت سے شمار کی جاتی ہیں۔ اِن کے نصابات میں وہ موضوعات بہت قدر کے حامل ہوتے ہیں جن کا ہدف انسان کی مادی ترقی ہے اور وہ مضامین جن کا مقصد انسان کی تہذیبِ نفس اور اُس کی اخلاقی اصلاح ہے یا جو دینی اور ملی حمیت کو بیدار کرتے ہیں، بے وقعت قرار پاتے ہیں۔ چنانچہ اِن درس گاہوں کے فارغ التحصیل اپنے قومی تشخص سے بے گانہ اور تہذیبی اقدار سے عاری ہوتے ہیں۔

اِن دونوں طرح کے اداروں میں جس چیز کو قدرِ مشترک کی حیثیت حاصل ہے، وہ اِن کا اپنی روح میں لادینی ہونا ہے۔ چنانچہ زبان و ادب، اخلاقیات و عمرانیات، سائنس اور ٹیکنالوجی اور دیگر علوم و فنون کی تدریس کے لیے جو نصاب اِن درس گاہوں میں رائج ہے، اُس میں:

"... یہ کارخانۂ عالم بغیر کسی خالق کے وجود میں آتا اور بغیر کسی مدبر ہی کے چلتا نظر آتا ہے۔ انسان اِس میں آپ ہی اپنی تقدیر بناتا اور آپ ہی اُسے بگاڑتا ہے۔ قانون و سیاست اور معیشت و معاشرت کے سارے اصول اس میں 'بغیر ھدی ولا کتاب منیر' وجود میں آتے اور دنیا انھی کی روشنی میں اپنے مسائل حل کرنے کی کوشش کرتی ہے۔ انسان کی تاریخ اِس میں انسان سے شروع ہوتی اور انسان ہی پر ختم ہو جاتی ہے۔ ذاتِ خداوندی کے لیے اِس میں نہ ابتدا میں کوئی جگہ ہے، نہ انتہا میں۔ اِس سلسلۂ روز و شب کے بارے میں یہ بات اِس نصاب کی روح میں سرایت کیے ہوئے ہے کہ وہی در حقیقت ابتدا، وہی انتہا اور

وہی باطن و ظاہر ہے۔ چنانچہ اِس کی تعلیم پانے والے بغیر کسی ترغیب و دعوت کے آپ سے آپ اِس نقطۂ نظر کے حامل بن جاتے ہیں کہ زندگی خدا سے بے تعلق ہو کر بھی بسر کی جاسکتی ہے اور دنیا کا نظام اُس کی رہنمائی سے بے نیاز ہو کر بھی چلایا جاسکتا ہے۔...

اِس نظام کی اِس لادینی فطرت نے صرف یہ ذہنی ارتداد ہی ہماری قوم کے کارفرما عناصر میں پیدا نہیں کیا، اِس کے ساتھ اُنھیں اُس سیرت و کردار سے بھی محروم کر دیا ہے جس کے بغیر کوئی قوم دنیا میں زندہ نہیں رہ سکتی۔ اِس میں یہ بات کبھی پیشِ نظر نہیں رہی کہ تعلیمی ادارے صرف کتابیں پڑھا دینے کے لیے قائم نہیں کیے جاتے، اُن کا ایک بڑا مقصد کسی قوم کے بنیادی نظریے کے مطابق اُس کی آیندہ نسلوں کی تربیت اخلاق اور تہذیب نفس بھی ہے۔... چنانچہ یہ اسی کا نتیجہ ہے کہ... ہماری یہ نئی نسل اپنی قوم کے ماضی سے بے گانہ، حال سے بے پروا اور مستقبل سے بے تعلق ہے۔"

(مقامات، جاوید احمد غامدی 404)

یہ وہ پس منظر ہے جس میں "مصعب اسکول سسٹم" کو قائم کیا گیا ہے۔ اِس پس منظر میں یہ ایک نئے نظام تعلیم کا علم بردار ہے۔ اِس کے اہداف رائج تعلیمی نظام کے مقابلے میں بالکل منفرد ہیں۔ اِس کی دس سالہ تاریخ اِس بات کی شاہد ہے کہ یہ امت مسلمہ کی تعلیمی اور تہذیبی روایت کو قائم رکھنے میں کوشاں ہے اور اِس کے ساتھ ساتھ اُس ترقی کا بھی داعی ہے جو شرق و غرب کی اقوام نے جدید علوم و فنون کے میدان میں کی ہے۔

[مئی 2006ء]

سیر و سوانح

موت سے پہلے آدمی غم سے نجات پائے کیوں!

کچھ نفوس صرف امر ربی کو پورا کرنے کے لیے دنیا میں آتے ہیں۔ یہ پروردگار کے کارکنان ہوتے ہیں، جو خاص ذمہ داریوں کے لیے بھیجے جاتے ہیں۔ اِنھیں دوسروں کی آزمایش پر مامور کیا جاتا ہے۔ لٰہذا یہ اُن کی تعلیم وتربیت، تنبیہ و تذکیر اور ہدایت و نصیحت کا سامان کرتے اور نتیجتاً تزکیہ و تطہیر کا باعث بنتے ہیں۔ اِس اعتبار سے اِن کا وجود آیۃٌ من آیاتِ اللہ ہوتا ہے —— خدا کی نشانیوں میں سے کوئی نشانی —— چنانچہ یہ ستارے کی طرح نکلتے اور افلاک کی راہ دکھا کر اوجھل ہو جاتے ہیں، بادل کی طرح برستے اور زمین کو سیراب کر کے تحلیل ہو جاتے ہیں، پھول کی طرح کھلتے اور فضا کو مہکا کر مرجھا جاتے ہیں، شمع کی طرح جلتے اور ماحول کو جگمگا کر راکھ ہو جاتے ہیں۔ یہ خدا کی معرفت اور قربت کا وسیلہ ہوتے ہیں۔ لوگ اگر حق شعار اور حکمت شناس ہوں تو اِن کا وجود اُن پر اللہ کے انعام و اکرام کے دروازے کھول دیتا ہے اور پھر اُنھیں اپنی بخشش اور نجات کے لیے کسی اور جانب دیکھنے کی ضرورت باقی نہیں رہتی۔

اِنھی کارکنانِ قدرت، اِنھی کروبیانِ رحمت، اِنھی فرِدستگانِ خاک اور —— اِنھی بلاکشانِ محبت —— میں سے ایک نوشیروان غامدی بھی تھا۔ وہ اللہ کے حکم کے عین مطابق اپنی ذمہ داریاں انجام دے کر 7/ اکتوبر 2022ء کو دنیا سے رخصت ہو گیا۔ اناللہ وانا الیہ راجعون۔

وہ آٹھ برس تک جیا اور اِن تمام برسوں میں مبتلائے آزار رہا۔ اُس کے ساتھ کئی عوارض وابستہ تھے۔ تنفس کا عارضہ، دل کا عارضہ، جگر کا عارضہ، حد درجہ ناتوانی کا عارضہ اور سب سے بڑھ کر اپنی تکلیف نہ بتا سکنے کا عارضہ۔ وہ اِن غموں کو ایسے سہتا رہا، جیسے —— غم کو سہنے میں بھی قدرت نے مزہ رکھا ہے —— مگر کبھی اُنھیں بیان نہیں کر پایا۔ شاید اپنے دادا کی طرح اِس کا حوصلہ نہیں کر سکا:

روح و بدن، دل و جگر، زخم کہاں کہاں نہیں!
کس سے کہوں یہ ماجرا، حوصلۂ بیاں نہیں!

اُس کا یہ سکوت پہاڑوں کو لرزا دینے والا اور دریاؤں کو دو نیم کر دینے والا تھا۔ اِس لیے پہاڑوں اور دریاؤں جیسا دل رکھنے والا اُس کا باپ بھی تڑپے بغیر نہ رہ سکا اور سات سال کے جاں گسل انتظار کے بعد بالآخر گڑگڑا اٹھا۔ اُس کے نام اپنے خط میں لکھتا ہے:

"... بھئی بات یہ ہے کہ اگر اللہ میاں ہم سے براہ راست رابطے میں ہوتے تو ہم اُن کا ہاتھ پکڑ لیتے، گھٹنوں پر بیٹھ جاتے، سر اُن کے قدموں میں رکھ دیتے اور بس اتنا کہتے کہ تمھیں اتنی سی زبان دے دے کہ تم اپنی تکلیف بتا سکو۔ اتنا تڑپنا اور بتا بھی نہ سکنا کہ ہوا کیا ہے!"

زمانی لحاظ سے اُس کا عرصۂ حیات آٹھ برس ہے۔ لیکن جو زندگی وہ جیا، اُس میں گھڑیاں مہینوں کی، مہینے برسوں کے اور برس صدیوں کے ہو جاتے ہیں، اِس لیے ہم نہیں جانتے کہ وہ اصل میں کتنی مدت تک جیتا رہا۔ اِس کا شمار وہ خود کر سکتا ہے، اُس کا باپ کر سکتا ہے یا سب سے بڑھ کر اُس کی ماں کر سکتی ہے۔ دیکھیے، اُس کی موت پر باپ نے کیا لکھا ہے:

"... شیرو، تم ہنستے کھیلتے تھے، بھاگتے دوڑتے تھے، مگر تکلیف میں تھے؛ ایک دو دن نہیں، پورے آٹھ سال۔ آخری پانچ دن تو تکلیف حد سے گزر گئی تھی۔ ہاتھ اٹھے کہ مالک،

میں نہ یعقوب ہوں، نہ ابراہیم؛ میرا صبر یوں نہ آزما کہ ٹوٹ جاؤں۔۔۔ شیر و تم ایک امید کی طرح ابھرے، اور ڈھل گئے۔ شیر و، سنتے ہو تو سنو، ماں کی آنکھ میں تم اب بھی بھاگتے دوڑتے موجود ہو۔ اُس نے برسوں تمھارے ہی ساتھ بتائے ہیں۔ اُس کے شب و روز تم سے عبارت تھے، سو اب بھی ہیں۔ اِس کے لیے مشکل یوں بھی ہے کہ یار، اُس کی آنکھ صبح کھلتے ہی تمھیں دیکھتی اور رات تمھیں دیکھ کر ہی بند ہوتی تھی۔ اب جب کچھ وقت کو دور ہوئے ہو تو کیا کہے، کیا کرے۔ مگر خدا کی بندی ہے، خدا کے سوا اُس کی امید کچھ تھی نہیں اور اب بھی روشنی وہیں سے پاتی ہے۔ کہتی ہے: تم تب تک اُس سے جدا ہو، جب تک وہ زندہ ہے۔"

وادریغا، باپ کہتا ہے کہ مالک، میرا صبر یوں نہ آزما کہ ٹوٹ کر بکھر جاؤں اور ماں کا کہنا ہے کہ میں تب تک اُس سے جدا ہوں، جب تک میں زندہ ہوں۔ گویا اب زندگی بھر بس موت کا انتظار کرنا ہے:

ای دریغا ای دریغا ای دریغ

نوشیروان جہاں سے آیا تھا، وہاں واپس چلا گیا۔ وہ اب ہم میں نہیں ہے۔ وہ خدا کا خاص بندہ تھا۔ اُس نے بلا چون وچرا اپنے رب کے ارشاد کی تعمیل کی۔ اُس کی زندگی کا کوئی لمحہ بھی مالک کی اطاعت سے خالی نہیں رہا۔ اُس کا چلنا پھرنا، اٹھنا بیٹھنا، سونا جاگنا، زندہ رہنا اور مر جانا، سب اللہ پروردگارِ عالم کے لیے تھا۔ وہ عیبوں سے مبرا اور گناہوں سے پاک ایک نفس مطمئن تھا، اِس لیے راضیۃ مرضیۃ کی بادشاہی کا حق دار ہے۔ اُس کی زندگی بھر کی تکلیفوں کے صلے میں اُسے ابدی زندگی ملے گی۔ وہ زندگی جس کے لیے وہ اِس جیسی ہزار زندگیاں بھی گزارنے پر آمادہ ہو سکتا ہے۔

تاہم، یہ آخرت کا زاویۂ نظر ہے، جس کے برحق ہونے میں کوئی انکار نہیں ہے۔ مگر اِس کے ساتھ ایک دنیا کا زاویۂ نظر بھی ہے، جو محدود ہونے کے باوجود اپنی جگہ حقیقت ہے۔

ایک دل خراش حقیقت۔ اُس زاویے سے دیکھیں تو منظر نامہ یہ ہے کہ وہ خاموشی سے آیا اور خاموشی سے چلا گیا۔ جب تک رہا، درد سہتا رہا۔ —— ایسے درد جو پہاڑوں کو سہنے پڑیں تو وہ بھی الحذر، الامان پکار اٹھیں —— مگر وہ اُنھیں چپ چاپ سہتا رہا۔ یہ بتایا ہی نہیں کہ وہ کہاں اٹھتے ہیں اور کس شدت سے اٹھتے ہیں۔ یہ پوچھا ہی نہیں کہ اُس زندگی کے کیا معنی ہیں، جس میں روح و بدن کے زخم ہر دم تازہ رہتے ہیں! یہ سوال ہی نہیں کیا کہ ایسی دنیا میں کب تک رہوں، جس میں نہ زمانے ہیں، نہ موسم ہیں، نہ رنگ ہیں! یہ کہا ہی نہیں کہ اُس عمر کا کیا کروں، جسے میرے بجائے دوسرے بسر کرتے ہیں!... بامروت تھا، عالی ظرف تھا، بلند ہمت تھا، اِس لیے کچھ کہے بغیر چلا گیا۔ جاتے جاتے زبانِ حال سے بس اتنا سمجھا گیا کہ:

قیدِ حیات و بندِ غم اصل میں دونوں ایک ہیں
موت سے پہلے آدمی غم سے نجات پائے کیوں!
غالبِ خستہ کے بغیر کون سے کام بند ہیں
روئیے زار زار کیا، کیجیے ہائے ہائے کیوں!

[نومبر 2022ء]

وہ نکہتیں نہیں باقی تو لو ہوا ہوئے ہم

ایک روشن دماغ تھا، نہ رہا
شہر میں اک چراغ تھا، نہ رہا

جناب عبد الستار غوری اب ہم میں نہیں رہے۔ اُن کے جانے سے بائیبل پر علمی کام کا ایک درخشاں باب بند ہو گیا۔ اِس مجموعۂ صحائف پر اُنھوں نے روایتی اسلوبِ تحقیق سے مختلف انداز اختیار کیا۔ تحریف و تناقض کو تلاش کرنے کے بجائے وہ مقامات دریافت کیے جو رسول اللہ صلی اللہ علیہ وسلم کی نبوت کے موید اور مصدق ہو سکتے تھے۔ غوری صاحب نے عملی زندگی کی ابتدا تو تعلیم و تدریس سے کی اور کچھ وقت نصابی کتب کی تدوین میں بھی لگایا، مگر جلد ہی صحفِ سماوی پر تحقیقی کام کی جانب متوجہ ہو گئے۔ اِس میدان میں اُنھوں نے ایک منفرد راہ منتخب کی۔ نبی صلی اللہ علیہ وسلم کے ذکر کی تلاش کی راہ۔ یہ راہ ملتے ہی اُنھیں گویا منزل مل گئی۔ اُنھوں نے اِسے خوش نصیبی تصور کیا اور فکر و عمل اور قلب و نظر کے تمام اسباب کو اِس کی جستجو میں صرف کرنے کا فیصلہ کر لیا:

عالم بھی تھا نگاہ میں، لیکن زہے نصیب
اب اُن کی نذر کر دیا ذوقِ نظر تمام

برسوں کی محنت کے بعد بالآخر "Muhammad Foretold in The Bible by Name" تصنیف کی اور یہ تحقیق پیش کی کہ "کتابِ مقدس" میں نبی صلی اللہ علیہ وسلم کا ذکر آپ کے اسم مبارک کی تصریح کے ساتھ مذکور ہے۔ "محمد رسول اللہ صلی اللہ علیہ وسلم کے بارے میں بائبل کی چند پیشین گوئیاں" کے زیرِ عنوان ایک اور کتاب بھی تحریر کی جس میں اسی مقدمے کو بعض دوسرے پہلوؤں سے نمایاں کیا۔ نصف صدی پر محیط اُن کی محنت، بلا شبہ لائق تعریف تھی۔ چنانچہ علمی حلقوں میں اُن کے کام کی قدر افزائی بھی ہوئی اور اُن کی محنت کو سراہا بھی گیا، مگر اُنھوں نے ہمیشہ بے نیازی کا اظہار کیا اور اپنے مداحوں کو یہی پیغام دیا کہ:

کس لیے چاہوں؟ یہ دنیا کی ستایش کیا ہے!
منتظر ہوں تو فقط اُن کی پذیرائی کا

دعا ہے کہ اللہ تعالیٰ اُن کی مساعی کو قبول فرمائے اور اِن مخلصانہ کاوشوں کو اُن کی مغفرت کا ذریعہ بنائے۔

غوری صاحب 1996ء میں ادارۂ علم و تحقیق "المورد" سے منسلک ہوئے۔ وہ مسلکاً اہل حدیث تھے۔ اُن کے افکار ادارے کے افکار سے بہت مختلف تھے۔ اِس کے باوجود ادارے نے اُنھیں پورے اعزاز کے ساتھ وابستگی کی دعوت دی اور اُنھوں نے اسے بہ سر و چشم قبول کیا۔ ایسی فضا میں جہاں فکری اختلاف نفرت، تکفیر اور قتل و غارت سے عبارت ہو، وہاں یہ واقعہ کسی معجزے سے کم نہیں تھا۔ "المورد" سے اُن کی رفاقت کا سفر تقریباً بیس برس تک جاری رہ کر موت کی منزل پر مکمل ہوا۔ اِس سفر کو خوش گوار اور نتیجہ خیز بنانے میں استاذِ گرامی جناب جاوید احمد غامدی کے شخصی رویے کو بھی بہت دخل تھا۔ وہ اُس وقت ادارے کے صدر، فیلو اور استاد تھے۔ غوری صاحب کے لیے اُن کا احترام غیر معمولی تھا۔ میں نے دیکھا کہ وہ اُن کے ادب میں کھڑے ہو جاتے، اُنھیں نشست پیش کرتے، اُن کے پاس جا کر ملتے، اُن کے

لیکچروں میں سامع کے طور پر شریک ہوتے اور اپنے شاگردوں اور احباب کو اُن کے اکرام کی تلقین کرتے۔ یہ طرزِ عمل استاذ گرامی تک محدود نہیں تھا، باقی لوگ بھی غوری صاحب کا ایسے ہی احترام کرتے تھے۔ اُن میں عمروں کا فرق بھی تھا اور مرتبوں اور منصبوں کا بھی، مگر غوری صاحب کی محبت میں سبھی یکساں گرفتار تھے۔ یعنی معاملہ وہی تھا کہ:

ہم ہوئے، تم ہوئے کہ میر ہوئے
اُس کی زلفوں کے سب اسیر ہوئے

اِس احترام اور محبت کا صرف ایک سبب تھا اور وہ تھا غوری صاحب کا اخلاص۔ کسی شخص کے خلوص کا کمال اِس سے بڑھ کر اور کیا ہو گا کہ اُس کے گرد و پیش کے لوگ اُسے باپ کے درجے پر سمجھنے لگیں۔ ''المورد'' کے اکثر لوگوں کے لیے غوری صاحب کا یہی مقام تھا۔ اگر جیب خالی ہے، راشن ختم ہو گیا ہے، کتابیں لینی ہیں، فیس جمع کرانی ہے، دوا کی ضرورت ہے تو وہ بلا جھجک اُن کے پاس پہنچ جاتے تھے۔ حسن طلب کا سلسلہ یہیں پر نہیں رکتا تھا، اِس سے آگے بڑھ کر وہ نجی، نفسیاتی اور خانگی مسائل میں بھی اُن سے مشورہ کرتے تھے۔ غوری صاحب اُن کی مدد بھی کرتے تھے اور اُنھیں رہنمائی بھی دیتے تھے، مگر اِس کے ساتھ اُن کی یہ بھی کوشش ہوتی تھی کہ رجوع کرنے والے کا رخ اللہ اور آخرت کی طرف مڑ جائے۔ اِس مقصد کے لیے وہ وعظ کہنے کے بجاے دعا کا طریقہ اختیار کرتے تھے۔ خود بھی ہاتھ اٹھا لیتے تھے اور آنے والے کو بھی یہی نصیحت کرتے تھے۔ اہل ''المورد'' کے اس رجوعِ عام نے اُن کے حجرے کو ایک بیٹھک، ایک گھر، ایک مکتب اور ایک خانقاہ بنا دیا تھا جس میں ایک غم گسار دوست، ایک شفیق استاد، ایک مہربان باپ اور ایک خدا رسیدہ بزرگ ہر وقت اُن کا منتظر نظر آتا تھا۔ ہر آنے والے کے لیے اُس کے خریطے سے بس یہی ایک نسخہ نکلتا تھا کہ:

نہ سنو ، گر برا کہے کوئی

نہ کہو، گر برا کرے کوئی

روک لو ، گر غلط چلے کوئی

بخش دو ، گر خطا کرے کوئی

اِس نسخۂ کیمیا پر سب سے بڑھ کر وہ خود عامل تھے۔ مجھے یاد ہے کہ ایک مرتبہ ایک صاحب کی بے تدبیری اور کج ادائی سے اُنھیں یہ تاثر ہو گیا کہ میں نے اُن کے وقار کو مجروح کیا ہے۔ اُنھوں نے مجھے اپنے کمرے میں بلایا۔ میں داخل ہوا تو دیکھا کہ آنکھوں سے آنسو رواں ہیں۔ نہ سوال کیا، نہ جرح کی۔ بس اتنا کہا کہ میں تو تمھیں اپنا بیٹا سمجھتا ہوں۔ میں نے پاؤں کو چھوا اور ہاتھ جوڑ کر اپنی وضاحت پیش کی۔ کچھ دیر خاموش رہے اور پھر بولے کہ جس نے بھی زیادتی کی ہے، میں نے اُسے معاف کیا۔ پھر گلے لگا کر ایسے رخصت کیا، جیسے کہہ رہے ہوں کہ:

یونہی آنکھوں میں آ گئے آنسو

جایئے آپ، کوئی بات نہیں!

دوبارہ ملے تو یوں لگا کہ جیسے واقعی کوئی بات نہیں تھی۔ چنانچہ اِس واقعے کے کچھ دن بعد جب میں نے یہ درخواست کی کہ اپنے عزیز دوست اور عربی زبان کے جلیل القدر استاذ پروفیسر خورشید عالم صاحب سے عربی پڑھانے کی سفارش کر دیجیے تو اُنھوں نے نہ صرف سفارش کی، بلکہ پرزور اصرار بھی کیا۔ استاذِ مکرم نے کمالِ محبت سے اُن کی سفارش قبول کی اور پوری شفقت اور دل نوازی کے ساتھ اپنی شاگردی سے سرفراز کیا۔

جن لوگوں نے غوری صاحب کو آخری زمانے میں دیکھا ہے، وہ بتاتے ہیں کہ جب استاذِ گرامی جناب جاوید احمد غامدی ملک سے باہر چلے گئے اور باقی رفقا بھی ایک ایک کر کے رخصت ہو گئے تو غوری صاحب بہت اداس رہنے لگے تھے۔ اب ”المورد“ اُنھیں ایک ویرانہ

دکھائی دیتا تھا۔ آنا جانا بہت کم کر دیا تھا، مگر دل کے ہاتھوں مجبور ہو کر کبھی کبھی اِس خرابے میں آجایا کرتے تھے۔ جب بھی آتے تو اُن جگہوں کو ڈھونڈنے لگتے، جہاں دوستوں کے ہم راہ وقتاً فوقتاً بیٹھا کرتے تھے اور پھر اُس مقام کو بھی تلاش کرتے، جہاں شب و روز قیام رہتا تھا۔ اِس کیفیت میں اکثر یادوں کا سیلاب اُمڈ آتا، جو اِس دیار کے مٹے ہوئے آثار کو نمایاں کر دیتا۔ بہت بے چین ہو جاتے اور عالمِ وارفتگی میں زبانِ حال سے اِن آثار سے پوچھنے لگ جاتے کہ:

وہ جو لوگ اہلِ کمال تھے، وہ کہاں گئے؟
وہ جو آپ اپنی مثال تھے، وہ کہاں گئے؟
مرے دل میں رہ گئی صرف حیرتِ آئینہ
وہ جو نقش تھے، خد و خال تھے، وہ کہاں گئے؟
سرِ جاں یہ کیوں فقط ایک شام ٹھہر گئی؟
شب و روز تھے، مہ و سال تھے، وہ کہاں گئے؟

جب کچھ جواب نہ ملتا تو رخ پھیر کر کہتے کہ اِن اینٹ پتھروں سے میں کیا بات کروں، میں تو ان کی زبان ہی نہیں سمجھتا!

عَفَتِ الدِّیَارُ مَحَلُّهَا فَمُقَامُهَا
بِمِنًى تَاَبَّدَ غَوْلُهَا فَرِجَامُهَا
وَجَلَا السُّیُوْلُ عَنِ الطُّلُوْلِ كَاَنَّهَا
زُبُرٌ تُجِدُّ مُتُوْنَهَا اَقْلَامُهَا
فَوَقَفْتُ اَسْاَلُهَا وَكَيْفَ سُؤَالُنَا
صُمًّا خَوَالِدَ مَا يُبِيْنُ كَلَامُهَا

”مقام منیٰ کے دیار، جہاں چند روزہ قیام رہا اور جہاں طویل قیام رہا، سب مٹ مٹا گئے اور کوہِ ’غول‘ اور کوہِ ’رجام‘ کے ڈیرے اجاڑ ہو گئے۔ اور پانی کے دھاروں نے گھروں کے بچے کھچے نشانات کو یوں نکھار دیا ہے، گویا وہ کتابیں ہیں جن کی عبارتوں کو قلم از سرِ نو روشن کر رہے ہیں۔ سو میں کھڑا ہو کر ان آثار سے سوال کرنے لگا، مگر بھلا ان ٹھوس اٹل چٹانوں سے ہماری پوچھ گچھ کیا معنی رکھتی ہے جن کا کلام سمجھ میں نہیں آ سکتا۔“

”المورد“ کے چمن زار کی خوشبوؤں کی طلب غوری صاحب کو بہت دور سے کھینچ کے لائی تھی۔ جب یہ خوشبوئیں باقی نہیں رہیں تو وہ کچھ دیر تو اُن کو ڈھونڈتے رہے اور جب نہ ملیں تو یہ کہہ کر ہوا ہو گئے کہ:

چمن میں کھینچ کے لائی تھی جستجو جن کی
وہ نکہتیں نہیں باقی تو لو ہوا ہوئے ہم!

[جون 2014ء]

مولانا محمد منظور نعمانی

4/ مئی 1997ء کو دنیاے اسلام کے جلیل القدر عالم دین مولانا محمد منظور نعمانی وفات پا گئے۔ اُن کا اِس دنیا سے رخصت ہونا ملت اسلامیہ اور خاص طور پر مسلمانان ہند کے لیے ایک بہت بڑا علمی حادثہ ہے۔ برصغیر نے گذشتہ دو صدیوں میں جو عظیم الشان رجالِ امت پیدا کیے، وہ اُن میں ممتاز تھے۔ ہندوستان کے در و دیوار گواہ ہیں کہ اِس مجسمۂ علم و اخلاق کی زندگی کا ایک ایک لمحہ دین اسلام کی نصرت و حفاظت میں گزرا۔ درس و تدریس، ارشاد و ہدایت اور وعظ و نصیحت ہی اُن کے شب و روز کے مشاغل تھے۔ وہ ہندوستان کے اُن چند علما میں سے تھے، جنھیں علوم اسلامیہ میں فی الواقع رسوخ حاصل تھا۔ دینی حمیت کے معاملے میں ہندوستان میں اُن کا ثانی شاید کوئی نہیں تھا۔ فتنۂ قادیانیت ہو، خاکسار تحریک ہو یا مشرکانہ عقائد کے حاملین ہوں، وہ تمام زندگی اُن کے مقابلے میں دین کے محافظ بن کر کھڑے رہے۔ اِن فتنوں کے خلاف اُنھوں نے خطابت کے میدان میں بھی جنگ لڑی اور تحریر کے میدان میں بھی۔ اِس جنگ میں، معلوم ہوتا ہے کہ خدا کی نصرت ہمیشہ اُن کے شامل حال رہی۔

مولانا منظور نعمانی اگرچہ پوری زندگی تصوف کے داعی اور مبلغ رہے، لیکن اِس کے باوجود عام مشرکانہ اعمال اور بدعتوں کی بیخ کنی کے لیے اُنھوں نے بے پناہ خدمات انجام دیں۔

اُنھوں نے مسلمانوں کے توحید پر ایمان کو راسخ کیا۔ ہندوؤں کی تقلید میں مسلمانوں میں در آنے والی قبر پرستی، غیر اللہ سے استعانت اور اِس طرح کی دوسری قباحتوں سے مسلمانوں کو بچانے کی بھرپور سعی کی۔ اللہ تعالیٰ سے دعا ہے کہ وہ اُن کی دینی خدمات کو قبول فرمائے اور اُنھیں آخرت میں بلند درجات سے نوازے۔ آمین۔

مولانا منظور نعمانی نے دین کی بنیادی تعلیم ضلع اعظم گڑھ کے قصبہ مؤ کی مشہور دینی درس گاہ ''دارالعلوم'' میں مولانا کریم بخش سنبھلی سے حاصل کی۔ اُس زمانے میں (1921ء-1923ء) میں تحریک خلافت اپنے عروج پر تھی۔ مولانا کو اِس تحریک سے خاص تعلق خاطر رہا۔ اپنی تعلیمی زندگی کے آخری دو سال اُنھوں نے دارالعلوم دیوبند میں گزارے۔ اِسی زمانے میں جمعیت علماے ہند سے وابستگی اختیار کی۔ جمعیت سے اُن کی وابستگی ذہنی اور فکری لحاظ سے تھی، عملی سیاست میں اُن کی شرکت بس برائے نام ہی تھی۔ اُن کا زیادہ تر وقت تعلیم و تدریس ہی میں گزرتا تھا۔ اِسی زمانے میں آریہ سماجیوں کی برپا کی ہوئی شدھی سنگھٹن کی تحریک کی وجہ سے آریہ سماج اور مسلمانوں کے درمیان بحث و مناظرہ کا میدان گرم رہا۔ مولانا نے اِس موقع پر بھرپور طریقے سے مسلمانوں کی وکالت کی۔ قادیانی مبلغین کی سرگرمیاں بھی اِس زمانے میں اپنے عروج پر تھیں، مولانا نے مسلمانوں کو اس فتنے سے محفوظ رکھنے کے لیے گراں قدر خدمات انجام دیں۔ جب نجد میں محمد بن عبدالوہاب کی تحریک سے متاثر حکومت کے فرماں روا سلطان عبدالعزیز بن سعود نے سلطنتِ عثمانیہ کے خلاف بغاوت کر کے وہاں اپنی حکومت قائم کر لی اور وہاں اپنے مسلک کے مطابق دینی اصلاحات نافذ کیں تو ہندوستان کے مختلف طبقوں نے محمد بن عبدالوہاب کی تحریک کے خلاف تحریر و تقریر کے ذریعے سے محاذ کھول دیا۔ اِس ضمن میں اُنھوں نے شاہ اسماعیل شہید کی دعوت اور جماعت دیوبند کے علما کو بھی خاص طور پر نشانہ بنایا۔ مولانا منظور نعمانی نے اِس

موقع پر بھی مباحثوں اور مناظروں کے ذریعے سے مسلمانوں تک صحیح بات پہنچانے کی بھرپور سعی کی۔ گویا اُن کی زندگی کا ایک بڑا حصہ تعلیم و تدریس میں اور اِس کے ساتھ ساتھ دین اور علماے دین پر ہونے والے حملوں کی مدافعت میں گزرا۔ 1932ء میں "دار المبلغین" لکھنؤ سے وابستہ ہوئے۔ یہ ادارہ اِس لیے قائم کیا گیا تھا کہ دارالعلوم دیوبند کے فارغ التحصیل علما کو تحریر و تقریر کی تربیت دی جائے۔ اِسی قیام کے دوران میں اُنھوں نے "الفرقان" کے اجرا کا فیصلہ کیا۔ چنانچہ مارچ 1934ء میں بریلی سے "الفرقان" کا اجرا ہوا۔ لکھنؤ قیام کے دوران ہی میں مولانا کا "ترجمان القرآن" اور مولانا ابوالاعلیٰ مودودی سے تعارف ہوا۔ مولانا نعمانی "ترجمان القرآن" میں شائع ہونے والی مولانا مودودی کی تحریروں سے بہت متاثر ہوئے۔ اِسی کیفیت میں اُنھوں نے مولانا مودودی سے خط کتابت کا سلسلہ شروع کیا۔ بعد ازاں مولانا مودودی سے براہِ راست ربط و ضبط پیدا ہوا۔ مولانا مودودی نے اپنے کام کے آغاز میں جب "دارالاسلام" کے نام سے ایک ادارہ قائم کرنے کا پروگرام بنایا تو مولانا نعمانی سے ادارہ میں شمولیت کی پر زور خواہش کا اظہار کیا۔ مولانا نعمانی ادارے کے تاسیسی اجلاس میں تو شریک ہوئے، لیکن مولانا کے طرزِ زندگی کے بارے میں کچھ تذبذب پیدا ہو جانے کی بنا پر، اُنھوں نے ادارے کی رکنیت اختیار نہیں کی۔ اِسی زمانے میں مولانا مودودی نے مولانا منظور نعمانی کی فرمایش پر "تجدید و احیاے دین" کے زیر عنوان رسالہ تحریر کیا۔ یہ رسالہ جماعت کے بنیادی لٹریچر میں شامل ہے۔

مولانا منظور نعمانی سمجھتے تھے کہ دین کی خدمت کے لیے ضروری ہے کہ مخلصین کی ایک جماعت قائم ہو۔ اُن کا خیال تھا کہ اِس جماعت کی ذمہ داری ایسی شخصیت کو اٹھانی چاہیے جو قدیم و جدید علوم سے کماحقہٗ واقف ہو اور اپنے آپ کو پوری طرح اُس کی تنظیمی سرگرمیوں کے لیے خاص کر دے۔ اپنی اِس خواہش کی تکمیل کے لیے اُنھوں نے مولانا ابوالحسن علی

ندوی سے بات کی۔ اُنھوں نے اِس کام کی ضرورت سے تو اتفاق کیا، لیکن اِس کی بنیادی ذمہ داری اٹھانے سے معذوری ظاہر کی۔ اِس سلسلے میں اُنھوں نے مولانا ابوالحسن علی ندوی کے ساتھ مل کر بعض دوسرے علما سے بھی ملاقاتیں کیں اور متعدد سفر بھی کیے، لیکن کوئی اجتماعی کام شروع نہیں کیا جاسکا۔

اِس زمانے میں مولانا منظور نعمانی کی جو کیفیت تھی، اُس کے بارے میں مولانا ابوالحسن علی ندوی لکھتے ہیں:

”مولانا کے دل و دماغ پر اس زمانہ میں خاکسار تحریک کی عسکری تنظیم کے متوازی ایک تنظیم قائم کرنے کا خیال حاوی تھا، ان کے نزدیک، اس کے بغیر حوصلہ مند نوجوانوں کو خاکسار تحریک کے مضر اثرات سے بچانے کی کوئی صورت نہیں تھی، ان کے نزدیک، محض علمی تردید و استدلال کافی نہیں تھا، ایک عملی اور عسکری تنظیم ضروری تھی، جس میں نوجوانوں کو مشغول کر کے مطمئن کیا جاسکتا تھا۔ انھوں نے اس مہم کا آغاز کر دیا تھا، لیکن ان کو اس کا بھی احساس تھا کہ وہ اس کی قیادت کے لیے زیادہ موزوں نہیں، اس لیے کہ ان کی شہرت ایک کامیاب دیوبندی مناظر، اور رد بریلویت کے مشہور پر جوش مقرر اور عالم کی حیثیت سے ہو چکی تھی۔ ان کی شخصیت جلد متنازع فیہ بن جائے گی، اس لیے وہ کسی ایسی موزوں شخصیت کی تلاش میں تھے، جس کی کوئی ایسی شہرت نہ ہو، وہ حالات حاضرہ سے بھی باخبر ہو اور اس مقصد سے کلی اتفاق رکھتا ہو۔“ (کاروان زندگی 235-234)

بالآخر مولانا منظور نعمانی سید ابوالاعلیٰ مودودی کی شخصیت پر کسی قدر مطمئن ہو گئے۔

چنانچہ جب جماعتِ اسلامی کا تاسیسی اجلاس ہوا تو اُس میں مولانا منظور نعمانی نے بھرپور شرکت کی۔ اِس موقعے پر جماعت کی امارت کے لیے اُنھوں نے ہی مولانا مودودی کا نام پیش کیا۔ مولانا منظور نعمانی اِس موقعے پر نائب امیر بھی منتخب ہوئے۔ اِس کے بعد ”الفرقان“، ”ترجمان القرآن“ ہی کی طرح جماعت کا ترجمان بن گیا، لیکن جماعت کی تاسیس کے تقریباً

دو سال بعد ہی اُنھوں نے جماعت سے علیحدگی اختیار کر لی۔ علیحدگی کی وجہ بیان کرتے ہوئے اُنھوں نے لکھا:

”میری یہ علیحدگی کسی اصولی اختلاف کی بنیاد پر نہیں، بلکہ اس کا باعث، دراصل کچھ شخصی قسم کی چیزیں ہوئی ہیں، جن کے باوجود وابستہ رہنا میں نے اپنے لیے صحیح نہیں سمجھا اور ان کا کوئی اطمینان بخش اصلاحی حل بھی میں نہیں پا سکا، نیز میری یہ علیحدگی صرف اس مخصوص نظام جماعت سے ہے، یعنی میں اب اس کا باضابطہ رکن نہیں رہا ہوں اس لیے اگرچہ جماعت کی باضابطہ شرکت اور اس کی ذمہ داریوں سے میں سبک دوش ہو چکا ہوں، لیکن پھر بھی اس کے اصل مقصد کے ساتھ میری وابستگی ویسی ہی ہے اور میں اللہ پاک سے اس راہ میں جدوجہد کی بیش از بیش توفیق مانگتا ہوں۔“

(مولانا مودودی کے ساتھ میری رفاقت کی سرگزشت 70-69)

جیسا کہ درجِ بالا اقتباس سے واضح ہوتا ہے، اِس علیحدگی کی وجہ یہ تھی کہ اُنھیں مولانا مودودی کے طرزِ زندگی سے اختلاف تھا، لیکن بعد ازاں اُنھیں جماعتِ اسلامی کے فکر سے بھی، جو درحقیقت سید مودودی کا فکر تھا، بنیادی اختلاف پیدا ہو گیا۔ اُنھوں نے جماعت کے فکر کی بنیادی کتاب ”قرآن کی چار بنیادی اصطلاحیں“ پر سخت تنقید کی۔ وہ لکھتے ہیں:

”میں نے اس پر بہت غور کیا کہ مودودی صاحب سے ایسی خطرناک غلطی (اللہ، رب، دین اور عبادت جیسی دین کی بنیادی اصطلاحات کے بارے میں یہ سمجھنا اور لوگوں کو باور کرانے کی کوشش کرنا کہ صدیوں سے جمہور علماے امت، ان کا جو مطلب سمجھ رہے ہیں وہ غلط یا ناقص تھا۔) کیوں ہوئی؟ تو میں اس نتیجہ پر پہنچا کہ بیسویں صدی کے اس دور میں جب کہ ساری دنیا میں سیاست اور سیاسی اقتدار کے مسئلہ نے دوسرے تمام مسائل سے زیادہ، قیامت اور جنت، دوزخ کے مسئلہ سے بھی زیادہ اہمیت حاصل کر لی تھی۔... اس سیاست زدہ فضا اور ماحول میں مولانا مودودی صاحب نے اپنی دعوت و تحریک کو خاص کر

جدید تعلیم یافتہ نوجوانوں کی نگاہوں میں وقیع اور مقبول بنانے کے لیے ضروری سمجھا کہ کلمہ لا الٰہ الا اللہ، اور عقیدۂ توحید کی اور اس طرح اسلام کی ایک نئی سیاسی تشریح کی جائے اور اسی کو دعوت کی بنیاد بنایا جائے۔... اس کے لیے ان کو ضرورت محسوس ہوئی کہ عقیدۂ توحید سے تعلق رکھنے والی خاص بنیادی اصطلاحوں (الٰہ، رب، عبادت، دین) کی وہ نئی سیاسی تشریح کریں۔"

(مولانا مودودی کے ساتھ میری رفاقت کی سرگزشت 94-93)

معاصر خاکسار تحریک اور علامہ مشرقی کے وہ سخت ناقد تھے۔ وہ سمجھتے تھے کہ اگر یہ تحریک پھیلنے میں کامیاب ہوگئی اور اِس نے جدید تعلیم یافتہ طبقے کو متاثر کر لیا تو پھر مسلمانوں میں دینی حمیت باقی نہیں رہے گی اور معروف و منکر میں فرق ختم ہو جائے گا۔ چنانچہ اُنھوں نے خاکسار تحریک کی سخت مخالفت کی۔ اپنی کتاب "مولانا مودودی سے میری رفاقت کی سرگزشت" میں وہ لکھتے ہیں:

"علامہ مشرقی جس چیز کو اسلام کے نام سے پیش کر رہے ہیں وہ رسول اللہ کا لایا ہوا اور قرآن کا پیش کیا ہوا اسلام نہیں، بلکہ جرمنی کے ہٹلر اور اٹلی کے موسولینی کا "دین" ہے اور ان کی تحریک سیاسی حیثیت سے بھی مسلمانانِ ہند کے لیے تباہ کن ہے اور خدانکردہ اس کے نتیجہ میں اسلامیانِ ہند کسی بہت برے انجام سے دوچار ہو سکتے ہیں۔"(150)

مولانا منظور نعمانی کا مولانا ابوالحسن علی ندوی سے تعارف تو اُسی زمانے میں ہو چکا تھا، جب مولانا نعمانی لکھنؤ میں "دارالمبلغین" سے وابستہ تھے، لیکن یہ تعارف، تعلق کی صورت میں اُس وقت بدلا جب مولانا ندوی نے اپنی نو تصنیف کتاب "سیرت سید احمد شہید" مولانا نعمانی کو ارسال کی۔ کتاب کے موصول ہونے کے بعد مولانا نعمانی نے جو خط ارسال کیا، اِس سے ان کے علمی اور دعوتی اشتیاق کا اندازہ لگایا جا سکتا ہے۔ خط کے الفاظ ہیں:

"یہاں ڈاک آنے کا وقت وہ ہے جب میں کھانے کے بعد سونے کے لیے تیار ہوتا

ہوں۔ تمھاری کتاب کے مطالعے نے مجھے سونے نہیں دیا، میں بہت متاثر ہوا، اب تم یہ لکھو کہ تمھاری یہ کتاب تصنیف برائے تصنیف ہے یا کچھ کرنے کا بھی ارادہ ہے؟"

(کاروانِ زندگی، ابوالحسن علی ندوی 234)

جس زمانے میں مولانا اجتماعی کام کرنے کے سلسلے میں قیادت کی تلاش میں سرگرداں تھے تو اُنھوں نے مولانا ابوالحسن علی ندوی کے ہم راہ میوات کے تبلیغی مرکز میں مولانا الیاس سے ملاقاتیں کیں۔ دونوں حضرات مولانا الیاس کی شخصیت اور اُن کے کام سے بہت متاثر ہوئے۔ چنانچہ اُنھوں نے تبلیغی جماعت کے کام کو اپنی زندگی کا مستقل حصہ بنالیا۔ اِن دونوں حضرات نے مل کر لکھنؤ میں تبلیغی کام کو منظم کیا۔ اِس ضمن میں اُنھوں نے پنجاب، سرحد، کشمیر اور دوسرے علاقوں کے طویل تبلیغی دورے کیے۔ اِس زمانے میں تبلیغی جماعت کے جمعہ کی شب کے تبلیغی اجتماعات دارالعلوم ندوہ کی مسجد میں ہوتے تھے۔ اِن اجتماعات میں نمازِ مغرب کے بعد دعوتی خطبات اور دروسِ سیرت کی خدمات مولانا منظور نعمانی اور مولانا ابوالحسن علی ندوی ہی انجام دیتے تھے۔

مولانا نعمانی نے تصنیف و تالیف کے میدان میں گراں قدر خدمات انجام دیں۔ اُن کی شہرۂ آفاق کتاب "معارف الحدیث" اُن کے نام کو ہمیشہ زندہ رکھے گی۔ اِس کے علاوہ اُنھوں نے تفہیم دین کے سلسلے میں سادہ اور عام فہم اسلوب میں متعدد کتابیں تحریر کیں۔ یہ کتابیں عوام الناس میں بہت مقبول ہوئیں۔ اِن میں "اسلام کیا ہے؟"، "آپ حج کیسے کریں؟"، "قرآن آپ سے کیا کہتا ہے؟" اور "دین و شریعت" جیسی کتابیں اسلامی لٹریچر میں نہایت ممتاز اور منفرد درجہ رکھتی ہیں۔ مولانا منظور نعمانی کی تحریروں کے بارے میں مولانا ابوالحسن علی ندوی کا یہ تبصرہ بالکل صحیح ہے:

"یہ مولانا کا بہت بڑا امتیاز تھا کہ آپ نے اس وقت انگریزی داں طبقہ کے سامنے اور

اعلیٰ تعلیم یافتہ طبقہ کے سامنے اور خود نوجوان علما کے سامنے دین کو ایسی زبان میں اور ایسی تعبیر کے ساتھ اور ایسی ترکیب و انتخاب کے ساتھ اور ایسی حسن تفہیم کے ساتھ پیش کیا جس کی مثال بہت کم ملے گی۔" (ماہنامہ الفرقان، جون 1997، 24)

مولانا منظور نعمانی کی دینی اور علمی خدمات اتنی وسیع ہیں کہ اُنھیں احاطۂ بیان میں لانا شاید ممکن ہی نہیں، اِس لیے اُن الفاظ کی تائید ہی پر کفایت کی جا سکتی ہے جو مولانا ابوالحسن علی ندوی نے مولانا منظور نعمانی کی وفات کے موقعے پر کہے ہیں:

"اللہ کی نعمت کے طور پر، اور اس زمانے کے حالات کو دیکھ کر کہیے کہ ایک کرامت کے طور پر مولانا کا وجود تھا۔ اللہ تعالیٰ نے ان سے وہ کام لیے جو اجتماعی جگہوں پر بہت کم کیے جاتے ہیں، تصنیف کرنے والے دعوت سے گریز کرتے ہیں، جلسوں میں تقریر کرنے والے کے لیے تصنیف مشکل کام ہے۔ اس لیے کہ وہ یکسوئی کی طالب ہے۔ بقدر ضرورت دینی ملی کاموں میں حصہ لینا ضروری ہوتا ہے۔ تعمیری سیاست کے ذریعہ ملت کے تحفظ میں حصہ لینا ضروری ہوتا ہے۔ مولانا کو اللہ تعالیٰ نے یہ جامعیت عطا فرمائی۔

مولانا نے تمام سرگرمیوں کے ساتھ رسالہ "الفرقان" نکالا جو برصغیر کا نہ صرف ایک ممتاز دینی و دعوتی ماہنامہ تھا، بلکہ وہ ایک ایسا مکتب خیال اور مدرسۂ فکر تھا جس سے لوگوں کی ذہنی اور فکری رہنمائی ہوتی تھی۔ توحید خالص اور سنت صحیحہ کا پیغام ملتا تھا۔ مولانا کی وفات ملت کا ایک عظیم خسارہ ہے۔ پھر ان کی معذوری جس کی مدت مہینوں سے متجاوز ہو چکی تھی، وہ ملت کا نقصان تھا، مولانا کی وفات سے ملت کا ایک بڑا سر چشمۂ قوت بند ہو گیا۔ اللہ تعالیٰ ان کے درجات بلند فرمائے، ان کے کارناموں کو زندہ رکھے اور ان کی تصنیفات سے زیادہ سے زیادہ فائدہ پہنچائے۔" (ماہنامہ الفرقان، جون 1997، 30)

[جولائی 1997ء]

عبد الستار ایدھی کا سانحۂ ارتحال

وہ فقیر دنیا سے رخصت ہو گیا، جو ارضِ وطن میں اقلیم انسانیت کا فرماں روا تھا۔ عبد الستار ایدھی ——— ناداروں کے لیے جھولی پھیلانے والا، بیماروں کو شفاخانوں میں لے جانے والا، بھوکوں کے آگے دستر خوان بچھانے والا——— وہی جو بن باپوں کا باپ اور بے وارثوں کا وارث تھا۔ وہی جو غریبوں کا ہم درد اور یتیموں کا رکھوالا تھا۔ جو کھوئے ہوئے بچوں کو والدین تک پہنچاتا تھا، بے آسرا بیٹیوں کو بیاہتا اور بوڑھوں اور معذوروں کو رہنے کے لیے گھر دیتا تھا۔ اِس ملک میں خدمتِ خلق کے تمام حوالے اُسی سے شروع ہوتے اور اُسی پر ختم ہوتے ہیں۔

1928ء میں گجرات (انڈیا) کے ایک گاؤں میں پیدا ہوا۔ 11 سال کا ہوا تو ماں بیمار ہو گئی۔ اُسی کی خدمت کرتے کرتے انسانیت کی خدمت کے سفر پر روانہ ہو گیا۔ اکثر شہر کی گلیوں میں نکل جاتا اور جہاں بھی کوئی بوڑھا، کوئی معذور، کوئی ضرورت مند نظر آتا تو اُس کی مدد کے لیے کمر بستہ ہو جاتا۔ تقسیم ہوئی تو خاندان کے ساتھ پاکستان آ گیا۔ کراچی میں بسیرا کیا۔ نہ تعلیم تھی، نہ ہنر تھا اور مزید یہ کہ جیب بھی بالکل خالی تھی۔ اگر کچھ پاس تھا تو بس انسانی خدمت کا جذبہ۔ بہت سے خواب دیکھے، کئی خیال بُنے، مگر وسائل آڑے رہے۔ جب کچھ نہ بن پڑا تو بھکاری بن گیا۔ اپنے لیے نہیں، دوسروں کے لیے۔ سڑک پر آ کر کھڑا ہو گیا اور صدا

لگا دی کہ ہے کوئی جو اللہ کے نام پر بیماروں اور ناداروں کے لیے جھولی میں کچھ ڈال دے!

ذاتی ضرورتوں کے لیے ساتھ ساتھ محنت مزدوری بھی شروع کر دی۔ اُس سے کچھ نقدی جمع ہوئی تو کپڑے کی چھوٹی سی دکان کھول لی۔ مگر کاروبار تو اصل مقصد ہی نہیں تھا، اِس لیے اُسی کے ایک حصے میں ڈسپنسری قائم کر دی۔ دن بھی وہاں گزارتا اور رات کو بھی بینچ پر پڑا سو رہتا، مبادا کوئی دوا کا ضرورت مند واپس چلا جائے۔

1957ء میں کراچی میں فلو کی وبا پھیلی تو ہسپتالوں میں مریضوں کے لیے جگہ ختم ہو گئی۔ اُس نے ٹینٹ لگا دیے اور زیرِ تربیت نوجوان ڈاکٹروں کو آمادہ کیا کہ وہ اِن ٹینٹوں میں آ کر بلا معاوضہ لوگوں کا علاج کریں۔ شہر میں جگہ جگہ جب ایسی خیمہ ڈسپنسریاں نظر آنے لگیں تو لوگ پہلی مرتبہ اُس سے متعارف ہوئے۔

پھر جلد ہی ایک دوست کے تعاون سے پرانی ایمبولینس خریدی اور مریضوں کو ہسپتال پہنچانے کی خدمت شروع کر دی۔ 25 سال تک اُسے خود چلا کر مریضوں کو ہسپتالوں میں لاتا لے جاتا رہا۔ ایک ایمبولینس سے دو ہوئیں، دو سے تین اور پھر بڑھتے بڑھتے اُن کی تعداد سیکڑوں تک پہنچ گئی اور بالآخر ''ایدھی ایمبولینس'' کے نام سے دنیا کا سب سے بڑا ایمبولینس نیٹ ورک قائم ہو گیا۔

ایک عورت نے اپنے چھ بچوں سمیت سمندر میں خود کشی کی تو اُسے بہت رنج ہوا، اُن کی لاشوں کو غسل دیا اور دفن کیا اور اُسی دن سے لاوارث لاشوں کو دفنانے کا ایک عظیم سلسلہ شروع ہو گیا۔ جن میتوں کو اپنے ہاتھوں سے غسل دیا، اُن کی تعداد ڈیڑھ لاکھ سے بھی زیادہ ہے۔ میتیں اٹھاتے ہوئے یہ کبھی نہیں دیکھا کہ یہ کسی واقف کی ہے یا ناواقف کی، پارسا کی ہے یا کسی ڈاکو یا دہشت گرد کی۔ اِس کا نقطۂ کمال یہ تھا کہ جب ایک مرتبہ ڈاکوؤں نے گاڑی روکی اور نقدی اور سامان لوٹ کر فرار ہونے لگے تو اُن میں سے ایک نے ایدھی کو پہچان لیا

اور ساتھیوں سے کہا کہ سامان واپس کر دو۔ اُنھوں نے پوچھا کہ یہ کون شخص ہے، جس کے ساتھ تم اِس قدر مہربان ہو؟ اُس نے جواب دیا کہ یہ وہ شخص ہے کہ جب ہم پولیس مقابلے میں مارے جائیں گے اور گھر والے بھی ہماری لاشیں لینے کے لیے نہیں آئیں گے تو اُس وقت یہی ہمارے کفن دفن کا بندوبست کرے گا۔

پھر معاملہ یہ ہو گیا کہ وہ سڑک پر، چوراہے پر، بس میں، جہاز میں، جہاں کھڑا ہوتا عطیات کے انبار لگ جاتے۔ اُس نے نہ حکومتوں سے کچھ مانگا اور نہ غیر ملکی امداد پر نظر رکھی۔ ہر پیشکش کو یہ کہہ کر واپس کر دیا کہ میرے لیے میرا اللہ اور میرے عوام ہی کافی ہیں۔ وہ اِس بات پر یقین رکھتا تھا کہ پاکستانی قوم انسانیت کی خدمت کے معاملے میں دنیا کی بہترین قوم ہے۔ وائس آف امریکہ کو انٹرویو دیتے ہوئے اُس نے کہا کہ:

''میں 73 ملکوں میں گیا ہوں۔ تمام چھوٹی بڑی قوموں کو دیکھا ہے، مگر پاکستانیوں جیسی مدد کرنے والی قوم کہیں نہیں دیکھی۔ اِس ملک کو اگر اچھے حکمران مل جائیں تو دنیا میں اِس کا شمار امداد لینے والوں میں نہیں، بلکہ دینے والوں میں ہو گا۔''

اُس نے ڈسپنسریاں کھولیں، ہسپتال بنائے، ایمبولینسیں فراہم کیں، بلڈ بنک تشکیل دیے، بیواؤں اور معذوروں کے لیے گھر تعمیر کیے، یتیم خانے چلائے، تعفن زدہ اور ٹکڑے ٹکڑے ہو جانے والی لاشوں کو غسل دیا، قبرستان قائم کیے، نو مولودوں کو سنبھالا، بھولی بھٹکی بیٹیوں کے سروں پر ہاتھ رکھا، ——— دکھی انسانیت کی خدمت کا شاید ہی کوئی زمرہ ہو جو اُس کے نام اور اُس کے کام کے بغیر مکمل ہو تا ہو۔ وہ اِس ملک میں امن اور انسانیت کا سب سے بڑا علم بردار تھا۔ جاتے جاتے بھی اُس نے امن اور انسانیت ہی کا درس دیا اور اپنے آخری انٹرویو میں یہ پیغام دے کر دنیا سے رخصت ہو گیا:

''انسانیت سب سے بڑا مذہب ہے۔ امن، محبت، شانتی ہی اللہ کا درس ہے۔ جو لوگ

اسلحہ اٹھا کر دہشت گردی کرتے ہیں، اُنھیں میں اپیل کرتا ہوں کہ اسلحہ پھینک دیں۔ اپنے دل میں انسانیت کا جذبہ پیدا کریں۔ انسان بنیں اور انسان بنائیں۔ مجھے انسان چاہییں، انسانیت چاہیے۔ یہی میری منزل اور یہی میرا راستہ ہے۔''

[اگست 2016ء]

———————

صلاح الدین اور استحکام پاکستان

مدیرِ "تکبیر" جناب صلاح الدین، جنھیں اِس دور میں بے باک صحافت کا امام کہیے، قتل کر دیے گئے، اور شہر کراچی، "کراچی بچاؤ ریلی" سے اگلے روز ہی لٹ گیا۔

جناب صلاح الدین کے اِس قتل کو بیرونی قوتوں کی سازش کہیے یا اندرونی عناصر کی فتنہ پردازی، اِسے سیاسی منافرت کا نتیجہ کہیے یا گروہی انتقام کا اظہار، بہر حال یوں لگتا ہے جیسے انسانی جان کی قدر و قیمت اب مٹی کے کھلونوں سے بھی کم تر ہو گئی ہے۔ یہ انسانیت کے تنزل کا آخری مقام ہے۔

اِس قتل نے اہل پاکستان کو ایک سچے پاکستانی اور اہل اسلام کو ایک مخلص مسلمان سے محروم کر دیا۔ ماتم کے قابل ہے اُس قوم کی حالت جس میں اب اتنی سکت بھی نہیں رہی کہ وہ اپنے محسنوں کی حفاظت ہی کر سکے!

جناب صلاح الدین اِس ملک و قوم کے عظیم محسن تھے۔ ارضِ پاکستان سے اُن کی محبت بے پناہ تھی۔ یہ حقیقت ہے کہ اِس ملک کی سلامتی و بقا کی فکر سے اُنھیں کبھی کسی نے غافل نہیں پایا۔ اپنے قلم اور اپنے عمل کے ذریعے سے اُنھوں نے ہمیشہ یہ جد وجہد جاری رکھی کہ اِس ملک کو کامل استحکام کی منزل تک پہنچایا جائے۔ ملک و قوم کے لیے اُن کی جد وجہد، یوں تو اپنے اندر کئی پہلو رکھتی ہے، لیکن تین پہلوؤں سے اُن کی یہ جد وجہد بہت نمایاں رہی:

اُن کی جدوجہد کا ایک نمایاں پہلو یہ رہا کہ اِس ملک کے سیاسی نظام میں دین اسلام کو پوری طرح جاری و ساری کیا جائے۔ اِس سلسلے میں، وہ ہمیشہ اِس پر اصرار کرتے رہے کہ اِس ملک کی سیاست کو سیکولر ذہن رکھنے والوں اور مفاد پرستانہ رجحان رکھنے والوں کے تسلط سے پاک کیا جائے، اور اسلام کے بارے میں مثبت رویہ رکھنے والوں کو آگے لایا جائے۔ اپنے ایک تجزیے میں وہ لکھتے ہیں:

"میرا شعور پاکستان مجھے یہ کہنے پر مجبور کرتا ہے کہ جو سیکولر ہے، وہ پاکستانی نہیں۔ وہ ذہنی طور پر ہندوستانی ہے، خواہ رہتا بستا پاکستان ہی میں ہو۔ اگر پاکستان سیکولر ریاست ہے (جو آئینی طور پر نہیں ہے)، تو اس کے وجود کا کوئی جواز نہیں۔ اس اسلامی ریاست کو، عملاً، سیکولر ریاست کی طرح چلا کر اور اس کی اجتماعی و انفرادی زندگی سے اسلام کا رنگ کھرچ کر، مٹا کر اور ہلکا کر کے ہی ہم موجودہ صورت حال تک پہنچے۔ اس میں اسلام کی چنگاری آج شعلۂ جوالہ بن جائے، تو اس ملک کے تمام بیرونی دشمنوں اور ان کے اندرونی ایجنٹوں کی ساری سازشیں خاک میں مل سکتی ہیں... سیاسی فیصلے اور تمام اجتماعی فیصلے، اگر قرآن و سنت کے مطابق ہوں گے (جن کے ہم آئینی طور پر پابند اور اعلیٰ عہدے دار اپنے حلف کی رو سے پابند ہیں)، تو یہ ریاست اسلامی ہو گی، اور اگر سارے فیصلے زر، زمین اور عہدے و منصب کے مفادات اور عوامی و خواصی حاکمیت کے تابع ہوں گے، تو جو کچھ ہو رہا ہے، وہی ہو گا۔ سلسلہ اور آگے بڑھے گا اور فکر کے مضبوط مسالہ سے سیمنٹ نکل جانے کے بعد مربوط عمارت باقی نہ رہ سکے گی۔" (تکبیر، شمارہ 13، 46)

استحکام پاکستان کے لیے اُن کی جدوجہد کا دوسرا نمایاں پہلو یہ رہا کہ اِس ملک میں فرقہ داریت کے ناسور کو اُس کی جڑ سے اکھاڑ ڈالا جائے۔ فرقہ پرستی نسلی بنیاد پر ہو یا مذہبی بنیاد پر، لسانی بنیاد پر ہو یا علاقائی بنیاد پر، اُنھوں نے اپنی تحریروں اور اپنی شخصیت کے اثرات کے ذریعے سے، اُسے بیخ و بن سے اکھاڑنے کی سعی مسلسل جاری رکھی۔ اُنھوں نے بالکل درست طور پر،

اِس مسئلے کا یہ حل تجویز کیا کہ فرقہ دارانہ بنیاد پر قائم سیاسی جماعتوں پر پابندی عائد کر دی جائے۔ وہ لکھتے ہیں:

''تبدیلی نظام، وقت کا اہم ترین تقاضا ہے۔ موجود سسٹم نہ چل رہا ہے، نہ چل سکے گا۔ میرے نزدیک چار بنیادی تبدیلیاں، اس نظام کو بہتر اور مستحکم بنانے کے لیے ناگزیر ہیں۔ (ان میں سے ایک یہ ہے کہ) آئین اور انتخابی قوانین کی رو سے تمام لسانی، نسلی، علاقائی اور مسلکی جماعتوں پر بطور سیاسی جماعت، پابندی عائد کی جائے۔'' (تکبیر، شمارہ 11، 41)

استحکام پاکستان کے لیے اُن کی جدوجہد کا تیسرا نمایاں پہلو یہ رہا کہ اِس قوم کے افراد کو اخلاقی انحطاط سے بچایا جائے اور اُنھیں ملک کا باشعور شہری بنایا جائے۔ چنانچہ رشوت ستانی، اقربا پروری، قومی دولت میں خیانت اور قومی اداروں میں لوگوں کی غیر ذمہ داری اور بے پروائی پر، اُن کے جریدے ''تکبیر'' نے ہمیشہ محاسبانہ تنقید کی اور بد عنوانیوں کو ہر موقع پر بڑی خوبی سے بے نقاب کیا۔

اِس کے علاوہ، مثبت طور پر، لوگوں میں سیاسی اور ملی شعور بیدار کرنے کے لیے اُنھوں نے ''پاکستان ووٹرز فورم'' کے نام سے ایک تربیتی ادارہ بھی قائم کیا۔

استحکام پاکستان کی جدوجہد کے ساتھ ساتھ استحکام ملت کے لیے بھی اُنھوں نے تمام عمر جدوجہد جاری رکھی۔ افغانستان کا مسئلہ ہو یا کشمیر و بوسنیا کا، وہ مسلمانوں پر ظلم و استبداد کے خلاف ہمیشہ صدائے احتجاج بلند کرتے رہے۔ اُنھوں نے اِس کے لیے بھی سعی کی کہ پوری دنیا کے مسلمانوں میں، باہمی طور پر، اتحاد و یگانگی کی فضا قائم کی جائے۔ اِس مقصد کے لیے اُنھوں نے نہ صرف ''تکبیر'' کی نوائے پر سوز کو بلند رکھا، بلکہ متعدد ممالک کے دورے کر کے عملی تعاون کی بھرپور کوششیں بھی کیں۔

یہ اُن کی بڑی خوبی رہی کہ استحکام پاکستان اور استحکام ملت کی اِس تمام تر جدوجہد میں

اُنھوں نے ہمیشہ پر امن اور آئینی حدود کے اندر رہتے ہوئے اپنے فرائض انجام دیے۔ تشدد و احتجاج اور نظام میں تبدیلی لانے کے لیے غیر آئینی طریقوں کو اُنھوں نے قوم و ملت کے لیے ضرر رساں قرار دیا۔

یہ اُنھی کا طرۂ امتیاز ہے کہ اُنھوں نے سیاسی زعما اور اربابِ حل و عقد کی پردہ پوشی کرنے کے بجائے اُنھیں ہمیشہ عوام کے سامنے بے نقاب کیا۔ اِس معاملے میں اُن کا کردار اتنا تاب ناک ہے کہ اُن کے مخالفین بھی اُن کی عظمت کردار کے معترف ہیں۔ ایک زمانہ گواہ ہے کہ اِس معاملے میں اُنھوں نے کبھی کسی سے شکست نہیں کھائی۔ سیاسی معاملات کے اعتبار سے، بین الاقوامی امور کے حوالے سے اور نظام میں تبدیلی کے طریق کار کے پہلو سے اُن کے طرزِ اظہار سے اختلاف کیا جا سکتا ہے، لیکن اُن کے اخلاصِ نیت، قوم و ملت سے اُن کی محبت اور صحافت میں اُن کی حق گوئی اور بے باکی پر، کسی نوعیت کا کوئی شک، ہرگز نہیں کیا جا سکتا۔

ہمیں یقین ہے کہ صحافت کے میدان میں اُنھوں نے اپنے بے لاگ اور حق پرست قلم سے جو تخم ریزی کی ہے، اگر اللہ نے چاہا تو وہ برگ و بار لا کر رہے گی اور اِس ملک کے قریے قریے میں صلاح الدین پیدا ہوں گے۔

[جنوری 1995ء]

محمد اسحاق ناگی

[2000ء میں اسحاق ناگی صاحب کا ''اشراق دعوۃ'' کے لیے کیا گیا ایک یادگار انٹرویو]

جناب جاوید احمد غامدی نے دعوتِ دین کے کام کو منظم کرنے کے لیے ''دانش سرا'' کا ادارہ 1997ء میں قائم کیا۔ اس ادارے کے قیام سے برسوں پہلے جناب محمد اسحاق ناگی نے دعوت کے میدان میں اپنی جدوجہد کا آغاز کیا اور پوری تن دہی کے ساتھ سرگرم عمل ہو گئے۔ غامدی صاحب ان کو اس حلقۂ فکر کا پہلا داعی کہتے ہیں۔ اس میدان میں ان کی مساعی کا تسلسل 20 سال سے بھی زیادہ عرصے پر محیط ہے۔ لیکن اس پورے زمانے میں شاید کوئی ایک دن بھی ایسا نہیں گزرا ہو گا جس میں وہ دعوت، اہل دعوت اور مخاطبین دعوت سے غافل رہے ہوں۔ ان کی دعوت کا موضوع، بالعموم توحید اور تذکیر آخرت رہا ہے۔ ''المورد'' میں حدیث کے استاد جناب محمد رفیع مفتی، ''اشراق'' کے نائب مدیر جناب محمد بلال اور دانش سرا کے سرگرم رفیق جناب لیاقت علی انھی کی دعوت اور کاوشوں سے اس حلقے میں شامل ہوئے ہیں۔

ناگی صاحب 25/دسمبر 1950ء کو لاہور میں پیدا ہوئے۔ گورنمنٹ ہائی اسکول کینٹ سے میٹرک کا امتحان پاس کیا۔ نوعمری ہی میں دین سے تعلق پیدا ہو گیا۔ یہ تعلق اتنا بڑھا کہ

اس کے بعد کوئی اور تعلق باقی ہی نہیں رہا۔ کچھ عرصہ تنظیم ”خدام القران“ سے وابستہ رہے۔ 1975ء میں غامدی صاحب سے درسِ قرآن کے ذریعے سے تعارف ہوا۔ ان کے نقطۂ نظر کے قائل ہوگئے اور دعوتِ دین کے کام میں ان کے رفیق بن گئے۔ اور اب تک یہ رفاقت پوری شان کے ساتھ قائم ہے۔ مولانا امین احسن اصلاحی سے بھی بے پناہ محبت کا تعلق رہا۔ خود مولانا اصلاحی بھی ان سے بہت محبت کرتے تھے۔

ناگی صاحب کی روزمرہ کی مصروفیات، اپنے گھر پر اہل علم کی نشستوں کا انعقاد، جاوید صاحب کے دروس میں لوگوں کی شرکت کا اہتمام، ”اشراق“، مطبوعاتِ دانش سرا اور آڈیو لیکچرز سے لوگوں کا تعارف، قرآنِ مجید اور دینی کتب کا مطالعہ اور دعوتی ملاقاتیں ہیں۔ امام حمید الدین فراہی، مولانا امین احسن اصلاحی، مولانا ابوالاعلیٰ مودودی، مولانا وحید الدین خان اور جناب جاوید احمد غامدی سے متاثر ہیں۔ کتب و جرائد کے حوالے سے ”تدبر قرآن“، ”خطبات“، ”اللہ اکبر“، ”مطالعۂ تصوف، قرآن و سنت کی روشنی میں“، ”خلافت معاویہ و یزید“، ”اشراق“ سے متاثر ہیں۔

جب ان سے پوچھا گیا کہ آپ دانش سرا کے کاموں سے کن پہلوؤں سے اختلاف رکھتے ہیں تو انھوں نے کہا: ”انسان کو اپنی غلطیاں، بالعموم نظر نہیں آتیں، اس بارے میں کوئی بات کہنا بہت مشکل ہوتا ہے۔“ اس سوال کے جواب میں کہ آپ دعوت کا کام کرتے ہوئے کن لوگوں کو مخاطب بناتے ہیں اور کیا طریق کار اختیار کرتے ہیں، انھوں نے کہا: ”میں، بالعموم ان افراد کو دعوت کا مخاطب بناتا ہوں جو پہلے سے دینی زندگی تو اختیار کیے ہوتے ہیں یا دین کے بارے میں مثبت رجحان تو رکھتے ہیں، مگر دین کی صحیح تعبیرات سے واقف نہ ہونے کی وجہ سے فکری انتشار کا شکار ہوتے ہیں۔ ان لوگوں کے محض زاویۂ نظر کو بدلنے کی ضرورت ہوتی ہے۔ اس کے بعد یہ دین کے صحیح فکر کے حامل بن جاتے ہیں۔ جہاں تک طریق کار کا تعلق

ہے تو وہ افراد کے لحاظ سے مختلف ہوتا ہے۔ کسی کو درس میں مدعو کر کے، کسی کو ''اشراق'' کا قاری بنا کر، کسی کو کیسٹ سنا کر اور کسی کو اپنے حلقے کے اہل علم سے ملوا کر دین کا پیغام پہنچاتا ہوں۔ لیکن اس ضمن میں جس بات کو کلیدی حیثیت حاصل ہے، وہ ذاتی تعلق ہے۔ اگر آپ اپنے مخاطبین سے ذاتی تعلق قائم کرتے ہیں، ان کے دکھ درد میں شریک ہوتے ہیں تو آپ کا مخاطب آپ کی بات کو پورے خلوص کے ساتھ سنے گا۔''

[اکتوبر 2012ء]

———————

مولانا اصلاحی سے ایک یادگار انٹرویو

[مولانا امین احسن اصلاحی کا یہ انٹرویو اُن کی تفسیر "تدبر قرآن" کی تکمیل پر ریڈیو پاکستان نے 23/مارچ 1982ء کو لاہور میں ریکارڈ کیا تھا۔ اِس میں استفسار کرنے والے صاحب مولانا اصلاحی ہی کے شاگرد مولانا منہاج الدین اصلاحی ہیں۔ اِسے تحریری صورت میں منتقل کر کے افادۂ عام کے لیے شائع کیا گیا ہے۔]

سوال: مولانا آپ کب اور کہاں پیدا ہوئے؟ والد گرامی کا نام کیا تھا؟ کیا آپ ہندی النسل ہیں؟ خاندانی پس منظر کے بارے میں کچھ بتانا چاہیں تو ارشاد فرمائیں؟

جواب: میں 1904ء میں اعظم گڑھ یوپی کے ایک گاؤں میں پیدا ہوا۔ والد مرحوم کا نام محمد مرتضیٰ تھا۔ اعظم گڑھ کی برادری کچھ ملی جلی سی تھی۔ مقامی لوگ بھی تھے اور باہر سے آئے ہوئے لوگ بھی اِس میں شامل تھے۔ مثلاً مولانا شبلی نعمانی کا خاندان راجپوت تھا، لیکن مولانا فراہی کا خاندان انصاری تھا۔

جہاں تک میرے اپنے خاندان کا تعلق ہے تو میرا خیال یہی ہے کہ میرے آبا ہندی الاصل تھے، مگر میں نے کبھی یہ تحقیق کرنے کی کوشش نہیں کی کہ میرے آبا ہندوؤں کے کس طبقے سے مسلمان ہوئے۔ تاہم، اپنے خاندان کے رسوم و رواج، معاشرتی معاملات، معاشی ذرائع و

وسائل اور افتادِ مزاج کو دیکھ کر یہ اندازہ کیا جاسکتا ہے کہ ہمارے خاندان کو راجپوتوں سے بڑی مناسبت ہے۔ میرے نزدیک چونکہ اصل شرف اسلام تھا، اِس لیے میں نے اِس بارے میں کسی تحقیق کی ضرورت نہیں سمجھی، لیکن قرب وجوار کے راجپوتوں سے ہمارے تعلقات کی بنا پر یہ کہا جاسکتا ہے کہ اُنھی راجپوتوں کے اندر سے ہمارے آباواجداد بھی کسی زمانے میں مسلمان ہوئے تھے۔

ہمارا خاندان ایک متوسط درجے کا زمین دار خاندان تھا۔ تعلیم کوئی زیادہ نہیں تھی۔ والد مرحوم حافظِ قرآن تھے۔ حج سے مشرف ہوئے تھے۔ اردو نوشت وخواں سے کچھ واقف تھے۔ گاؤں کے اندر اور آس پاس کے دیہاتوں میں وہ ایک باوقار اور دین دار آدمی سمجھے جاتے تھے۔ گاؤں میں تعلیم کی کمی تھی۔ دو چار حافظ موجود تھے۔ صرف ایک صاحب تھے، جو ''ندوۃ العلما'' کے فارغ التحصیل عالم تھے۔

باقی جہاں تک دین داری کا تعلق ہے تو وہ میرے اپنے خاندان میں بھی تھی اور گاؤں میں بھی نماز، روزے کا ہر چھوٹا بڑا پابند تھا۔ بچپن میں میں یہ برابر دیکھتا تھا کہ والد مرحوم اور چچا مرحوم مسجد گھر سے دور ہونے کے باوجود پنج وقتہ جماعت میں حاضری کی کوشش کرتے تھے۔ خاندان میں کسی کی یہ مجال نہیں تھی کہ وہ نماز نہ پڑھے یا روزہ نہ رکھے۔ مجھے اپنے بچپن کی یہ بات بھی یاد ہے کہ نماز کے وقت مکان کے صحن میں عورتوں اور بچوں کی ایک لمبی صف بن جاتی تھی۔ اِس طرح میرا خاندانی ماحول دینی تو تھا، لیکن تعلیمی نہیں تھا۔

سوال: مولانا آپ نے ابتدائی تعلیم کہاں پائی؟

جواب: میں نے ابتدائی تعلیم گاؤں ہی کے سرکاری مکتب میں پائی۔ اِس کے علاوہ گاؤں والوں نے ایک مولوی صاحب کو قرآنِ مجید اور فارسی پڑھانے کے لیے مقرر کر رکھا تھا۔ میں نے اُن سے بھی تعلیم پائی۔ اُن مولوی صاحب کی شرافت اور نیکی کی یاد اب تک میرے

دل میں بہت گہری موجود ہے۔ اُن سے میں نے قرآنِ مجید بھی پڑھا اور فارسی کی تعلیم بھی پائی۔ البتہ، یہ الگ بات ہے کہ اُس زمانے میں یہ سمجھ میں نہیں آتا تھا کہ فارسی کی تعلیم کا یہ کیا ڈھب تھا کہ مجھے "آمد نامہ" اور "کریمہ" کے اشعار یاد کرادیے گئے، جن کے معنی نہ مجھے معلوم تھے اور نہ غالباً میرے مولوی صاحب کو معلوم تھے۔

ہمارے گاؤں میں "ندوۃ العلماء" کے ایک فارغ التحصیل عالم بھی تھے۔ اُن کا نام مولانا شبلی متکلم ندوی تھا۔ وہ گاؤں کے رشتے سے میرے چچا تھے اور مجھ پر بہت ہی مہربان تھے۔ اُنھی کی رہنمائی میں، میں 1915ء میں دس سال کی عمر میں "مدرستہ الاصلاح" میں داخل ہوا۔ "مدرستہ الاصلاح" میں، میں مکتب کے آخری درجے میں داخل ہوا، جس میں فارسی اور اردو کی تعلیم بھی ہوتی تھی۔ فارسی کی تعلیم تو میں نے حاصل کی، لیکن اردو کی تعلیم سے مجھے اِس وجہ سے مستثنیٰ کر دیا گیا کہ وہاں درجے کے اعتبار سے میری اردو کی قابلیت کافی سمجھی گئی۔

سوال: "مدرستہ الاصلاح" میں آپ نے کن علوم کی تعلیم حاصل کی اور کن زبانوں پر عبور حاصل کیا؟

جواب: "مدرستہ الاصلاح" میں، جیسا کہ میں نے عرض کیا، میں 1915ء میں داخل ہوا۔ وہاں آٹھ سال کا عربی زبان کا نصاب تھا۔ اِس پورے نصاب کی تعلیم میں نے حاصل کی۔ اِس عرصے میں، میں نے عربی زبان، قرآنِ مجید، حدیث، فقہ اسلامی اور کلامی علوم کی تحصیل کی۔ مدرسے میں، میں نے عربی زبان ہی پر اپنی اصل توجہ رکھی۔ اور حقیقت میں، میں جس زبان کا جاننے والا ہوں، وہ عربی ہے، لیکن اِس کے ساتھ ساتھ میں فارسی بھی جانتا ہوں، انگریزی اور اردو بھی جانتا ہوں اور اب تو یہ کہہ سکتا ہوں کہ میں کچھ پنجابی بھی جانتا ہوں۔ اِس کی وجہ یہ ہے کہ آٹھ سال میں نے پنجاب کے ایک گاؤں میں گزارے ہیں۔ لیکن جس زبان کا میں طالبِ علم ہوں، وہ عربی زبان ہے۔

سوال: ''مدرستہ الاصلاح'' کے علاوہ کسی اور درس گاہ میں کیا آپ کو تعلیم حاصل کرنے کا موقع ملا؟

جواب: ''مدرستہ الاصلاح'' کے علاوہ مجھے کسی اور مدرسے میں جانے کا اتفاق نہیں ہوا، میں نے اِس کی کبھی ضرورت بھی محسوس نہیں کی۔

سوال: ''مدرستہ الاصلاح'' میں آپ کے اہم اساتذہ کون تھے؟

جواب: مدرسے کے اساتذہ میں، جیسا کہ میں نے عرض کیا، میرے ایک استاد تو مولانا شبلی متکلم ندوی تھے۔ وہ مولانا شبلی نعمانی کے شاگرد تھے۔ میرے ساتھ اُن کی جو شفقت و عنایت رہی ہے، اُس کے مقابلے میں کسی اور کی شفقت و عنایت میرے لیے کچھ زیادہ اہمیت نہیں رکھتی۔ اُن کے علاوہ ''ندوۃ العلماء'' کے ایک فارغ التحصیل مولانا عبد الرحمٰن نگرامی مرحوم مدرسے میں میرے استاد تھے۔ وہ ایک عبقری تھے۔ اُن کی ذہانت، اُن کی قابلیت، اُن کی خطابت نے سارے مدرسے میں ایک ہلچل پیدا کر رکھی تھی۔ اُنھوں نے طلبہ کے اندر علم کا ایک نیا شوق ابھار دیا تھا۔ میں طالبِ علمی کے دور میں اُن کی صحبت سے سب سے زیادہ متاثر ہوا ہوں۔ اُن کی ذہانت کا میرے دل پر بہت اثر ہے۔ وہ خاص طریقے پر مجھ پر شفقت بھی فرماتے تھے۔ اِس وجہ سے میں نے اُن سے فائدہ بھی بہت اٹھایا۔ مدرسے کے اساتذہ میں سے صرف اِن دو استادوں کا میرے اوپر اثر ہے۔ مولانا نگرامی مرحوم نے میرے اندر عربی سیکھنے کا صحیح طور پر شوق اور ولولہ پیدا کیا، ورنہ میں اِن علوم سے کچھ بد دل ہوتا جا رہا تھا۔ اُنھوں نے میرے اندر ایک ایسا شوق پیدا کر دیا کہ پھر میں نے ساری زندگی اُسی کے لیے وقف کر دی۔

سوال: مولانا حمید الدین فراہی سے آپ کا تعلق کب قائم ہوا؟

جواب: مولانا حمید الدین فراہی رحمۃ اللہ علیہ سے میرا تعلق 1925ء میں قائم ہوا۔ اُس زمانے میں، میں مولانا عبد الماجد دریابادی کے اخبار ''سچ'' میں کام کر رہا تھا۔ اعظم گڑھ آیا تو

خیال ہوا کہ مولانا سے ملوں۔ مولانا سے میں اُن کے گاؤں میں ملا تو مولانا نے مجھے دیکھتے ہی فرمایا: آپ امین احسن ہیں؟ میں نے کہا: جی۔ کہنے لگے: آپ اخبار نویسی کرتے پھریں گے یا ہم سے قرآنِ شریف پڑھیں گے؟ میں مولانا جیسی عظیم شخصیت سے یہ فقرہ سن کر حیران رہ گیا۔ فوراً میری زبان سے نکلا: میں حاضر ہوں۔ مولانا نے کہا: بہت اچھا۔ پھر اپنے بنگلے کی طرف اشارہ کرتے ہوئے فرمایا: آپ اِس میں ٹھہریں گے اور کھانا میرے ساتھ کھائیں گے۔ بس یہ ہے اُن سے تعلق کا آغاز۔ اِس سے پہلے اُنھوں نے مجھے مدرسے میں دیکھا تو ہو گا، لیکن واقعہ یہ ہے کہ مولانا سے اُس زمانے میں ہم لوگ دور ہی دور سے ملتے تھے۔ قریب جانے کی جرأت نہیں ہوتی تھی۔ لیکن مولانا کے ارشاد کے بعد میں اُن سے بہت قریب ہو گیا۔ میرا خیال ہے کہ مولانا اُس زمانے میں اِس مسئلے پر سوچ رہے تھے کہ اب کسی ایسے شخص کا انتخاب کریں، جس کو وہ اپنے تمام علمی منصوبے سپرد کر دیں۔ میرا خیال یہ ہے کہ جب اُن کو اُن کی توقع کے مطابق کوئی آدمی نہیں ملا تو اُنھوں نے مجھ جیسے ناچیز کا انتخاب کیا۔ لیکن بہر حال اِس کے بعد تعلق قائم ہو گیا۔

سوال: آپ مولانا فراہی کے نام ور ترین شاگرد ہیں۔ مولانا کے دوسرے مشہور تلامذہ کون تھے؟ مولانا کے علمی کارناموں پر روشنی ڈالیے، اور اُن کی نجی زندگی کے قابلِ ذکر پہلو بیان فرمایئے؟

جواب: میں مولانا فراہی کا ایک ناچیز اور حقیر شاگرد ہوں۔ مولانا کے اور شاگرد تو بہت ہوں گے، اِس لیے کہ اُنھوں نے علی گڑھ، کراچی، حیدر آباد اور الٰہ آباد میں کسی نہ کسی شکل میں تعلیم کے کام کو جاری رکھا، لیکن اصل شاگرد وہ ہیں، جو اپنے آپ کو اُن کا شاگرد سمجھیں اور اُن کے کام میں کچھ حصہ لے رہے ہوں۔ اِس طرح کے لوگوں میں، پچھلے لوگوں میں سے تو ایک مولانا مناظر احسن گیلانی مرحوم کا نام مجھے یاد ہے کہ وہ، بے شک مولانا کے

خیالات سے بہت متاثر تھے۔ اُن کی تحریروں میں اِس کا عکس پایا جاتا ہے۔ میرے ساتھیوں میں سے مولانا اختر احسن اصلاحی مولانا کے خاص شاگردوں میں سے ہیں۔ اُن کے علاوہ بے شمار لوگ ہیں، جنھوں نے کسی نہ کسی شکل میں اُن سے استفادہ کیا۔ لیکن واقعہ یہ ہے کہ اُن سے استفادہ کرنا آسان نہیں تھا۔ مولانا کا طریقۂ تعلیم ایسا نہیں تھا کہ پکا پکایا سامنے رکھ دیا جائے۔ درحقیقت وہ طالبِ علم کی استعداد اور ذہانت کو بیدار کرتے تھے۔ اُس کے اندر سوالات پیدا کرتے تھے۔ اگر وہ مسائل پر غور کرنے کی صلاحیت ظاہر کرتا تب تو وہ کچھ رہنمائی دیتے تھے، ورنہ خاموش ہو جاتے تھے۔ یہ سقراطی طریقۂ تعلیم ہے۔ اِس طریقۂ تعلیم سے استفادہ کرنا ہر شخص کا کام نہیں ہے۔ وہی شخص اِس سے فائدہ اٹھا سکتا ہے، جس کے اندر یہ صلاحیت ہو کہ وہ ایک چیز کے متعلق صحیح طریقے پر اپنے شبہات کو متعین کر سکے۔ اور اُن پر اگر کوئی جرح کی جائے تو اُس کو سمجھ سکے۔ یہ ہر شخص کا کام نہیں ہوتا۔ اِس وجہ سے بہت کم لوگوں نے اُن سے صحیح طور پر فائدہ اٹھایا۔

مولانا مرحوم کے علمی کارناموں پر روشنی ڈالنا، واقعہ یہ ہے کہ میرے بس میں نہیں ہے۔ مولانا ہر اعتبار سے بہت ہی جامع اور بہت ہی وسیع الاطراف آدمی تھے۔ زبانوں سے واقفیت میں اُن کا عالم یہ تھا کہ وہ فارسی زبان میں دری زبان نہ صرف یہ کہ جانتے تھے، بلکہ اُس میں شاعری بھی کرتے تھے۔ عربی زبان میں اُن کو وہ درجۂ کمال حاصل تھا کہ میں بلا مبالغہ یہ کہہ سکتا ہوں کہ عربی پر ایسا عبور عجم کے لوگوں میں سے شاید بہت ہی کم لوگوں کو حاصل ہوا ہو گا۔ اُنھوں نے عربیت کے ایسے ایسے نادر اور اعلیٰ اسالیب قرآنِ مجید کے تعلق سے دریافت کیے ہیں کہ اِن معاملات میں جاحظ اور مبرد وغیرہ بھی اُن کے ہم سر نہیں ہو سکتے۔ وہ عربی زبان کے نہایت ہی اعلیٰ پائے کے شاعر تھے۔ علاوہ ازیں، وہ فلسفے کی مختلف شاخوں پر اور خاص طور پر جدید فلسفے پر بڑی ناقدانہ نظر رکھتے تھے۔ اِس ضمن میں اُن کی تنقیدی یادداشتیں

ہمارے پاس عربی میں محفوظ ہیں۔

مولانا عبرانی زبان سے بھی بہت اچھی طرح واقف تھے۔ اِس وجہ سے اُنھوں نے تمام قدیم آسمانی صحیفوں پر بہت ہی ناقدانہ نظر ڈالی اور اُن تحریفات اور خرابیوں کو جو یہودی علما اور مستشرقین نے پیدا کیں، بے نقاب کیا۔ ایک ایسے جامع آدمی کی مختلف الاطراف زندگی پر روشنی ڈالنا، واقعہ یہ ہے کہ میرے بس میں نہیں۔ میں جس چیز سے زیادہ واقف ہوں، وہ اُن کا وہ شعبۂ زندگی ہے، جو قرآنِ مجید سے متعلق ہے۔ قرآنِ مجید پر غور و فکر کی اُنھوں نے ایسی نئی راہیں دریافت کیں، جو اُن سے پہلے کسی کو معلوم نہیں تھیں۔ اُن کا غور و فکر کا طریقہ گویا ڈائریکٹ اپروچ کا طریقہ ہے، یعنی قرآنِ مجید کو عربی زبان، قرآنِ مجید کے نظام اور قرآنِ مجید کے اپنے شواہد کی روشنی میں سمجھا جائے۔ وہ اِسی طرح قرآنِ مجید کے معنی کی تحقیق کرتے تھے، اِسی طریقے پر توضیح کرتے تھے۔ یہ طریقہ اُن سے پہلے کسی شخص نے اختیار نہیں کیا۔ وہ پہلے شخص ہیں، جنھوں نے یہ طریقہ اختیار کیا اور بہت کامیابی کے ساتھ اختیار کیا۔ اِسی اصول پر اُنھوں نے عربی زبان میں اپنی تفسیر لکھنی شروع کی، لیکن یہ کام ناتمام رہا۔

مولانا بہت جامع اور کامل انسان تھے۔ اُن کی نجی زندگی بھی، واقعہ یہ ہے کہ حیرت انگیز تھی۔ اُن کی زندگی میں جن لوگوں کے ساتھ اُن کا بچپن گزرا ہے، اُن کا بیان خود میرے سامنے یہ ہے کہ وہ مادر زاد ولی تھے۔ یہ واقعہ ہے کہ بہت ہی نیک، بہت ہی خاموش اور بہت ہی غیر معمولی طور پر سنجیدہ تھے اور نہایت غیر معمولی ذہین انسان تھے۔ مولانا شبلی، مولانا فیض الحسن اور اُن کے دیگر اساتذہ کو اُن پر ناز تھا۔ جب وہ علی گڑھ میں داخل ہوئے تو سر سید نے اُن کے متعلق شاہد بیگ صاحب کو یہ خط لکھا تھا کہ آپ کے کالج میں ایک ایسا طالبِ علم داخل کرنا چاہتا ہوں کہ عربی اور فارسی، دونوں زبانوں میں آپ کے پروفیسروں میں بھی کوئی

اُس کی ٹکر کا نہیں ہے۔ آغا عادل صاحب مولانا شبلی سے ملے اور اُنھوں نے کہا کہ یہ سید صاحب نے ایک طالبِ علم کے متعلق کیا لکھ دیا ہے کہ آپ جیسے جید لوگ بھی اُس کے پائے کے نہیں ہیں۔ اِس پر مولانا شبلی نے فرمایا کہ میرے لیے تو سید صاحب کا یہ لکھا وجہِ فخر ہے، اِس کی وجہ یہ ہے کہ سید صاحب کے یہ ممدوح عربی و فارسی، دونوں میں میرے شاگرد ہیں۔

طالبِ علمی کے زمانے میں سر سید نے مولانا فراہی سے ''طبقات ابن سعد'' کے کچھ حصے ترجمہ کرائے اور اُس کی فارسی کو بالکل معیاری فارسی پایا اور اُس کو کالج کے نصاب میں داخل کیا۔ سر سید غزالی کی کسی کتاب کو مرتب کر رہے تھے اور اُس میں مولانا شبلی اور مولوی نذیر احمد بھی اُن کے ساتھ ہوتے تھے۔ مولانا شبلی نے سر سید سے کہا کہ آپ یہ کام حمید کو دے دیجیے، وہ یہ کر دیں گے۔ ہمارے اور آپ کے لیے کافی مشکل ہے۔ سید صاحب کو بڑا تعجب ہوا، لیکن اُنھوں نے کتاب مولانا کے حوالے کر دی اور یہ کہا کہ جہاں جہاں حروف کٹے ہوئے ہیں، وہاں اُن کو معین کرنے کی کوشش کیجیے۔ مولانا نے دو چار دن کے بعد وہ کتاب ضروری اصلاح کے بعد واپس کر دی۔ سر سید نے جب اُن کے کام کو دوسرے نسخوں سے ملایا تو حیرت انگیز طریقے پر اُنھوں نے یہ پایا کہ مولانا فراہی کا قیاس اکثر جگہ پر صحیح ہے۔ سر سید نے مولانا فراہی سے پوچھا کہ آپ نے یہ الفاظ کس طریقے سے معین کیے ہیں؟ تو اُنھوں نے جواب دیا کہ میں نے غزالی کی زبان پیشِ نظر رکھ کر یہ الفاظ معین کیے ہیں اور امید ہے کہ اکثر جگہ میرا قیاس صحیح ہو گا۔

وہ ایک عبقری انسان تھے۔ اِس کے ساتھ ساتھ کردار اور اخلاق کا یہ عالم تھا کہ اُن کے خاندان کے دشمنوں کو بھی اُن کے عدل پر اعتماد تھا۔ ''مدرستہ الاصلاح'' کی زندگی میں پانچ سال اُن کا مطالعہ کرنے کے بعد میں سچ کہتا ہوں کہ گہرے علم اور گہرے غور و فکر کے ساتھ اِس طرح کا مضبوط اور مستحکم تقویٰ میں نے کسی کے اندر نہیں پایا۔ اِس ذہانت، اِس علم، اِس

وسعتِ نظر کے ساتھ ساتھ اُن کا تقویٰ، اُن کی پرہیز گاری، اُن کی نیکی اور اللہ کی یاد میں اُن کے انہماک کی کوئی اور نظیر میرے سامنے نہیں ہے۔

سوال: مولانا فراہی کہاں پیدا ہوئے اور اُن کی سکونت عام طور پر کہاں رہی؟ اُن کا انتقال کب ہوا اور اُن کا مدفن کہاں ہے؟

جواب: مولانا جس گاؤں میں پیدا ہوئے، اُس کا نام پھریہا تھا۔ اُس کو وہ عربی قاعدے پر تبدیل کر کے فراہی لکھتے تھے۔ یہ گاؤں اعظم گڑھ اور سرائے میر کے درمیان ہے۔ مولانا کا خاندان بہت بڑا زمین دار گھرانا تھا۔ اُن کا شمار اعظم گڑھ کے رئیسوں میں ہوتا تھا۔ مولانا کے نسب کے متعلق تو اب میں کچھ نہیں کہہ سکتا، بس مجھے اتنا معلوم ہے کہ مولانا انصاری خاندان سے تعلق رکھتے تھے۔ یہ بات اُن کے تمام خاندان میں مشہور ہے اور اکثر لوگ اپنے نام کے ساتھ انصاری لکھتے ہیں، اِس لیے یہ بات اپنی جگہ پر واضح ہے کہ وہ انصاری خاندان سے تعلق رکھتے تھے۔

مولانا کا انتقال نومبر 1930ء میں ہوا۔ مولانا کو اُس وقت مثانے میں کچھ تکلیف کی شکایت ہوئی۔ وہ اپنے ہم وطن ڈاکٹر سے علاج کے لیے متھرا تشریف لے گئے۔ اِس کی وجہ غالباً یہ ہوئی کہ وہ ڈاکٹر اُن کے پہلے ہی سے معالج تھے۔ متھرا میں اُن کا آپریشن ہوا۔ آپریشن ناکام ہوا اور وہیں پر اُن کا انتقال ہو گیا۔ اِسی مقام پر وہ غریبوں کے قبرستان میں دفن ہوئے۔ متھرا میں مسلمانوں کی آبادی بہت کم تھی اور جو تھے، وہ بھی بہت غربت کی حالت میں تھے۔ وہاں اُن کو دفن کرنے کی خاص وجہ یہ ہوئی کہ وہ اکثر یہ ذکر کرتے تھے کہ آدمی جہاں مرے، وہیں دفن ہو۔ یہ اُن کی درویشانہ طبیعت کا ایک خاص رجحان تھا۔ وفات کے موقع پر مولانا کے چھوٹے بھائی مولوی حاجی رشید الدین اور مولانا کے دونوں صاحب زادے وہاں موجود تھے۔ میں بھی وہیں موجود تھا۔ سب کی راے یہ قرار پائی کہ مولانا کے عام رجحان کے

تحت اُن کو وہیں دفن کر دیا جائے۔ اِس کے بعد متھرا آنا جانا بہت ہی کم رہا۔ اُن کی قبر کچھ دن تک تو ضرور محفوظ رہی ہو گی، لیکن اب نہیں معلوم کہ اُن کی قبر محفوظ ہے یا نہیں۔ وہ قبر کے محفوظ رکھنے کا کوئی اہتمام پسند نہیں کرتے تھے، اِس وجہ سے امکان یہی ہے کہ قبر محفوظ نہیں رہی ہو گی۔

سوال: مولانا، ''مدرسۃ الاصلاح'' کے قیام اور اُس کے مقاصد کے بارے میں کچھ بتائیے؟

جواب: ''مدرسۃ الاصلاح'' مولانا شبلی نعمانی اور مولانا حمید الدین فراہی کے تعلیمی نظریات کا ایک مرکز ہے۔ اعظم گڑھ کو یہ شرف حاصل ہے کہ دو عظیم ہستیاں مولانا شبلی اور مولانا فراہی وہاں پیدا ہوئے۔ اِن دونوں بزرگوں نے اپنے آخری دور میں ''مدرسۃ الاصلاح'' کو اپنی توجہ کا مرکز بنایا۔ مولانا شبلی تو زیادہ توجہ نہ فرما سکے، لیکن مولانا حمید الدین فراہی نے خاص طور پر اِس کو اپنی توجہ کا مرکز بنایا۔ اِس مدرسے کا تعلیمی نصب العین اعلیٰ عربی زبان و ادب اور قرآنِ مجید کی محققانہ تعلیم ہے۔ اِس مدرسے میں بغیر کسی تعصب کے پوری فقہ اسلامی کی تعلیم دی جاتی ہے، یعنی شافعیت، مالکیت، حنبلیت وغیرہ کا رجحان پیدا نہیں ہونے دیا جاتا۔ کوشش کی جاتی ہے کہ طالبِ علم آزادانہ طریقے پر فقہ اسلامی میں سے جس مسلک کو بھی کتاب و سنت سے موافق پائے، اُس کو اختیار کرے۔ کلامی اور اعتقادی مسائل میں وہ اصل کتاب و سنت کو ماخذ و منبع بنائے اور متکلمین کے نظریات کو کوئی اہمیت نہ دے۔ اِس مدرسے میں اساتذہ اِس امر کا خیال رکھتے ہیں۔ یہ مدرسہ حقیقت میں وہاں کی برادری کا مخصوص مدرسہ ہے۔ اِس کی زیادہ تر اپیل اعظم گڑھ کی ایک خاص برادری ہی سے رہی ہے، اِس وجہ سے مالی اعتبار سے یہ کچھ زیادہ ترقی نہیں کر سکا، لیکن جہاں تک اِس کے نصب العین کا تعلق ہے تو خدا کا شکر ہے کہ وہ اب تک زندہ و قائم ہے۔ اِس مدرسے میں، میں نے ''دائرۂ

حمیدیہ‘‘ کے نام سے ایک شعبے کا اضافہ کیا تھا۔ اِس شعبے کا مقصد مولانا کے افکار کی اشاعت تھا۔

سوال: تعلیم سے فراغت کے بعد آپ نے بہ حیثیتِ مدرس کہاں کہاں کام کیا؟ ’’مدرسۃ الاصلاح‘‘ میں تدریسی فرائض کب شروع ہوئے اور کب تک جاری رہے؟ اِس مادرِ علمی میں تدریسی خدمت کے دوران میں تصنیفی اور تالیفی مشاغل کی نوعیت کیا رہی؟

جواب: تعلیم سے فراغت کے بعد بہ حیثیتِ مدرس میں نے صرف ’’مدرسۃ الاصلاح‘‘ کی خدمت کی ہے۔ اِس کے علاوہ کسی اور جگہ میں نے کبھی تدریسی کام نہیں کیا۔ جب مولانا فراہی نے میرا انتخاب کیا تھا تو اُسی موقع پر اُنھوں نے مجھے ’’مدرسۃ الاصلاح‘‘ میں بہ حیثیتِ مدرس بھی مقرر کر دیا تھا۔ عربی ادب اور قرآن کی تعلیم میری تدریسی ذمہ داری تھی۔ یہ تدریسی فرائض میں نے سترہ سال تک انجام دیے۔ اِس دوران میں تصنیف و تالیف کا کام کچھ زیادہ نہیں کیا، لیکن وہاں اپنے قیام کے زمانے میں غالباً 1936ء میں، میں نے رسالہ ’’الاصلاح‘‘ نکالا تھا۔ ’’الاصلاح‘‘ میں، میں نے مولانا کے تمام شائع شدہ تفسیری رسائل کا ترجمہ شائع کیا۔ مولانا کی تصنیفات میں سے ’’الرای الصحیح فی من ھو الذبیح‘‘ اور ’’امعان فی اقسام القرآن‘‘ کا ترجمہ بھی میں نے رسالے میں شائع کیا۔ علاوہ ازیں میں نے خود ’’مبادی تدبر قرآن‘‘ کے عنوان سے مولانا کے اصولِ تفسیر کے مطابق ایک کتاب لکھی۔ فقہی اختلافات کے حل پر بھی اِسی عرصے میں ایک کتاب تحریر کی۔ ’’الاصلاح‘‘ کے اجرا سے میرا مقصد بھی یہ تھا کہ مولانا کی ساری چیزیں جو عربی زبان میں ہیں، اُن کو کسی نہ کسی طریقے سے اردو میں لانے کی کوشش کی جائے۔ اُس زمانے میں میرا زیادہ تر کام اِسی درجے تک محدود رہا۔

سوال: آپ کو تصنیف و تالیف کی تحریک مولانا فراہی کی فکری تربیت اور صحبت سے ہوئی یا آپ کی نظر میں اِس کا محرک کچھ اور تھا؟

جواب: یہ واقعہ ہے کہ تصنیف و تالیف کا شوق ابتدا میں تو بس ایک شوق ہی کے طریقے پر ہوتا ہے کہ ہم مصنف ہو جائیں، میرے اندر بھی یہ شوق رہا ہو گا، لیکن مولانا فراہی نے ہمیں یہ اصول قطعی طور پر تسلیم کرا دیا تھا کہ جب تک آدمی پر کسی نئی حقیقت کا انکشاف نہ ہو، اُس وقت تک لکھنے کے لیے قلم نہیں اٹھانا چاہیے۔ مولانا کی صحبت سے مجھ پر قرآنِ مجید کے فہم کے جو دروازے کھلے، جو نئی حقیقتیں سامنے آئیں، وہی تحریر کا محرک بنیں، لیکن مولانا کی کتابوں کے ترجمے سے فارغ ہونے کے بعد ہی میں دوسری چیزیں لکھنے کی طرف متوجہ ہوا۔

سوال: ہمارے علم کے مطابق آپ نے مختلف مراحل میں رسالہ "الاصلاح"، اخبار "مدینہ" اور رسالہ "میثاق" میں ادارت کے فرائض انجام دیے۔ کیا اِن جرائد کے علاوہ بھی کسی اور اخبار یا جریدے سے آپ متعلق رہے؟

جواب: اِن اخبارات و رسائل کے علاوہ "مدینہ" کے دفتر سے بچوں کا ایک رسالہ نکلتا تھا، میں اُس کا بھی مدیر رہا ہوں۔ اور کچھ عرصے کے لیے، جیسا کہ میں نے پہلے اشارہ کیا، میں نے مولانا عبد الماجد دریابادی کے اخبار "سچ" میں بھی کام کیا۔

سوال: "الاصلاح" کیا محض علمی و تحقیقی رسالہ تھا یا اِس میں سیاسی اور معاشرتی مضامین بھی شائع ہوتے تھے؟ آپ نے اِس کی کب سے کب تک ادارت فرمائی؟

جواب: یہ رسالہ غالباً 1936ء میں نکلا اور تین سال سے کچھ زیادہ عرصہ جاری رہا۔ اِس میں زیادہ تر تحقیقی مضامین تو مولانا فراہی کی کتابوں کے ترجمے کی شکل میں تھے، لیکن اُس زمانے میں ملک میں مختلف تحریکیں بھی چل رہی تھیں۔ اِن تحریکوں کے حوالے سے جن امور کا تعلق براہِ راست مذہب سے ہوتا تھا، لازماً اُن سے مجھے بھی تعرض کرنا پڑتا تھا، لیکن اِس رسالے کا سیاسی مسائل سے براہِ راست کوئی تعلق نہیں تھا۔

سوال: مولانا، آپ اخبار "مدینہ" سے کب وابستہ ہوئے؟ اِس میں آپ نے کس نوعیت کے مضمون لکھے؟ "مدینہ" سے آپ کب علیحدہ ہوئے؟

جواب: "مدینہ" اخبار سے میرا تعلق غالباً 1922ء میں قائم ہوا۔ یہ اُس زمانے میں یوپی کے ہفتہ وار اخباروں میں ایک اچھا اخبار سمجھا جاتا تھا۔ یہ تحریکِ خلافت اور کانگرس کی سرگرمیوں کا زمانہ تھا۔ "مدینہ" اخبار اِن دونوں کا ہم نوا تھا، اِس وجہ سے مجھے بھی مضامین اِن دونوں کے تقاضوں کے مطابق لکھنے پڑتے تھے، لیکن میرا ذوق شروع ہی سے علمی اور تحقیقی رہا ہے۔ اخبار نویسی کو کبھی میں نے دل سے پسند نہیں کیا، اِس وجہ سے جب وقت آگیا کہ اُس کو چھوڑ دوں اور کچھ دوسرے محرکات پیدا ہوگئے تو میں نے اُسے چھوڑ دیا اور علمی اور تحقیقی کاموں کے لیے اپنے آپ کو مخصوص کرلیا۔

سوال: آپ کی خطابت کا بڑا چرچا ہے۔ مداح کہتے ہیں کہ آپ جادو بیان خطیب ہیں۔ آپ کا یہ ملکہ خداداد ہے یا برصغیر کے کسی نام ور خطیب یا استاد کی خوشہ چینی نے آپ کو اِس مرتبہ کا خطیب بنا دیا؟

جواب: جادو بیانی وغیرہ تو خیر مبالغہ آمیز الفاظ ہیں، لیکن یہ واقعہ ہے کہ میں تقریر اچھی کر لیتا ہوں۔ میرے سامعین بور نہیں ہوتے۔ خطابت اور شاعری، دونوں ہی وہبی چیزیں ہیں، اکتسابی نہیں۔ اکتساب سے کوئی شخص خطیب بن سکتا ہے اور نہ شاعر۔ ہو سکتا ہے کہ کوئی شخص کچھ محنت کر کے ذہانت اور قابلیت سے اکتساب کے ذریعے سے بھی اپنے آپ کو خطیب بنا لے، جیسا کہ مولانا شبلی، لیکن واقعہ یہ ہے کہ ابوالکلام جیسی خطابت اکتسابی نہیں ہو سکتی۔ میں اپنی تقریر کے متعلق یہ کہہ سکتا ہوں کہ اگر تیار ہو کر تقریر کروں تو شاید کر ہی نہ سکوں۔ بس جو برجستہ روح القدس میرے دل پر ڈالتا ہے، وہ میں تقریر کر دیتا ہوں، لیکن میں بہت مختصر تقریر کرتا ہوں۔ لمبی تقریر نہ کسی کی سن سکتا ہوں، نہ کر سکتا ہوں۔ مجھے یاد

ہے، طالب علمی کے زمانے میں، میں نے مدرسے کے ایک جلسے میں تقریر کی تھی۔ اُس جلسے میں مولانا محمد علی جوہر، مولانا سید سلیمان ندوی اور مولانا عبد الرحمٰن نگرامی جیسے لوگ موجود تھے۔ میری تقریر سب لوگوں نے اتنی پسند کی کہ مولانا فراہی نے اپنے ”مجموعۂ فراہی“ کا پورا سیٹ اپنے دستخطوں سے مزین کر کے مجھے بصلۂ حسن تقریر انعام دیا، لیکن میں شاذ و نادر ہی اور بڑی مشکل سے کسی جلسے میں جاتا ہوں اور ہمیشہ کسی ضرورت ہی پر تقریر کی ہے۔ ایک مرتبہ کچھ لوگ مولانا فراہی کے پاس آئے۔ اُنھوں نے میری تقریر کی بہت تعریف کی۔ مولانا سنتے بھی رہے، مسکراتے بھی رہے، لیکن جب وہ لوگ اٹھ گئے تو مولانا نے مجھے مخاطب ہو کر فرمایا کہ زیادہ تقریر کرنے سے آدمی کا دل سیاہ ہو جاتا ہے۔ یہ واقعہ ہے کہ اُس کے بعد میں تقریروں کے معاملے میں بہت محتاط ہو گیا۔ میں نے سوچا کہ تقریر کا شوق ایسی چیز نہیں ہے کہ جس کے لیے میں اپنا دل ہی سیاہ کر لوں۔ چنانچہ شدید ضرورت کے تحت تقریریں کیں۔

سوال: مولانا، عام طور پر آپ کی تقریروں کے موضوعات کیا ہوتے تھے؟

جواب: میری تقریروں کا موضوع ہمیشہ مذہب رہا ہے۔ ابتداے زندگی میں جب خلافت اور کانگرس کی تحریکیں چل رہی تھیں اور میں ”مدینہ“ اخبار سے وابستہ تھا تو اُس زمانے میں کچھ سیاسی تقریریں بھی کیں تھیں۔ میں نے زیادہ تقریریں جماعتِ اسلامی کے دور میں کی ہیں۔ اُس وقت تو جماعت کا موضوع مذہب ہی ہوتا تھا۔ اب، ہو سکتا ہے کچھ اور بن گیا ہو۔

سوال: آپ کے استادِ گرامی مولانا فراہی کی وفات کے بعد اُن کی کتنی تصانیف مکمل حالت میں تھیں اور کتنی کتابوں کے مسودات ادھورے تھے؟

جواب: مولانا کی زندگی میں تو اُن کی تفسیر کے کچھ اجزا چھپے تھے۔ رسالہ ”امعان فی

اقسام القرآن'' بھی شائع ہوا تھا۔ رسالہ ''الرای الصحیح فی من ھوالذبیح'' بھی شائع ہوا تھا۔ اِن کے علاوہ اُن کا ایک فارسی دیوان بھی چھپا تھا۔ باقی تمام کتابیں جو تقریباً دو درجن تھیں، وہ سب کی سب مسودات کی شکل میں بکس میں بند تھیں۔ اُن میں سے ایک درجن کے قریب تو ''دائرۂ حمیدیہ'' نے شائع کر دیں، لیکن کم و بیش اتنے ہی مسودات ابھی تک موجود ہیں۔ اِن مسودات کی نقول میرے پاس بھی ہیں اور ''دائرۂ حمیدیہ'' میں بھی ہیں۔ اب چونکہ مولانا فراہی پر ''ادارۂ تحقیقات اسلامی'' نے بھی کام شروع کر دیا ہے، اِس لیے اِن مسودات کی فوٹو اسٹیٹ اُن کو بھی مہیا کر دی گئی ہیں۔

سوال: مولانا فراہی کیسے شاعر تھے؟ اُن کا کچھ کلام آپ کو یاد ہے؟

جواب: میرے نزدیک مولانا فراہی بے نظیر شاعر تھے، لیکن میں اُن کا شاگرد ہوں، اِس لیے ممکن ہے کہ دوسرے لوگ یہ بات نہ مانیں۔ میرے ذوق کے مطابق تو مولانا بے نظیر شاعر تھے۔ میری یادداشت اتنی زیادہ نہیں رہی۔ اُن کے اشعار کچھ کچھ مجھے یاد ہیں:

در جہان خواب گاہ نتوان کرد
خواب بر راہ وچاہ نتوان کرد
کار از بہر کار باید کرد
از پئی واہ، واہ نتوان کرد
کز پئی واہ، واہ نادانان
زندگانی تباہ نتوان کرد
جز بدرگاہ ایزد یکتا
پشت خود راہ دوتاہ نتوان کرد

اِس طرح اُن کا اردو کلام بھی اردو ادب کا شاہ کار ہے۔ عربی زبان کے تو وہ بے نظیر شاعر

تھے۔ طرابلس وغیرہ پر جو نظمیں اُنھوں نے لکھیں، وہ اتنی درد انگیز اور موثر ہیں کہ کہا جاتا ہے کہ شیخ سنوسی نے جب وہ نظمیں سنیں تو وہ رونے لگے۔

سوال: مولانا فراہی علامہ اقبال کے ہم عصر تھے۔ کیا علامہ اقبال سے اُن کا کوئی تعلق تھا؟

جواب: مولانا علامہ اقبال کے ہم عصر تو تھے، ممکن ہے، علی گڑھ کے زمانے میں کبھی دیکھا ہو، لیکن میرے علم کی حد تک اُن کا کوئی خاص تعلق نہیں رہا۔

سوال: مولانا فراہی کی عربی تصانیف میں سے متعدد تصانیف کو آپ نے اردو زبان میں منتقل کیا ہے۔ اُن کی کتنی کتب ایسی ہیں جو اب تک اردو میں منتقل نہیں ہوئیں؟ کیا آپ اُنھیں اردو میں منتقل کرنے کا ارادہ رکھتے ہیں یا آپ نے کوئی ایسا منصوبہ بنایا ہے کہ آپ کی نگرانی میں کوئی اور اُنھیں اردو میں منتقل کر دے؟

جواب: مولانا کی تمام تفسیری چیزوں کا تو میں نے اردو میں ترجمہ کر دیا ہے۔ اِس کے علاوہ ''امعان فی اقسام القرآن'' اور رسالہ ''الرای الصحیح فی من ھو الذبیح'' کا ترجمہ بھی کر دیا ہے۔ اب جو چیزیں باقی ہیں، اُن کی نوعیت یہ ہے کہ وہ مولانا کے طریقے پر ریسرچ کرنے والوں کے لیے تو کارآمد ہو سکتی ہیں، لیکن اردو میں اگر اُن کا ترجمہ کیا جائے تو اُن سے کوئی فائدہ نہیں اٹھایا جا سکتا۔ اِس کی وجہ یہ ہے کہ وہ خالص اونچے درجے کی علمی اور فنی چیزیں ہیں۔ اور بہت ہی اختصار کے ساتھ نوٹس اور یادداشتوں کی شکل میں موجود ہیں۔ اِن چیزوں کے متعلق یہ کوشش، البتہ ہو رہی ہے کہ جس حد تک بھی ممکن ہو، اُنھیں مرتب کر کے دو تین مجموعوں کی شکل میں چھاپ دیا جائے تاکہ اسکالرز اِن سے استفادہ کر سکیں۔ اِس کے بعد اِن کو صحیح طریقے پر مدون کرنے کا کام بھی ہو سکتا، اِن کی توضیح بھی ہو سکتی ہے اور جہاں جہاں مولانا نے خلا چھوڑا ہے، اُس کو بھرنے کی کوشش بھی کی جا سکتی ہے۔ میری طاقت تو اب ختم

ہو چکی ہے۔ میں سمجھتا ہوں کہ میں اب مزید محنت کرنے کے قابل نہیں رہا۔ اللہ نے جتنا چاہا، کام لے لیا۔ میرے ساتھیوں میں سے ایسے لوگ ہیں جن سے میں توقع کرتا ہوں کہ وہ اِس کام کو ان شاء اللہ جاری رکھیں گے۔ اگر خدا نے چاہا تو یہ کام ہوتا رہے گا۔

سوال: وہ کون لوگ ہیں جن سے آپ کو توقع ہے؟

جواب: میرے ساتھیوں میں سے خالد مسعود صاحب ہیں، عبد اللہ صاحب ہیں، جاوید احمد صاحب ہیں۔ اِسی طرح اعظم گڑھ میں جو لوگ کام کر رہے ہیں، اُن میں مولانا بدر الدین صاحب ہیں۔ اب اِن لوگوں سے میں یہ چاہتا ہوں کہ یہ اِس کام میں حصہ لیں۔

سوال: تفسیر ''تدبر قرآن'' آپ کا عظیم ترین علمی اور تصنیفی کارنامہ ہے۔ اِس تفسیری شاہ کار کی تصنیف پر کتنے برس صرف ہوئے؟

جواب: یہ کہا جاتا ہے کہ قرآنِ مجید 23 سال میں نازل ہوا ہے۔ اتنی ہی مدت میں نے ''تدبرِ قرآن'' کی تکمیل پر صرف کی ہے۔

سوال: ''تدبر قرآن'' کی آٹھویں جلد حال ہی میں زیورِ طبع سے آراستہ ہو کر ہمارے ہاتھ میں پہنچی ہے۔ یہ جلد کب مکمل ہوئی؟

جواب: یہ جلد 29/ رمضان 1400ھ میں مکمل ہوئی ہے، یعنی پچھلے سے پچھلے رمضان میں، میں نے اِس کی آخری سطریں سپردِ قرطاس کی تھیں۔

سوال: ''تدبرِ قرآن'' کی تدوین کا محرک کیا تھا؟ کیا اردو زبان میں موجود متداول تفاسیر میں تشنگی تھی اور آپ نے یہ تفسیر لکھ کر اِس تشنگی کو دور کیا یا محض قرآنِ مجید سے عقیدت کی بنا پر آپ نے یہ کام شروع کیا اور پایۂ تکمیل کو پہنچا تو شاہ کار کی صورت اختیار کر گیا؟

جواب: یہ واقعہ ہے کہ ''تدبرِ قرآن'' کا اپروچ دوسری تمام تفسیروں سے مختلف ہے۔ دوسری تفسیریں یا تو روایات پر مبنی ہیں یا متکلمانہ الجھنوں پر مبنی ہیں۔ اِس تفسیر میں ڈائریکٹ

اپروچ کا طریقہ اختیار کیا گیا ہے، یعنی قرآن کی زبان، قرآن کے نظام اور قرآن کے اپنے شواہد و نظائر کی روشنی میں قرآنِ مجید کی تفسیر کی گئی ہے۔ دوسری تمام چیزوں، یعنی حدیث، قدیم آسمانی صحائف اور روایات وغیرہ میں سے جو چیزیں زبان، نظام اور قرآن کے اپنے نظائر کے موافق تھیں، وہ تو لے لی گئی ہیں، جو اُن کے خلاف تھیں، اُنھیں نظر انداز کر دیا گیا۔ اہل کتاب سے جتنی بھی بحث ہوئی ہے، براہِ راست اُن صحیفوں کی بنیاد پر ہوئی ہے، جن صحیفوں کے وہ مدعی ہیں۔

اِس سے پہلے قرآنِ مجید کی عقلیت جس حد تک بھی واضح کی گئی ہے، وہ علم کلام کی روشنی میں کی گئی ہے۔ قرآنِ مجید کی اپنی عقلیت اور اپنی حکمت جو آفاق و انفس کے دلائل پر مبنی ہے، اُس سے کسی نے بھی تعرض نہیں کیا۔ اِس کی وجہ یہ ہے کہ لوگ یونانیوں کے فلسفے سے متاثر اور مرعوب تھے اور قرآنِ مجید تو صرف قبروں پر پڑھنے کے لیے رہ گیا تھا۔ اِس تفسیر میں قرآنِ مجید کی اپنی حکمت اور اُس کے اپنے فلسفے کو پوری طرح واضح کرنے کی کوشش کی گئی ہے تاکہ پوری انسانیت کے لیے اُس کی دعوت عام ہو سکے۔

مولانا فراہی نے میرے اوپر اپنی زندگی کے پانچ نہایت عزیز سال صرف کیے تھے۔ اب اِس کے بعد میرے اندر قدرتی طور پر یہ خیال پیدا ہوا کہ مجھے مولانا کے اِس ناتمام کام کو تمام کرنے کی کوشش کرنی چاہیے۔ اگرچہ میں اپنے آپ کو اِس کا اہل تو نہیں سمجھتا تھا، لیکن اُنھوں نے میرا انتخاب کیا تو پھر مجھے ہی یہ کام کرنا تھا۔ پہلے تو میرا ارادہ یہ تھا کہ میں عربی زبان میں تفسیر لکھوں اور مولانا ہی کی تفسیر ''نظام القرآن'' کو مکمل کروں، لیکن بعد میں مجھے یہ خیال ہوا کہ یہاں عربی پڑھنے والے کتنے ہیں۔ یہاں تو کوئی بھی عربی نہیں پڑھ سکتا۔ یہ سوچ کر میں نے اردو میں تفسیر لکھنے کا ارادہ کیا اور اِس کا نام ''تدبرِ قرآن'' رکھا۔

قرآنِ مجید کے متعلق یہ سوءِ ظن شروع سے چلا آ رہا تھا کہ اِس میں کوئی نظم نہیں، کوئی

ترتیب نہیں ہے۔ سورتیں اور آیتیں یونہی جوڑ دی گئی ہیں۔ اِس خیال کو میں نے اپنی تفسیر میں مکمل طور پر باطل کر دیا ہے۔ قرآنِ مجید کی ہر آیت دوسری آیت سے اور ہر سورہ دوسری سورہ سے مربوط ہے۔ پورا قرآنِ مجید ''فاتحہ'' سے لے کر ''والناس'' تک نہایت سائینٹیفک ترتیب رکھتا ہے۔ اِس سے زیادہ سائینٹیفک اور اعلیٰ ترتیب نہیں ہو سکتی۔

سوال: تدبرِ قرآن کے علاوہ آپ کی دوسری تصانیف کون کون سی ہیں؟ اُن کی مجموعی تعداد کیا ہے؟

جواب: ''تدبرِ قرآن'' کے علاوہ میری تقریباً 13،14 کتابیں چھپ چکی ہیں۔ میری ایک کتاب ''مبادی تدبرِ قرآن'' ہے، جس میں، میں نے قرآنِ مجید کی تفسیر کے اصول بیان کیے ہیں۔ یہ میری پہلی کتاب ہے۔

میری ایک کتاب ''فقہی اختلافات کا حل'' ہے۔ اِس کتاب میں، میں نے اُن تعصبات کے اوپر ضرب لگائی ہے، جو مسلمانوں کے مختلف فقہی گروہوں میں پائے جاتے ہیں۔ میں نے ثابت کیا ہے کہ اِن تعصبات کی دین میں کوئی بنیاد نہیں ہے۔

''حقیقتِ توحید''، ''حقیقتِ شرک''، ''حقیقتِ نماز''، ''حقیقتِ تقویٰ'' یہ ایسے رسالے ہیں، جو میں نے دین کے بنیادی عقائد اور دین کی حکمت کی وضاحت میں لکھے ہیں۔

''دعوتِ دین اور اُس کا طریق کار'' میری سب سے زیادہ مقبول کتاب ہے۔ مجھے خود بھی یہ کتاب سب سے زیادہ پسند ہے۔ اِس کتاب میں، میں نے پرانے طریقۂ تبلیغ کی بھی کچھ غلطیاں واضح کی ہیں اور اب جو سیاسی طریقۂ تبلیغ اختیار کیا گیا ہے، اُس پر بھی تنقید کی ہے۔ انبیا کی دعوت کے طریق کار کو میں نے اِس کتاب میں اصل موضوع بنایا ہے۔

اِس کے علاوہ میں نے ''اسلامی قانون کی تدوین'' لکھی ہے۔ اِس میں بتایا گیا ہے کہ اگر اسلامی قانون کو مدون کرنا ہے تو اِس تدوین کا قاعدہ کیا ہو گا۔ یہ کتاب اُن لیکچرز پر مشتمل ہے

جو میں نے یہاں کی یونیورسٹیوں اور کالجوں میں دیے ہیں۔

اِس کے علاوہ میں نے ایک کتاب ''تزکیۂ نفس'' کے عنوان سے بھی تحریر کی ہے۔ اِس کتاب میں تصوف پر تنقید کر کے بتایا ہے کہ اُس کی بنیاد کتاب و سنت پر نہیں ہے۔ یہ مجموعہ ہے رواقین، ایرانیوں اور ہندوؤں کے فلسفے کا۔ اِس میں صحیح باتیں بھی ہیں اور غلط باتیں بھی، لیکن کتاب و سنت سے اِس تصوف کا کوئی تعلق نہیں۔

اِس کے علاوہ ''پاکستانی عورت دوراہے پر'' میری ایک کتاب ہے۔ اِس کتاب میں، میں نے اپوا کے نظریات پر تنقید کی ہے اور یہ بتایا ہے کہ یہ نظریات قرآن و سنت کے بالکل خلاف ہیں۔

میں نے ایک کتاب ''قرآن میں پردے کے احکام'' بھی لکھی ہے۔ جس میں، میں نے یہ بیان کیا ہے کہ عورت جب گھر سے باہر نکلے تو اُس کا پردہ کیا ہے اور گھر میں جب اعزا و اقربا موجود ہوں تو اُس صورت میں پردے کے کیا حدود ہیں۔

اِس کے علاوہ ''اسلامی ریاست'' کے نام سے میری ایک کتاب ہے۔ میں نے مولانا فراہی سے جب بلنچلی کی کتاب ''Theory of State'' سبقاً سبقاً پڑھی تو اُس وقت میں نے یہ سوچا کہ میں اِسی نہج پر اسلام کے نظریۂ ریاست پر ایک مکمل کتاب تحریر کروں گا۔ چنانچہ میں نے اِس کی پانچ سات فصلیں تو لکھیں، لیکن پھر میری توجہ ''تدبرِ قرآن'' کی طرف ہو گئی اور یہ کام نامکمل رہ گیا، لیکن جس نامکمل حالت میں ہے، اُسی میں چھپ گئی ہے۔

''توضیحات'' اور ''تنقیدات'' میری دو ایسی کتابیں ہیں جن میں، میں نے اہم سیاسی اور قانونی مسائل پر تنقید کی ہے۔

اِن کے علاوہ میرے علمی اور تنقیدی مضامین کے دو مجموعے مرتب شکل میں موجود ہیں، لیکن ابھی چھپے نہیں اور موجودہ کام یہ ہے کہ اِس وقت میں نے دس لیکچرز اصولِ تفسیر پر

دیے ہیں اور دس لیکچرز اصولِ حدیث پر دیے ہیں۔ یہ دو کتابوں کا مواد ہے۔ ایک صاحب نے اصولِ حدیث پر لیکچروں کو کتابی صورت میں مرتب کرنے کا کام اپنے ذمہ لیا ہے، امید ہے کہ وہ کرلیں گے۔ اِسی طرح ایک دوسرے صاحب، توقع ہے کہ تفسیر کے لیکچرز کو بھی کتابی صورت میں مرتب کرلیں گے۔

علاوہ ازیں، میں ''موطا امام مالک'' کا درس دے رہا ہوں۔ یہ درس میں اِس طرح سے دے رہا ہوں کہ ریکارڈ بھی ہو رہا ہے اور ارادہ یہی ہے کہ اگر اللہ تعالیٰ نے موقع دیا تو اِسے شائع بھی کیا جاسکے گا۔ اِس کے ذریعے سے میں جو خدمت حدیث پر کرنا چاہتا ہوں، وہ کسی قدر ہو جائے گی۔

میں خود ''تزکیۂ نفس'' کا کام جو ناتمام رہ گیا ہے، اُسے مکمل کرنا چاہتا ہوں۔ یہ کتاب رسالے میں چھپ بھی رہی ہے اور میں اِس کی باقی فصلیں لکھنے کی کوشش بھی کر رہا ہوں۔

سوال: ابھی آپ نے فرمایا کہ تصوف کی اساس قرآن وسنت میں نہیں ہے، تو صوفیاے کرام جن کا ہمارے معاشرے میں بڑا شہرہ ہے، اُن کے بارے میں آپ کی کیا راے ہے؟

جواب: میری راے یہی ہے کہ اُن کا کام کتاب وسنت پر مبنی نہیں ہے۔

سوال: آپ نے پردہ اور قرآن کے بارے میں اپنی ایک کتاب کا ذکر کیا ہے۔ میں یہ دریافت کرنا چاہوں گا کہ ہماری خاتون مختلف ملازمتیں بھی کرتی ہے، باہر کے کام بھی کرتی ہے، اِس کو ہمارا دین کس طرح برداشت کرسکتا ہے؟

جواب: میرا خیال ہے کہ اگر آپ اِس سوال کو حل کرنا چاہتے ہیں اور اِس بارے میں میری راے معلوم کرنا چاہتے ہیں تو پہلے اِس موضوع پر میرا رسالہ پڑھ لیں۔ اِس میں اِن سوالات پر مفصل بحث موجود ہے۔

سوال: مولانا، ہم آپ کی سیاسی زندگی کے بارے میں بھی کچھ جاننا چاہتے ہیں، آپ

میدانِ سیاست میں بہت عرصہ تک کام کرتے رہے۔ آپ اپنی زندگی میں کن سیاسی جماعتوں سے وابستہ رہ چکے ہیں؟

جواب: ابتداے زندگی میں، میں تحریکِ خلافت سے بھی وابستہ رہا ہوں اور کچھ کانگرس سے بھی وابستہ رہا ہوں، لیکن یہ بالکل ابتدائی زندگی کی باتیں ہیں۔ جہاں تک جماعتِ اسلامی کا تعلق ہے تو میں اُس میں شامل نہیں ہوا تھا، بلکہ شامل کر لیا گیا تھا اور یہ وابستگی پورے سترہ سال تک باقی رہی۔ قصہ بالاجمال یوں ہے کہ جماعت اسلامی کے قیام سے پہلے میرے اور مولانا مودودی کے درمیان نظریات کا اختلاف تھا۔ وہ حیدر آباد سے اپنا رسالہ ''ترجمان القرآن'' نکال رہے تھے اور میں ''مدرستہ الاصلاح'' سے اپنا رسالہ ''الاصلاح'' نکال رہا تھا۔ وہ اُس زمانے میں متحدہ قومیت کے خلاف مضامین لکھ رہے تھے اور اچھے مضامین لکھ رہے تھے۔ اِس کے ساتھ ساتھ وہ یہ بات بھی کہتے تھے کہ ایک طرف علماہیں جن کا حال یہ ہے کہ وہ متحدہ قومیت کی طرف دعوت دے رہے ہیں اور ایک طرف مسلم لیگ ہے جو ''کُوْنُوْا عِبَادَ اللّٰہِ اِخْوَانًا'' کی دعوت دے رہی ہے۔ میں نے اپنے رسالے میں مولانا کے خیالات پر تنقید کی کہ آپ مسلم لیگ کی طرف غلط بات منسوب کر رہے ہیں۔ اُس کی دعوت ''کُوْنُوْا عِبَادَ اللّٰہِ اِخْوَانًا'' کی دعوت نہیں، بلکہ ''مسلم ہے تو مسلم لیگ میں آ'' کی دعوت ہے۔ اُس کو لوگوں کے دین، ایمان، اخلاق، کردار اور عقائد وغیرہ سے کوئی بحث نہیں۔ مسلم لیگ تو بس یہ ہے کہ جو لوگ اپنے آپ کو مسلمان کہتے ہیں، وہ ایک پلیٹ فارم پر جمع ہو جائیں۔ ''کُوْنُوْا عِبَادَ اللّٰہِ اِخْوَانًا'' کی دعوت انبیا کی دعوت ہے۔ اور یہی کرنے کا کام ہے۔ اگر مسلمانوں کے اندر آج یہ کام نہ کیا گیا اور اُن کا ذہن اگر ایک خاص سانچے پر ڈھل گیا تو پھر شاید اُس کو بدلنا بہت مشکل ہو جائے گا۔ مولانا مودودی نے مجھے لکھا کہ تم جو کچھ چاہتے ہو، میں بھی وہی چاہتا ہوں، لیکن میں اِس طرف بہ تدریج آنا چاہتا ہوں۔ چنانچہ واقعہ یہ ہے کہ اِس کے بعد اُنھوں نے جو

مضامین لکھے، اُن کا انداز اور لہجہ مختلف تھا۔ اِس کے بعد مولانا منظور نعمانی جو مولانا مودودی کے بھی ملنے والے تھے اور میرے بھی ملنے والے تھے، وہ سرائے میر میں مجھ سے ملے۔ اُنھوں نے مجھ سے کہا کہ تمھارے اور مودودی صاحب کے نظریات میں اتفاق ہو گیا ہے۔ اُنھوں نے اپنے مضامین کا انداز بدل لیا ہے، تو کیا یہ مناسب نہیں ہو گا کہ ذرا ایک مرتبہ تم بھی لاہور چلو اور وہاں مفصل بات چیت کی جائے اور کچھ مشترک کام کی اسکیم بنائی جائے۔ میں نے سفر سے گریز کرنا چاہا، لیکن میرے اور مولانا کے تعلقات ایسے تھے کہ اُن کے اصرار پر میں راضی ہو گیا۔ پھر میں لاہور آیا۔ مولانا مودودی صاحب کے ہاں اور لوگ بھی جمع تھے جو اُس وقت اُن سے متاثر تھے۔ دو تین دن کے قیام میں مختلف مسائل پر تبادلۂ خیال ہوا، لیکن واقعہ یہ ہے کہ میں اِس سے کچھ زیادہ متاثر نہیں ہوا۔ میرے ذہن میں یہ بات آئی کہ جس کام کا یہ لوگ ارادہ کر رہے ہیں، اُس کے یہ اہل نہیں ہیں۔ اِن لوگوں میں اتنی علمی استعداد نہیں ہے کہ انبیا کے طریقے پر دعوت کا کام انجام دینے کے لیے آیندہ جو مراحل ہوں گے، یہ اُن کے تقاضوں کو پورا کر سکیں گے، لیکن میں نے اِس کا اظہار نہیں کیا۔ جب لاہور اسٹیشن پر ہم اپنی اپنی منزلوں کی طرف روانہ ہونے لگے تو مولانا منظور نعمانی نے کہا کہ اب تمھاری مولانا مودودی سے ملاقات ہو گئی ہے تو اب تم نے کیا راے قائم کی ہے؟ میں خاموش رہا۔ اُنھوں نے پھر سوال کیا تو میں خاموش رہا۔ سہ بارہ جب اُنھوں نے سوال کیا تو میں نے عربی میں تند لہجے میں کہا کہ چھوڑیے اُن کا قصہ۔ اُن کے اور پرویز صاحب کے درمیان کوئی فرق نہیں۔ یہ سن کر اُنھوں نے میرے کندھوں پر ہاتھ پھیرا اور کہا کہ اب آپ اور سید صاحب تو نہیں مل سکتے۔ اب تو کسی کام چلاؤ آدمی سے کام چلانا پڑے گا۔ اِس کے بعد ہم اپنی اپنی منزلوں کو سدھارے۔ کچھ دنوں کے بعد یہ لوگ لاہور میں مجتمع ہوئے اور اُنھوں نے جماعتِ اسلامی کی بنیاد ڈال دی۔ میں اُس وقت اِس میں شریک نہیں ہوا تھا، لیکن

میرا نام بھی دے دیا گیا۔ جب یہ بات پریس میں آئی تو مولانا سید سلیمان ندوی نے مجھ سے پوچھا کہ تم تو گئے ہی نہیں، پھر تمھارا نام کیسے آگیا؟ میں نے کہا: اب تو آگیا ہے؟ کہنے لگے کہ میں تمھاری طرف سے تردید کیے دیتا ہوں۔ اب مجھے پریشانی ہوئی، کیونکہ مولانا نعمانی سے میرے تعلقات بہت مخلصانہ تھے۔ میں نے یہ سمجھا کہ غالباً اُنھوں نے اپنے اعتماد پر میرا نام دے دیا ہے۔ اب اگر میں اُن کے اعتماد کو مجروح کروں گا تو یہ اچھی بات نہیں ہوگی۔ میں نے کہا: جانے دیجیے کوئی دین ہی کا کام ہو گا، کیا حرج ہے۔ اِس طریقے سے میں جماعتِ اسلامی میں گویا شامل کر لیا گیا۔ اب جب شامل ہو گیا تو میرا ایک مزاج یہ ہے کہ جب میں ایک کام کو لیتا ہوں تو آسانی سے نہیں چھوڑتا۔ چنانچہ اِس کے بعد یہ بھی ہوا کہ مجھے لانے والے مولانا منظور نعمانی بھی اور مولانا علی میاں بھی جماعت سے الگ ہو گئے، لیکن میں جماعت میں موجود رہا۔ اور واقعہ یہ ہے کہ میں نے اپنی پوری وفاداری، پوری راست بازی اور پورے اخلاص کے ساتھ جماعت کی سترہ سال تک خدمت کی۔

سوال: آپ جماعتِ اسلامی سے علیحدہ کیوں ہو گئے؟

جواب: جماعتِ اسلامی سے علیحدہ ہونے کا قصہ یہ ہے کہ تقسیم کے بعد جب جماعتِ اسلامی لاہور میں آ گئی تو میں نے نمایاں طور پر یہ محسوس کیا کہ مولانا مودودی کو اُن کے خوشامدی لوگوں نے اِس خوش فہمی میں ڈال دیا ہے کہ اِس ملک کے لوگ اب اپنی موجودہ مسلم لیگی قیادت کو اُن کی قیادت سے تبدیل کرنا چاہتے ہیں۔ میں نے یہ بھی محسوس کیا کہ اُن کے اندر یہ غلط فہمی پیدا کر دی گئی ہے کہ تحریک مجرد اصول سے نہیں چلا کرتی، بلکہ شخصیت سے چلتی ہے اور شخصیت یوں ہی نہیں بنتی، بلکہ بنانے سے بنتی ہے۔ گویا خوشامدیوں کا مطلب یہ تھا کہ جب تک اُن کے لیے وہ سارے جتن نہیں کریں گے جو لیڈروں کے لیے کیے جاتے ہیں، یعنی جھنڈے اٹھانا، جلوس نکالنا اور نعرے لگانا وغیرہ تو اُس وقت تک وہ لیڈر نہیں بن

سکتے۔ اور جب تک لیڈر پیدا نہیں ہو گا تو مجرد اصولوں پر تحریک کیسے چلے گی۔ مجھے جب یہ باتیں محسوس ہوئیں تو میں نے مولانا مودودی سے مل کر اُنھیں توجہ دلائی کہ یہ خیالات کم زور ہیں۔ جن لوگوں نے آپ کے ذہن میں یہ باتیں ڈالنے کی کوشش کی ہے، اُن کی رائے صحیح نہیں ہے۔ یہ ملک موجودہ قیادت کو آپ کی قیادت سے بدلنے کے لیے ابھی بہت عرصے بعد تیار ہو گا۔ میں نے کہا کہ یہ صحیح ہے کہ کوئی تحریک مجرد اصول سے نہیں چلتی، بلکہ لیڈر سے چلتی ہے، لیکن لیڈر بنایا نہیں جاتا، بلکہ خود بنتا ہے۔ آپ واقعی لیڈر ہیں اور آپ اپنے اعمال سے لیڈر کے طور پر نمایاں ہو جائیں گے۔ میں نے مزید کہا کہ اگر ہم اپنے جتھے کی قیمت موجودہ اربابِ اقتدار سے وصول کرنا چاہتے ہیں تو یہ انبیا کا طریقہ نہیں ہے۔ انبیا کا کام دعوتِ دین ہے۔ حق کی شہادت دینا ہے۔ اُن کے نصیب میں تختہ دار ہو یا اقتدار، دونوں صورتیں اُن کے لیے یکساں ہوتیں ہیں۔ لیکن میرا خیال ہے کہ مولانا کے ذہن کے اندر خوشامدی لوگوں نے یہ باتیں رچا بسا دی تھیں۔ چنانچہ جب پنجاب کا الیکشن ہوا تو ایک سیاسی پارٹی کی حیثیت سے یہ بھی میدان میں کود پڑے۔ اب ظاہر ہے، اِس میدان میں کودنے کا نتیجہ کیا ہو سکتا تھا۔ قیادت تو کیا تبدیل ہوتی، اِن حضرات میں کوئی صاحب بھی اپنی ضمانت نہیں بچا سکے۔ سب بری طرح ہار گئے، لیکن اِس سے بڑا جو تاریخی حادثہ پیش آیا، وہ یہ تھا کہ جماعت نے اپنے جن مذہبی اور اخلاقی اصولوں کا بڑی بلند آہنگی سے دعویٰ کیا تھا اور جن کا شروع سے اپنی تحریروں اور تقریروں میں برابر اعلان کرتی رہی تھی، اُن تمام اصولوں کی الیکشن میں دھجیاں بکھیر کے رکھ دیں۔ یعنی امیدواری پہلے شریعت میں حرام تھی، اب ہر ایک امیدوار بن گیا۔ پہلے پروپیگنڈا بالکل شیطانی عمل تھا اور اب وہ جائز ہو گیا۔ چونکہ یہ لوگ اِس میدان سے واقف نہیں تھے، اِس لیے احساس کم تری میں مبتلا ہو کر اُنھوں نے بڑی بھونڈی غلطیاں کیں۔

اِس الیکشن کا نتیجہ یہ نکلا کہ جماعت میں ایک عظیم بحران پیدا ہو گیا۔ جماعت کا جو نیک طبقہ تھا، اُس نے کہا کہ ہم کیا کرنے چلے تھے اور کیا کر بیٹھے۔ ہمارے تو سارے اخلاقی اصول تباہ ہو گئے، جماعت کا کردار تباہ ہو گیا۔ یعنی اِن لوگوں کو شکست سے زیادہ اپنی اخلاقی ساکھ کے ختم ہو جانے کا غم تھا۔ اِس کے بعد شوریٰ نے ایک جائزہ کمیٹی بٹھائی کہ وہ پوری جماعت کا جائزہ لے کر ایک رپورٹ تیار کرے اور اُس میں متعین کرے کہ کیا غلطیاں ہوئیں ہیں اور اُن کی اصلاح کی کیا شکل ہو سکتی ہے۔ جائزہ کمیٹی چار نہایت معزز ارکان پر مبنی تھی۔ اُس نے تمام امور کا جائزہ لے کر اپنی رپورٹ تیار کی۔ مولانا مودودی نے اِس رپورٹ کو اپنے اوپر ایک چارج شیٹ سمجھ لیا، حالاں کہ واقعہ یہ ہے کہ ایسا نہیں تھا۔ اِس کے بعد اِس رپورٹ پر غور کرنے کے لیے اور اِس کی روشنی میں جماعت کی پالیسی کا جائزہ لینے اور اُس میں تبدیلی کرنے کے لیے ماچھی گوٹھ میں ایک اجتماع ہوا۔ وہاں مجلس شوریٰ نے گویا جائزہ کمیٹی کی رپورٹ بھی منظور کر لی اور جائزہ کمیٹی کے ارکان کا شکریہ ادا کیا۔ اور جماعت کی پالیسی میں بھی فی الجملہ تبدیلی کر دی تاکہ سیاسی انہماک کم کر کے تربیت و اصلاح کے کام پر زیادہ توجہ دی جائے۔ شوریٰ تو اِس بحران پر قابو پانے میں کامیاب ہو گئی، لیکن مولانا مودودی صاحب ناکام ہو گئے۔ اُن کے دل میں یہ بات بیٹھ گئی تھی کہ اِس رپورٹ میں اُن کے اوپر الزام لگایا گیا ہے۔ چنانچہ لاہور آ کر اُنھوں نے جائزہ کمیٹی کے چاروں ارکان کو یہ نوٹس دے دیا کہ آپ لوگوں نے جماعت کے خلاف سازش کی ہے، لہٰذا یا تو آپ استعفا دے دیں، ورنہ میں آپ کے حلقوں کو لکھوں گا کہ وہ آپ کو واپس بلا لیں۔ مولانا کے اِس اقدام پر میں نے سختی کے ساتھ احتجاج کیا۔ میں نے اُن کو ایک خط لکھا، جسے میں اپنی تحریری دستاویزات میں بہت اہم سمجھتا ہوں۔ اِس خط میں، میں نے یہ ثابت کیا کہ اُن کا یہ اقدام کسی طرح بھی صحیح نہیں ہے۔ اِس خط کو پڑھ کر شام کے سفیر نے جو جماعت سے کچھ مناسبت رکھتے تھے، کہا کہ آپ نے خط

ایسے لکھا ہے، جیسے کوئی جسٹس فیصلہ لکھتا ہے، اگر چہ اِس میں کچھ سختی ہے۔ اِس خط نے ایک بحران پیدا کر دیا۔ میں نے یہ اعلان کر دیا کہ اگر مودودی صاحب نے اپنے اقدام کو واپس نہ لیا تو میں لازماً استعفا دے دوں گا۔ بیچ میں پڑنے والے لوگ مجھے اطمینان دلاتے رہے کہ مولانا نہ صرف اپنا حکم واپس لیں گے، بلکہ شوریٰ کے ارکان سے معافی بھی مانگیں گے، لیکن واقعہ یہ ہے کہ مودودی صاحب فیصلہ کر چکے تھے۔ جب اُنھوں نے فیصلہ کر لیا تو میں نے بھی فیصلہ کر لیا کہ اب مجھے علیحدہ ہو جانا چاہیے، کیونکہ اب یہ جماعت یا تو پیری مریدی کا نظام ہے یا پھر ایک آمر کی آمریت ہے۔ اِن دونوں چیزوں میں سے کسی سے مجھے دل چسپی نہیں ہے۔ آرا کا اختلاف کوئی ایسی چیز نہیں تھی کہ میں اِس بنا پر جماعت کو چھوڑ دیتا، لیکن یہ ایک ایسی چیز تھی جس کے بعد میرے لیے جماعت کے اندر رہنا ممکن نہیں تھا۔ چنانچہ مجھے یاد ہے کہ میں نے کھڑے کھڑے استعفا لکھا اور آخر میں یہ لکھ دیا کہ یہ استعفا واپس لینے کے لیے نہیں بھیجا جا رہا۔ اِس کے بعد دوڑ دھوپ ہوئی۔ مولانا مودودی بھی آئے تو میں نے اُن سے کہا: مولانا، میں نے آپ کو پہچان لیا اور آپ نے مجھے پہچان لیا۔ 'هذا فراق بيني وبينك'، اب ہم کبھی نہیں ملیں گے۔

سوال: اللہ میاں کے ہاں تو ملیں گے؟

جواب: ہاں، وہاں تو خیر ملنا ہی ہے (ہنستے ہوئے)۔

سوال: کہیں ایسا نہ ہو کہ آپ وہاں بھی ملنے سے انکار کر دیں؟

جواب: میری تو دعا ہے کہ اے میرے رب، رفیق اعلیٰ کی معیت اور صحبت نصیب کر۔ اگر مولانا بھی اِس میں شامل ہوں گے تو فبہا۔

سوال: جیسے جیسے مجھے دین کا شعور ہوتا جا رہا ہے، میں اپنے آپ کو شرک میں گھرا ہوا پاتا ہوں۔ شرک میرے چاروں طرف بے پناہ پھیل رہا ہے۔ اِس سے بچاؤ کی کیا صورت ہو سکتی

ہے؟

جواب: اِس سے بچاؤ کے لیے سب سے پہلے تو آپ کو جاننا پڑے گا کہ شرک ہے کیا۔ صحیح علم کے بغیر کوئی قدم نہیں اٹھتا۔ اِس زمانے میں جتنے بھی کام ہو رہے ہیں، وہ سب صحیح علم کے بغیر ہو رہے ہیں۔ اندھے، راہ دکھانے والے بن گئے ہیں۔ مریض، طبیب بن گئے ہیں۔ سب سے پہلے آپ کو چاہیے کہ آپ شرک کی حقیقت کو سمجھیں۔ میرا مشورہ ہے کہ آپ میری کتاب ''حقیقت شرک و توحید'' کا پہلے مطالعہ فرمالیں۔ اِس کے بعد اگر کوئی سوال کریں تو مجھے بڑی خوشی ہو گی۔

سوال: مولانا اِس وقت جب ہم چاروں طرف نظر ڈالتے ہیں تو ہماری سرحدوں سے باہر ہمارے دشمن موجود ہیں، لیکن ہمارے وہ دشمن زیادہ خطرناک ہیں جو ہماری آستینوں میں گھسے بیٹھے ہیں۔

جواب: باہر کا دشمن تو حقیقت میں اُسی وقت کچھ کر سکتا ہے جب ہم اپنے اندر کے دشمنوں کو کچھ کرنے کا موقع دیں۔ ہر ہلاکت اندر ہی سے پیدا ہوتی ہے۔ قرآنِ مجید کے فلسفے کی رو سے میں یہ جانتا ہوں کہ یہ ہمارے اندر کا فساد ہے، جو برے نتائج پیدا کرتا ہے۔ اگر ہم اپنے اندر سے فساد کو نکال دیں تو باہر کا دشمن ہمارا کچھ نہیں بگاڑ سکتا۔

سوال: مولانا ہمارے مسائل کا حل صرف عملی مسلمان بننا ہے، کتاب و سنت پر عمل کرنا ہے اور وہی ہم نہیں کرتے۔ شاید اِسی لیے ہم دنیا کے آلام میں مبتلا ہیں؟

جواب: اِس میں کوئی شبہ نہیں۔ میرا تو یہی عقیدہ ہے اور یہ عقیدہ عقل اور منطق پر مبنی ہے کہ ساری تباہی اِسی بات کا نتیجہ ہے کہ ہم اپنے پیغمبر اور قرآن کا بتایا ہوا راستہ چھوڑ چکے ہیں، لیکن یہ کہنے سے کچھ نہیں ہوتا، لازم ہے کہ اِس راستے کو عملی طور پر اختیار کیا جائے۔ اِس کو اختیار کیے بغیر اللہ کی رحمت ہماری طرف متوجہ نہیں ہو سکتی۔

سوال: مولانا ہمارے لیے، قوم کے لیے، پاکستان کے لیے دعا فرمائیے کہ اللہ تعالیٰ فلاح عطا فرمائے؟

جواب: میں آپ سے سچ عرض کرتا ہوں کہ روزانہ ایک مرتبہ فجر کی نماز کے بعد، میں اِن تمام امور کے لیے دعا کرتا ہوں۔ میں کبھی اِس معاملے میں غافل نہیں رہا۔ اِس ملک کے لیے، اِس قوم کے لیے، میرے اندر بڑی بے چینی ہے۔ یہ ملک مسافروں سے بھری ایک ایسی کشتی کے مانند ہے جو ہچکولے کھارہی ہے۔ اے میرے رب، اِس کشتی کو بچا، ہماری قوم کو بچا، ملت مسلمہ کو بچا۔

سوال: مولانا ایک محقق، ایک عالم، ایک مفسر قرآن کی حیثیت سے آپ کا قوم کے لیے کیا پیغام ہے؟

جواب: میرا پیغام یہ ہے کہ 'وَاعْتَصِمُوْا بِحَبْلِ اللّٰہِ جَمِیْعًا وَّلَا تَفَرَّقُوْا'۔ سب مل کر اللہ کی رسی کو مضبوط پکڑو اور آپس میں کسی قسم کا تفرق نہ ہو۔ ہمارے اور اللہ کے درمیان رسی قرآنِ مجید ہے۔ اِس کے سوا میرا اور کوئی پیغام نہیں۔

(بہ شکریہ، ریڈیو پاکستان، لاہور)

[جنوری 1998ء]

تعارف و تبصره

”قولِ فیصل“

اِس زمانے میں، جب کہ حق و صداقت اور حریت و عزیمت کے الفاظ اپنا مفہوم کھو بیٹھے ہیں، اِس زمانے میں، جب کہ مردانِ کار کو عظمت کی موت سے کہتری کی زندگی زیادہ عزیز ہو گئی ہے اور اِس زمانے میں، جب کہ رہنمایانِ دین وسیاست کا مقصدِ حیات بلندی کردار نہیں، بلکہ منزل اقتدار بن گیا ہے، اُس نوائے سروش کو پھر سے سنانے کی ضرورت ہے، جس نے کئی برس پہلے ہندوستان کے باسیوں میں آزادی کی روح پھونک دی تھی۔ اپنی سماعتوں سے اگر ہم بے حسی کے پردے ہٹا دیں تو اِس آواز کی بازگشت آج بھی سنی جا سکتی ہے۔ یہ آواز کلکتہ کی انگریزی عدالت کے کٹہرے سے آرہی ہے۔ پابندِ سلاسل کا نام ابوالکلام آزاد ہے۔ اُس پر الزام ہے کہ اُس نے اپنی پکار سے قوم کو بدیسی شہنشاہوں کے خلاف کھڑا کر دیا ہے۔ وہ لوگ جو آزادی کے معنی ہی بھول چکے تھے، اُنھیں متاع زندگی سے بے نیاز کر کے آزادی کے لیے بر سرپیکار کر دیا ہے۔ کٹہرے سے آواز بلند ہو رہی ہے:

”اگر بیوروکریسی کے نزدیک آزادی اور حق طلبی کی جدوجہد جرم ہو اور وہ ان لوگوں کو سخت سزاؤں کا مستحق خیال کرے جو انصاف کے نام سے اس کی غیر منصفانہ ہستی کے خلاف جنگ کر رہے ہیں، تو میں اقرار کرتا ہوں کہ میں نہ صرف اس کا مجرم ہوں بلکہ ان لوگوں میں سے ہوں جنھوں نے اس جرم کی اپنی قوم کے دلوں میں تخم ریزی کی ہے اور

اس کی آب یاری کے لیے اپنی پوری زندگی وقف کر دی ہے ...یقیناً میں نے کہا ہے کہ ''موجودہ گورنمنٹ ظالم ہے۔''لیکن اگر میں یہ نہ کہوں تو اور کیا کہوں؟ میں نہیں جانتا کہ کیوں مجھ سے یہ توقع کی جائے کہ ایک چیز کو اس کے اصل نام سے نہ پکاروں۔ میں سیاہ کو سفید کہنے سے انکار کرتا ہوں... گورنمنٹ ناانصافی اور حق تلفی سے باز آ جائے۔ اگر باز نہیں آئے گی تو مٹا دی جائے گی۔ میں نہیں جانتا کہ اس کے سوا اور کیا کہا جا سکتا ہے۔ یہ تو انسانی عقائد کی اتنی پرانی سچائی ہے کہ صرف پہاڑ اور سمندر ہی اس کے ہم عمر کہے جا سکتے ہیں۔ جو چیز بری ہے اسے یا تو درست ہو جانا چاہیے یا مٹ جانا چاہیے۔''

یہ وہ کلمۂ حق ہے جو جابر سلطان کے سامنے کہا گیا اور عزیمت کی داستان کہلایا۔

یہ وہ بیان حقیقت ہے جو ظلم کی عدالت میں دیا گیا اور عدل کا عنوان قرار پایا۔

یہ وہ قولِ فیصل ہے جو حق ناشناسوں کی محفل میں سنایا گیا اور حق و باطل کی فرقان بن گیا۔

اِس کلمۂ حق، اِس بیان حقیقت اور اِس قولِ فیصل کے بارے میں جناب جاوید احمد غامدی نے لکھا ہے:

''انسانی تاریخ میں سقراط کے بعد ابوالکلام کا یہی بیان ہے، جس کے پیغمبرانہ اسلوب میں یوحنا و مسیح کا اذعان بولتا ہوا محسوس ہوتا ہے۔ حسن و صداقت اور عظمت کو الفاظ کا یہ پیرہن ابوالکلام کے قلم ہی سے مل سکتا تھا۔ مسلمانوں میں دعوت و عزیمت کی روایت اپنے جس منتہاے کمال پر اس بیان میں ظاہر ہوئی ہے، اس کی نظیر اگر دنیا میں ہے تو بہ قول اقبال:

قلب مسلماں میں ہے اور نہیں ہے کہیں''

''مکتبۂ جمال، لاہور'' نے اِس تحریری بیان کو ''قولِ فیصل'' کے نام سے کتاب کی صورت میں شائع کیا ہے۔ اُن کا یہ اقدام لائق تحسین ہے، مگر اِسے کتابوں کے اوراق میں جکڑ کر زندانِ کتب میں پھینکنے کے بجاے کوچہ و بازار میں بلند آہنگ کے ساتھ دہرانے کی ضرورت

ہے۔ ہو سکتا ہے کہ اِسے سن کر وہ مسیحا جاگ اٹھے، جس کی راہ برسوں سے یہ قوم تک رہی ہے۔

''قولِ فیصل'' میں مولانا ابوالکلام کی گرفتاری کا کچھ پس منظر بیان کرنے کے بعد مقدمے کی پوری روداد درج کی گئی ہے۔ آخر میں مقدمے کا فیصلہ نقل کر کے اِس کتاب کو ایک جامع تاریخی دستاویز بنا دیا گیا ہے۔ اِس کتاب کا ایک خوب صورت حصہ وہ پیغام ہے جو مولانا آزاد نے گرفتاری کا یقین ہو جانے کے بعد، گرفتاری سے دو روز پہلے تحریر کیا تھا۔ اِس پیغام کے مخاطبین ہند کے مسلمان ہیں۔ اُن کے علاوہ خلافت کمیٹی، جمعیت العلما، حکومتِ بنگال، حکیم اجمل خان اور مہاتما گاندھی کو بھی اُنھوں نے مخاطب بنایا ہے۔ اِس کتاب کا دیباچہ جناب جاوید احمد غامدی نے ''سقراط کے بعد'' کے عنوان سے تحریر کیا ہے۔

مولانا آزاد کے اِس تحریری بیان کا تعارف کرانے سے پہلے یہ ضروری معلوم ہوتا ہے کہ اُس زمانے کے سیاسی حالات، اُن میں مولانا کے موقف اور تحریکی سرگرمیوں کا مختصر سا جائزہ لے لیا جائے۔ اِس کی ضرورت اِس لیے بھی محسوس ہوتی ہے کہ ''قولِ فیصل'' میں اِس نوعیت کی معلومات درج نہیں کی گئیں۔

ہندوستان میں برطانوی استعمار کے خلاف جدوجہد میں تحریکِ خلافت ایک بڑا سنگ میل ہے۔ پہلی جنگِ عظیم میں ترکی کی سلطنت عثمانیہ نے برطانیہ اور اُس کے اتحادیوں کے مقابلے میں جرمنی کا ساتھ دیا۔ ہند کے مسلمانوں کو تشویش ہوئی کہ اِس جنگ کے نتیجے میں ترکی کے زیرِ انتظام مختلف مقاماتِ مقدسہ کو نقصان نہ پہنچے۔ اِس موقع پر برطانوی حکومت نے اِس امر کی یقین دہانی کرائی کہ ترکی کو کوئی نقصان نہیں پہنچایا جائے گا، لیکن جنگ کے دوران ہی میں اُس نے اِس کے برعکس رویہ شروع کر دیا۔ ایک طرف اُس نے اعلان بالفور کے ذریعے سے

اسرائیلیوں کی تنظیم کو یہ یقین دہانی کرائی کہ برطانوی حکومت اُن کے لیے فلسطین میں ایک علیحدہ ریاست قائم کرنے کی پوری کوشش کرے گی۔ دوسری طرف اُس نے عربوں کے سلطنتِ عثمانیہ کے خلاف باغیانہ جذبات کو ابھارااور اُنھیں ہر طرح کی فوجی امداد کا یقین دلایا۔

جنگ 11/ نومبر 1918ء کو ختم ہو گئی، لیکن جرمنی کی حتمی شکست سے کچھ پہلے ہی 3/ اکتوبر کو سلطنتِ عثمانیہ نے جنگ سے دست بر داری کا اعلان کر دیا۔ 3/ نومبر 1918ء کو اتحادیوں اور سلطنتِ عثمانیہ کے مابین صلح کا معاہدہ ہوا۔ اِس کے مطابق ترک فوجیں ختم کر دی گئیں، جنگی جہاز ضبط کر لیے گئے، ریلوے کا نظام اتحادیوں نے سنبھال لیا۔ اِس کے علاوہ یہ بھی طے پایا کہ ایشیاے کوچک اور عرب علاقے میں سرحدوں کا تعین از سر نو ہو گا۔ البتہ، ترکی کا داخلی انتظام ترکوں ہی کے ہاتھ میں رہے گا۔ ترکی کی داخلی خود مختاری کے حوالے سے معاہدے کی پاس داری زیادہ عرصے قائم نہ رہ سکی اور اتحادیوں کی فوج نے 12/ نومبر کو قسطنطنیہ پر قبضہ کر لیا، اِسی طرح موصل اور بعض دوسرے علاقوں پر بھی اتحادی قابض ہو گئے۔

مسلمانانِ ہنداِس صورتِ حال پر بہت رنجیدہ تھے۔ اُن کی اجتماعیت کا رہاسہامرکز ترکی ہی تھا۔ وہ اگرچہ سلطنتِ عثمانیہ سے کوئی ریاستی تعلق تو نہیں رکھتے تھے، مگر وہ ترکی میں قائم خلافت سے جذباتی طور پر وابستہ تھے۔ وہ اِس ادارے کو ٹوٹتے ہوئے نہیں دیکھنا چاہتے تھے۔ چنانچہ اُنھوں نے ترکی میں خلافت کی بقا کے لیے ستمبر 1919ء میں مجلس خلافت قائم کی۔ یہ ایک ایسا معاملہ تھا جس پر مسلمانوں کے سبھی رہنما متفکر تھے۔ مسلمان زعما کی کاوشوں کے نتیجے میں 9/ دسمبر 1919 کو مسلم لیگ، کانگرس، مجلس خلافت اور جمعیت علماے ہند کے امر تسر میں اکٹھے اجلاس منعقد ہوئے۔ اِن میں یہ طے پایا کہ جنوری 1920ء میں ایک وفد وائسراے ہند سے ملاقات کرے گا اور مولانا محمد علی جوہر کی زیر قیادت ایک وفد انگلستان

بھیجا جائے گا۔ اِن دونوں وفود کی ملاقاتیں بے سود رہیں۔ انگریز حکمرانوں نے مسلمانوں کے مطالبات کو ماننے سے صاف انکار کر دیا۔ مولانا جوہر کی رہنمائی میں وفد ابھی انگلستان ہی میں تھا کہ اتحادیوں اور ترکی کے مابین 14/ مئی 1920 کو 'معاہدۂ سیورے' کے عنوان سے ایک مستقل معاہدہ ہوا۔ اِس معاہدے کے مطابق یہ طے پایا کہ سلطانِ ترکی اتحادیوں کی مدد سے حکومت کرے گا۔ اتحادی جب چاہیں، ترکی کی آبناؤں یا کسی دوسرے حصے پر قبضہ کر سکتے ہیں۔ ترکی کے تمام یورپی حصے چھین لیے جائیں گے اور آرمینیا کے نام سے نئی ریاست وجود میں آئے گی۔ تمام عرب ممالک ترکی کی خلافت سے آزاد ہوں گے۔ شام فرانس کی نگرانی میں ہو گا اور عراق و اردن برطانیہ کے انتظام میں ہوں گے، جب کہ مغربی اناطولیہ اور سمرنا یونان کی تحویل میں رہیں گے۔ 10/ اگست 1920 کو سلطانِ ترکی نے مجبوراً اِس معاہدے کی منظوری دی۔ جون 1920ء میں مسلمان رہنماؤں نے وائسرائے لارڈ چیمسفورڈ کو نوٹس دے دیا کہ اِس معاہدہ کے شرائط کو اگر یکم اگست تک نہ بدلا گیا تو ہندوستان میں عدم تعاون کی تحریک کا آغاز کر دیا جائے گا۔ حکومت نے اِس نوٹس کو کچھ خاص اہمیت نہیں دی۔ چنانچہ خلافت کمیٹی کی اپیل پر یکم اگست کو ہندوستان بھر میں ہڑتال ہوئی۔ گاندھی کو تحریک عدم تعاون کا متفقہ لیڈر قرار دیا گیا۔ اِس کے بعد کانگرس نے بھی تحریک میں باقاعدہ شمولیت اختیار کر لی۔ 6/ دسمبر 1920ء کو جمعیت العلما نے ایک ہنگامی اجلاس طلب کیا، اِس میں مولانا ابو الکلام آزاد اور مولانا مظہر الدین کی تائید سے یہ قرارداد منظور ہوئی کہ اتحادیوں کی ترکی کے خلاف ناانصافی کی وجہ سے مسلمانوں پر لازم ہے کہ وہ حکومت سے عدم تعاون کریں۔ گاندھی نے بحالی خلافت کے ساتھ آزادی ہند کو بھی تحریک کے مقاصد میں شامل کر لیا۔ چنانچہ کانگرس، مسلم لیگ، خلافت کمیٹی اور جمعیت العلما نے مشترکہ طور پر تحریک کا آغاز کیا۔ عدم تعاون کا پروگرام یہ تھا کہ طلبہ سرکاری اسکولوں اور کالجوں کو چھوڑ دیں، عدالتوں کا

مقاطعہ کیا جائے، سرکاری خطابات واپس کیے جائیں، سرکاری ملازمتوں سے استعفے دیے جائیں، لیکن یہ سارے معاملات عدم تشدد کی بنیاد پر، پرامن طریقے سے انجام دیے جائیں۔ جولائی 1921ء میں گاندھی نے سودیشی تحریک کا آغاز کر دیا، جس سے مراد یہ تھی کہ غیر ملکی مصنوعات کا بائیکاٹ کیا جائے اور صرف ہندوستانی اشیا استعمال کی جائیں۔

مولانا ابوالکلام آزاد تحریکِ خلافت کی ابتدا ہی میں تحریک میں فعال ہو گئے تھے۔ یہ کہا جا سکتا ہے کہ مسلمان رہنماؤں میں مولانا آزاد وہ پہلے شخص تھے جنھوں نے گاندھی کی عدم تعاون کے بارے میں تجویز کی تائید کی۔ شورش کاشمیری لکھتے ہیں:

"ایک مشترکہ اجلاس میں گاندھی جی نے عدم تعاون کا پروگرام پیش کیا۔ اس اجلاس میں مولانا محمد علی جوہر، مولانا شوکت علی، مولانا عبدالباری (فرنگی محل) حکیم محمد اجمل خان اور مولانا آزاد شریک تھے۔ حکیم اجمل خان نے کہا: وہ اس پر غور کرنے کی مہلت چاہتے ہیں۔ مولانا عبدالباری نے کہا کہ وہ مراقبہ کیے بغیر تائید نہیں کر سکتے، خدا کی طرف سے اشارہ ملنے پر وہ رائے دے سکتے ہیں۔ مولانا محمد علی اور شوکت علی نے کہا کہ فی الحال وہ مولانا عبدالباری کے فیصلے کا انتظار کریں گے۔ گاندھی نے مولانا آزاد سے پوچھا تو انھوں نے بلا تامل جواب دیا: "مجھے آپ سے کاملاً اتفاق ہے، یہی ایک اسلحہ ہے جس سے ہم برطانوی استعمار کا مقابلہ کر سکتے اور اپنے مقاصد کے مددگار ہو سکتے ہیں، ترکی کی مدد بھی اسی طرح ہو سکتی ہے۔" چند ہفتے بعد میرٹھ میں خلافت کانفرنس ہوئی تو گاندھی جی نے پہلی دفعہ عدم تعاون کا پروگرام پیش کیا۔ مولانا آزاد نے قرارداد کی تائید کی۔"

(ابوالکلام آزاد 132)

مارچ 1921ء میں مولانا آزاد نے مہاتما گاندھی کے ہم راہ ہندوستان کا تیسرا دورہ کیا، اُس وقت ضلع لاہور اور امرتسر میں جلسے یا تقریر پر پابندی تھی، اِس لیے مہاتما گاندھی نے گوجرانوالہ جا کر تقریر کی، لیکن مولانا نے یہ اعلان کیا کہ وہ جمعہ کے روز بادشاہی مسجد میں

خطاب کریں گے۔ حکومتِ پنجاب کے بعض وزرا نے گاندھی سے شکایت کی کہ مولانا کا طرزِ عمل آپ کے خلاف ہے، اِس پر گاندھی نے کہا: "بلاشبہ، میں عام طور پر سول نافرمانی کی اجازت کا مخالف ہوں، مگر مولانا آزاد جیسے ذمہ دار فرد کے لیے اِس کا دروازہ ہمیشہ کھلا ہے۔" جمعہ کے روز مولانا آزاد نے پہلے جمعے کا خطبہ دیا اور پھر نماز کے بعد مسجد کے صحن میں ایک زوردار تقریر کی اور مسلمانوں کو ترکِ موالات پر ابھارا۔ ایک سرکاری اخبار نے اِسے "صحن مسجد میں باغیانہ لیکچر" سے تعبیر کیا۔ ایک ہفتہ بعد وہ امرتسر آئے۔ یہاں کی جامع مسجد میں بھی اُنھوں نے جمعے کا خطبہ دیا اور نماز کے بعد ترکِ موالات پر خطاب کیا۔

8/ جولائی 1921 کو کراچی میں خلافت کانفرنس کے اجلاس میں مولانا جوہر نے یہ قرارداد منظور کرائی کہ عدم تعاون کے پروگرام کو تدریج کے بجائے بہ یک وقت روبہ عمل کیا جائے اور مسلمانوں کے لیے برطانوی فوج کی ملازمت ممنوع قرار دی جائے۔ اِس قرارداد کی بنا پر 14/ اگست 1921ء کو علی برادران گرفتار کر لیے گئے۔ یہ خبر سن کر مولانا آزاد نے ہالیڈے پارک کلکتہ میں بیس ہزار کے مجمعے سے خطاب کیا۔ اپنے خطاب میں اُنھوں نے یہ واضح کیا کہ:

> "جس ریزولیوشن کی بنا پر علی برادران گرفتار کیے گئے ہیں وہ میرا ہی تیار کیا ہوا ہے اور میری ہی صدارت میں سب سے پہلے اسی کلکتہ کے ٹاؤن ہال میں منظور ہوا ہے، میں اس سے بھی زیادہ تفصیل اور صفائی کے ساتھ اس کے مضمون کا اعلان کرتا ہوں؟"

(قول فیصل 17)

مولانا آزاد 10/ دسمبر 1921ء کی صبح کو دفعہ 124-الف کے تحت گرفتار کر لیے گئے۔ چیف پریزیڈنسی مجسٹریٹ کی عدالت میں 13/ دسمبر 1921ء کو سماعت شروع ہوئی، 24/ جنوری کو مولانا نے اپنا بیان داخل کیا اور 9/ فروری 1922ء کو عدالت نے اُنھیں ایک سال

قید بامشقت کا حکم سنایا۔

گاندھی نے اُن کے بیان پر تبصرہ کرتے ہوئے کہا:

''مولانا آزاد کا عدالتی بیان ایک عظیم بیان ہے۔ اس میں بہت بڑی ادبی خوب صورتی ہے۔ وہ نہایت وسیع اور روانی کے ساتھ پر جوش بھی ہے، غایت درجہ وجدان ہے۔ اس کا لہجہ غیر متزلزل اور غیر مفاہمانہ ہے، لیکن سنجیدہ اور متین بھی ہے۔ پورا بیان گراں قدر ہی نہیں بہترین سیاسی تعلیم بھی ہے اور محض عدالتی بیان نہیں قوم و ملک سے خطاب بھی ہے۔'' (ابوالکلام آزاد، شورش کاشمیری 266)

مولانا ابوالکلام نے بعد ازاں ایک موقعے پر اِس بیان پر تبصرہ کرتے ہوئے کہا:

''تب تحریکِ لاتعاون اس نہج پر تھی کہ ہم لوگ جماعتی طور پر عدالت میں بیان نہ دینے کا فیصلہ کر چکے تھے اور یہ فیصلہ قطعی تھا۔ لوگ قافلہ در قافلہ قید ہو رہے تھے۔ ان قید ہونے والوں کی تعداد کئی ہزار تک چلی گئی۔ ان میں ہر روز اضافہ ہو رہا تھا۔ ظاہر ہے کہ اس قافلے میں ہر قسم کے لوگ تھے۔ بیان نہ دینے کا فیصلہ فی الجملہ مقاطعہ نہ تھا بلکہ ایک پابندی تھی کہ بھانت بھانت کی بولیاں جمع نہ ہوں جس سے وحدت افکار کا بٹوارہ ہو اور وہ یکسانی نہ رہے جو تحریک میں نظم و ضبط قائم رکھنے کے لیے ضروری تھی۔ میرا بیان تحریک کے افکار و مطالب پر ایک خطبہ تھا۔ معاملہ یہ نہ تھا کہ بیان ناگزیر تھا، مقصود یہ تھا کہ تحریک کو اس طرح تقویت ہو گی، عوام کا حوصلہ بڑھے گا کہ جو لوگ حق کے سفر کو نکلتے ہیں وہ ملزموں کے کٹہرے سے خوف زدہ نہیں ہوتے، وہاں ان کا لب و لہجہ باہر سے کہیں زیادہ توانا ہوتا ہے۔ اس زمانے میں اس بیان نے فی الواقع عوام کو حوصلہ دیا، ان کے ارادوں کو مستحکم کیا اور ان کے دل و دماغ کو انگیز نے کے علاوہ ان کے حوصلہ و یقین کو علو کیا۔ یہ بیان ایک لحاظ سے میرا ذاتی بیان نہ تھا، ایک اجتماعی جہد کا رجز تھا۔ میں نے عوام کے محسوسات ان کے دماغوں سے کھرچ کے الفاظ کے سانچے میں ڈھال دیے۔ ایکا ایکی قید کی

تنہائی میں لہرا اٹھی۔ طبیعت نے چاہا کہ بیان ہونا چاہیے، اور بیان ہو گیا۔ قلم اٹھایا، کاغذ موجود تھے، لکھنا شروع کیا تو خیالات اس سرعت سے چلے آرہے تھے کہ سوال الفاظ کی تلاش کا تھا، الفاظ کے چناؤ کا نہ تھا۔" (ابو الکلام آزاد، شورش کاشمیری 303)

اِس پس منظر کے بعد اب ہم مولانا آزاد کے عدالتی بیان کا چند عنوانات کے تحت جائزہ لیتے ہیں۔

افتتاحیہ

ابتدا میں مولانا نے اِس بات کی وضاحت کی ہے کہ اُنھوں نے عدم تعاون کے پروگرام کے باوجود کیوں بیان دیا ہے۔ اُنھوں نے واضح کیا ہے کہ وہ اِس طرح کا بیان دینے کا کوئی ارادہ نہیں رکھتے تھے، کیونکہ یہی تحریکِ عدم تعاون کا تقاضا تھا، مگر جب اُنھیں محسوس ہوا کہ حکومت واضح ثبوت فراہم نہ کر سکنے کی وجہ سے عاجز اور پریشان ہے تو اُنھوں نے یہ بیان دینے کا فیصلہ کیا۔ مولانا لکھتے ہیں:

"(حکومت کی) یہ (عاجزی) دیکھ کر میری رائے بدل گئی۔ میں نے محسوس کیا کہ جو سبب بیان نہ دینے کا تھا وہی اب متقاضی ہے کہ خاموش نہ رہوں اور جس بات کو گورنمنٹ باوجود جاننے کے دکھلا نہیں سکتی اسے خود کامل اصرار کے ساتھ اپنے قلم سے لکھ دوں۔ میں جانتا ہوں کہ قانون عدالت کی رو سے یہ میرے فرائض میں داخل نہیں ہے، میری جانب سے پراسیکیوشن کے لیے یہ بھی بہت بڑی مدد ہے کہ میں نے ڈیفنس نہیں کیا، لیکن حقیقت کا قانون عدالتی قواعد کی حیلہ جوئیوں کا پابند نہیں ہے۔ یقیناً یہ سچائی کے خلاف ہو گا کہ ایک بات صرف اس لیے پوشیدہ رہنے دی جائے کہ مخالف اپنی عاجزی کی وجہ سے ثابت نہ کر سکا۔" (72)

عدم تعاون کی تحریک کا جواز پیش کرتے ہوئے اُنھوں نے لکھا ہے:

"نان کوا پریشن موجودہ حالت سے کامل مایوسی کا نتیجہ ہے، اور اسی مایوسی سے کامل تبدیلی کا عزم ہوا ہے۔ ایک شخص جب گورنمنٹ سے نان کوا پریشن کرتا ہے تو گویا اعلان کرتا ہے کہ وہ گورنمنٹ کے انصاف اور حق پسندی سے مایوس ہو چکا ہے۔ وہ اس کی غیر منصف طاقت کے جواز سے منکر ہے اور اس لیے تبدیلی کا خواہش مند ہے۔" (69)

عدالتی نظام پر تبصرہ

مولانا آزاد نے عدم تعاون کی تحریک کو حکومت سے کامل مایوسی کا نتیجہ قرار دیا ہے۔ اُن کے نزدیک اِس کا مطلب ہی یہ ہے کہ لوگ حکومت کے انصاف اور حق پسندی سے مایوس ہو چکے ہیں۔ عدالتی نظام سے اپنی مایوسی کا اظہار کرتے ہوئے وہ بیان کرتے ہیں:

"گورنمنٹ کے سوا کوئی ذی حواس اس سے انکار نہیں کر سکتا کہ بحالت موجودہ سرکاری عدالتوں سے انصاف کی کوئی امید نہیں ہے۔ اس لیے نہیں کہ وہ ایسے اشخاص سے مرکب ہیں جو انصاف کرنا پسند نہیں کرتے بلکہ اس لیے کہ ایسے ظالم نظام پر مبنی ہے جس میں رہ کر کوئی مجسٹریٹ ان ملزموں کے ساتھ انصاف نہیں کر سکتا جن کے ساتھ خود گورنمنٹ انصاف کرنا پسند نہ کرتی ہو۔" (69)

تاریخ کی عدالتوں کو وہ اِسی صف میں کھڑا کرتے ہیں:

"تاریخ عالم کی سب سے بڑی ناانصافیاں میدان جنگ کے بعد عدالت کے ایوانوں ہی میں ہوئی ہیں۔ دنیا کے مقدس بانیان مذہب سے لے کر سائنس کے محققین اور مکتشفین تک کوئی پاک اور حق پسند جماعت نہیں ہے جو مجرموں کی طرح عدالت کے سامنے کھڑی نہ کی گئی ہو۔ بلاشبہ زمانے کے انقلاب سے عہد قدیم کی بہت برائیاں مٹ گئیں۔ میں تسلیم کرتا ہوں کہ اب دنیا میں دوسری صدی عیسوی کی خوف ناک عدالتیں اور ازمنۂ متوسط کی پر اسرار "انکویزیشن" وجود نہیں رکھتیں۔ لیکن میں یہ ماننے کے لیے تیار نہیں کہ جو

جذبات ان عدالتوں میں کام کرتے تھے ان سے بھی ہمارے زمانے کو نجات مل گئی ہے۔ وہ عمار تیں ضرور گرا دی گئیں، جن کے اندر خوف ناک اسرار بند تھے، لیکن ان دلوں کو کون بدل سکتا ہے جو انسانی خود غرضی اور ناانصافی کے رازوں کا دفینہ ہیں ... عدالت کی ناانصافیوں کی فہرست بڑی ہی طولانی ہے۔ ہم اس میں حضرت مسیح جیسے پاک انسان کو دیکھتے ہیں جو اپنے عہد کی اجنبی عدالت کے سامنے چوروں کے ساتھ کھڑے کیے گئے۔ ہم کو اس میں سقراط نظر آتا ہے جس کو صرف اس لیے زہر کا پیالہ پینا پڑا کہ وہ اپنے ملک کا سب سے زیادہ سچا انسان تھا۔ ہم کو اس میں فلورنس کے فداکار حقیقت گلیلیو کا نام بھی ملتا ہے جو اپنی معلومات و مشاہدات کو اس لیے جھٹلانہ سکا کہ وقت کی عدالت کے نزدیک ان کا اظہار جرم تھا۔‘‘(70)

اعترافِ جرم

مولانا آزاد پر اُن کی دو تقریروں کے شارٹ ہینڈ میں لیے گئے اقتباسات کی بنا پر مقدمہ قائم کیا گیا تھا۔ تقریروں کے نوٹس اِس قدر ناقص اور مبہم تھے کہ مولانا اگر چاہتے تو مقدمے کی بنیاد ہی کو بے معنی ثابت کر سکتے تھے، مگر چونکہ وہ حکومت کے خلاف جدوجہد کو عین حق سمجھتے تھے اوراپنی تقریروں اور تحریروں کے ذریعے سے حکومت کے خلاف رائے عامہ کو مسلسل ہموار کر رہے تھے، اِس لیے اُنھوں نے پوری شان کے ساتھ اپنے ’’جرم‘‘ کا اعتراف کیا۔ تاریخ انسانی میں اعترافِ ’’جرم‘‘ کا یہ منصب کم ہی لوگوں کو نصیب ہوا ہے۔ چند جملے ملاحظہ کیجیے:

’’یقیناً میں نے کہا ہے کہ ’’موجودہ گورنمنٹ ظالم ہے۔‘‘لیکن اگر میں یہ نہ کہوں تو اور کیا کہوں؟ میں نہیں جانتا کہ کیوں مجھ سے یہ توقع کی جائے کہ ایک چیز کو اس کے اصل نام سے نہ پکاروں۔ میں سیاہ کو سفید کہنے سے انکار کرتا ہوں ... میں اقرار کرتا ہوں کہ میں

نے نہ صرف انھی دو موقعوں پر بلکہ گذشتہ دو سال کے اندر اپنی بے شمار تقریروں میں یہ اور اسی مطلب کے لیے اس سے زیادہ واضح اور قطعی جملے کہے ہیں۔ ایسا کہنا میرے اعتقاد میں میرا فرض ہے۔ میں فرض کی تعمیل سے اس لیے باز نہیں رہ سکتا کہ وہ 124-الف کا جرم قرار دیا جائے گا۔ میں اب بھی ایسا ہی کہنا چاہتا ہوں اور جب تک کہہ سکتا ہوں، ایسا ہی کہتا رہوں گا۔ اگر میں ایسا نہ کہوں تو اپنے آپ کو خدا اور اس کے بندوں کے آگے بدترین گناہ کا مرتکب سمجھوں۔" (85)

بیانات کی تصحیح

مولانا آزاد پر جن دو تقریروں کی بنا پر مقدمہ قائم کیا گیا۔ حکومت نے اُن کے نوٹس لینے کے لیے اردو مختصر نویسوں کو مقرر کیا تھا۔ مقدمے کے دوران میں جب یہ نوٹس مولانا کے سامنے آئے تو اُنھوں نے محسوس کیا کہ نوٹس بہت ناقص ہیں اور اُن کے اکثر حصے بے ربط جملوں کا مجموعہ ہیں۔ اردو زبان کے سب سے بڑے خطیب کے لیے یہ کیسے ممکن تھا کہ وہ اپنے ساتھ بے معنی جملوں کی نسبت گوارا کر لے۔ چنانچہ مولانا آزاد نے اپنے اوپر لگائے گئے الزامات کو تسلیم کرتے ہوئے اِس امر کی وضاحت بھی ضروری سمجھی:

"استغاثہ نے جو نقل پیش کی ہے وہ (میری تقریروں کی) نہایت ناقص، غلط اور مسخ شدہ صورت ہے اور محض بے جوڑ اور بعض مقامات پر بے معنی جملوں کا مجموعہ ہے۔ تاہم میں اس کے غلط اور بے ربط جملوں کو چھوڑ کر (کیونکہ اس کے اعتراف سے میرا ادبی ذوق ابا کرتا ہے) باقی وہ تمام حصہ تسلیم کرتا ہوں جس میں گورنمنٹ کی نسبت خیالات کا اظہار ہے یا پبلک سے گورنمنٹ کے خلاف جدوجہد کرنے کی اپیل کی گئی ہے۔" (82)

مولانا نے بیان میں مختصر نویس کی مرتب کردہ تقریر کے اہم حصوں کو نقل کیا ہے اور بریکٹ لگا کر ضروری تصحیحات کر دی ہیں۔ مثلاً ایک جملہ ہے کہ "تم انھی طاقتوں سے کام

لو۔''مولانا نے بریکٹ میں واضح کیا ہے کہ یہاں ''طاقتوں'' کے بجائے ''ہتھیاروں'' ہونا چاہیے۔اِسی طرح اُنھوں نے ایک جملے میں اِس طرح تصحیح کی ہے:

''(لیکن) میں تو ایسی جنگ چاہتا ہوں (جو) ایک ہی دن ختم نہ ہو بلکہ فیصلہ کے آخری دن تک (جاری رہے)۔''(84)

تصحیحات کی وضاحت اُنھوں نے دیکھیے کس شان سے کی ہے:

''میں نے اس لیے تصحیح کر دی کہ پراسیکیوشن کو استدلال میں مدد ملے، اگر اس مقصد کے لیے پوری تقریر کی تصحیح و تکمیل ضروری ہو تو میں اسی طرح کر دینے کے لیے تیار ہوں۔''(84)

مولانا پر الزام اِن کی دو تقریروں ہی کی بنا پر تھا۔ یہ تقریریں اردو مختصر نویسوں نے بہت ناقص طریقے سے مرتب کی تھیں۔اِس وجہ سے مولانا نے اردو مختصر نویسی کے فن پر تبصرہ کرنا ضروری سمجھا۔اُنھوں نے لکھا ہے:

''اردو مختصر نویسی کا قاعدہ اور مختصر نویس کی ناقابلیت دونوں ان نقائص کے لیے ذمہ دار ہیں۔ اردو مختصر نویسی کا قاعدہ 1905ء میں کرسچن کالج لکھنؤ کے دو پروفیسروں نے ایجاد کیا۔ مجھے معلوم ہے کہ اس کے موجدوں نے انگریزی علامات کو بہت تھوڑے تغیر کے ساتھ منتقل کر لیا ہے، لیکن وہ اردو حروف و املا کو پوری طرح محفوظ کر دینے میں کامیاب نہ ہو سکے... یہ تو اصل قاعدہ کا نقص ہے لیکن جب اس پر مختصر نویس کی ناقابلیت کا بھی اضافہ ہو جائے تو پھر کوئی خرابی ایسی نہیں ہے جس سے انسانی تقریر مسخ نہ کی جا سکے... میں وثوق سے کہہ سکتا ہوں کہ کلکتہ کی پولیس اور عدالتوں میں ایک شخص بھی اردو زبان کے لیے قابل اعتماد نہیں ہے۔ اگر یہاں اس حقیقت کا احساس ہوتا تو صرف یہی بات بطور ایک عجیب واقعہ کے خیال کی جاتی کہ میری تقریروں کے لیے پولیس اور سی۔ آئی۔ ڈی کے غریب رپورٹروں کی شہادت لی جا رہی ہے۔ میں تسلیم کرتا ہوں کہ کم از کم یہ

منظر ضرور میرے لیے تکلیف دہ ہے۔"(113)

حکومتِ ہند کے جرائم

مولانا آزاد نے ہندوستان کی انگریز حکومت کے خلاف نہایت واشگاف الفاظ میں تنقید کی اور اُس کے الگ الگ جرم کو نمایاں کیا۔ لکھتے ہیں:

"موجودہ گورنمنٹ محض ایک ناجائز بیوروکریسی ہے۔ وہ کروڑوں انسانوں کی مرضی اور خواہش کے لیے محض نفی ہے۔ وہ ہمیشہ انصاف اور سچائی پر اسٹیج کو ترجیح دیتی ہے۔ وہ جلیاں والا باغ امرتسر کا وحشیانہ قتل جائز رکھتی ہے۔ وہ انسانوں کے لیے اس حکم میں کوئی ناانصافی نہیں مانتی کہ چوپایوں کی طرح پیٹ کے بل چلائے جائیں۔ وہ بے گناہ لڑکوں کو صرف اس لیے تازیانے کی ضرب سے بے ہوش ہو جانے دیتی ہے کہ کیوں ایک بت کی طرح"یونین جیک" کو سلام نہیں کرتے؟ وہ تیس کروڑ انسانوں کی پیہم التجاؤں پر بھی اسلامی خلافت کی پامالی سے باز نہیں آتی۔ وہ اپنے تمام وعدوں کے توڑنے میں کوئی عیب نہیں سمجھتی۔ وہ سمرنا اور تھریس کو صریح نامنصفانہ طور پر یونانیوں کے حوالہ کر دیتی ہے اور پھر تمام اسلامی آبادی کے قتل وغارت کا تماشا دیکھتی ہے۔ پھر نہ تو ان مظالم و جرائم کے لیے اس کے پاس اعتراف ہے نہ تلافی بلکہ ملک کی جائز اور باامن جدوجہد کو پامال کرنے کے لیے ہر طرح کا جبر و تشدد شروع کر دیا جاتا ہے۔ میں ایسی گورنمنٹ کو "ظالم" اور "یا درست ہو جاؤ، یا مٹ جاؤ" نہ کہوں تو کیا "عادل" اور "نہ درست ہو، نہ مٹو" کہوں؟"(106)

عدم تشدد

مولانا آزاد نے خلافت کی پوری تحریک میں عدم تشدد کی راہ اختیار کی اور مسلمانوں کو بھی

اِسی کی ترغیب دی، کیونکہ اُن کے نزدیک ہندوستان کے حالات میں نان وائلینس ہی کا طریقہ مفید ہو سکتا تھا، لیکن اِس بارے میں وہ گاندھی سے مکمل اتفاق نہیں کرتے تھے۔ گاندھی کا نقطۂ نظر یہ تھا کہ ہر حال میں عدم تشدد ہی کا طریقہ اختیار کیا جائے اور تلوار کے مقابلے میں تلوار اٹھانے سے گریز کیا جائے، جب کہ مولانا ناگزیر صورت میں حکومت کے خلاف تلوار اٹھانے کو جائز سمجھتے ہیں، لیکن صرف اُنھی حالات میں جائز سمجھتے ہیں جن میں اسلام نے اِس کی اجازت دی ہے۔ اُنھوں نے اپنے بیان میں یہ ضروری سمجھا کہ اِس حوالے سے اپنے اور مہاتما گاندھی کے مابین اتفاق و اختلاف کو واضح کریں۔ چنانچہ وہ لکھتے ہیں:

"ہم نے آزادی اور حق طلبی کی اس جنگ میں "نان وائلینس، نان کواپریشن" کی راہ اختیار کی ہے۔ ہمارے مقابلے میں طاقت اپنے تمام جبر و تشدد اور خون ریز وسائل کے ساتھ کھڑی ہے۔ لیکن ہمارا اعتقاد صرف خدا پر ہے اور اپنی غیر مختتم قربانی اور غیر متزلزل استقامت پر مہاتما گاندھی کی طرح میرا یہ اعتقاد نہیں ہے کہ کسی حال میں بھی ہتھیار کا مقابلہ ہتھیار سے نہیں کرنا چاہیے۔ اسلام نے جن حالتوں میں اس کی اجازت دی ہے میں اس پر فطرت الٰہی اور عدل و اخلاق کے مطابق یقین کرتا ہوں، لیکن ساتھ ہی ہندوستان کی آزادی اور موجودہ جدوجہد کے لیے مہاتما گاندھی کے تمام دلائل پر متفق ہوں اور ان دلائل کی سچائی پر پورا اعتقاد رکھتا ہوں۔ میر ایقین ہے کہ ہندوستان نان وائلینس جدوجہد کے ذریعے سے فتح مند ہو گا اور اس کی فتح مندی اخلاقی اور ایمانی فتح کی یاد گار مثال ہو گی۔"

(111)

آزادی کی اہمیت

مولانا آزادی کو انسانیت کی بہت بڑی قدر سمجھتے تھے۔ ہمارے ہاں یہ طرزِ عمل عام ہے کہ جب بھی برصغیر کی جدوجہدِ آزادی کا ذکر ہوتا ہے تو صرف مسلم لیگی رہنماؤں کی کاوشوں کو بیان کیا جاتا ہے اور دوسرے رہنماؤں کی خدمات سے صرفِ نظر کیا جاتا ہے، بلکہ بعض

لوگ تو اُن کی خدمات کو منفی معنی پہنانے کی کوشش کرتے ہیں۔ یہ طرزِ عمل ناانصافی پر مبنی ہے۔ مولانا آزاد کے تحریکِ پاکستان کے حوالے سے نقطۂ نظر کے بارے میں اختلاف کیا جا سکتا ہے، مگر اُن کی انگریزوں سے آزادی کی جدوجہد پر کوئی انگلی نہیں اٹھائی جا سکتی، بلکہ اگر یہ کہا جائے تو شاید غلط نہ ہو گا کہ اِس معاملے میں مولانا آزاد تحریکِ پاکستان کے متعدد قائدین سے بہت آگے کھڑے ہیں۔ وہ آزادی کو ایمان کا درجہ دیتے ہیں اور اِس کے لیے جدوجہد کو اپنا مذہبی فریضہ سمجھتے ہیں۔ وہ اپنے بیان میں لکھتے ہیں:

"میرا اعتقاد ہے کہ آزاد رہنا ہر فرد اور ہر قوم کا پیدائشی حق ہے۔ کوئی انسان یا انسانوں کی گھڑی ہوئی بیوروکریسی یہ حق نہیں رکھتی کہ خدا کے بندوں کو اپنا محکوم بنائے۔ محکومی اور غلامی کے لیے کیسے ہی خوش نما نام کیوں نہ رکھ لیے جائیں لیکن وہ غلامی ہی ہے اور خدا کی مرضی اور قانون کے خلاف ہے۔ پس میں موجودہ گورنمنٹ کو جائز حکومت تسلیم نہیں کرتا اور اپنا ملکی، مذہبی اور انسانی فرض سمجھتا ہوں کہ اس کی محکومی سے ملک و قوم کو نجات دلاؤں۔"(86)

جمہوریت عین اسلام ہے

اُس زمانے میں، جب کہ برصغیر کے اکثر علمائے دین جمہوریت کو ایک باطل نظام قرار دے رہے تھے، مولانا آزاد نے جمہوریت کو عین اسلام قرار دیا۔ وہ جمہوریت کو اسلام ہی کا ورثہ سمجھتے تھے۔ لکھتے ہیں:

"پیغمبر اسلام اور ان کے جاں نشینوں کی حکومت ایک مکمل جمہوریت تھی اور صرف قوم کی رائے، نیابت اور انتخاب سے اس کی بناوٹ ہوئی تھی۔ اسلام نے بادشاہ کے اقتدار اور شخصیت سے انکار کیا ہے اور صرف ایک رئیس جمہوریہ (پریزیڈنٹ آف ری پبلک) کا عہدہ قرار دیا ہے۔ لیکن اس کے لیے بھی "خلیفہ" کا لقب تجویز کیا ہے، جس کے لغوی معنی

نیابت کے ہیں، گویا اس کا اقتدار محض ایک نیابت ہے۔ اسی طرح قرآن نے نظام حکومت کے لیے "شوریٰ" کا لفظ استعمال کیا ہے۔ شوریٰ کے معنی باہمی مشورہ کے ہیں۔ یعنی جو کام کیا جائے جماعت کی باہم رائے اور مشورے سے کیا جائے، شخصی رائے اور حکم سے نہ ہو۔ اس سے زیادہ صحیح نام جمہوری نظام کے لیے کیا ہو سکتا ہے؟"(89)

مسلمان کی حق پسندی و حق گوئی

مولانا آزاد کسی مسلمان کے بارے میں اِس تصور ہی کو محال سمجھتے ہیں کہ وہ حق کو چھپانے والا ہو۔ وہ اعلانِ حق کو ایمان اور اسلام کا لازمی تقاضا سمجھتے ہیں:

"ایک مسلمان سے یہ توقع رکھنی کہ وہ حق کا اعلان نہ کرے اور ظلم کو ظلم نہ کہے، بالکل ایسی ہی بات ہے جیسے یہ کہا جائے کہ وہ اسلامی زندگی سے دست بردار ہو جائے۔ اگر تم کسی آدمی سے اس مطالبہ کا حق نہیں رکھتے کہ وہ اپنا مذہب چھوڑ دے تو ایک مسلمان سے یہ مطالبہ بھی نہیں کر سکتے کہ وہ ظلم کو ظلم نہ کہے، کیونکہ دونوں باتوں کا مطلب تو ایک ہی ہے... میں سچ کہتا ہوں، مجھے اس کی رائی برابر شکایت نہیں کہ سزا دلانے کے لیے مجھ پر مقدمہ چلایا گیا ہے۔ یہ بات تو بہر حال ہونی تھی، لیکن حالات کا یہ انقلاب میرے لیے بڑا ہی درد انگیز ہے کہ ایک مسلمان سے کتمان شہادت کی توقع کی جاتی ہے اور کہا جاتا ہے کہ وہ ظلم کو صرف اس لیے ظلم نہ کہے کہ دفعہ 124-الف کا مقدمہ چلایا جائے گا۔

مسلمانوں کو حق گوئی کا جو نمونہ ان کی قومی تاریخ دکھلاتی ہے وہ تو یہ ہے کہ ایک جابر حکمران کے سامنے ایک بے پروا انسان کھڑا ہے۔ اس پر الزام یہی ہے کہ اس نے حکمران کے ظلم کا اعلان کیا ہے۔ اس کی پاداش میں اس کا ایک ایک عضو کاٹا جا رہا ہے۔ لیکن جب تک زبان نہیں کٹ جاتی وہ یہی اعلان کرتا رہتا ہے کہ حکمران ظالم ہے۔ یہ واقعہ خلیفہ عبد المالک کے زمانے کا ہے جس کی حکومت افریقہ سے سندھ تک پھیلی ہوئی تھی۔ تم دفعہ

124-الف کو اس سزا کے ساتھ تول سکتے ہو۔" (90،103)

احقاقِ حق

مولانا آزاد کے نزدیک موت کی پروا کیے بغیر اظہارِ حقیقت ہی اصل زندگی ہے۔ حق کا اعتراف اور احقاق ہی انسانیت کا شرفِ اول ہے۔ حقیقت ہر حال میں حقیقت ہوتی ہے اور اپنے ثبوت کے لیے اِسے کسی زور و قوت کی ضرورت نہیں ہوتی۔ مولانا لکھتے ہیں:

"حقیقت کا قانون نہ تو طاقت کی تصدیق کا محتاج ہے اور نہ اس لیے بدلا جا سکتا ہے کہ ہمارے جسم پر کیا گزرتی ہے۔ وہ تو حقیقت ہے اور اس وقت بھی حقیقت ہے جب اس کے اعلان سے ہمیں پھولوں کی سیج ملے اور اس وقت بھی حقیقت ہے جب اس کے اظہار سے ہمارا جسم آگ کے شعلوں کے اندر جھونک دیا جائے۔ صرف اس لیے کہ ہمیں قید کر دیا جائے گا، آگ میں ٹھنڈک اور برف میں گرمی پیدا نہیں ہو سکتی۔" (90)

خاتمۂ بیان

مولانا نے خاتمۂ بیان میں مجسٹریٹ سے مخاطب ہو کر تاریخ ساز جملے کہے ہیں، اُن کے اسلوب اور اُن کے لب و لہجے سے یہ خیال پیدا ہوتا ہے کہ اُن کا منبع زمین نہیں، بلکہ آسمان ہے:

"مسٹر مجسٹریٹ! اب اور زیادہ وقت کورٹ کا نہ لوں گا۔ یہ تاریخ کا ایک دل چسپ اور عبرت انگیز باب ہے جس کی ترتیب میں ہم دونوں یکساں طور پر مشغول ہیں۔ ہمارے حصہ میں یہ مجرموں کا کٹہرا ہے، تمھارے حصہ میں وہ مجسٹریٹ کی کرسی!
میں تسلیم کرتا ہوں کہ اس کام کے لیے وہ کرسی بھی اتنی ہی ضروری ہے جس قدر یہ

کٹہرا۔ مورخ ہمارے انتظار میں ہے اور مستقبل کب سے ہماری راہ تک رہا ہے، ہمیں جلد جلد یہاں آنے دو اور تم بھی جلد جلد فیصلہ لکھتے رہو۔ ابھی کچھ دنوں تک یہ کام جاری رہے گا، یہاں تک کہ ایک دوسری عدالت کا دروازہ کھل جائے۔ یہ خدا کے قانون کی عدالت ہے، وقت اس کا جج ہے، وہ فیصلہ لکھے گا اور اسی کا فیصلہ آخری فیصلہ ہو گا۔"(122)

یہ مولانا آزاد کے عدالتی بیان کا تعارف ہے۔ مکتبۂ جمال نے اِسے شائع کر کے یقیناً کارِ خیر انجام دیا ہے، مگر اِس کی اشاعت میں جس معیار کی ضرورت تھی، وہ بہر حال قائم نہیں ہو سکا۔

ٹائیٹل کو کتاب کے مشمولات کا عکاس بنانے کی کوشش کی گئی ہے۔ اِس طرح کی کوشش بسا اوقات کامیاب ہو جاتی ہے اور کبھی شاہ کار بھی قرار پاتی ہے، مگر بالعموم اِسے ناکامی ہی کا سامنا کرنا پڑتا ہے۔ ہمارے خیال میں ''قولِ فیصل'' کے ٹائیٹل کو کامیاب کوشش قرار نہیں دیا جا سکتا۔ زنداں، قلم اور قرطاس کی بے ربط تصاویر اور رنگوں کی بے امتزاجی کے باعث ٹائیٹل متاثر کرتا ہوا محسوس نہیں ہوتا۔ اِس طرح کی کوشش اگر کامیاب ہوتی نہ دکھائی دے تو بہتر یہ ہوتا ہے کہ ٹائیٹل کو ڈیزائننگ کے بغیر سادہ طریقے سے چھاپ دیا جائے۔ مثال کے طور پر اگر محض سفید سطح پر سرخ یا سیاہ رنگ میں کتاب اور مصنف کا نام درج ہوتا تو شاید وہ اِس سے کچھ بہتر ہی تاثر پیدا کرتا۔

کتاب کے اندرونی صفحات پر نیلے رنگ کی گراؤنڈ پرنٹ کر کے اُس کے اوپر الفاظ کی پرنٹنگ کی گئی ہے۔ گویا دوہری پرنٹنگ ہوئی ہے۔ دوہری پرنٹنگ کتاب کے حسن میں اضافے کے لیے کی جاتی ہے، مگر یہاں پر صورتِ حال برعکس ہے۔ گراؤنڈ کی اچھی ڈیزائننگ نہ ہونے کی وجہ سے صفحات خوب صورتی کا تاثر پیدا نہیں کرتے۔

پیسٹنگ پر بھی کم محنت کی گئی ہے۔ صفحات کے نمبر ہالوں میں درج کیے گئے ہیں، مگر بعض

نمبر ہالے کے وسط میں ہیں، بعض دائیں جانب ہیں، بعض بائیں جانب، بعض اوپر اور بعض نیچے کی طرف پیسٹ ہوئے ہیں۔

کمپوزنگ کے لیے جو خط استعمال کیا گیا ہے، وہ غالباً ''ان پیج'' پروگرام کا ''نوری نستعلیق'' ہے۔ اِس خط میں بعض الفاظ اپنی صحیح شکل نہیں بنا پاتے۔ اِس مسئلے کے حل کے لیے ملتے جلتے کسی دوسرے خط سے مطلوبہ لفظ استعمال کیا جاتا ہے۔ ''قولِ فیصل'' کے کمپوزر نے اِس معاملے میں کچھ زیادہ فیاضی سے کام لیا ہے۔ مثال کے طور پر ''پیچ، بھیج، بھیجے، سرٹیفیکیٹ، گورنمنٹوں، النظیر، تصور، چلتوں، بیٹھیں'' اور اِس طرح کے بعض دوسرے الفاظ اگرچہ کچھ بھدے سہی، مگر ''نوری نستعلیق'' ہی میں تحریر ہو سکتے تھے، مگر اُنھیں ''خط بتول'' میں اِس طریقے سے کمپوز کیا گیا ہے: ''پیچ، بھیج، بھیجے، سرٹیفیکیٹ، گورنمنٹوں، النظیر، تصور، چلتوں، بیٹھیں۔'' پیوند اپنی ذات میں خواہ کتنا ہی خوب صورت کیوں نہ ہو، مجموعے کے اندر وہ بدنما داغ ہی قرار پاتا ہے۔ اِس طرح کے الفاظ نے بعض صفحات کو ایسی ہی شکل دے دی ہے۔

پروف ریڈنگ ایک ایسا فن ہے جس میں ہزار کوشش کے باوجود غلطی کا امکان باقی رہتا ہے، مگر یہاں تو یوں لگتا ہے کہ جیسے سرے سے پروف ریڈنگ کی ہی نہیں گئی۔ مولانا آزاد کے بیان کو شائع کرتے وقت تو اِس پہلو پر خاص توجہ کی ضرورت تھی، کیونکہ یہ ایک تاریخی اور ادبی دستاویز ہے۔ اور پھر خود مولانا کی الفاظ کے بارے میں حساسیت کے پیشِ نظر پروف ریڈنگ کی اہمیت دوچند ہو جاتی ہے۔ اغلاط کے چند نمونے ملاحظہ کیجیے:

''قولِ فیصل'' میں درج ہے: ''میرا ادبی ذوق فریاد کرتا ہے۔'' مولانا کا جملہ ہے: ''میرا ادبی ذوق ابا کرتا ہے۔'' (82)

''قولِ فیصل'' میں ہے: ''جو کام کیا جائے جماعت کے باہم رائے اور مشورہ سے کیا جائے شخصی رائے نہ ہو۔'' مولانا کے الفاظ ہیں: ''جو کام کیا جائے جماعت کی باہم رائے اور مشورہ سے کیا جائے شخصی رائے اور حکم سے نہ ہو۔'' (89)

کتاب میں چھپا ہے: ''اپنا ملکی مذہب اور انسانی فرض سمجھتا ہوں۔'' صحیح تحریر اس طرح ہے: ''اپنا ملکی، مذہبی اور انسانی فرض سمجھتا ہوں۔''(87)

اسی طرح ''مکتشفین'' کی جگہ ''مکشفین''، ''ناانصافی'' کی جگہ ''ناانصاف''، ''کی نشو و نما'' کی جگہ ''کے نشو و نما''، ''مبغوض'' کی جگہ ''مبعوض''، ''فریقین'' کی جگہ ''فریق''، ''توقع'' کی جگہ ''واقع''، ''مصطلحات'' کی جگہ ''مصطلمات''، ''سوانح'' کی جگہ ''تراجم''، ''دلائل'' کی جگہ ''دلائے''، ''مختصر نویس'' کی جگہ ''مختصر نویسی''، ''شارٹ ہینڈ'' کی جگہ ''شارٹ ہیڈ''، ''حافظہ'' کی جگہ ''حافظ''، ''سراسیمگی'' کی جگہ ''سراسمگی'' اور ''واقعہ'' کی جگہ ''واقع'' کے بے معنی الفاظ درج ہیں۔ ایک جگہ ''1921'' کے بجائے ''1912'' لکھا ہوا ہے۔

''قولِ فیصل'' کے دیباچے میں بھی پروف کی غلطیاں ہیں۔ مثلاً ایک جگہ جہاں کولن (:) لگنا ضروری تھا وہاں نہیں لگا ہوا، ''قلم ہی سے'' کو ''قلم سے ہی'' لکھا گیا ہے، ''حسن منتہائے کمال'' کی جگہ پر ''حسن منتائے کمال'' لکھ دیا ہے، جاوید احمد صاحب غامدی کا جملہ ہے: ''برادرم اصغر نیازی کی خواہش تھی کہ آزاد کے بارے میں میں بھی کچھ لکھ دوں''، اِس جملے میں سے ''میں بھی'' کے الفاظ غائب ہو گئے ہیں۔

ہم توقع کرتے ہیں کہ یہ اور اِس نوعیت کی دوسری اغلاط کا آیندہ ایڈیشن میں اعادہ نہیں ہو گا۔

[اکتوبر2000ء]

”عروج وزوال کا قانون اور پاکستان“

مسلمانوں کا قومی زوال اب ہر شخص کے لیے معلوم و معروف واقعہ ہے۔ کچھ عرصہ پہلے تک اِس کا مشاہدہ قوم کے اربابِ نظر ہی کر رہے تھے، مگر قومی ہزیمت کے پے در پے واقعات نے اِسے مشہود حقیقت کی حیثیت سے عوام الناس کے سامنے بھی عیاں کر دیا ہے۔ یہی وجہ ہے کہ ملی حمیت رکھنے والا ہر فرد صورتِ احوال سے دل گرفتہ اور قومی عظمتِ رفتہ کی بحالی کے لیے مضطرب نظر آتا ہے۔ یہ دل گرفتگی اور اضطراب اِس پہلو سے خوش آیند ہے کہ کارواں کے دل میں احساس زیاں پیدا ہو گیا ہے۔ اِس احساس کے پیدا ہو جانے کی وجہ سے قوم اِس سطح پر نظر آتی ہے کہ اگر اُسے صحیح رہنمائی میسر ہو تو وہ اسباب زوال کو جان کر اُن کے تدارک کی تدبیر کر سکتی اور تعمیر و ترقی کی راہوں پر گام زن ہو سکتی ہے۔ مگر المیہ یہ ہے کہ قائدین کی اکثریت قوم کے شعور کو بیدار کرنے کے بجائے اُس کے جذبات کو انگیخت کر رہی ہے اور اُسے اُن راستوں کی طرف دھکیل رہی ہے جو سر تا سر بربادی کی طرف لے جا نے والے ہیں۔ اِن حالات میں جن معدودے چند لوگوں نے قوم کے شعور کو بیدار کرنے کا علم بلند کیا ہے، اُن میں ایک نمایاں نام جناب ریحان احمد یوسفی کا ہے۔ ”عروج وزوال کا قانون اور پاکستان“ اُن کی گراں قدر تصنیف ہے۔ اِس میں اُنھوں نے اہل اسلام، بالخصوص اہل پاکستان کو اُن حقائق سے آگاہ کرنے کی سعی کی ہے جو قوموں کے عروج وزوال اور اُن کی فنا و

بقا کے حوالے سے علوم قرآنی اور علوم تاریخ میں مسلم ہیں اور جن سے آگاہی کے بعد ہی کوئی قوم اپنی تعمیر و ترقی کے راستوں کو متعین کر سکتی ہے۔ یہ تصنیف جذبات کو انگیخت کرنے کی عام روش سے ہٹ کر قوم کے شعور کو بیدار کرنے کی کاوش ہے اور اِس کے بارے میں مصنف کی یہ توقع بالکل بجا ہے کہ یہ فکری جمود کی فضا میں ارتعاش کا پہلا پتھر ثابت ہو گی:

”مجھے یہ یقین ہے پچھلی دو صدیوں میں جو غیر علمی اور جذباتی فضا ہمارے ہاں پروان چڑھی ہے اس میں ایسی کسی تحریر سے قوم کی ذہنیت میں کسی انقلاب کے رونما ہونے کا بظاہر کوئی امکان نہیں۔ تاہم اتنی امید ضرور ہے کہ یہ تحریر جمود کی اس فضا میں ارتعاش کا پہلا پتھر ضرور ثابت ہو گی۔“(12)

یہ کتاب چار حصوں پر مشتمل ہے۔ ہر حصے کو مصنف نے مختلف بنیادی اور ذیلی عنوانات میں تقسیم کیا ہے۔ حصۂ اول کا عنوان ہے: ”عروج و زوال کا قانون —— تاریخ کی روشنی میں“۔ اِس عنوان کے تحت پہلے عروج و زوال کا مفہوم اور اُس کی اہمیت کو بیان کیا گیا ہے۔ اِس ضمن میں یہ واضح کیا گیا ہے کہ فرد اور قوم، دونوں کو اپنی زندگی میں عروج و زوال سے سابقہ پیش آتا ہے۔ فرد جب شباب کے عروج اور پیری کے زوال سے گزرتا ہے تو گویا وہ زبانِ حال سے عروج و زوال کے ابدی قانون ہی کی داستان سناتا ہے۔ قوم بھی اِسی طرح طفولیت، شباب اور کہولت کے ادوار سے گزرتی ہے۔ اِس بحث میں چند باتیں اساسی اصول کی حیثیت سے بیان ہوئی ہیں۔ ایک یہ کہ عروج و زوال ایک تدریجی عمل ہے۔ دوسرے یہ کہ یہ عمل اسباب و عوامل پر منحصر ہے اور تیسرے یہ کہ یہ اُن قوانین سے متصل ہے جو اذنِ خداوندی سے دنیا میں جاری و ساری ہیں۔

دوسری بحث عروج و زوال کے اُن مراحل کے بارے میں ہے جو قوموں کی زندگی میں پیش آتے ہیں۔ اِس بحث کی تمہید میں یہ بات بیان کی گئی ہے کہ اقوام خواہ سپر پاور کی حیثیت

رکھتی ہوں یا کسی سپر پاور کے ماتحت ہوں، وہ بہر حال عروج و زوال کے عمل سے گزرتی ہیں، ماتحت اقوام کا یہ عمل، البتہ بڑی طاقتوں ہی کے زیر اثر ہوتا ہے۔ اِس موقع پر مصنف نے عام طور پر پائے جانے والے اِس تاثر کی نفی کی ہے کہ عالمی طاقتوں کا وجود کوئی حالیہ واقعہ ہے۔ لکھتے ہیں:

"ناواقف لوگ یہ خیال کرتے ہیں کہ ایک یا ایک سے زیادہ سپر پاورز کا موجودہ معاملہ صرف آج شروع ہوا ہے۔ یہ بات درست نہیں ہے۔ یہ سلسلہ اس وقت سے شروع ہوا تھا جب انسانوں نے گروہوں کی شکل میں رہنا شروع کیا تھا اور آج کے دن تک یہ سلسلہ جاری ہے۔ مصری، ایرانی، یونانی، رومی، عرب، ترک، یورپین، روسی اور اب امریکی سب اسی سلسلۂ عروج و زوال کی کڑیاں ہیں۔" (23)

قوموں کے عروج و زوال کو مصنف نے 7 مراحل میں تقسیم کیا ہے: پہلا مرحلہ "دورِ تشکیل" ہے۔ اِس مرحلے میں کوئی قوم مختلف عوامل کے نتیجے میں معرضِ وجود میں آتی ہے۔ اِسی موقع پر قوم کی نفسیات اور مزاج تشکیل پاتا ہے۔ یہی نفسیات اور یہی مزاج اگلے مراحل میں قوم کے رویوں کو متعین کرتا ہے۔ دوسرا مرحلہ "تعمیر و شناخت کا دور" ہے۔ اِس کا آغاز اُس وقت ہوتا ہے جب قوم کے مختلف گروہ باہمی طور پر اِس قدر مربوط ہو جاتے ہیں کہ اُن کی شناخت ایک ہو جاتی ہے۔ اِسی موقع پر قومی عصبیت جنم لیتی ہے، جو یک جہتی کے لیے بنیادی کردار ادا کرتی ہے۔ اِسی مرحلے میں مصلحین پیدا ہوتے ہیں اور اُن کی رہنمائی میں قوم اپنے لیے ایک واضح لائحۂ عمل متعین کرتی ہے۔ تیسرا مرحلہ "دورِ ترقی و استحکام" ہے۔ تعمیر و شناخت کے کٹھن مرحلے سے گزرنے کے بعد ترقی اور استحکام کا زمانہ شروع ہوتا ہے۔ اِس زمانے میں جدید ضرورتوں کے مطابق نظام وضع ہوتے اور ادارے فروغ پاتے ہیں اور قوم معاشی استحکام اور فلاح و بہبود کے لحاظ سے عظمت کی بلندیوں کو چھونے لگتی ہے۔ اِس مرحلے میں اگر قوم کے سامنے کوئی داخلی یا خارجی چیلنج نہ آئے تو وہ ایک لمبے عرصے تک ترقی

کی پر سکون زندگی گزار کر دورِ انحطاط میں داخل ہو جاتی ہے، لیکن اگر اُسے کوئی چیلنج پیش آ جائے تو پھر یہیں سے اُس کے چوتھے مرحلے، یعنی ''دورِ عروج و کمال'' کا آغاز ہو جاتا ہے۔ خارجی یا داخلی چیلنج کے مقابلے میں قوم اپنی بھرپور توانائی کے ساتھ سرگرم عمل ہوتی ہے اور بالعموم کامیابی سے ہم کنار ہوتی ہے۔ اِس کامیابی کے بعد وہ قوموں کی حکمرانی کے منصب پر فائز ہو جاتی ہے اور عسکری، سیاسی، معاشی اور تہذیبی پہلوؤں سے اُس کا غلبہ دوسری اقوام پر مسلم ہو جاتا ہے۔ پانچواں مرحلہ ''دورِ انحطاط'' ہے۔ یہ مرحلہ عروج کے مرحلے سے بالکل متصل ہوتا ہے۔ اِس دور میں افرادِ قوم عیش و عشرت اور فارغ البالی کی زندگی اختیار کر لیتے ہیں اور قوم زوال کی طرف بڑھنا شروع ہو جاتی ہے۔ چھٹا مرحلہ ''دورِ زوال'' ہے۔ اِس دور میں اندرونی خلفشار کا آغاز ہو جاتا ہے اور اِس سے فائدہ اٹھا کر دیگر اقوام تاخت شروع کر دیتی ہیں۔ اِسی موقع پر قوم دوسری اقوام کی محتاجی اختیار کرنا شروع کر دیتی ہے۔ ساتواں اور آخری مرحلہ ''تباہی اور خاتمہ'' ہے۔ یہ دورِ زوال کا منطقی انجام ہے۔ اِس مرحلے میں قوم اپنی شناخت کے لحاظ سے صفحۂ ہستی سے مٹ جاتی ہے۔

حصۂ اول میں تیسری بحث کا عنوان ''عروج و زوال کے عمل میں مختلف گروہوں کی اہمیت'' ہے۔ اِس بحث میں مصنف نے قومی زندگی کے جملہ اجزاے ترکیبی کی نوعیت اور مختلف پہلوؤں سے اُن کی اہمیت کو بیان کیا ہے۔ مصنف کے نزدیک یہ اجزاے ترکیبی قائدین، اشرافیہ، عوام الناس اور ادارے ہیں۔ اِن میں سے اہم تر قائدین ہیں۔ یہ قائدین فکری، مذہبی اور سیاسی، تینوں دائروں میں ہوتے ہیں۔ مصنف کے نزدیک:

> ''کسی قوم کے عروج و زوال کا بہت حد تک انحصار اس بات پر ہوتا ہے کہ اسے اچھے قائدین میسر ہیں یا نہیں۔ قومی جسد میں قائدین کی حیثیت دماغ کی سی ہوتی ہے۔ انسانی جسم میں دماغ پورے جسم کو کنٹرول کرتا ہے اور ہر طرح کے حالات میں جسم کے عمل یا رد عمل کا تعین کرتا ہے۔ اسی طرح قائدین قومی زندگی کے ہر مرحلے پر قوم کے اندر اور

باہر سے اٹھنے والے ہر چیلنج کے جواب میں قوم کا ردعمل متعین کرتے ہیں۔ اس کے ساتھ ساتھ عام حالات میں وہ قومی زندگی کی گاڑی کو رواں دواں رکھتے ہیں۔"(41)

پہلے حصے کی چوتھی بحث کا موضوع "عروج وزوال کے عوامل" ہے۔ اِس بحث کو مصنف نے غیر اختیاری عوامل اور اختیاری عوامل کے عنوانات میں تقسیم کیا ہے۔ غیر اختیاری عوامل سے مراد وہ عوامل ہیں، جو قوم کے ارادہ و اختیار کے ماتحت نہیں ہوتے۔ اِن میں سے ایک قوم کی اندرونی توانائی ہے اور دوسرا خارجی چیلنج ہے۔ اختیاری عوامل بھی دو ہیں: ایک اخلاقی اقدار کی پابندی اور دوسرا جدید ٹیکنالوجی پر عبور ہے۔ اِس بحث پر حصۂ اول مکمل ہو جاتا ہے۔

حصۂ دوم میں عروج وزوال کے قانون کو قرآنِ مجید کی روشنی میں بیان کیا گیا ہے۔ اِس حصے کے پانچ ذیلی مباحث ہیں۔ اِن کے عنوان "قرآن اور عروج و زوال کا قانون"، "رسولوں کی اقوام کے بارے میں عروج وزوال کا قانون"، "امت مسلمہ سے متعلق عروج و زوال کا ضابطہ"، "آل ابراہیم کا عروج وزوال —— تاریخ کی روشنی میں" اور "آل ابراہیم کے بعد" ہیں۔ پہلی بحث مقدمے کی حیثیت رکھتی ہے۔ اِس میں یہ واضح کیا گیا ہے کہ قرآنِ مجید اصلاً تاریخ کی کتاب نہیں ہے۔ یہ انسانوں کی ہدایت کی کتاب ہے۔ اِس میں اقوام عالم کے عروج وزوال کا ذکر ضرور آیا ہے، مگر اُن کا تاریخی پہلو ضمنی ہے۔ اِس ضمن میں بنیادی چیز اللہ کی براہ راست ہدایت پانے والی اقوام کے حوالے سے عروج وزوال کے ضوابط ہیں۔ مصنف کے نزدیک اِن اقوام کی دو اقسام ہیں: ایک رسولوں کی مخاطب قومیں اور دوسری امتِ مسلمہ۔ اِن اقوام کے عروج وزوال کا معاملہ عام قوانین سے بالکل مختلف ہے۔ اِسے قرآنِ مجید نے بالتفصیل بیان کیا ہے۔ مصنف کے نزدیک اِن اقوام کے حوالے سے عروج وزوال کا قانون اور اُس کے اطلاقات ختم نبوت کے بعد ختم ہو چکے ہیں۔ مصنف نے اِس بحث کے اختتام پر اپنے نقطۂ نظر کے بارے میں واضح کیا ہے کہ یہ مدرسۂ فراہی کے علما کی تحقیقات پر مبنی ہے۔

لکھتے ہیں:

”اس باب میں ہمارے نقطۂ نظر کی اساس قرآن پر غور و فکر کی اس روایت پر مبنی ہے جس کی طرح پچھلی صدی کے ایک جلیل القدر عالم حمید الدین فراہی نے ڈالی تھی۔ پہلی تحقیق ان کے شاگرد امین احسن اصلاحی اور دوسری تحقیق اصلاحی کے شاگرد جاوید احمد غامدی کے قرآن پر غور و فکر کا نتیجہ ہے۔ ہم نے قوموں کے عروج و زوال پر اس کا اطلاق کر کے ایک منطقی ربط کے ساتھ پیش کیا ہے۔“(73)

اِس حصے کی دوسری بحث میں رسولوں کی اقوام کے بارے میں عروج و زوال کا قانون بیان کیا گیا ہے۔ اِس ضمن میں سب سے پہلے انبیا کا مقصدِ بعثت بیان کیا گیا ہے، یعنی وہ انذار اور بشارت کے منصب پر فائز ہوتے ہیں اور اہل ایمان کو جنت کی خوش خبری سناتے ہیں اور منکرین کو جہنم کے عذاب سے ڈراتے ہیں۔ انبیا میں سے بعض کو اللہ تعالیٰ رسالت کے منصب پر فائز کرتے ہیں۔ نبی اور رسول میں فرق یہ ہوتا ہے کہ نبی کے مخاطبین کے انجام کا فیصلہ تو قیامت تک کے لیے موخر رہتا ہے، مگر رسول کے مخاطبین کا فیصلہ اِسی دنیا میں برپا ہو جاتا ہے۔ مصنف نے اِس کی تفصیل اِس طرح کی ہے:

”نبی اور رسول میں بنیادی فرق یہ ہے کہ نبی کے اتمام حجت کے بعد اس کا نتیجہ دنیا میں نکلنا ضروری نہیں ہوتا، لیکن ایک رسول کے اتمام حجت کے بعد دنیا ہی میں اس کی مخاطب قوم کی مہلت عمر کا فیصلہ ہو جاتا ہے۔ اس اجمال کی تفصیل یہ ہے کہ نبی لوگوں کو صرف حق پہنچانے تک محدود رہتا ہے۔ وہ آسمان سے وحی کی ہدایت پاتا ہے اور اہل زمین کو اس حق پر مطلع کرتا ہے۔ اس کا یہ ابلاغ حق اس قدر واضح ہوتا ہے کہ لوگ قیامت کے دن اللہ کی بارگاہ میں یہ عذر پیش نہیں کر سکتے کہ صحیح بات ان پر واضح نہ تھی۔ تاہم ان کی تکذیب و نافرمانی کے نتیجے میں ان کی مخاطب قوم پر کوئی عذاب نہیں ٹوٹتا۔ حتیٰ کہ ان کی قوم اگر انھیں قتل کر ڈالے تب بھی ان پر سزا کا فوری نفاذ ضروری نہیں ہوتا۔

تاہم رسول کا معاملہ اِس سے ایک قدم آگے ہوتا ہے۔ قرآن سے ہمارے سامنے جو تصویر آتی ہے، اُس کے مطابق کسی قوم کی طرف ایک رسول کی بعثت کا مطلب یہ ہے کہ خدا کی وہ عدالت جو دوسروں کے لیے قیامت کے دن لگنی ہے، اُس رسول کی مخاطب قوم کے لیے دنیا میں لگ چکی ہے۔ رسول، ایک نبی کی طرح نہ صرف اپنی قوم کو اخروی زندگی میں کامیابی اور ناکامی کے بارے میں بتاتے ہیں، بلکہ اِس دنیا میں اپنے پیروکاروں کو کامیابی کی بشارت دیتے اور کفر و نافرمانی پر دنیا میں ہی اللہ کے عذاب سے ڈراتے ہیں۔ چنانچہ وہ اپنے رب کا پیغام باصراحت لوگوں تک پہنچاتے ہیں اور جب اُن کی قوم اُن کی بات نہیں مانتی تو لازماً اِس دنیا میں ہی خدا کے عذاب کا کوڑا اُس قوم پر برس جاتا ہے اور وہ قوم ہلاک کر دی جاتی ہے۔ تاہم اگر رسولوں کی بات مان لی جائے تو پھر دنیا میں ہی اُن پر خدا کی رحمتوں کا سلسلہ شروع ہو جاتا ہے۔ گویا کہ دنیا میں قوم کا عروج و زوال اب صرف اُس رسول سے وابستہ ہو جاتا ہے۔ مختصر یہ کہ ایک رسول جب اپنی قوم کو حق سے آگاہ کرتا ہے تو اُس کا کیا ہوا اتمام حجت اِس درجہ کا قطعی ہوتا ہے کہ اِس کے بعد قیامت کے انتظار کی ضرورت باقی نہیں رہتی اور اللہ تعالیٰ رسول کی مخاطب قوم کو دنیا میں ہی اُن کے کفر کی پاداش میں فنا کر دیتا ہے۔"(77)

اِس موقع پر جملۂ معترضہ کے طور پر قرآن میں لفظِ "رسول" کے استعمال پر بھی بحث کی گئی ہے۔ اِس کے بعد مختلف آیات کے حوالے سے رسولوں کے اتمام حجت اور اُس کے نتیجے میں کفار پر نازل ہونے والے عذاب کو بیان کیا گیا ہے۔ اِس بحث کے اختتام پر یہ بات بیان کی گئی ہے کہ چونکہ نبوت و رسالت کا دور ختم ہو گیا ہے، اِس لیے رسولوں کے حوالے سے قوموں کے عروج و زوال کا باب اب ہمیشہ کے لیے بند ہو گیا ہے۔ مصنف نے لکھا ہے:

"محمد رسول اللہ صلی اللہ علیہ وسلم کے ساتھ ہی اب یہ قانون قیامت تک کے لیے ختم ہو گیا۔ اب کسی رسول نے آنا ہے نہ کسی نبی نے۔ اس لیے دنیا میں کسی قوم کے عروج و

زوال کے لیے اب اس قانون کے کسی پہلو کا کوئی اطلاق نہیں ہو سکتا۔"(87)

حصۂ دوم کی تیسری بحث کا موضوع "امت مسلمہ سے متعلق عروج و زوال کا ضابطہ" ہے۔ اِس بحث کے تحت پہلے امت مسلمہ کا پس منظر بیان کیا گیا ہے۔ مصنف نے تحریر کیا ہے:

"آج سے تقریباً چار ہزار سال قبل اللہ تعالیٰ نے اپنے نبی حضرت ابراہیم کو کارِ رسالت کے ساتھ ایک دوسری ذمہ داری کے لیے قبول کیا۔ وہ ذمہ داری یہ تھی کہ اللہ تعالیٰ نے انھیں مختلف آزمایشوں سے گزارا اور جب وہ ان میں کامیاب ہو گئے تو انھیں انسانیت کی امامت کے لیے منتخب کر لیا۔ اس امامت کے نتیجے میں نبوت و رسالت کا سلسلہ آپ کی اولاد میں خاص کر دیا گیا اور آپ کی اولاد میں سے دو عظیم الشان امتیں اٹھانے کا فیصلہ کیا گیا۔ ان امتوں کی تاسیس کا ایک مقصد تو یہ تھا کہ وہ شرک کی ان زنجیروں کو بالجبر توڑ ڈالیں جنھوں نے انسانیت کو صدیوں سے جکڑ رکھا تھا۔ دوسرے ان کی شکل میں ایک ایسا معاشرہ ہر دور میں انسانوں کے سامنے رہے جو توحید کی بنیاد پر قائم ہو اور جہاں اللہ کے نبیوں کی لائی ہوئی شریعت کے مطابق لوگ ایک خدا پرستانہ زندگی گزارتے ہوں۔ اس طرح یہ لوگ نہ صرف انسانوں پر حق کی شہادت دیں بلکہ شمع حق کی صورت، تاریکی میں بھٹکے ہوؤں کے لیے منزل کی طرف رہنمائی کرنے والے بھی بن جائیں۔ اس کے ساتھ ساتھ اللہ تعالیٰ نے ان کے عروج کو اپنی فرماں برداری اور ان کے زوال کو اپنی نافرمانی سے مشروط کر دیا۔ اس طرح حق لوگوں کے لیے تاریخ کی ایک سنی سنائی داستان نہ رہا، بلکہ حال کی ایک زندہ تصویر بن کر ان کے سامنے مجسم ہو گیا کہ کس طرح خدا اپنے فرماں برداروں پر رحمتیں اور غداروں پر عذاب نازل کرتا ہے۔"(90)

اِس کے بعد قرآنی آیات کے حوالے سے اِس پس منظر کی تفصیل کی گئی ہے۔ پھر چوتھی بحث میں "آل ابراہیم کا عروج و زوال—— تاریخ کی روشنی میں" کے زیرِ عنوان بنی اسرائیل

اور بنی اسمٰعیل کی امامت کی تفصیل کی گئی ہے اور یہ واضح کیا گیا ہے کہ اللہ تعالیٰ نے اِن اقوام
کو دنیا کی امامت کے منصب پر فائز کیا اور اِن کے عروج کو اپنی اطاعت سے مشروط رکھا۔ جب
اِنھوں نے اللہ کی فرماں برداری کی تو سرفراز ہوئے اور جب نافرمانی کی تو اللہ کی سزا کے مستحق
ٹھہرے۔ حصۂ دوم میں پانچویں بحث کے تحت آلِ ابراہیم کو لاحق ہونے والے امراض کی
نشان دہی کی گئی ہے۔ مصنف کے نزدیک یہ امراض شرک اور ظاہر پرستی ہیں، جن کا شکار
پہلے بنی اسرائیل اور پھر بنی اسمٰعیل ہوئے۔ اِن امراض کے باعث آلِ ابراہیم تقریباً تین
ہزار سال کے بعد امامت سے معزول ہو گئے۔ یہ معزولی بغداد اور اسپین میں بنی اسمٰعیل کے
اقتدار کے خاتمے کے ساتھ عمل میں آئی۔ اِس حصے کے اختتام پر مصنف نے یہ مقدمہ قائم
کیا ہے کہ بنی اسمٰعیل کی معزولی کے باوجود امتِ مسلمہ ہی وہ امت ہے جو اللہ کی آخری
شریعت کی حامل ہے۔ اِس بنا پر اُس پر دنیا میں خدا پرستانہ معاشرے کے قیام کی ذمہ داری
عائد ہوتی ہے، اِس لیے دنیا کی قیادت کے منصب پر فائز ہونے کا انحصار اُس عہد و پیمان پر ہے
جو یہ بہ حیثیتِ مجموعی یا اِس کا کوئی حصہ خود آگے بڑھ کر خدا سے باندھ لے۔ مصنف کے
نزدیک اہل ترک اور اہل پاکستان نے اللہ تعالیٰ سے یہ عہد باندھا ہے۔ اِس بات کی تفصیل
مصنف نے اِن الفاظ میں بیان کی ہے:

"رسول اللہ صلی اللہ علیہ وسلم کی نبوت کل عالم کے لیے ہے اور آپ کی شریعت
قیامت تک کے لیے آخری شریعت ہے، اس لیے بہر حال اس کے وارث بنی اسماعیل کے
خاتمہ کے بعد بھی باقی رہے۔ اسی طرح امت مسلمہ پر ایک خدا پرستانہ معاشرے کے قیام
کی غیر مشروط ذمہ داری بھی اپنی جگہ باقی ہے۔ جہاں تک امت مسلمہ کی قیادت کا تعلق
ہے تو آل ابراہیم کے بعد اس کا انحصار اس عہد و پیمان پر ہے جو کوئی قوم خود آگے بڑھ کر
خدا سے باندھ لے۔ بنی اسماعیل کے بعد اب تک دو قوموں نے آگے بڑھ کر یہ عہد باندھا
ہے۔ پہلی قوم ترک تھی۔ سلطان سلیم نے سن 1517ء میں مصر فتح کیا اور رسمی طور پر

خلافت کا بار اپنے سر پر لے لیا۔ عثمانیوں نے خود کو شریعت کا محافظ قرار دیا۔ جس کے بعد وہ سیاسی اور روحانی طور پر امت مسلمہ کے امام قرار پائے۔ یہ ان کا عہد تھا جو انھوں نے خدا سے باندھا تھا۔ جب تک انھوں نے اس کا حق ادا کیا عروج ان کا مقدر رہا اور جب کوتاہی کی تو زوال کی کھائی میں انھیں گرنا پڑا۔ کئی صدیوں تک یہ بار اٹھانے کے بعد کمال اتاترک کی قیادت میں ترکوں نے خلافت کا خاتمہ کر کے اس عہد کو ختم کر دیا۔

جس وقت ترکی میں اتاترک اسلام اور خلافت کو دیس نکالا دے رہے تھے، ہزاروں میل کے فاصلے پر واقع ہندوستان میں امت مسلمہ کا ایک غلام گروہ، خلافت کی بقا کے لیے اپنے انگریز آقاؤں کے خلاف اٹھ کھڑا ہوا۔ ایسی جنگ کے لیے جس میں انھیں کچھ نہیں ملنا تھا، ان لوگوں نے اپنا سب کچھ داؤ پر لگا دیا۔ خلافت ختم ہوگئی۔ ان لوگوں کے ہاتھ عالم اسباب میں کچھ نہ آیا۔ مگر شاید ان کی بے پناہ قربانیوں کا اثر تھا کہ یہ قوم خدا کی نگاہ میں آگئی۔

آنے والے سالوں میں حیرت انگیز طور پر حالات اس قوم کے سے اسی اقتدار کے حق میں ہموار ہوتے چلے گئے... جب اس قوم کی فکری و سیاسی قیادت، عوام الناس اور بڑی حد تک مذہبی قیادت نے یک سو ہو کر خدا سے یہ عہد کیا کہ اگر وہ انھیں زمین میں اقتدار دے گا تو وہ اسلام کا بہترین نمونہ دنیا کے سامنے پیش کریں گے۔ یہ کم و بیش وہی صورت حال تھی جسے قرآن بنی اسماعیل کے حوالے سے یوں بیان کرتا ہے:

اَلَّذِيْنَ اِنْ مَّكَّنّٰهُمْ فِي الْاَرْضِ اَقَامُوا الصَّلٰوةَ وَاٰتَوُا الزَّكٰوةَ وَاَمَرُوْا بِالْمَعْرُوْفِ وَنَهَوْا عَنِ الْمُنْكَرِ وَلِلّٰهِ عَاقِبَةُ الْاُمُوْرِ. (الحج 22:41)

”یہ لوگ ہیں کہ اگر ہم ان کو سرزمین میں اقتدار بخشیں گے تو وہ نماز کا اہتمام کریں گے، زکوٰۃ ادا کریں گے، معروف کا حکم دیں گے اور منکر سے روکیں گے۔“

اہل پاکستان کا معاملہ بھی یہی ہو گیا۔ صرف اس فرق کے ساتھ کہ اس دفعہ یہ بات خدا کی طرف سے نہیں کہی گئی، بلکہ لوگ آگے بڑھے اور خدا سے یہ عہد کر لیا۔ خدا نے

ان کے قائدین کی درخواست قبول کر کے راہ کی ہر مشکل کو آسان کیا اور یوں دنیا کی سب سے بڑی مسلم حکومت اور پانچویں عظیم سلطنت کے طور پر پاکستان دنیا کے نقشے پر ظاہر ہوا۔ اس طرح اہل پاکستان حضرت موسیٰ کی اس تنبیہ کا مصداق بن گئے جو انھوں نے اپنی غلام قوم یعنی بنی اسرائیل سے کہی تھی:

عَسٰی رَبُّکُمْ اَنْ یُّھْلِکَ عَدُوَّکُمْ وَیَسْتَخْلِفَکُمْ فِی الْاَرْضِ فَیَنْظُرَ کَیْفَ تَعْمَلُوْنَ.

(الاعراف 129:7)

"امید ہے کہ تمھارا رب تمھارے دشمن کو پامال کرے گا اور تم کو ملک کا وارث بنائے گا کہ دیکھے تم کیا روش اختیار کرتے ہو۔" (119)

حصۂ سوم اور چہارم میں پاکستانی قوم کے عروج وزوال کے حوالے سے بحث کی گئی ہے۔ اِس ضمن میں جملہ مباحث کی اساس مصنف کا یہ نقطۂ نظر ہے کہ پاکستانی قوم ایک معاہد قوم ہے، جو اللہ تعالیٰ کے ساتھ باقاعدہ ایک عہد میں بندھی ہوئی ہے۔ اِس عہد کی وضاحت کرتے ہوئے وہ لکھتے ہیں:

"وہ عہد یہ تھا کہ اگر اللہ تعالیٰ ہمیں ایک خود مختار خطۂ زمین دے تو ہم دنیا کے سامنے ایک حقیقی اسلامی معاشرے کا نقشہ پیش کر کے دکھائیں گے۔ ہم پچھلے باب میں یہ واضح کر چکے ہیں کہ جب اللہ تعالیٰ کچھ لوگوں کو مسلمان پیدا کرتا ہے تو اس کا مطلب یہ نہیں کہ وہ خدا کے محبوب ہیں، بلکہ اس سے مقصود یہ ہے کہ ان کے ذریعے ایک خدا پرستانہ معاشرہ لوگوں کے سامنے قائم رہے۔ اہل پاکستان دوسرے مسلمانوں کی طرح اس ذمہ داری کو پورا کرنے کے پابند ہیں، مگر انھوں نے ایک عام اسلامی ذمہ داری کو عہد کی شکل دے کر اپنے معاملے کو خاص کر لیا ہے۔ کوئی فرد یا طبقہ ہمارے اس مقدمے کو اگر نہیں مانتا تب بھی وہ اپنے مسلمان ہونے کا منکر تو نہیں ہو سکتا۔ اسلام کے اس اقرار کے بعد خدا پرستانہ معاشرہ قائم کرنا، بہر حال، مسلمانوں کی اجتماعی ذمہ داری ہے۔ البتہ ہمارے نزدیک یہ

بات بالکل واضح ہے کہ "پاکستان کا مطلب کیا، لا الٰہ الا اللہ" کا نعرہ لگا کر جو ملک حاصل کیا گیا، اس کے باسیوں کے لیے توحید شریعت سے بے وفائی کا نتیجہ تباہی کے سوا کچھ نہیں نکلے گا۔" (123)

اِس نقطۂ نظر میں مصنف چونکہ بالکل منفرد ہیں، اِس وجہ سے اِس امر کی ضرورت تھی کہ اِس مقدمے کے لیے وہ اپنے دلائل کو بالتفصیل بیان کرتے۔ ہمارے نزدیک یہ ایک تشنہ بحث ہے، جسے پڑھ کر قارئین کے ذہنوں میں بعض سوالات پیدا ہو سکتے ہیں۔ مثلاً یہ کہ کیا واقعۃً "پاکستان کا مطلب کیا، لا الٰہ الا اللہ" کا نعرہ سیاسی نہیں، بلکہ خالص مذہبی تھا اور مسلمانانِ ہند نے اِسے اللہ کے ساتھ معاہدے کے شعور کے ساتھ لگایا تھا؟ یہ اگر خالص مذہبی نعرہ تھا تو قوم کی مذہبی قیادت نے اِسے کیوں اختیار نہیں کیا؟ یہاں کے مسلمانوں کا اصل مسئلہ کیا 1857ء میں چھنے ہوئے اقتدار کی بحالی تو نہیں تھا؟ اور اگر ضمنی طور پر نفاذِ اسلام کی تمنا موجود بھی تھی تو کیا اِسی طرح کی ایک ضمنی تمنا معاشی ترقی بھی نہیں تھی؟ یہ اور اِس نوعیت کے دیگر سوالوں کے جوابات ہی سے مصنف کا مذکورہ نقطۂ نظر موکد ہو کر سامنے آ سکتا ہے۔

مصنف نے عروج و زوال کے مختلف مراحل کو پاکستانی قوم پر منطبق کرتے ہوئے اُس کے مختلف ادوار کا تعین کیا ہے۔ دورِ تشکیل 711ء میں محمد بن قاسم کی آمد سے لے کر 1707ء میں اورنگ زیب عالمگیر کے عہد تک ہے۔ مصنف کے نزدیک تقریباً ہزار سالہ دور میں برِ صغیر میں ایک جدید قوم کا ظہور ہوا، جو اپنے مذہب، تہذیب، تمدن، روایات، نظام، اخلاق اور ثقافت کی بنیاد پر اپنی ایک الگ شناخت رکھتی تھی۔ 1707ء سے 1947ء تک تعمیر و شناخت کا پہلا دور ہے۔ اِس میں شاہ ولی اللہ، سر سید احمد خان اور علامہ اقبال نے اِس قوم کو راہِ عمل دی اور اِس کے قومی مزاج کو تشکیل دیا۔ تعمیر و شناخت کا دوسرا دور 1947ء سے زمانۂ حال تک ہے۔ اِس زمانے میں انتہا پسندی اور مغربیت کی لہر کی وجہ سے قومی تنزل کی صورت پیدا ہو گئی ہے۔

آخری حصے کا عنوان "پاکستان کا مستقبل ——خدشات و امکانات" ہے۔ اِس حصے میں قومی امراض کا جائزہ لیا گیا ہے اور قومی تعمیر کا لائحۂ عمل تجویز کیا گیا ہے۔اِس ضمن میں چار امراض کی نشان دہی کی گئی ہے۔ یہ امراض توحید سے اعراض، ظاہر پرستی، اخلاقی پستی اور علمی پس ماندگی ہیں۔ کتاب کے آخر میں مصنف نے پاکستانی قوم سے اپنی توقعات کو نہایت دل سوزی کے ساتھ بیان کیا ہے:

"ان مایوس کن حالات میں امید کی کوئی کرن اگر موجود ہے تو وہ یہ ہے کہ اس قوم کے ہر طبقہ میں ابھی تک زندہ لوگ پیدا ہو رہے ہیں۔ یہی وہ لوگ ہیں جن سے ہر میدان میں نئی قیادت وجود میں آ سکتی ہے۔اس کتاب کے اصل مخاطب وہی لوگ ہیں۔ یہ وہ لوگ ہیں جو نفسا نفسی اور خود غرضی کے اس دور میں قوم کے درد میں تڑپتے ہیں۔ جو اپنے نقطۂ نظر کے علاوہ دوسرے کی بات سننے اور سمجھنے کا حوصلہ رکھتے ہیں۔ جو جذباتیت اور انتہاپسندی کے بجائے اصول پسندی کو اپنا معیار بناتے ہیں۔ جو دنیا پرست الحادی تہذیب کے مقابلے میں نبیوں کی تہذیب کو غالب دیکھنا چاہتے ہیں۔ یہ وہ لوگ ہیں کہ خدا ان کی نگاہ میں ایسا بڑا ہے کہ وہ کسی اور کی بڑائی کو دل میں جگہ نہیں دے سکتے۔ جو رسول اللہ صلی اللہ علیہ وسلم کو اس طرح آخری نبی مان چکے ہیں کہ آپ کے بعد کسی اور کی بات کو وہ حرفِ آخر نہیں سمجھتے۔ جو صحابۂ کرام کی طرح حق پر کسی اور چیز کو ترجیح نہیں دے سکتے اور اس کے لیے ہر قربانی دینے کے لیے تیار ہیں۔ یہی وہ لوگ ہیں جو اس قوم کی تباہ حال تقدیر بدل دینے کی صلاحیت رکھتے ہیں اور یہی لوگ اس دھرتی پر ہماری واحد امید ہیں۔"(153)

[اکتوبر2000ء]